WILL

THE WILL

WILL

윌 스미스, 마크 맨슨 지음

김나연 옮김

알에이치코리아

CONTENTS

PROLOGUE.
THE WALL
벽

내가 열한 살이 되던 해, 아버지 가게 앞 벽이 허물어지고 있었다. 그것을 본 아버지는 새로운 벽을 올리겠다고 하셨다. 대충 봐도 높이가 3미터에 폭은 6미터가량 되는 정말 높은 벽이었다. 아버지는 모든 걸 당신 손으로 올렸다. 시공업체에 하청을 두느니 차라리 나와 남동생인 해리에게 시키는 게 형제들을 위해서도 좋은 일이라고 생각하셨던 모양이다.

　아버지는 철거를 시작했다. 나는 아버지를 상당히 불안한 시선으로 바라보았던 기억이 난다. 그 자리에 다시는 벽을 세울 수 없을 거라 확신했다. 거의 일 년간 매일, 동생과 나는 학교가 끝나면 벽을 쌓아올리기 위해 아버지의 가게로 하교했다. 거의 모든 걸 우리 손으로 쌓아올렸다. 땅을 판 다음 회반죽을 개고 양동이를 옮겼다.

　아직도 그 비율인 시멘트 두 포대, 모래 한 포대, 석회 한 포대가 기억날 정도다. 삽으로 가루를 섞은 다음 7리터짜리 양동이에 물을 가득 채워 붓고 보도 위에 벽돌을 새로 깔았다. 철근이나 나무 기둥 대신 시멘트로만 층을 하나하나 올리는 형태였다.

　만약 당신이 건축에 대한 상식이 있다면 이게 얼마나 미친 짓인지 금방 알 것이다. 이 짓을 실제로 했다면 그야말로 막노동이 분명하다. 공사는 너무 지루하고 불필요하게 길었다. 성인 남성 몇 명이 며칠이면 해치우고 말 일을 어린애 둘이 덤볐으니 일 년이나 걸리는 게 당연했다.

　동생과 나는 주말, 휴일, 방학할 것 없이 일했다. 그해 여름 내내 매여 있었지만 그건 별로 중요하지 않았다. 아버지가 하루도 쉬지 않으셨으니 우리도 쉴 수 없었다. 군데군데 비어 있는 틈을 보며 낙담했던 기억이 선명하다. 대체 이 공사가 어떻게 끝날지 짐작조차 되지 않았다. 머릿속으로 그리던 공사의 규모는 점점 커졌다. 마치 필라델피아 서부에서 만리장성을 쌓는 것처럼 수십억 개의 붉은 벽돌들이 무한히 뻗어 가고 있었다. 그 당시의 나는 아마 이 공사를 하다가 늙어 죽을지도 모르겠다고 생각했던 것 같다.

하지만 아버지는 결코 멈추지 않았다. 매일 우리는 콘크리트를 섞고 양동이를 나르고 벽돌을 쌓았다. 비가 오는 날에도 지독하게 더운 날에도, 아무리 화가 나고 슬퍼도, 몸이 아프거나 다음 날 시험이 있어도 변명의 여지가 없었다. 동생과 내가 아버지에게 불평도 해보고 항의도 해봤지만 아버지는 꿈쩍도 하지 않았다. 계절이 바뀌고 친구들이 오고 가고, 심지어 선생님이 은퇴를 해도 벽은 여전했다. 언제나 그 벽은 거기 있었다. 어느 날, 해리와 내가 유독 기분이 가라앉은 날이었다. 우리는 느릿느릿 시간만 죽이며 불평만 터트리고 있었다.

"대체 우리가 왜 이 벽을 쌓는 건데? 이건 불가능한 일이야! 절대 완성 못 할 걸."

그때 아버지가 우리의 대화를 엿듣고는 손에 든 연장을 집어 던지더니 우리 쪽으로 걸어왔다. 그러곤 내 손에 든 벽돌을 낚아채 눈앞에 들이밀며 말했다.

"이건 그냥 벽돌이야. 네가 할 일은 이 벽돌을 완벽하게 쌓는 거다. 그다음 다른 벽돌로 넘어가. 그리고 그걸 또 완벽하게 쌓아. 그리고 또 다음 벽돌로 넘어가. 벽이 없다는 걱정은 집어치워라. 네가 신경 써야 할 건 그냥 벽돌 하나라고."

아버지는 화를 낸 다음 다시 가게로 돌아갔다. 해리와 나는 '진짜 성격 이상해.'라는 표정과 함께 서로를 바라보며 고개를 절레절레 저었다. 그리고 우리는 다시 콘크리트 반죽을 개었다.

———

내 인생에 가장 큰 영향력을 준 교훈의 일부는 나도 모르게 배운 것들이었다. 가끔은 거세게 저항해보기도 하고 부인하기도 했지만, 결국은 진실의 무게를 피할 수 없었다. 아버지의 벽돌도 그런 교훈 중 하나였다. 시간이 흐르면서 인정하기 정말 싫었지만 나는 아버지가 했던 말이 무슨 뜻인지를 알 수 있었다. 벽에 정신이 팔렸을 땐 완공은 절대 불가능한 일처럼 느껴졌다. 하지만 벽돌 하나에만 집중하자 모든 게 쉽게 풀렸다. 벽돌 하나만 완벽하게 쌓으면 된다는 걸 알아차린 것이다. 몇 주가 지나면서 벽돌이 차곡차곡 쌓이고 틈은 조금씩 작아졌다. 불가능하게 느껴지던 일과 가능하게 느껴지는 일의 차이가 단지 관점의 문제일 뿐이었다는 것도 깨달을 수 있었다.

당신은 지금 벽에 집중하고 있는가? 아니면 벽돌에 집중하고 있는가? 대학 시험을 준비하는 중이든, 세계 최고의 힙합 아티스트가 되어 큰 성공을 거두는 것이든, 할리우드 역사상 가장 성공적인 커리어를 쌓는 일이든 상관없다. 모든 가능성을 따져 봐도 불가능할 것 같은 큰 목표도 하나씩 관리할 수 있다면, 절대 쌓아올릴 수 없는 벽도 하나씩 쪼개어 벽돌에만 집중하면 가능하다.

　매 순간 나는 타협이 불가능한 강도로 일에만 전념했다. 그리고 내 성공의 비결은 그저 사람들 앞에 나타나 벽돌 하나를 또 쌓아올리는 것뿐이다. 내 커리어에 화가 난다? 그럼 벽돌을 하나 더 쌓는다. 개봉 첫 주 성적이 형편없었다? 그럼 벽돌 하나를 더 쌓는다. 앨범 판매량이 바닥을 쳤다? 그럼 다시 자리를 박차고 일어나 벽돌을 하나 더 쌓는 것이다. 실패한 결혼에도? 나는 벽돌을 하나 더 쌓는다.

　지난 30년 동안, 나는 실패와 상실, 굴욕과 이혼 그리고 죽음을 겪었다. 목숨을 위협받았고, 돈을 빼앗기고 사생활을 침해당했으며 가족들은 흩어졌다. 하지만 그럼에도 나는 매일같이 일어나 콘크리트를 섞고 또 다른 벽돌을 쌓았다. 그러므로 당신이 무슨 일을 겪고 있든, 여기 당신 앞에 또 다른 벽돌이 놓여 있든 당신은 쌓아올리기만 하면 된다. 유일한 문제라면 과연 당신이 자리에서 일어나 벽돌을 쌓을 '의지'가 있는가이다.

　사람들은 종종 아이의 성격이 이름의 의미에 영향을 받는다고 말한다. 아버지는 내게 아버지의 이름을 물려주셨다. 그리고 내 인생에서 가장 큰 장점이었던 역경을 이겨낼 능력을 물려주셨다.

　아버지가 내게 의지will를 주신 셈이다.

공사를 시작한 지 거의 일 년이 다 될 무렵, 어느 춥고 흐린 날이었다. 그때의 벽은 내 인생에 고정되어 마치 완공을 한다는 것 자체가 망상처럼 느껴지고 있었다. 가령 이 벽을 다 올린다 해도, 그 뒤에 또 다른 구멍이 생겨서 영원히 도망칠 수 없을 것만 같은 비극적인 느낌이었다. 하지만 추운 9월 아침, 우리는 마지막 시멘트를 섞고 마지막 양동이를 채워, 마지막 벽돌을 올릴 수 있었다.

아버지는 그 자리에 서서 마지막 몇 개의 벽돌이 제 자리에 채워지는 모습을 지켜보고 계셨다. 그는 손에 담배를 든 채 우두커니 서서 우리를 칭찬했다. 해리와 나는 마지막 벽돌을 올리고 수평을 맞춘 다음 조용히 입을 다물었다. 해리가 나를 보며 어깨를 으쓱거렸다. 아버지와 나, 해리는 가만히 서서 우리 가족의 새로운 벽을 바라보았다. 아버지가 담배를 바닥에 비벼 끄며 말씀하셨다.

"이제 다시는 너희 모두 불가능하다는 말은 하지 마라."

그리고 아버지는 다시 가게로 들어가 일을 하셨다.

01.

FEAR

두려움

두려움에
어떻게 반응하는지가
'나'라는 사람을
만드는 것이다.

어린 시절의 나는 항상 스스로 겁쟁이라고 생각했다. 내 기억의 대부분은 다른 아이들을 두려워하거나, 다치거나 당황하는 상황을 두려워하고, 남들 눈에 약해보이는 모습을 피하고 싶었던 것뿐이었다. 무엇보다도 나는 아버지가 두려웠다. 내가 아홉 살 때, 아버지가 어머니의 뺨을 심하게 내리쳐서 어머니가 쓰러지는 모습을 봤다. 어머니는 입안이 터져 피를 뱉었다. 침실에서의 그 순간이 아마 내 인생 그 어떤 순간보다도 큰 영향을 미쳐 지금의 나를 만들었을 것이다.

그 후로 내가 한 모든 행동들, 그러니까 수상을 하고 찬사를 받고, 온갖 스포트라이트와 사람들의 관심, 내가 연기한 캐릭터와 사람들에게 준 웃음까지, 이 모든 게 실은 그날 어머니를 위해 나서지 못했던 내 행동에 대한 사과다. 그 순간 나는 어머니를 실망시켰고 아버지에게 맞서지 못했다.

당신이 아는 '윌 스미스'는, 외계인을 물리친 래퍼이자, 허풍이 심한 영화배우로 대부분 세심하게 만들고 연마한 캐릭터이자, 자신을 보호하기 위해 쌓아올린 다른 자아다. 이 세상으로부터 자신을 숨기기 위해 만든 껍데기이자, 겁쟁이를 보호하기 위해 만든 성이다.

———

아버지는 내게 영웅 같았다. 아버지의 이름은 윌러드 캐럴 스미스였지만 우리는 그를 '대디오'라고 불렀다. 대디오는 1940년 필라델피아 북부의 거칠고 험한 거리에서 태어나고 자랐다. 대디오의 아버지, 즉, 할아버지는 작은 생선 가게를 운영했고 매일 새벽 4시부터 밤늦게까지 일했다. 할머니는 간호사였고 종종 병원에서 야간 근무를 했다. 결과적으로 아버지는 어린 시절의 대부분을 혼자, 보호자도 없이 지냈다. 북부 필라델피아의 거리는 아버지를 강하게 키웠다. 아버지는 열한 살에 담배를 피우고 열네 살에 술을 배웠다. 아버지는 평생을 반항적이고 공격적인 태도로 살았다.

아버지가 열네 살이 되었을 때, 조부모님은 아버지에 대한 걱정으로 최대한 돈을 긁어모아 펜실베이니아 시골에 있는 한 농업 기숙학교에 아버지를 보냈다. 그 학교의 학생들은 농사 기술과 기본적인 잡노동을 배웠다. 엄격한 분위기에 전통이 있는 학교로, 아버지를 그곳으로 보내며 조부모님은 아버지가 삶에 필요한 태도와 규율을 배워오리라 기대했다. 하지만 정작 학교에서는 그 누구도 아버지를 가르치지 않았다. 트랙터 엔진 수리를 배우는 것 외에 "그 빌어먹을 촌구석!"이라던 아버지의 말마따나 아무것도 가르칠 것이 없었다. 아버지는 수업을 자주 빼먹고 담배를 피우며 술을 마셨다.

열여섯 살이 된 아버지는 학업은 이만하면 됐다며 집에 가야겠다고 생각했다. 학교에서 퇴학 처분을 받기 위해 우선 수업을 방해하고, 규칙을 무시하며, 모든 사람들을 적대시하기 시작했다. 그러나 학교 관계자가 아버지를 퇴학시키려 하자, 조부모님은 아버지의 퇴학을 거부했다.

"이미 1년치 학비를 다 냈잖습니까. 저 애를 맡기는 데 필요한 돈은 다 냈으니까, 알아서 다뤄보세요."

그렇게 아버지는 학교에 발이 묶였다. 하지만 아버지는 진정한 행동가였다. 아버지는 열일곱 생일이 되자마자 학교에서 빠져나와 10킬로미터 떨어진 가까운 모집소로 걸어가 미 공군에 입대했다. 정말 아버지다운 행보였다. 그는 권위에 맞서고 부모와 학교에 반항하느라 열심이었다. 농업 기숙학교에서 뛰쳐나온 아버지는 미군의 포화 속에 직접 뛰어들었다. 그리고 조부모님이 그토록 절실하게 가르치고 싶어 하던 질서와 규율을 몸으로 배웠다.

그리고 질서와 규율만이 자신의 단점을 극복하고 당신을 보호할 방어벽이라고 숭배하기 시작했다. 새벽 4시에 일어나 아침 내내 훈련을 받고 하루 종일 몸을 쓰고 밤에는 공부를 하는 일과였다. 아버지는 이게 몸에 맞았다. 그 누구보다 오래 버틸 수 있을 거란 확신이 들었고, 자부심도 갖기 시작했다. 아버지의 반항적인 태도와 또 다른 면이었다. 누구보다 빨리 일어나 하루를 시작하는 바람에 그 누구도 아버지의 귓가에 기상나팔을 불 수 없었다.

아버지의 열정적인 직업윤리와 무한한 에너지, 그리고 누구도 차마 무시할 수 없는 똑똑함까지 더해져, 아버지는 동기보다 빠른 승진을 거머쥐었다. 하지만 두 가지 중요한 문제가 있었다.

첫째, 아버지는 성격이 포악해서 누구라도 잘못된 행동을 하면, 설령 그게 상관이라 해도 가만히 두고 보지 않았다. 둘째, 아버지의 주사였다. 아버지는 내가 아는 사람 중 가장 똑똑한 사람이었지만 이상하게도 술만 마시면 화를 내거나 폭력적으로 변했다. 또한 자신이 세워놓은 규칙을 어기고 목표를 전복시켰으며 스스로를 파괴했다. 군대에서 2년을 복무한 후, 아버지의 자기 파괴적인 행보가 질서의 베일 너머로 비추기 시작했다.

어느 날 밤, 아버지와 소대원들이 도박을 하고 있었다. 아버지가 소대원들의 돈을 거의 천 달러 정도 땄다고 했다. 딴 돈을 사물함에 넣어두고 잠깐 자리를 비웠다가 돌아와 보니 소대원들이 아버지의 돈을 가져간 후였다. 아버지는 술에 취해 광분하며, 소지하고 있던 권총을 꺼내 발포했다. 아무도 다치진 않았지만 군에서 퇴역 당하기엔 충분했다. 군사재판에 회부되지 않은 게 다행일 정도였다. 대신에 군은 아버지를 쫓아내 집으로 가는 버스에 태우고 다시는 군으로 돌아오지 못하게 만들었다. 이 일이 아버지의 일생을 찢어 갈겼다. 아버지는 자신과 주변 사람들에게 늘 엄격하고 완벽함을 요구했지만, 술만 마시면 정신이 나간 사람처럼 모든 것을 태워 버렸다. 결국 아버지의 군복무 경력은 거기서 끝났다.

다시 필라델피아로 돌아온 아버지는 불굴의 자세로 야학에 다니며 제철소에 취직했다. 공학을 공부하며 전기와 냉장고에 특출난 재능을 보였다. 어느 날, 세 번째인가 네 번째 승진을 거친 아버지는 이제 그만 퇴사를 해야겠다고 생각했다. 냉장고라면 누구보다 잘 알고 있었고 이제 그만 자신의 가게를 열어야겠다고 생각했기 때문이다.

아버지는 정말 훌륭했다. 많은 아들들처럼 나도 아버지를 섬겼지만 동시에 참 무서운 존재였다. 아버지는 내 인생의 가장 큰 축복

중에 하나였고 동시에 가장 큰 고통의 원천이기도 했다.

————

어머니의 이름은 캐롤라인 일레인 브라이트였다. 피츠버그의 홈우드라는 도시 동부의 흑인 거주 지역에서 나고 자랐다. 우리는 어머니를 '맘맘'이라 불렀다. 맘맘은 말솜씨가 좋고 세련된 분으로 작고 우아한 체격에 피아노 연주자처럼 길고 고운 손가락을 가졌다. 〈엘리제를 위하여〉를 멋지게 연주할 수 있는 손가락이었다. 웨스팅하우스 고등학교에서 가장 뛰어난 모범생이었고 카네기 멜론 대학에서 공부한 최초의 흑인 여성 중 한 명이었다.

어머니는 지식만이 유일하게 자신의 신경을 빼앗을 수 있다고 종종 말씀하셨다. 어머니는 오직 세 가지에만 관심이 있었다. 공부, 공부, 그리고 공부였다. 어머니는 은행, 금융, 영업, 계약서 작성과 같은 사업에 관련된 일들을 좋아하셨다. 그래서 어머니는 늘 돈벌이 수단이 있었다. 어머니는 스무 살에 첫 남편과 결혼해 딸을 낳았고 3년도 채 지나지 않아 이혼했다. 스물다섯 살 무렵, 혼자 살기 녹록지 않은 싱글맘이었던 어머니는 피츠버그에서 아마 가장 교육을 많이 받은 아프리카계 미국 여성 중 한 명이었을 것이다. 하지만 어머니는 여전히 어머니의 잠재력보다 낮은 수준의 직업을 갖고 있었다. 천장 아래 갇혀 더 큰 기회를 갈망하던 어머니는 아기를 품에 안고, 외할머니와 함께 살기 위해 필라델피아로 이주했다.

부모님은 1964년 여름에 만났다. 어머니는 필라델피아의 피델리티 은행에서 일하고 있었다. 친구들과 함께 파티에 갔다가 한 친구가 남자 한 명을 소개시켜 주었다고 했다. 그의 이름이 아버지, 윌 스미스였다. 여러모로 어머니와 아버지는 정반대였다. 아버지가 떠들썩하고 카리스마 넘치는 모습으로 늘 사람들 관심의 중심에 서 있었다면, 어머니는 조용하고 내성적이었다. 어머니는 늘 신중하게 말을 골랐다. 그리고 학구적인 말을 세련된 투로 말했다. 반면에 아버지는 천박하고 시끄럽게 내뱉었다. 아버지는 더러운 농담도 즐겼다. 언젠가 아버지가 한 남자를 두고 "더러운 쥐새끼, 허접한 돼지새끼."라고 부르는 걸 들은 적도 있다. 하지만 어머니는 절대 그런 말은 입에 담지도 않았다.

한편, 그 시절 아버지는 187센티미터의 키에 똑똑하고 잘생긴 외모, 빨간색 컨버터블 폰티악 스포츠카를 끌고 다녔다. 게다가 유머러스하고 노래도 잘하고, 기타도 잘 치니 사람들이 모두 아버지를 보면 열광했다. 늘 한 손엔 술, 다른 한 손엔 담배를 쥐고 열리는 파티의 중심에 서 있는 남자였다. 모두가 아버지의 이야기에 귀를 기울이며 웅성거렸다.

어머니가 아버지를 처음 봤을 때, 어머니는 키가 큰 마빈 게이(미국의 소울 가수)를 떠올렸다고 했다. 그는 사려 깊었고, 주위 사람들도 잘 챙겼다. 파티란 파티는 다 참석할 수 있었고, 무료 음료를 쉽게 받고 무대와 가까운 테이블도 쉽게 얻었다. 아버지는 모든 것을 통제할 수 있는 사람처럼 세상을 움직이는 법을 잘 알고 있었다. 모

든 게 다 잘 풀릴 것 같은 태도였다. 그 점이 어머니에게는 위안이
되었다고 했다.

두 사람이 처음 만났던 그날 밤의 기억이 어머니에게는 이젠 흐
릿하다고 했다. 그저 농담과 웃음의 연속이었다고. 어머니는 아버
지의 유머를 다 이해할 순 없었지만 그에게 야망이 있다는 점에 끌
렸다고 했다. 자기 사업을 하고 있었고, 직원도 거느리고 있는 남자.
그는 백인들이 사는 동네에서 백인들에게 물건을 팔고 싶어 했다.

아버지의 사업은 성공적이었다. 아버지는 어머니처럼 많이 배운
여자와 이야기를 해본 적이 드물었다. '이 여자 꽤 똑똑하네.' 아버
지는 그렇게 생각했다. 아버지에게 일머리가 있다면 어머니에겐 공
부머리가 있었다.

부모님에겐 공통점도 많았다. 둘 다 음악에 진심이었다. 두 분은
재즈, 블루스, 그리고 펑크 음악과 R&B까지도 좋아하셨다. 전설의
모타운 레코드가 전성기를 이루던 시절을 보내며 곰팡이가 낀 지하
의 재즈 클럽 파티에서 춤을 추었다. 게다가 이상한 공통점도 있었
다. 진짜 인연인가 싶을 만큼 깜짝 놀랄만한 공통점이었다. 두 사람
다 어머니의 직업이 야간 근무를 하는 간호사였다(친할머니는 엘렌,
외할머니는 헬렌이었다). 두 사람 다 20대 초반 짧게 결혼했던 경험이
있었고 가장 이상한 우연이라면 두 사람이 각각 팸이란 이름의 어
린 딸이 있었다는 것이다.

부모님은 1966년, 나이아가라 폭포에서 소박하게 결혼식을 올
렸다. 얼마 지나지 않아 아버지는 필라델피아 서부의 노스 54번가

에 있는 외할머니 집으로 들어왔다. 그리고 오래 지나지 않아 두 사람은 서로 다른 장점과 재능으로 최고의 한 팀이 되었다. 어머니는 급여, 계약서, 세금, 회계, 허가증 같은 것을 다루며 아버지의 사무실을 운영했다. 아버지는 당신이 제일 잘하는 일만 하면 그만이었다. 열심히 일하고 돈을 버는 일이었다. 부모님 두 분 다, 젊은 시절은 아주 좋았다고 했다. 젊었고, 서로 사랑했고, 야심찼고, 무엇보다 발전해나가고 있었다.

———

내 진짜 이름은 윌러드 캐럴 스미스 2세, 아버지 이름 뒤에 주니어가 붙진 않았다. 아버지는 늘 사람들에게 내 이름을 주니어가 아니라고 설명했다. 마치 내 이름에 주니어가 붙는 게 두 사람을 동시에 후려치는 기분이었던 모양이다. 나는 1968년 9월 25일에 태어났다. 어머니는 내가 태어나던 순간부터 말이 많았다고 했다. 언제나 웃고 재잘거리며 떠들었다고. 어떻게라도 소리를 내야 좋아했다고 한다.

외할머니는 필라델피아 중심에 있는 제퍼슨 병원에서 야간 간호사로 일하셨다. 그래서 부모님이 출근하고 난 아침이면 외할머니가 나를 키우셨다. 외할머니 집에는 커다란 현관이 있었고, 그 현관이 내게는 노스 54번가라는 극장의 1열이었다. 내가 연극에 참여할 수 있는 무대나 마찬가지였다. 그 현관에서 외할머니는 나를 안고, 지

나가는 사람 모두와 수다를 떠는 나를 지켜보셨다. 그 어린 나이에
도 나는 관객이 있다는 게 참 좋았다.

쌍둥이 동생인 해리와 엘렌은 1971년 5월 5일에 태어났다. 어
머니의 친딸인 팸을 포함해 여섯 명의 가족이 모두 한 지붕 아래 살
았다. 다행히도 북부 필라델피아에서 아버지의 사업은 늘 건재했
다. 냉장고 수리에서 나아가 아버지는 대형 슈퍼마켓에 있는 냉장
고와 냉동고도 설치하고 보수하는 일까지 사업을 확장했다. 아버지
는 필라델피아를 넘어 인근 교외로까지 사업을 넓혔다. 트럭을 여
러 대 구입해 배송하고 냉장고와 전기 기술자도 고용했다. 그리고
사업을 위해 작은 건물 하나를 임대하기에 이른다.

아버지는 늘 열심히 일했다. 어느 추운 겨울날, 쪼들리는 현금을
벌어보려고 아버지가 등유난로 수리하는 법을 독학하시던 기억이
난다. 그게 당시 필라델피아에선 대유행이었다. 아버지는 전단지를
잔뜩 붙였고, 난로를 수리해 달라며 사람들이 아버지를 찾았던 기
억이 난다. 아버지는 일단 난로를 고쳐도 제대로 작동되는지 확인
하기 위해 며칠 동안 테스트해야 한다는 사실을 깨달았다. 수리가
잘 됐는지 확인하기 위한 목적으로 아버지는 난로를 열 몇 개 구입
했다. 그 많은 난로 때문에 가장 추운 겨울날에도 우리 집은 늘 훈
훈했다. 그래서 아버지는 집에 가스를 끊었다. 그래도 우리 집은 따
뜻하고 포근했으며, 그 값을 톡톡히 했다.

내가 두 살이 되던 해에, 아버지는 외할머니 집에서 멀리 떨어지
지 않은 필라델피아 서부의 와인필드라는 중산층 동네에 집을 살

수 있을 정도로 사업을 다졌다. 나는 가로수가 길게 늘어진 우드크레스트가 5943번지의 벽돌로 된 연립주택에서 자랐다. 나란히 연결된 집들로 동네는 강한 공동체 의식이 있었다. 옆집 숟가락 개수까지 다 알 수 있는 동네였다. 1970년대 젊은 흑인 가정이 가질 수 있는 최고의 아메리칸 드림이었다.

길 건너에는 비버 중학교와 커다란 콘크리트 놀이터가 있었다. 농구 코트와 야구장, 고무줄 넘기를 할 수 있는 곳이었다. 모두가 좋은 시절이었다. 여름이 되자마자, 아이들은 물 만난 고기처럼 밖으로 뛰어나왔다. 동네에는 애들이 가득했다. 누구든 밖으로 나와 놀았다. 우리 집 근방 100미터 내에 사는 내 또래 애들만 40명은 족했다. 스테이시, 데이비드, 리시, 셰리, 마이클, 테디, 숀, 오말 등 심지어 그 애들의 형제자매나 옆 블록에 있는 애들은 세지도 않았다.

스테이시는 내게 제일 오랜 친구이기도 하다. 우리 집이 우드크레스트로 이사 온 첫날 그녀를 만났다. 나는 두 살이었고, 스테이시는 세 살이었다. 어머니들이 유모차에 태워 우리를 소개해주었다. 일곱 살 무렵의 나는 그녀를 사랑했지만 스테이시는 아홉 살의 데이비드를 사랑했다. 정말 좋은 시절이었고 사람들은 분명 스스럼없이 사랑을 나눴다.

중산층 교육을 받으며 자란 내 배경이 래퍼가 된 초창기에는 끊임없는 비판의 대상이 되었다. 나는 갱스터도 아니었고, 마약을 팔지도 않았으니까. 괜찮은 동네에서 양친이 모두 살아계시는 가정에서 자랐다. 열네 살까지는 주로 백인 아이들과 함께 가톨릭 학교에 다녔다. 어머니는 대학교육도 받으신 분이었다. 그리고 결점이 많은 아버지긴 했지만, 항상 식사를 차려주셨고, 자식들을 저버리기 전에 돌아가셨다.

내 이야기는 나중에 세계적인 현상을 일으킨 젊은 흑인 남성들이 했던 이야기와는 매우 달랐다. 그들의 마음속에 나는 일종의 부정한 래퍼였다. 그들은 나를 부드럽다거나 바보, 감상적이라거나 말랑한 래퍼라고 불렀다. 이런 비판을 받을 때마다 나는 심한 분노를 느꼈다. 돌이켜보면 내가 조금은 이런 모습을 투영하고 있었던 것 같지만, 그럼에도 저런 비판이 싫었던 가장 큰 이유는 내가 내 스스로 가장 싫어했던 모습, 바로 내가 겁쟁이라는 걸 들켰다는 수치심 때문이었다.

———

아버지는 군인의 사고방식과 명령적인 태도로 세상을 바라보았다. 마치 전쟁터의 소대를 다루듯 가족들을 지휘하려 했고, 아버지에게 우드크레스트의 집은 전쟁터의 막사였다. 아버지는 우리에게 방 청소를 하거나 침대를 정리하라고 시키지 않았다. 언제나 "네 지역을 주시해라."고 명령만 했을 뿐이었다.

아버지의 세계에서 사소한 것은 없었다. 숙제는 임무였다. 화장실 청소도 임무였다. 슈퍼마켓에서 장을 보는 것도 임무였다. 바닥을 닦는 것은 절대 바닥을 닦는 데서 그치지 않았다. 이것은 명령을 따르거나 자기 수양을 하며 주어진 임무를 최대한 완벽하게 수행하는 능력을 보는 시험이었다. "99퍼센트는 0퍼센트와 같다."는 게 아버지가 늘 강조하시던 말이었다.

만약 군인 하나가 임무에 실패한다면 완벽해질 때까지 반복해야 한다. 명령에 불복한다는 건 곧 군사재판에 회부된다는 뜻이었다. 처벌은 엉덩이를 발가벗은 채 혁대로 맞는 일이었다. 아버지는 늘, "벗어라. 난 옷을 때리는 게 아니다."라고 하셨다.

아버지의 마음속에선 모든 게 생사가 달린 문제였다. 아버지는 자녀들이 무질서하고 잔인하고 혹독한 세상에서 성공할 수 있도록 준비를 시키고 계셨다. 공포를 심어주는 게 흑인 사회에서는 당연한 육아 전술이었고 그건 지금도 마찬가지다. 두려움을 생존의 필수로 받아들여야 하는 것이다. 흑인 아이들을 보호하기 위해서는 부모의 권위를 두려워하게 만들어야 한다고 모두가 생각한다. 두려움을 심어주는 것이 사랑이라고 여긴 것이다.

아버지의 이데올로기는 언제나 삶의 피할 수 없는 역경을 다룰 수 있도록 자식들을 정신적으로나 육체적으로 훈련시키는 데 중점을 두고 있었다. 하지만 아버지도 의도치 않게 끊임없는 긴장과 불안한 환경을 만들어냈다. 언젠가 일요일 오후, 아버지는 웬일로 하루를 쉬며 거실에 앉아 TV를 보고 있었다. 아버지가 나를 불렀다.

"윌."

나는 벌떡 정신을 차리고 "네, 아빠?"라고 대답했다.

"브라이언트 가게로 가서 담배 100개비만 사오거라."

"네, 알겠습니다!"

아버지는 내게 5달러를 주셨고 나는 구멍가게로 달려갔다. 아마 한 열 살쯤 되었을 때였던 것 같다. 1970년대 당시에는, 부모님이 아이에게 담배 심부름을 시킬 수 있었다. 나는 브라이언트 씨가 운영하던 가게까지 쉬지 않고 달려갔다. 숨이 턱 끝까지 찼지만 완벽한 군인의 모습이었다.

"안녕하세요, 아저씨. 아버지가 담배를 사오라고 시키셨어요."

"윌, 잘 지냈니? 오늘은 담배 업체가 안 왔어. 내가 한 보루를 빼놓을 테니 네 아버지한테 내일 들어온다고 전해라."

브라이언트 씨가 말했다.

"네, 감사합니다. 아저씨. 그렇게 말씀 드릴게요."

나는 집으로 돌아가는 길에 데이비드와 대니 브랜든을 만났다. 너프 축구공이라는 이상한 물건을 얻어왔다는 게 아닌가. 미식축구공은 맞는데, 다른 공보다 유독 부드러웠다. 나는 새 공의 특이한 촉감에 완전히 빠져들고 말았다. 그렇게 1분이 5분이 되고, 5분이 10분이 되고, 10분이 20분이 되었다. 갑자기 잘 놀던 데이비드와 대니가 얼어붙었다. 둘은 내 어깨 너머를 빤히 바라보고 있었다. 나도 몸을 돌려보자, 심장이 뚝 떨어졌다. 아버지였다. 널찍한 가슴을 크게 부풀린 아버지가 성큼성큼 걸어와 나를 똑바로 바라보며 물었다.

"여기서 뭘 하고 있는 게냐?"

데이비드와 대니는 줄행랑을 쳤다. 나는 재빨리 설명을 하려고 입을 열었다.

"아빠. 브라이언트 씨가 담배 오늘 없다고……."

"내가 뭐라고 했지?"

"아빠 그게……."

"책임자가 누구지?"

"그게 무슨 말씀……."

"누가 책임자야?! 너야? 아니면 나야?"

내 심장이 몸 밖으로 튀어나갈 것처럼 두근거렸다.

"아버지요……."

목소리가 덜덜 떨렸다.

"두 사람이 책임자면 모두가 죽는다! 그러니까 네가 책임자면 책임자라고 말해! 그럼 내가 네 명령에 복종하겠다!"

아버지의 콧구멍이 세차게 벌렁거리고 왼쪽 관자놀이의 핏줄이 벌겋게 곤두서 있었다. 열 살짜리 순수한 소년을 노려보는 눈동자가 희번들거렸다.

"내가 너에게 임무를 맡겼을 땐 두 가지 경우밖에 없어. 임무를 완수하거나 아니면 죽는다. 내 말 이해했니?"

"네, 아버지."

아버지는 내 목덜미를 잡아 채 집으로 끌고 갔다. 나는 그 일이 야단맞을 만한 일은 아니라고 생각했다. 어린 시절 체벌을 당했을 때도 나는 맞을 만한 일은 아니라고 생각했다. 그만큼 나쁜 아이가 아니었다. 만약 내가 문제를 일으켰다면 그건 대게 내가 산만했기 때문이었다. 어린 시절 겪은 체벌로 인해 나는 내가 스스로 나쁜 아이라고 여기게 되었다는 생각이 든다.

————

어린 시절 내내 계속된 두려움은 내 주변의 모든 상황에 대한 예민함을 발달시켰다. 아주 어릴 때부터 나는 주변의 모든 감정에 적응할 수 있는 날카로운 직관을 갖게 되었다. 그래서 나는 다른 아이들보다 훨씬 더 깊은 수준의 분노와 기쁨을 감지하고 예측하고, 슬픔을 이해하는 법을 배웠다.

이렇게 타인의 감정을 눈치로 알아차리는 건 내 개인적인 안전을 결정하는 아주 중요한 일이었다. 아버지의 목소리에 담긴 어조와 어머니의 날카로운 질문, 여동생의 감시를 피하는 법까지. 나는 아주 빠르고 심오하게 눈치를 보며 자랐다. 내가 아버지의 말을 놓치거나 잘못 알아듣는 순간, 엉덩이를 맞거나 어머니의 얼굴에 주먹이 날아갈 수도 있었기 때문이다.

아버지는 검은색 가죽 열쇠 주머니를 기능성 허리 벨트에 차고 있었다. 아버지는 대략 30개의 열쇠를 들고 다녔으며 그게 내게는 알람 같은 역할을 했다. 나는 아버지가 열쇠를 다루는 손짓으로 인해 열쇠가 흔들리는 리듬만으로도 아버지의 기분을 파악할 수 있었다. 내 방은 계단 꼭대기에 있었고 현관문을 바로 내려다볼 수 있는 위치였다. 만약 아버지의 기분이 좋으면 열쇠는 평소보다 가볍게 짤랑거렸다. 아버지가 화가 나 있는 상태면 열쇠는 허리춤에서 요란하게 소리를 내고 있었다.

그리고 아버지가 취해 있으면 열쇠는 중요치 않았다. 이런 감정적 자각이 내 평생을 따라다녔다. 역설적이게도 이런 능력이 배우이자 연기자인 내겐 큰 도움이 되기도 했다. 나는 연기로 돈을 벌기훨씬 전부터 타인의 복잡한 감정을 쉽게 알아차리고 이해하고 따라할 수 있었기 때문이다.

———

아버지는 대공황 직후에 태어난 가난한 아이였다. 아버지는 10학년까지의 기본 교육만 받았다. 하지만 평생을 열두 명의 직원과 일곱 대의 트럭, 세 개 주에 걸친 식료품점과 슈퍼마켓에 매일 만 삼천 킬로그램의 얼음을 납품했다. 몇 주를 달리며 하루도 쉬지 않았고, 그렇게 휴가도 없이 수십 년을 살았다. 어머니는 아버지가 한밤중에 집에 들어와 "세어봐."라고 말하며 수천 달러의 현금을 침대에던지고는 즉시 가게에 출근하던 기억이 난다고 했다.

아버지는 나를 괴롭혔지만 내가 아는 가장 위대한 사람 중 한 명이다. 아버지는 폭력적이었지만 내가 하는 경기, 연극, 그리고 연주회는 빠짐없이 참석하셨다. 아버지는 알코올중독자였지만 내 영화의 초연엔 늘 정신이 말짱했다. 아버지는 내가 발매한 모든 앨범을 들었고 늘 녹음실에 오셨다. 가족들을 공포에 떨게 했던 그 강렬한 완벽주의 덕에 하루도 빠지지 않고 저녁 식사를 차려주었다. 내 친구들 중 많은 이들이 아버지를 아예 모르거나 아버지의 부재 속에 자랐지만, 아버지는 나를 지원해주셨고 단 한 번도 아버지의 자리를 떠난 적이 없었다. 그리고 아버지는 자신의 악마성을 극복하는 법은 배우지 못했지만, 내 안의 악마와 맞서는 방법을 길러주셨다.

————

우리 모두는 아버지의 사랑과 가족에 대한 군인스러운 면모하에 고통을 겪었지만, 어머니보다 더 큰 고통을 받은 사람은 없었다. 만약 책임자가 두 명이면 모두가 죽는다던 아버지의 말대로라면, 그 말은 곧 어머니는 절대 책임자가 될 수 없다는 뜻이기도 했다. 어머니가 남의 명령을 따를 만한 여자가 아니었다는 것이다. 어머니는 교육을 많이 받고 자존심도 세고 고집도 있었다. 우리 모두 어머니에게 제발 소란을 만들지 말아 달라 애원했지만 어머니는 거절했다. 언젠가 한번 아버지가 어머니를 때리자, 어머니는 아버지의 성미를 부추겼다.

"와, 당신 진짜 남자네! 여자를 때리는 남자는 뭔 줄 알아? 어?"

아버지는 또다시 손을 올렸고 어머니는 바닥에 널브러졌다. 어머니는 다시 일어나 아버지의 눈을 빤히 들여다보며 침착하게 말했다.

"원하는 만큼 때려. 하지만 난 절대 안 다쳐."

나는 결코 그 장면을 잊을 수 없다. 아버지가 아무리 어머니를 때려도 어머니는 절대 다치지 않는다는 말이 무슨 뜻이었을까? 나도 어머니처럼 강해지고 싶었다.

나를 제외한 우리 집에 있는 모든 사람들이 싸움닭이었다. 누나 팸은 어머니만큼이나 강했다. 누나는 나보다 여섯 살 위였고, 어린 시절 나의 경호원이었다. 누나는 언제나 누구에게든 맞설 수 있었다. 누군가 내 돈을 뺏거나 괴롭혀서 내가 울면서 집에 돌아오면 누나는 내 손을 잡고 밖으로 곧장 걸어가 외쳤다.

"누가 그랬어? 누구야, 가리켜봐, 월!"

그러고 나서 내가 손가락질한 아이에게 누나는 아무렇지도 않게 엉덩이를 발로 차 주었다. 그러니 누나가 대학으로 떠나던 날, 얼마나 슬펐던지. 해리 역시 강한 놈으로 자랐다. 나는 기회가 있을 때마다 아버지의 비위를 맞추기 위해 신경을 곤두세웠지만, 해리는 어머니의 행동을 따라 했다. 어린 나이부터 해리는 차라리 자리에서 일어나 맞는 쪽을 택했다.

"아버지가 저를 아무리 때려도, 전 절대 울지 않아요. (찰싹) 안 울어요! (찰싹) 절대 안 울 거예요."

결국 아무리 해도 그 애의 고집을 꺾을 수 없다는 걸 안 아버지는 아예 해리를 완전히 지워버렸다. 해리의 용기가, 내 동생이 괴물에게 맞설 수 있다는 걸 보여준 게, 나를 더 수치스럽게 만들었다. 싸움닭이 난무하는 집안에서 나는 가장 약한 존재였다.

연기를 함에 있어, 캐릭터의 두려움을 이해하는 것은 그의 혹은 그녀의 마음을 이해하는 데 가장 중요한 부분이다. 두려움은 욕망을 만들고 욕망은 행동을 촉진한다. 이러한 반복적인 행동과 예측 가능한 반응이 훌륭한 영화 캐릭터의 기본 요소다.

이건 실생활에서도 마찬가지다. 나쁜 일이 일어나면 우리는 다시는 그런 일을 겪지 않으리라 다짐한다. 하지만 나쁜 일을 막으려면 우리는 어떤 특정한 사람이 되어야 한다. 우리는 안전함과 안정성, 그리고 사랑을 전달할 것이라고 믿는 행동을 선택한다. 그리고 계속해서 반복하고 또 반복한다. 영화에서는 그걸 캐릭터라고 부르고 현실에서는 그걸 성격이라고 부른다. 두려움에 어떻게 반응하는지가 '나'라는 사람을 만드는 것이다.

그리고 나는 웃긴 사람이 되기로 결정했다.

―――――

우리 형제 모두가 그날 밤 침실에서 어머니와 함께 있었던 일을 기억한다. 우리 모두 정말 두려웠다. 하지만 우리는 모두 다른 반응을 보였다. 우리가 어떤 사람이 되었는지를 보여주는 방식이었다. 남동생 해리는 겨우 여섯 살이었는데도 불구하고 어머니를 보호하려 했다. 그 후로도 몇 년 동안, 때로는 성공적으로 그렇게 여러 번이나 어머니를 구했다. 하지만 그날 밤, 아버지는 해리를 밀쳐냈다. 동생은 직감적으로 어머니가 겪은 고통을 배웠다. 해리는 자기 안의 비밀스러운 장소를 만들었다. 그렇게 누구라도 원하는 만큼 그 애를 때릴 수는 있어도 절대 그 애를 다치게 할 순 없었다. 언젠가 한번은 해리가 아버지에게 "나를 죽여야 멈출 수 있어요." 하고 소리치던 기억이 난다.

같은 날 밤, 여동생 엘렌은 침실로 달려가 침대 위에 몸을 웅크리고 귀를 막으며 울었다. 나중에, 그녀는 아버지가 엘렌의 방을 지나가며 자신의 울음소리에 차가운 말투로 "대체 쟤는 왜 우는 거야?"라던 아버지를 기억했다. 엘렌은 뒤로 물러섰다. 아버지에게서뿐만 아니라 우리 모두에게서. 몇 년이 지난 후, 엘렌의 회피는 극심한 반항으로 돌아왔다. 엘렌은 밤새 술을 마시고 담배를 피우며 어디에 있는지 집에 전화조차 하지 않았다.

해리가 두려움과 싸웠다면 엘렌은 두려움으로부터 도망쳤다. 그리고 나는 유쾌한 사람이 되었다. 어린 시절 내내 형제들과 나는 서로의 반응에 대해 가혹하게 서로를 평가했고 그건 곧 서로를 향한 분노가 되었다. 엘렌은 나와 해리가 자신을 지지하지 않는다고 생각했고, 해리는 장남인 내가 더 강해져야 하며, 문제를 해결하기 위한 시도라도 했어야 한다고 생각했다. 그리고 나는 두 사람의 반응이 상황을 더 악화시키고 우리 모두를 더 나쁜 상황으로 몰아간다고 믿었다. 차라리 모두가 입을 다물고 내 방식대로 따라주길 바랐다.

나는 아버지를 기쁘게 하고 달래고 싶었다. 왜냐하면 아버지가 웃는 한, 우리 모두는 안전하다고 믿었기 때문이다. 나는 집안의 연예인이었다. 모든 걸 가볍게 취급하고 재미있고 즐겁게 해주고 싶었다. 이런 심리적 반응이 나중에 예술적, 재정적 성공으로 결실을 맺긴 했지만, 이건 아홉 살짜리 뇌가 아버지의 학대를 어떻게든 자신의 잘못으로 취급했다는 뜻이기도 하다. 그리고 이런 나의 강박적인 욕망이 다른 사람들을 끊임없이 기쁘게 해주고, 항상 웃게 만들고, 기쁨과 아름다운 것에 관심을 쏟게 하는 진정한 연예인으로 탄생하게 했다.

하지만 그날 밤, 아버지의 주먹이 내가 세상에서 가장 사랑하는 어머니를 때리는 모습을 바라보며, 그리고 힘없이 방바닥에 무너지는 어머니의 모습을 바라보며, 나는 그냥 그 자리에서 얼어 붙어버렸다. 어린 시절 내내 겁에 질려 살았지만, 그날 처음으로 나는 나의 비겁함을 깨달았다. 어머니와 몇 발자국도 채 떨어지지 않은 자리에 서 있었지만 나는 아무것도 하지 못했다. 겨우 아홉 살이던 나는 어머니가 바닥에 무너지던 모습과 가족의 파멸을 보며 마음속으로 무언의 약속을 했다. 언젠가는 내가 책임자가 될 거라고. 그리고 다시는 이런 일이 일어나게 하지 않을 거라고.

02.

FANTASY
환상

내가 만든
환상의 세계보다
재밌는 건 없었다.

이 책을 읽는 모두가 아마 가정폭력에 대한 이야기가 아니라, '나는 필라델피아 서부에서 태어나고 자라……'라고 시작하리라 기대했을 것이다. 물론 나도 그런 유혹에 마음이 흔들렸다. 하지만 아무 이야기나 만들어내진 않는다.

나는 언제나 현실을 해체하고 다시 재구성해 내게 맞는 것으로 바꾸어 버린다. 실제로도 그게 뭐든 당신을 설득하기만 하면 된다. 나는 대중들을 좋아한다. 그게 내 진짜 직업이다. 진실이 무엇이든 나는 당신을 설득하기로 마음먹었고, 당신은 그대로 믿을 것이다. 그게 내가 하는 일이다.

나는 내 이야기를 깨끗이 닦고 광택을 내고 싶었다. 나는 아주 탁월한 이야기꾼이다. 흠집 하나 없는 다이아몬드처럼 깨지지 않는 나를 보여주고 싶었다. 성공한 인간의 환상적인 이미지로. 나는 언제나 허황된 이야기를 만들어 설득하기를 좋아한다. 그렇게 나는 아직도 진행 중인 현실과의 전쟁 속에서 고군분투하며 살고 있다. 물론 레드카펫을 걷거나, 하늘을 나는 자동차를 운전하는 일, 늘 손질된 머리스타일, 흥행기록 경신, 아름다운 여인과의 결혼, 전설과도 같은 몸매, 섹시한 '윌 스미스'도 있다. 그리고 여기 또 다른 내 모습도 있다. 이 책은 온전히 나에 관한 것이다.

웨스트 필라델피아에서 태어나고
놀이터는 내가 하루 대부분을 보낸 곳.
편하게 쉬고, 놀고, 느긋하고.

학교에서 돌아오면 매일 엉덩이를 맞고 괴롭힘도 당하고…….

내가 이런 랩을 썼어야 하는데. 뭐, 좋다. 내가 이상한 아이였다는 건 인정한다. 어린 시절의 나는 마르고 멍청하고 기이한 옷만 입는 아이, 트로피처럼 생긴 귀를 가진 불쌍한 아이였다.

어린 시절의 나에 관해 생각해보면 아마 나라도 나 같은 애를 놀렸을 것이다. 수학과 과학에 빠져 사는 것도 도움이 되지 않았다. 하지만 난 정말 수학과 과학을 좋아했다. 아마 수학이 정확했기 때문에 좋아했던 것 같다. 난 지금도 모든 게 딱 맞는 것을 좋아한다. 숫자는 장난을 치지도 않고 기분이나 의견을 내지도 않는다. 나는 참 말이 많기도 했다. 너무 많이 해서 문제였다. 하지만 중요한 건 내가 거칠고 생생한 상상력을 가졌고 대부분의 아이들보다 훨씬 더 광활하고 긴 상상력을 지닌 아이였다는 점이다. 대부분의 아이들이 플라스틱으로 만든 군인 인형이나 축구공, 장난감 총을 가지고 놀 때 나는 나만의 정교한 환상의 시나리오를 만들고 그 안에서 길을 잃곤 했다.

내가 여덟 살인가, 아홉 살쯤 되었을 때, 어머니가 나와 누나 팸을 필라델피아 남서부의 세이어 모리스 여름 캠프에 보낸 적이 있다. 오락, 수영장, 미술실, 공예품까지 만들 수 있는 평범한 여름 캠프였다. 첫째 날 집으로 돌아와 부엌으로 뛰어 들어갔는데, 어머니는 옆집의 프리다 아줌마와 앉아 있었다. 어머니가 물었다.

"응, 왔어? 캠프는 어땠어?"

"어머니. 너무 재밌었어요. 트럼펫이랑 바이올린이랑 드럼이랑 가수까지 있는 큰 재즈 밴드도 오고, 이렇게 큰 악기인데 경적 소리 내는 것도 있었어요."

나는 트롬본의 커다란 움직임을 흉내 냈다.

"그리고 댄스 경연을 했는데, 막 50명쯤 되는 사람들이 모여서 춤 도 추고……."

프리다 아줌마가 어머니를 바라보며 눈썹을 찡그렸다. 표정에서 '재즈 밴드? 안무가가 50명? 어린이 여름 캠프에서요?'라고 말하는 듯했다. 그녀가 몰랐던 건 어머니와 나 사이의 장난이었다. 내가 생 각해낼 수 있는 가장 화려하고 생생하고 이국적인 장면을 묘사하는 것이다. 그리고 그걸 실제 경험에 덧씌우는 것이다. 그럼 어머니는 그 장면에서 어느 정도까지 실제인지를 맞추는 것이다. 어머니는 잠시 말을 멈추고 나와 코를 맞댔다. 어머니는 이렇게 나와 눈을 맞 추고 나에게서 약간의 과장을 찾아내곤 했다. 이건 일종의 거짓말 탐지기였다. 나는 겁먹지 않고 맞섰다. 그래도 어머니는 다 알았다.

"장난은 그만. 세이어 캠프에는 재즈 밴드가 없지."

"아니에요, 어머니. 진짜라니까요. 대단했어요."

프리다 아줌마는 혼란스러워하며 말했다.

"하지만 캐롤라인. 윌은 트롬본이란 단어도 몰랐잖아요. 정말 캠 프에서 본 게 아닐까요?"

"아니요, 얘는 늘 이런 식이라니까요."

바로 그때 팸이 부엌으로 걸어 들어왔다. 어머니는 누나에게 물었다. "팸, 오늘 캠프에서 정말 재즈 밴드에 댄스 경연에 트롬본까지 있었니?"

팸은 눈을 데구루루 굴렸다.

"뭐? 아니, 그냥 주크박스였어. 윌이 하루 종일 거기 서서 노래만 들었어. 수영장엔 들어가지도 않았다니까."

어머니는 프리다 아줌마를 보며 웃었다.

"내가 말했죠?" 나는 웃음을 터트렸다. 이번 판은 어머니가 이겼지만 적어도 나는 프리다 아줌마는 이겼다.

태생적으로 나는 상상력이 풍부했다. 그리고 내 직업이 되자, 상상력은 하늘에서 돈을 비처럼 뿌렸다. 어머니는 늘 내 상상력을 좋아했다. 어머니는 내 바보 같은 면을 사랑했지만 그래도 조금 더 똑똑하게 굴기를 바랐다. 어머니 인생의 어떤 지점부터, 어머니는 교육, 유산, 잘못된 건강 지침들처럼 중요한 것들만 이야기하기로 마음먹은 것 같았다. 어머니와 아버지는 늘 모든 것을 논의했다.

"인종차별 폐지는 흑인에게 일어난 최악의 일이지." 아버지가 강조했다.

"진심은 아니겠죠? 그냥 내 신경을 거스르고 싶어서 하는 소리잖아요." 어머니가 경멸하는 말투로 말했다.

"잘 들어, 캐롤라인! 폐지 전엔 우리만의 것이 있었어. 흑인이 흑인을 후원하니까 흑인 사업이 번창했지. 근데 흑인이 맥도날드에서 밥을 먹을 수 있게 되면서 우리 경제 기반이 무너진 거야."

"그래서 당신은 우리 애들을 노예로 키우고 싶다는 거야?"

"내 말은 만약에 흑인만 마실 수 있는 식수대가 있었으면 그걸 고치는 것도 흑인이었을 거란 거야."

어머니는 아버지에게 직접 말을 한 적은 없지만 우리에겐 항상 이렇게 말하곤 했다.

"어리석은 사람과 절대 다투지 마라. 왜냐하면 멀리서 보면 사람들은 누가 어리석은지 구분을 못 하거든."

그래서 어머니가 논쟁을 그만두면 어머니가 그 사람을 어떻게 생각하는지도 알 수 있었다. 내가 바보 같은 말을 하면 어머니의 세상이 가벼워졌다. 하지만 어머니는 내가 똑똑한 말도 해주길 바랐다. 그러면 어머니는 안심했다. 어머니는 내가 똑똑해야 살아남을 수 있다고 생각했다. 어머니는 똑똑함과 어리석음의 비율이 6 대 4 정도 되는 것을 가장 좋아하신다. 그래서 나는 어머니 앞에선 겉으로 보기엔 정말 바보 같아 보이는 걸 즐겼다. 그리고 그 기저에 똑똑함을 숨기는 것이다. 어머니가 그저 어리석다고 생각하는 그 표정이 참 마음에 든다. 그리고 똑똑한 부분을 슬그머니 드러낸다. 이게 내가 제일 좋아하는 부분이기도 하다. 희극은 지성의 연장이다. 정말 똑똑하지 않으면 웃기기도 어렵다. 그리고 웃음은 어머니에겐 약과 같다. 어떤 면에서 나는 어머니의 작은 의사고 어머니가 더 많이 웃을수록, 더 어리석고 더 똑똑하고 더 멋진 것들을 만들어낼 수 있다.

———————

어릴 적, 나는 곧잘 상상 속으로 사라지곤 했다. 누가 방해하지 않으면 나는 끝없이 공상에 빠질 수 있었다. 내가 만든 환상의 세계보다 재밌는 건 없었다. 때론 현실보다 더 현실적이기도 했다. 이 끊임없는 이미지의 흐름과 색상, 아이디어, 바보 같음이 나에겐 안전한 장소였다. 그리고 그 환상의 공간을 누군가와 공유할 수 있다는 것과 누군가에게 전달할 수 있음이 내겐 궁극적인 행복이 되었다. 나는 한 사람의 놀라운 관심이 내 상상의 창조물과 조화를 이루며 감정의 롤러코스터를 타는 게 좋다.

내게 환상과 현실의 경계는 항상 희미하고 투명했다. 그리고 나는 각각의 경계를 쉽게 드나들 수 있었다. 문제는 한 남자의 환상이 다른 누군가에게는 거짓말이었다는 점이다. 나는 동네에서 충동적인 거짓말쟁이라는 평판을 얻게 되었다. 내 친구들은 내가 하는 말을 믿지 못했다.

하지만 어머니만큼은 내 타고난 성질을 좋아했다. 어머니는 내가 최대한 창의적일 수 있는 공간을 만들어 주셨다. 예를 들어, 어린 시절 내내 나는 매지커Magicker라는 상상의 친구가 있었다. 대부분의 아이들은 만 4세부터 6세까지 상상의 친구를 가진다. 상상 친구는 아이가 원하는 것은 무엇이든 같이 원하고, 아이가 싫어하는 것을 같이 싫어한다. 상상 친구를 통해 아이의 생각과 감정을 확인할 수 있다. 하지만 매지커는 달랐다. 매지커는 모든 면에서 완벽한 사람이었다. 매지커는 빨간 머리에 흰 피부, 주근깨를 가진 백인 소년이었다. 그는 항상 새빨간 나비넥타이를 매고 파란색 폴리에스테르 정장을 입고 있었다. 배꼽 위로 올린 바지에 하얀 양말이 도드라졌다.

대부분의 아이들이 가진 상상 친구는 예상과 확신의 역할을 하는 반면, 매지커는 우리가 어떤 놀이를 하고 어디로 가야 하며, 무엇을 해야 하는지 뚜렷한 선호와 의견을 갖고 있었다. 때때로 그는 내 의견에 동의하지 않았고, 가끔은 내가 외출하고 싶지 않을 때에도 나를 밖으로 내몰았다. 그는 내 삶에 특정한 종류의 음식이나 사람들의 성격에 의견을 표출했다. 어린 시절 매지커는 내게 정말 중요한 존재여서 어머니는 가끔 저녁 식탁에 그를 위한 접시를 따로 차려주기도 했다. 그리고 나와 대화가 제대로 통하지 않을 때면 어머니는 매지커에게 말을 걸기도 했다.

"좋아, 매지커. 잘 준비는 다 했니?"

다행스럽게도 매지커와 내 의견이 일치하는 건 이때뿐이었다.

———

어린 시절 나는 열정적으로 카우보이 부츠에 빠져들었다. 나는 정말로 카우보이 부츠를 좋아했다. 사실 나는 카우보이 부츠 외엔 다른 어떤 신발도 다 거부했다. 운동복에도 신고 싶었고, 청바지에도 신고 싶었다. 환장하게도, 반바지에 카우보이 부츠 차림으로도 잘 돌아다녔다. 동네 친구들은 나를 무자비하게 놀렸지만 나는 좀처럼 그 이유를 알 수 없었다. 애들이 비웃으면 비웃을수록 내 카우보이 부츠에 대한 사랑은 깊어졌다.

나는 항상 조금 괴짜였다. 내가 평범하다고 느끼는 것들이 다른 사람들에게는 이상하게 보일 수도 있었고, 다른 사람들이 좋아하는 것들이 내게는 조금의 영감도 주지 못할 때도 있었다.

그 시절에도 허피 산악자전거는 유행이었다. 모든 아이들이 그 자전거를 원했다. 하지만 나는 허피 자전거를 조르지 않았다. 모두가 찍어낸 듯 판에 박힌 평범한 자전거를 사달라고 부모님께 요구했지만 나는 새빨간 리레이 자전거를 원했다. 내 자전거에는 뒷부분에 커다란 바퀴가 달려 있고 앞바퀴는 그보다 작은 자전거로, 3단 기어변속기와 얄팍한 바나나 모양의 안장이 달려 있었다. 마치 어린이용 자전거의 할리 데이비슨 오토바이 격이었다. 오토바이를 타고 있는 것 같은 느낌이 진짜로 들어 내게는 지구상에서 가장 멋진 자전거였다.

자전거를 타고 공원에 가기로 약속한 그날 밤, 친구들 사이에 등장하는 상상을 하느라 잠이 오질 않았다. 나만의 커다란 비밀무기를 드러낼 때가 온 것이다. 나는 맨 앞에 서서 출발할 준비를 할까 하다가 차라리 맨 뒤 진입로에서 나타나기로 했다. 모두의 놀라움을 만끽하면서. 심지어 애들이 내 자전거를 발견하면 할 대사도 정하고 연습했다.

"뭘 봐, 이 멍청이들아. 뭘 기다리는 거야? 가자고!"

그런 다음 1등으로 치고 나가는 거다. 무리의 우두머리이자 이 동네의 대장인 윌 스미스가 되는 거다. 그리고 때가 되었다. 나는 거실의 커튼 너머에서 친구들을 지켜보고 있었다. 애들이 모두 기다리며 대체 윌은 어디 있을까, 궁금해 한다는 걸 알 수 있었다. 나는 집 옆 진입로에 서서 핸들을 거칠게 잡으며 자전거 페달을 밟았다.

내가 앞으로 나서자 모두들 나를 주시했다. 나는 고갯짓을 하며 말했다.

"뭘 봐, 이 멍청이들아. 뭘 기다리는 거야? 가자고!"

몇 초간 누구도 말이 없었다. 나는 친구들이 충격을 받았다고 확신했다. 그리고 얼마 지나지 않아 내 등 뒤에서 터져 나오는 웃음소리에 힘이 쭉 빠졌다. 테디 앨레슨은 그야말로 땅을 구르며 웃었다. 그 애가 눈물을 흘리며 물었다.

"저 거지 같은 건 뭐야?"

나는 브레이크를 밟고 돌아서며 테디가 단지 시비를 거는 건지, 아니면 모두의 생각을 대신 말해준 건지 살펴보았다.

"검둥이, 네가 폭주족이야?" 대니 브랜든이 말했다.

"핸들 너머는 보지도 못하는 게!" 마이클 바는 조용히 덧붙였다.

"백인 놈들이 다니는 학교에 가면 저렇게 된다니까."

하지만 애들이 어떻게 생각하든 나는 알 바 아니었다. 왜냐하면 나는 멋있었으니까. 나는 거의 망상에 가까운 자신감을 기를 수 있었다. 내 자신에 대한 이런 다소 왜곡된 인식은 어린 시절엔 종종 비웃음으로 끝나거나 혼이 나고 말았지만, 삶을 통틀어 보면 많은 경우 엄청난 폭발력을 가져왔다. 부모님이 내게 힙합에 대한 커리어가 없어서 래퍼가 될 수 없다고 말씀하셨을 때, 나는 단념하지 않았다. 왜냐하면 나는 부모님이 이해하지 못하는 걸 알고 있었기 때문이다.

TV 프로그램 제작자들이 내게 연기를 할 수 있겠냐고 물었을 때도 나는 "당연하죠."라고 대답했다. 그 전까지 연기라곤 한 번도 해본 적이 없었지만 말이다. 그때 나는 연기가 뭐 얼마나 어렵겠어라고 대수롭지 않게 생각했다. 영화 제작사에서 흑인이 주연인 영화는 글로벌 시장에서 팔리지 않기 때문에 나를 캐스팅 할 수 없다고 했을 때도, 난 화가 나지 않았다.

나를 괴롭힌 건 인종차별이 아니라 바로 무지함이었다. 사람들은 내가 어떻게 되어야 한다고 끊임없이 말했는데, 내겐 도무지 이해할 수 없는 일이었다. 나는 사람들의 규칙이 나에겐 적용되지 않는다는 걸 느꼈다. 자기만의 규칙을 가지고 자기만의 작은 세계에 사는 건 때론 장점이 될 수도 있지만 조심해야 할 부분도 있다. 현실과 너무 동떨어져서는 안 된다. 언제나 결과가 뒤따르기 때문이다.

내 의식은 탐험이 즐거운 무한한 놀이터였다. 하지만 어린 시절 내 환상이 가져올 혜택은 무한히도 멀었고, 결과는 너무도 가까운 곳에 있었다. 관용과 열린 마음은 필라델피아의 서부, 평범한 운동장에선 기대할 수 없었다. 아이들은 잔인했고, 내가 괴짜일수록 돌아오는 자비는 적었다.

놀이터는 사냥터와 같다. 모든 소년들은 그곳에서 자신의 싹트는 남성성의 한계를 시험하고, 스스로의 강함과 힘을 증명하고, 타협을 맛보고, 다른 아이들에게 도전하며 자신의 한계를 측정하고 또 나보다 약한 소년들을 괴롭히려고 노력한다.

나는 굉장히 왜소했고 운동도 정말 못했다. 팔다리와 몸통은 안타깝게도 제 기능을 못 하는 수준이었다. 게다가 나는 지나치게 활동적인 상상력을 지니고 있었고, 다른 애들의 눈으로 보면 나는 끊임없이 거짓말을 했다. 이 모든 게 다른 남자아이들에게 힘을 입증할 쉽고 연약한 표적이 되었다는 뜻이다. 나는 이리저리 떠밀려 다니고, 놀이에서 꼴찌를 하고, 애들에게 맞거나 침 세례도 받았다.

아마 내가 열두 살, 열세 살쯤 되었을 때다. 친구들끼리 모여 운동장에서 농구를 하고 있었다. 나는 밝은 녹색 반바지에 내가 좋아하는 카우보이 부츠를 신고 멋짐을 과시하고 있었다. 내 마음속에서 나는 매직 존슨만큼 멋졌지만, 실제로는 피겨 스케이터 같은 모습이었다. 카우보이 부츠가 일반적인 농구화에서 볼 법한 필수적인 그립이나 발목 지지대를 갖춘 건 아니니까.

다시 말해, 나는 온 운동장을 누비며 비틀댔다. 언제부턴가 농구가 대유행이었고, 애들은 하나같이 자기가 제일 좋아하는 선수를 따라 하려고 혈안이었다. 80년대 초, 필라델피아에서 감히 누가 거리 농구를 무시할 수 있을까? 이런 코트에서 외칠 수 있는 이름은 딱 하나밖에 없었다. 바로 닥터 줄리어스 어빙이다. 그래서 내가 외쳤다.

"다 비켜! 닥터가 간다! 비켜, 덩크슛이다!"

매트 브라운이 코웃음을 터트렸다.

"야, 검둥이. 네가 덩크를 어떻게 해."

물론 이전에 덩크슛을 해본 적은 없지만 입 밖으로 내는 순간 나는 할 수 있을 거라 믿었다. 하프 코트로 돌아가며 나는 손가락을 핥고 카우보이 부츠를 닦았다. 나는 발을 구르며 맹세코 이 슛을 성공하리라 믿었다. 그리고 어깨를 펴고 팔을 뻗자, 친구들이 내기를 시작했다.

"네가 할 수 없다에 3달러 건다, 윌!"

"좋아! 내 돈이나 내놔!" 내가 되받아쳤다.

"난 5달러!" 누군가 외쳤다.

"니들 돈은 다 내꺼야! 덤벼!"

나는 뭐든 해낼 수 있을 것 같았다. 왜냐하면 내 마음속에서 이미 내 공은 덩크슛을 성공했기 때문이다. 애들이 열광하기 시작했다.

기대의 순간이었다. 나는 마음을 가라앉히며 중얼거렸다. 그리고 짠! 나는 코트를 뛰었다. 나는 1983년, 레이커스와의 결승전에서 줄리어스 어빙이 보여준 기가 막힌 덩크슛을 그려보았다. 그리고 카우보이 부츠가 덜컹거리며 발이 휘청였고, 나는 속도를 내며 떠올랐다. 카메라가 나를 향해 플래시를 터트리고 청중들은 열광한다. 하지만 고요한 침묵뿐이었다. 어쩐지 모르지만 나는 떨어지고 있었다. 뭔가 잘못됐다는 걸 느끼는 순간 '철푸덕!' 딱딱한 아스팔트가 고스란히 등에 전해졌다.

난 줄리어스 어빙이 아니다. 망했다. 완벽한 실패였다. 환상이 클수록 현실과의 필연적인 충돌은 더욱 고통스럽다. 만약 당신이 카우보이 부츠를 신은 줄리어스 어빙처럼 덩크슛을 할 수 있다고 상상했다면 중력의 현실은 고통스럽고 신성할 정도로 완벽한 응징을 불러온다.

다시 돌아가 현실을 살펴보자. 나는 하프코트에서 쿵쿵거리며 앞으로 나아갔다. 나는 마지막 드리블을 하며 뛰어올랐다. 발사는 부드러웠고, 완벽하진 않았지만 여전히 공중에 떠 있었다. 하늘로 뛰어오른 나는 농구 골대를 손으로 칠 수 있을 만큼 높이 점프했지만, 그로 인해 발돋움이 멈추었고 다리가 파닥거리기 시작했다. 돌이켜보면 카우보이 부츠의 무게가 내 몸을 끌어내렸을지도 모른다. 나는 그대로 머리와 목덜미로 뚝 떨어져 의식을 잃었다. 눈을 뜨자 내 친구 오말이 내 눈앞에 서 있었다. 구급차의 번쩍이는 사이렌이 보였고 머리에선 피가 흐르고 있었다. 부츠 왼쪽은 어디로 갔는지 보이지 않았다. 그때 오말의 목소리가 들렸다.

"정신이 드나 봐요! 눈 떴어요!"

시야가 서서히 밝아오면서 나의 가장 오랜 친구인 오말의 얼굴에 초점이 맞춰졌다. 그의 눈을 보자니, 과연 내가 얼마나 심하게 자빠졌는지를 체감할 수 있었다. 오말은 웃는 게 아니라 겁에 질려 있었다.

"야, 너 괜찮아?"

나는 재빨리 목록을 만들었다. 손과 팔, 다리와 발이 모두 움직인다. 어디 부러진 곳은 없어 보인다. 나는 고개를 끄덕였다. 그때 들것이 나를 묶고 구급차 안으로 밀어 넣었다. 나는 마지막으로 오말을 바라보며 물었다.

"야! 공은? 들어갔지?"

———

환상은 정상적인 심리 발달의 한 부분이다. 하지만 사람은 자라면서 환상의 삶을 놓치게 된다. 왜냐하면 현실을 사는 것이 환상에 매달리는 것보다 더 가치 있다는 것을 발견하기 때문이다. 우리는 다른 사람을 다루는 법, 학교와 직장에서 성공하는 법, 실제 세상에서 살아남는 법을 배워야 한다. 현실을 정확히 인지해야만 가능한 일들이다. 이처럼 우리 모두는 무엇이 진짜인지 아닌지를 구분하는 법도 배워야 한다. 사실, 어떤 사람들은 이 능력이 너무도 뛰어나 불행히도 구체적이고 물질적인 현실 이외의 것을 포용하는 능력을 잃기도 한다. 하지만 어떤 이유에서인지, 나는 이 과정을 거치지 않았다. 어쩌면 내가 이 과정을 거부했을지도 모른다. 나 같은 경우엔 환상이 나를 세상으로부터 지켜주었기 때문이다. 내 상상력의 무한한 놀이터와 끊임없는 위협으로 가득 찬 현실 사이에서 방황하며 내 마음은 환상을 택했다.

우리 모두는 우리를 두렵게 하는 것들에 대해 약간의 착각을 한다. 우리는 직장이나 학교, 트위터에서 사람들로부터 거부당할까봐 두려워한다. 그래서 우리는 사람들이 거만하거나 무식하거나 잔인하다는 생각을 한다. 그리고 다른 사람들의 삶에 대한 모든 이야기를 꾸며내어 우리 자신을 보호한다. 나 자신이나 세상의 모든 것들에 대한 것을 꾸며내고 그게 진실이라고 생각한다. 정확한 증거를 찾아내서가 아니라 그렇게 해야만 다시 두려움으로 무너지는 것을 막을 수 있기 때문이다.

때로 우리는 세상을 있는 그대로 냉정하고 날카롭게 바라보느니 차라리 눈을 질끈 감아버리고 싶어 한다. 문제는 망상은 마치 독이 든 꿀처럼 달콤하지만 치명적이라는 것이다. 처음엔 달콤하지만 마음의 병을 얻고 불행으로 끝난다. 우리 자신에게 하는 이야기들, 우리를 보호하기 위해 만든 이야기가 결국은 우리가 간절히 갈망하는 타인과의 소통을 가로막는 벽을 만드는 것과 마찬가지로 작용하기 때문이다.

나는 나에게 매지커라는 친구가 있다고 스스로를 속였다. 왜냐하면 그것이 나를 덜 외롭게 했기 때문이다. 하지만 내 상상 친구는 다른 친구들과 단절되는 이유이기도 했다. 시간이 흐르면서 나는 부자가 되고 유명해지는 게 내 인생의 다른 문제를 모두 해결하리라는 환상을 만들어냈다. 하지만 그 환상 때문에 내가 사랑하는 사람들과 더 멀어졌다.

어린 시절 나는 내가 만약 아버지를 즐겁게 해주고 그를 웃게 하면 어머니를 해치지 않을 거라고 끊임없이 스스로에게 말했다. 하지만 그 환상은 나를 겁쟁이, 가치 없는 아들처럼 느끼게 만들었다. 그중 어느 것도 내 잘못은 없었지만 말이다.

어떤 면에서 환상은 나를 보호해주었지만 동시에 나는 죄책감과 수치심, 자기혐오를 더 심하게 느꼈다. 모든 환상은 결국 실패한다. 아무리 열심히 싸워도 진실은 절대 지지 않는다. 현실은 논란의 여지가 없는 챔피언으로 남는다.

———

아버지는 내 어린 시절 동안 딱 한 번의 여름휴가를 가졌다.

1976년 여름, 아버지는 두 달간의 휴가를 결정했다. 캠핑카를 빌리고 가족을 태워 국토를 횡단하기로 하신 것이다. LA에서 외할머니와의 만남이 예정되어 있었다. 우리는 LA로 가는 북쪽 루트를 택했고 필라델피아로 돌아올 땐 남쪽 길을 횡단하기로 결정했다.

여행을 하며 나는 미국의 구석구석을 다 둘러볼 수 있었다. 우리는 필라델피아를 떠나 어머니의 어린 시절 집을 보기 위해 피츠버그로 향했다. 할아버지는 아직도 그곳에 살고 계셨다. 할아버지는 아버지의 노년을 보는 것만 같았다. 이야기에 따르면 할아버지는 가끔 너무 화가 나면 코피를 터트린다고 했는데, 그건 아마 스틸러스 팀의 미식축구 경기 때문은 아닐까 싶다.

그다음에는 클리브랜드에 들러 투티 이모와 월트 삼촌을 만났다. 시카고를 지나 오대호를 보고 미니애폴리스에서 다코타를 지났다. 해리는 사우스다코타에 있는 수우족(아메리카 원주민의 한 종족)의 지도자에게 수제 북을 받았다. 해리는 그 북을 러시모어산과 데블스 타워를 지나 옐로스톤 국립공원에 갈 때까지 두드렸다. 올드 페이스풀 간헐천도 보았다. 정확히 언제 다음 분출이 일어날 지를 정확히 계산한다는 게 믿어지지 않았다. 경비원이 가리키면, 아브라카다브라! 하고 끓는 물이 땅에서 거대한 분수를 이루며 솟구쳤다. 냄새는 지독했다. 아버지는 그게 유황이라고 했다.

어머니는 와이오밍에 있는 산 정상에서 해가 떠오르던 순간 우리를 깨웠다. 우리는 구름 위에 있었다. 천국이 이런 기분일 것 같았다. 하지만 흑곰 한 마리가 도로 한가운데를 가로막고 캠핑카를 바라보는 바람에 우리는 한 시간이나 꼼짝할 수밖에 없었다. 차량으로부터 15미터 내에 곰이 있으면 반드시 시동을 꺼야 하는 게 공원 규정이었다. 아버지는 두 손으로 창문을 급히 닫았다. 아마 아버지가 무언가를 두려워하는 걸 본 게 그게 처음이자 마지막이었던 것 같다.

2주 쯤 지났을 때, 아버지는 인생에서 흑인을 이렇게 오랫동안 못 본 게 처음이라는 이야기를 하기 시작했다. 아버지는 흑인 금단 증후군NWS, Negro Withdrawal Syndrome을 겪기 시작했다. 어느 날 와이오밍의 한 휴게소에서 흑인 커플이 차를 몰고가는 모습을 발견한 아버지는 그들을 쫓아가 악수와 인사를 하겠다며 차를 세웠다. 두 사람은 아버지가 꽤 웃기다고 생각했을 것이다.

아버지는 아이다호에 있는 달 국립 기념물의 크레이터를 향해 꼬박 하루를 운전했다. 크레이터는 진짜 달처럼 생겼고, 실제로 달 위에 서 있는 것 같은 기분이 들었다. 운전을 교대한 어머니가 우리를 솔트레이크시티로 데려가셨다. 자고 일어난 아버지는 우리를 데리고 그레이트솔트 호수로 갔다. 아버지는 어떻게 소금물의 부력이 오대호의 담수와 부딪치는지 설명해주었다. 우리에게 물에 뜨는 게 얼마나 쉬운지를 보여주었고 얼음을 만들었다. 아버지는 정말 물이라면 모르는 게 없었다. 하지만 어린 시절 내가 본 가장 신기한 광경은 그랜드 캐니언이었다.

"이 협곡 전체가 물로 조각된 거야."

어머니가 말했다. 나는 경외심을 느끼면서도 너무 무서워 가장자리에 다가갈 수가 없었다. 시트콤 〈더 브래디 번치The Brady Bunch〉에서 피터 브래디도 물이 어떻게 이 협곡을 만들었냐며 놀라워했던 기억이 났다. "와! 이래서 수도꼭지를 꼭 잠그라고 잔소리를 한 거구나!"라는 대사도 있었다.

하루가 이보다 더 근사할 순 없을 거라고 생각한 그 날, 해리가 실수로 북을 협곡에 떨어뜨렸다. 협곡을 울리던 소리가 사흘은 이어진 것만 같은 기분이었다. 동생이 두드리던 북소리에 이골이 날 지경이었던 그 순간 하늘이 내 기도를 들어준 것만 같았다.

여행은 내 상상력을 확장시키고 폭발시켰다. 우리가 마주친 모든 사람들이 새롭고, 매혹적인 인물처럼 보였다. 모든 목적지는 꿈의 나라 같았다. 마치 내 삶이 내가 이야기를 지어내기만 기다리고 있던 것처럼 느껴졌다. 미국의 풍경은 다채롭고 아름다웠다. 산과 대초원, 계곡과 화이트워터강의 지류, 보통 사막뿐만 아니라 애리조나의 페인티드 사막, 푸른 숲과 옥수수가 무한히 뻗어있던 농장은 곧 세쿼이아나 삼나무 숲으로 변했다. 어디를 보아도 하늘에 닿았다. 하늘엔 태양이, 가끔은 토네이도가 웃기게 생긴 구름 사이를 휘감고, 사방에서 구름이 몰려들기도 했다.

이게 내 어린 시절 중 최고의 8주였다. 모두가 행복했다. 우린 완벽한 가족이었다.

03.

PERFORMANCE
공연

공연은
내 작고 비밀스러운
오아시스가 되었다.

일요일 아침 교회에는 하나님의 말씀을 전하는 클라우디스 아메이커 목사님의 단조로운 목소리가 낡은 나무 천장을 울리곤 했다. 외할머니는 언제나 교회에 가기 위해 한껏 단장을 했다. 외할머니에게 일요일은 주님께 당신을 온전히 바치는 날이었다. 외할머니는 진주 목걸이를 하고 커다란 새틴 꽃을 꽂은 모자를 썼다. 꽃무늬 원피스도 꼭 차려입으셨다. 목사님이 설교를 하시는 동안 외할머니는 두 눈을 감은 채 목사님 말씀에 동의한다는 듯 고개를 끄덕이셨고, "다시 한번 말해줘요!"라던가 "음, 그렇지." 하고 속삭이곤 했다. 가끔은 나를 바라보며 내가 목사님 말씀에 귀를 기울이고 있는지 확인하실 때도 있었다.

하지만 나는 고작 아홉 살이었다. 사람들은 손뼉을 치고 몸을 흔들고 울며 기도를 했다. 그동안 아홉 살짜리였던 내 머릿속에는 온통 이 예배가 대체 언제 끝나나, 그 생각뿐이었다. 오직 방문 예배를 해주는 로널드 웨스트 목사님이 오시는 매달 세 번째 일요일을 빼곤 말이다.

웨스트 목사님은 주님의 힘에 대해 보여주는 분이었다. 그는 최신 유행의 빨간색 카잘 선글라스를 끼고 빳빳하게 풀을 먹인 하얀색 쓰리피스 정장에 행커치프를 꽂은 모습이었다. 거의 190센티미터나 되는 키에 100킬로그램에 육박한 풍채를 지닌 정말 근사한 분이었다. 그리고 웨스트 목사님의 피아노 연주 실력을 듣고 나면 내 연주 실력은 형편없어 보일 지경이었다. 웨스트 목사님은 합창단을 데리고 다녔다. 언제나 왼손으로 피아노를 치고 오른손으로는 합창단을 지휘했다. 느리고 차분한 마할리아 잭슨 스타일의 발라드를 듣고 있으면 어른들은 선율에 몸을 맡긴 채 등을 의자에 깊이 기대곤 했다. 마치 폭풍 전의 고요함 같았다.

느릿한 선율이 그를 무아지경으로 이끌며 조금씩 변주를 이어나갔다. 목사님의 눈엔 눈물이 가득 고였고, 이마엔 땀이 송글송글 맺혔으며 가끔은 뿌옇게 변한 안경알을 닦기 위해 손수건을 찾기도 했다. 드럼 소리와 베이스 소리, 사람들의 목소리가 모두 그의 명령 한 번에 소리를 키웠다. 마치 성령이 나타나기를 간청하는 것처럼 말이다. 그리고 자로 잰 것처럼 정확한 순간, 황홀한 크레셴도로 음악 소리가 커지면서 온 예배당을 가득 채웠다. 웨스트 목사님은 피아노 의자에서 벌떡 일어나 의자 위에서 발을 구르고 양 손을 흔들다가 피아노를 두드렸다. 그리고 신이 나서는 굉음을 내며 단상 위를 가로질러 3단 전기 오르간으로 달려가 하나님의 뜻에 따라 땀을 뻘뻘 흘리며 거대한 관현악 찬송가의 화음을 울려대는 것이었다.

신도들은 다 같이 소리를 지르며 환호하고 노래를 따라 부르고 춤을 추고, 할머니 몇 분은 통로에 무릎을 꿇고 울었다. 웨스트 목사님은 이렇게 합창단과 밴드를 지휘하면서 단 한 번도 지휘봉을 놓치지 않았다. 그러다가 신의 자비로운 사랑과 축복에 대한 감사로 몸을 가눌 수 없을 때가 되어서야 겨우 지휘봉을 내려놓았다.

음악이 멎으면 외할머니도 자리로 돌아와 눈물을 훔쳤고, 내 작은 심장도 두근거렸다. 나는 내 몸 속에 흐르는 달콤한 전율이 무엇인지도 확실히 알 수 없었다. 그저 나도 저렇게 해보고 싶다는 기분만 들었다. 나도 사람들이 저렇게 느끼게 해보고 싶었다.

> 이제 잠자리에 누워
> 내 영혼을 지켜 달라 주님께 기도하네
> 내가 깨어나기 전에 주님 곁으로 가야 한다면
> 주여, 제 영혼을 받아주소서

외할머니가 내게 가르쳐주신 첫 번째 기도가 사실 랩이었다는 사실은 언제나 내게 즐거운 점이다. 외할머니는 독실한 신자였다. 나는 그동안 독실하다고 자부하는 사람들을 꽤 만나봤지만 우리 외할머니만큼 그리스도의 복음을 열심히 전하는 사람은 본 적이 없다. 외할머니는 복음을 전하며 걷고 말하고 복음 그 자체로 행동하셨다. 그녀에겐 일요일 하루로는 부족했다. 언제나 24시간 365일이 주일이었다. 외할머니가 말하는 모든 것과 외할머니의 모든 행동, 모든 생각이 하나님을 찬양하기 위함이었다.

외할머니는 병원에서 야간 근무를 하셨고, 그 덕분에 우리 부모님 모두 주중 정규직으로 일할 수 있었다. 낮에는 우리 형제와 나를 키워주셨고, 밤에는 출근을 하셨다. 나는 네다섯 살의 어린 나이부터 심야 교대라는 단어를 듣고 자랐다. 밤마다 침대에 누워 크림색 담요를 덮은 나는 언제나 슈퍼 히어로인 외할머니가 나를 위해 악마 같은 놈들을 물리치는 이미지를 떠올렸다.

나는 늘 외할머니에게 "가지마, 나랑 같이 있어!" 하고 울었다. 일종의 죄책감을 느꼈던 것 같다. 나의 예민한 감수성이 마음속에서 개인적인 실패와 나약함으로 변하던 시기였다. 나는 이렇게 생각했다. 외할머니가 밤마다 심야 교대를 하며 악마와 싸우는데 대체 침대에 누워만 있는 아이는 뭐하는 놈일까?

확실히 그녀는 나와 내 형제자매, 그리고 우리 부모님을 위해 많은 부분을 희생하고 계셨다.

"언젠가 제가 꼭 외할머니를 지킬 거예요." 내가 이렇게 말하면 외할머니는, "아이고, 고마워라. 우리 사랑둥이."라고 하셨다. 그게 외할머니가 나를 부르는 애칭이었다.

———

어느 날 우리는 외할머니 댁의 현관에 앉아 있었다. 그녀는 스웨터를 코바늘로 뜨고 계셨다. 분명 언젠가 억지로 내 옷이 될 스웨터였다. 그때 한 여자 노숙자가 집 앞을 지나갔다. 더러운 옷을 걸친 여자였다. 얼굴은 거무스름하고 초췌했으며 햇볕에 그을린 얼굴엔 얼룩덜룩 먼지가 묻어 있었다. 앞니도 없었다. 심지어 우리 집 앞을 지나가기만 하는데도 시큼한 냄새가 내 코를 진동했다. 내게 그녀는 마치 마녀처럼 보였고, 그냥 빨리 지나갔으면 하고 바랄 뿐이었다. 그때 외할머니가 그 여자를 불러 세웠다.

"이봐요, 아가씨, 이름이 뭐유?"

나는 겁에 질렸다. 나는 외할머니가 그 여자를 그냥 보내기를 내심 바랐다. 그 여자 역시 누군가 이름을 물어오는 게 익숙지는 않았던 모양이다. 아니면 근래에 자기 이름을 말해본 적이 없거나.

그녀는 가만히 서서 곰곰이 자기 이름을 떠올렸다. 한참을 망설이던 그녀는 외할머니의 눈치를 보며 "클라라요." 하고 대답했다.

"월, 이쪽은 클라라 양이란다."

외할머니는 마치 오랜 친구인 양 내게 말했다. 그리고 현관을 걸어 내려간 외할머니가 클라라의 어깨에 팔을 둘렀다.

"난 헬렌이라우."

외할머니는 그녀를 집으로 데리고 들어가며 말했다. 내 마음은 혐오와 공포를 격렬하게 오갔다. 하지만 그건 빙산의 일부였을 뿐이다. 두 사람은 일단 주방으로 갔다. 외할머니는 클라라에게 냉장고에 보관하던 음식이 아니라 급하게 준비한 따끈따끈한 식사를 만들어주었다. 클라라가 식사하는 사이, 외할머니는 그녀의 옷을 모두 벗겨 깨끗하게 세탁기에 돌리고, 새 옷을 가져다주었다.

"월?"

외할머니가 나를 불렀다. 나는 '대체 내게 뭘 시키시려는 거야?'라고 생각했다.

"네, 외할머니?"

"가서 클라라 양이 씻을 목욕물 좀 받거라."

돌이켜 생각해보면 바로 그 순간 내 영화 중 가장 명대사가 그때 탄생한 건 아닐까.

"오, 젠장, 안 돼!"

나는 어쩔 수 없이 욕실로 뛰어갔다. 외할머니는 클라라 양을 위층으로 데려가 맨 손으로 목욕시키고, 이를 닦이고, 머리를 감겨주었다. 나는 소리를 지르고 싶었다. '외할머니! 그 더러운 여자 좀 그만 만져! 우리 욕조에 냄새 밴다고!' 말이다. 두 사람의 몸집이 비슷해서 외할머니는 클라라를 옷장으로 데리고 가서는 거울 앞에 세워놓고 어떤 옷이 어울리고 잘 맞을지 이리저리 대보고 비춰보았다. 클라라 양은 너무 감사한 나머지 숨을 헐떡였다. 눈물을 흘리며 그녀는 말했다.

"너무 과해요, 헬렌. 정말 너무 과해요. 그만하셔도 돼요. 전 이런 대접을 받을 자격이 없어요."

하지만 외할머니는 그렇게 생각하지 않았다. 외할머니는 클라라의 두 손을 마주 잡고 부드럽게 흔들며 눈을 맞췄다.

"주님이 당신을 사랑하시는데 나도 따라야죠."

———

외할머니는 나와 타인의 짐을 구분하지 않았다. 그녀는 진정으로 복음의 메시지를 믿었다. 외할머니는 다른 사람들을 사랑하고 섬기는 것을 책임이 아닌 영광으로 보셨다. 나는 외할머니가 야간 교대 근무를 불평하는 걸 단 한 번도 들은 적이 없다. 아버지가 외할머니의 딸에게 손찌검을 한다는 걸 알면서도 외할머니는 사위에 대해 부정적인 말은 단 한 번도 한 적이 없었다. 성경을 손에 들고 우리뿐 아니라 모두에게 팔을 벌려 품을 내어주시는 분이었다. 외할머니는 즐거운 마음으로 형제자매를 보살피셨다.

외할머니는 내 인생을 이끌어주는 도덕적 나침반이었다. 외할머니는 내게 주님과의 연결고리였다. 만약 외할머니가 나와 함께 행복하시다면, 그건 곧 주님이 나와 함께 행복하시단 의미였다. 하지만 외할머니가 불행하다면 그건 온 우주가 불행하다는 뜻이기도 했다. 외할머니가 내게 무언가를 허락하셨단 건 온 우주가 나를 허락했다는 의미였다.

내 생각에, 외할머니는 언제나 외할머니의 주님과 연결되어 있었다. 그래서인지 외할머니가 이야기를 할 때면, 나는 하나님으로부터 분명한 지시를 받는 느낌이 들었다. 그래서 외할머니의 허락은 단순히 자애롭고 온화한 외할머니의 허락이 아니라, 마치 주님의 권능과 호의를 직접적으로 받아내는 듯한 느낌이었다.

외할머니는 마치 신성함과 거룩함에 대한 나의 이해가 의인화된 듯한 사람이었다. 오늘날까지도 나 스스로 '무엇이 인간을 선하게 만드는가?'라는 질문을 던지면 나는 즉시 외할머니가 떠오른다. 어린 시절, 침례교회의 딱딱한 나무의자에 앉아 있을 때면 나는 설교나 성경의 복잡한 내용은 하나도 이해할 수 없었다. 하지만 내겐 외할머니가 있었다. 외할머니는 그리스도의 가르침을 따르며 살았다. 주님이 걸은 길을 그대로 따라 걸으셨다. 그리고 외할머니를 통해 나는 주님의 사랑을 배우고 느낄 수 있었다. 그 사랑이 내게 희망을 주었다. 외할머니는 내게 빛이었다. 그리고 인생이 아름다울 수 있다는 가능성을 보여주셨다.

———————

외할머니는 1960년대 브로드웨이의 유명 연극이었다가 1970년대 뮤지컬로 재탄생한 〈펄리Purlie〉를 정말 좋아하셨다. 오지 데이비스의 각본으로, 흑인 설교자 펄리가 조지아로 내려가 교회를 열고 사악한 농장 주인으로부터 흑인 노예들을 구한다는 이야기였다.

어느 해, 외할머니는 교회에 있는 모든 아이들이 〈펄리〉를 공연해야 한다고 생각하셨다. 우리는 모든 대사를 하나도 빠짐없이 배우고 외웠다. 외할머니는 나와 형제들, 그리고 누나에게 거실에서 늘 연습을 시키셨고, 우리가 노래를 부르고 춤을 출 수 있게 테이프를 늘 틀어놓으셨다. 40년이 지난 지금도 나는 여전히 뮤지컬의 모든 노래를 따라 부를 수 있을 정도다.

외할머니는 항상 내게 공연을 하라고 부추기셨다. 외할머니는 교회에서 자칭 특별 행사를 이끌면서 부활절 낭송, 예수 탄생, 휴일 장기자랑, 세례식 이후 저녁 식사와 다양한 공연을 열었다. 외할머니의 계획대로 나와 형제자매들은 말을 배우면서부터 모든 사람들이 보고 즐길 수 있도록 성경 낭독을 시키시며 교회 사람들 앞에 우리를 세웠다.

우리 부모님도 음악을 장려하셨다. 어머니가 피아노를 치셔서 자녀들 모두 어렸을 때 피아노를 배웠다. 동생 해리는 한동안 끔찍한 실력으로 색소폰을 불었고, 나는 중학교 때 드럼을 배우며 어떤 의미로는 절대 잊을 수 없는 기억으로 남은 루드르 성모 마리아 학교의 행진 밴드에서 드럼 연주를 했었다. 하지만 실제로 나는 피아노만큼은 정말로 좋아했다.

하지만 내 최고의 피아노 연주는 열한 살 때였다. 외할머니는 어린이 장기자랑 쇼를 준비하시고, 부활의 전당에서 부활절 계란 찾기 행사에 앞서 여셨다. 나는 피아노 레슨을 받으며 모리스 앨버트의 〈Feelings〉라는 곡을 배우고 있었다. 외할머니는 한 달간 매일 밤 내게 그 곡을 연주하라고 하셨다. 그러더니 갑자기 내 등을 떠미셨다.

"우리 사랑둥이, 부활절에 교회 사람들 앞에서 모두를 위해 네가 이 노래를 연주해 주었으면 좋겠구나."

그 당시에, 그 노래 한 곡이 내가 연주할 수 있는 유일한 노래였다. 나는 가족 외엔 그 누구의 앞에서도 피아노를 쳐본 적이 없었다. 나는 말했다.

"잠깐만요, 외할머니. 전 준비가 안 됐어요. 엉망이 될 거라고요."

외할머니는 배시시 웃기만 하셨다.

"아이고, 애야. 하나님은 네가 음을 제대로 치지 않더라도 개의치 않으실 게다."

외할머니가 부드럽게 내 뺨을 어루만지며 말씀하셨다. 그녀에겐 보이지 않는 마법의 힘이 있었다. 결코 압박을 하지 않으시는데도,

누구도 외할머니의 압도적인 에너지를 거부할 수는 없었다.

그리고 2주 후, 정신을 차려보니 나는 줄무늬가 있는 크림색 부활절 정장을 입고 부활의 전당의 피아노 앞에 앉아 있었다. 나를 향해 환호하시는 외할머니가 보였고 두 손은 벌벌 떨렸다. 200여 명의 사람들이 나를 바라보고 있었다. 침묵과 기대감을 갖고. 가슴이 마구 뛰었다. 어떻게든 자리를 박차고 도망가고 싶은 마음뿐이었다. 외할머니는 나를 보며 고갯짓을 하셨다.

나는 심호흡을 하고, 어떻게 된 일인지 건반의 '파'를 찾아내기 시작했다. 무대에서 피아노 연주를 하는 내내 나는 외할머니만 바라보았다. 그리고 내가 치는 곡이 200명의 관객이 들어찬 부활의 전당에 울려 퍼지고 있었다. 하지만 나는 단 한 사람만을 위해 연주했다. 그리고 외할머니의 표정은 지금도 그 얼굴을 어떻게 묘사해야 좋을지 모르겠다. 자부심이라던가 만족이라는 단어는 너무 밋밋하고 부족하다.

그날 이후로 내 모든 커리어와 공연, 앨범, 그리고 그 모든 활동이 부활의 전당에서 그 곡을 연주했을 때 느꼈던 달콤한 순수함을 다시 느끼기 위한 끈질기고 끊이지 않는 탐구였다. 나는 다른 어떤 것도 할 필요가 없었다. 다른 어떤 존재도 될 필요가 없었다. 그저 그 순간, 서투른 연주와 내 연주만으로도 충분했다.

나는 늘 공연을 하기 시작했다. 부모님 앞에서 짧은 희곡을 연기하든, 친구들 앞에서 영화의 한 장면을 재연하든, 외할머니를 위해 교회에서 노래를 부르든, 공연은 내 작고 비밀스러운 오아시스가 되었다. 공연은 내게 애정의 따뜻함도 주었지만 동시에 마스크 너머의 나를 보호해주는 장치도 되었다. 정말 완벽했다. 나는 자신을 숨기는 동시에 사랑받을 수 있었고, 나약함을 감추면서 동시에 모든 것을 얻을 수 있었다. 나는 금세 연기에 빠져 들었다.

하지만 외할머니의 가장 깊은 교훈을 잘못 이해했다는 걸 깨닫기까지는 40년이 걸렸다. 만약 외할머니가 내게 진정으로 가르치고자 했던 것이 무엇인지를 바로 이해했더라면 이 책은 여기서 끝나지 않았을까. 하지만 알다시피, 이 책은 앞으로도 많이 남았다.

어느 해 크리스마스 이브, 예수님조차 너무 과하다고 생각하셨을 정도로 장식이 화려하던 부활의 전당에서 외할머니는 성가대의 〈예수로 나의 구주 삼고〉라는 찬송가에 맞춰 평화롭게 몸을 흔드셨다. 외할머니가 음을 흥얼거리며 즐거워하시는 모습을 보고, 나는 그녀의 평온함에 최면이 걸리고 있다는 걸 알았다. 외할머니는 딱히 웃고 계시지 않았는데도, 입가의 부드러운 호선이 무적의 평온을 드러내고 있었다. 나는 아주 나중에서야 이 표정이 다른 사람들은 모르는 것을 혼자 깨달은 사람의 표정이라는 걸 알게 되었다.

외할머니가 내 시선을 느끼고는 물어보셨다.

"왜 그러니, 사랑둥이?"

"외할머니, 외할머니는 왜 그렇게 항상 행복해요?"

내가 속삭였다. 이제 외할머니는 활짝 웃고 계셨다. 외할머니는 꼭 필요한 씨앗을 심기 직전의 정원사처럼 잠깐 멈칫하시더니 내게 몸을 수그리시고는 귓가에 이렇게 속삭이셨다.

"나는 주님을 믿지. 그리고 주님이 내 인생에 주신 은혜에 감사한단다. 숨 쉬는 것 하나하나가 모두 주님의 선물이라는 걸 알지. 이렇게 감사함을 가지면 불행할 수가 없단다. 주님은 하늘에 해와 달을 주셨고, 내게 너도 주셨잖니. 우리 가족도 주셨고. 그리고 무엇보다 내게 할 일을 딱 하나만 내려주시지 않았니."

"외할머니의 할 일이 뭔데요?"

"주님의 모든 자녀들을 사랑하고 돌보라는 것이지. 그래서 어디를 가든 나는 모든 것들을 더 좋게 만들려고 노력한단다."

외할머니가 말했다. 그리고 나서 외할머니는 허리를 세우고 내 코끝을 두드리셨다.

"짜잔. 알겠니?"

살면서 검둥이라는 말을 직접 들은 건 대여섯 번 정도다. 두 번은 경찰에게, 두어 번은 아예 모르는 사람에게, 또 한 번은 내 백인 친구에게 들었다. 하지만 이들 중 그 누구도 똑똑하거나 강한 상대라

고 여겨본 적은 없다. 언젠가 학교에서 백인 애들 몇 명이 농담이랍시고 '검둥이를 잡아서 죽이는 날'이라고 말하는 걸 들은 적이 있다. 분명 주변에서 명절이라고 떠드는 이야기랍시고 떠든 것 같았다.

1900년대 초, 필라델피아의 백인 공동체 중 일부가 그들이 사는 동네를 돌아다니는 흑인을 공격하기 위한 특정한 날을 잡았다. 70년이 지난 후로도, 내가 다니던 가톨릭 학교의 친구들 중 몇몇은 여전히 그 농담이 재미있다고 생각한 모양이다. 하지만 공공연한 인종차별과 마주했던 모든 순간, 가해자는 기껏해야 약해보이던 사람들이었다. 그 누구도 똑똑하지 않았고 화를 냈으며 나를 서둘러 피하거나 내게 질 것처럼 보이는 자들이었다. 결과적으로, 인종차별이 나를 약하게 만들지는 않았다.

인종차별을 포함해, 나는 내 삶에서 일어날 수 있는 그 어떤 문제라도 다룰 수 있는 준비를 갖춰 태어났다고 믿으며 자랐다. 노력과 교육, 사랑이자 주님의 삼위일체는 모든 장애물과 적을 물리칠 수 있었다. 유일한 변수는 그 싸움에 대한 나의 헌신의 수준이었다. 하지만 나이가 들면서 나는 내 주변에 숨어 있는 조용히 입 밖으로 드러내지 않으며 음흉한 형태의 편견을 더욱 많이 인식하기 시작했다. 백인 친구들과 똑같은 말썽을 부려도 내가 더 많이 혼났다. 수업 시간에 손을 들어도 내 이름은 다른 애들보다 덜 불렸고, 선생님들은 나를 다른 아이들보다 덜 챙기는 느낌이 들기도 했다.

나는 어린 시절의 대부분을 집과 이웃들, 부활 침례교회와 아버지의 가게로 대변되는 흑인 문화, 그리고 학교, 가톨릭 교회와 미국 전반에 팽배한 백인 문화를 오가며 보냈다. 나는 흑인 교회에 다녔고 흑인 거리에 살았고 대부분 다른 흑인 아이들과 함께 놀며 자랐다. 하지만 동시에 나는 지역 내 가톨릭 루드르 성모 마리아 중학교에 다니는 흑인 아이 세 명 중의 한 명이었다.

가톨릭 학교에서, 제아무리 말솜씨가 좋고 똑똑해도 나는 여전히 흑인 아이였다. 하지만 동네로 돌아와도 겉도는 건 마찬가지였다. 친구들과 같은 억양을 쓰거나 친구들이 사용하는 은어도 쓰지 않았다. 나는 결코 완벽한 흑인 아이가 될 수 없었다. 결과적으로 나는 백인 관객들이 보기에 적합한, 첫 번째 힙합 아티스트 중 한 명이 되었다. 하지만 흑인 관객들은 내게 너무 부드럽다는 딱지를 붙였다. 내가 하드코어, 갱스터 같은 랩을 하지 않았기 때문이었다. 이 인종적 역학이 내 평생을 따라다니며 다양한 형태로 나를 괴롭혔다.

공연과 유머만이 내게 칼과 방패가 되었다. 나는 학교에서 늘 전형적인 웃긴 애였다. 늘상 농담을 던지거나 말도 안 되는 소리를 하고, 항상 웃긴 짓만 일삼는 애. 적어도 '재미있는 애'라는 소리를 들을 땐 '흑인 아이' 딱지는 뗄 수 있었다. 웃긴 사람이 되면 인종이 없어진다. 코미디는 모든 부정적인 것들을 없앤다. 사람이 웃음을 터트리는 순간, 화를 내거나 증오를 느끼거나 폭력적인 상태가 되는 건 불가능하다. 하지만 학교에서 터지는 농담이 동네에선 전혀 웃음을 유발하지 않았고, 반대의 경우도 마찬가지였다. 나는 백인과 흑인이 내 유머에 다르게 반응한다는 사실을 곧 깨달았다.

내 백인 친구들은 내가 가볍고, 어리석고, 만화처럼 몸 개그를 할 때 내 존재를 훨씬 크게 보았다. 언젠가 한번은 학교 화장실에서 방귀를 뀌던 친구가 자신의 엉덩이에 불을 붙이려는 시늉을 했다. 솔직히 웃기기 위해 너무 선을 넘은 것 같다는 생각을 했지만 개그는 먹혔다. 백인 친구들은 말장난이나 재치 있는 빈정거림을 좋아했고, 다 같이 웃고 끝내는 상황을 강요했다. 모두가 그냥 괜찮다고, 괜찮은 척을 해야 했다.

반면 흑인 친구들은 좀 더 현실적이고 날 것 그대로의 농담을 선호했으며 코미디의 핵심은 늘 진솔함이어야 한다고 생각했다. 흑인 친구들은 나의 웃긴 면을 나약함으로 생각했다. 흑인 친구들에게 방귀 개그를 했다면 아마 모두가 나를 때려 눕혔을 것이다. 차라리 내 유머가 강인함이나 전투적인 사고방식에서 비롯되었을 때 반응이 더 좋았다. 억압이나 모욕, 디스, 그리고 헛소리를 내뱉는 사람들을 공격하는 것보다 더 좋은 반응은 없었다. 그들은 누군가에게 닥칠 일, 숙명적 정의를 쟁취하는 결말을 좋아했다. 심지어 그 누군가가 자기 자신이라고 해도 말이다. 흑인으로서, 우리는 우리 자신을 비웃는 것도 좋아한다. 우리는 스스로에 대한 농담을 하며 우리의 고통, 문제, 우리의 비극을 조금 덜 무겁게 견딘다.

나는 이 두 세계를 오가는 법을 배웠다. 동네 친구들을 웃게 해주면서도 두들겨 맞지 않았다. 학교의 친구들을 웃기면서도 검둥이 소리를 듣지 않았다. 내가 우리 아버지를 웃기면 그건 곧 우리 가족이 안전하다는 의미였다. 나는 웃음과 안전을 동일시하기 시작했다. 내 머릿속의 작은 과학자는 '제1의 답'이라고 부를 법한 것을 찾기 시작했다. '제1의 답'은 인종, 신조, 피부색, 나이, 출신 국가, 성적 성향에 상관없이 말하는 개인의 특성을 지우는 완벽하고 신비스러운 농담이다. 이 농담을 듣는 사람은 그 누구라도 웃지 않을 수 없다. 내 연예계의 커리어 내내, '제1의 답'이 내겐 일종의 강박관념 같았다. 나는 아직도 완벽한 어법과 어조, 완벽한 전달과 반응, 완벽한 스웨그를 찾고 있다. 이 모든 것이 희극적 열반과 인간 조화의 완벽한 순간으로 합쳐진다.

하지만 나의 높은 열망에도 불구하고, 루드르 성모 마리아 중학교에서의 삶은 점점 어려워지고 있었다. 나는 늘 나와 학교 사이의 문제들이 인종 때문이라는 것을 받아들이기 꺼려했다. 미묘한 형태의 무례함이나 두 번의 정학, 파티나 학교 행사를 제외하고 말이다.

나는 종종 백인 세계의 흑인이 되는 것보다 가톨릭 학교의 침례교 신자인 내 처지를 궁금해했다. 학교에서는 내가 가톨릭 세례를 받았으면 좋겠다고 부모님을 종용했다. 세례를 받으면 연간 학비가 20퍼센트 감면이었다. 그러나 부모님은 거절하셨다. 부모님은 내가 다니던 학교가 지역의 공립학교보다 학업 분위기가 훨씬 더 우수하다는 것을 알고 계셨고, 그래서 내가 그들의 텃세를 견뎌내야 한다고 하셨다.

하지만 한계점이 찾아왔다. 나는 중학교 축구팀에서 뛰었고 그 시즌 최고의 수비수였다. 10경기 동안 17번이나 태클하고 공을 가로채기도 했다. 매년 축구팀은 시즌이 끝날 때 모든 선수와 부모님, 그리고 감독이 모여 만찬을 하는 연회를 열곤 했다. 상을 받은 아이들은 맨 앞에 앉고 무대 위로 올라가서 인정을 받는다.

내가 팀에서 가장 많은 가로채기를 했기 때문에, 나는 내 트로피인 올해의 수비선수 상을 받을 준비가 되어 있었다. 하지만 연회 일주일 전, 아그네스 수녀님은 나를 불러 내가 축구 시즌이 시작되기 전에 한 번의 정학을 당했기 때문에 앞줄에 앉거나 상을 받는 것이 불가하다는 통보를 받았다. 나는 실망했지만 공정하다고 생각했다. 그것이 규칙이었고, 어쨌든 내가 최고의 수비를 했다는 것은 모두가 알고 있었다.

하지만 연회가 있던 날 밤, 나는 백인이었던 같은 팀 선수 로스 뎀시가 맨 앞줄에 앉아 트로피를 받을 준비를 하고 있는 것을 보았다. 심지어 우리 둘 다 정학을 받은 적이 있었는데도 말이다.

이 불의가 나를 격분시켰다. 나는 부모님에게 몸을 수그린 채 무슨 일이 일어나고 있는지 설명했다. 두 분은 아무 말 없이 서로를 바라보았고, 살면서 드물지만 강력한 합의에 도달했다. 두 분은 자리에서 일어섰고, 우리는 학교를 떠났다. 그날 밤 우리는 아무 말 없이 차를 몰고 집으로 갔다. 며칠 후, 저녁 식사 시간이었다. 아버지는 접시에서 시선을 떼지 않은 채 말씀하셨다.

"그 학교는 더 볼 것도 없다."

그게 다였다.

———

　그 해 여름은 더웠다. 아버지의 사업은 번창했고, 현금이 넘쳐났다. 그래서인지 아버지는 '코닥 슈퍼 8'이라는 모델의 가정용 캠코더와 프로젝터를 구입했다. 정말 멋졌다. 고무로 된 커다란 접안마개와 손목에 거는 작은 가죽 끈으로 우리는 여름 내내 뒷마당에서 비디오를 찍어댔다. 만약 아버지가 다른 시대나 장소에서 자랐다면, 분명 예술가가 되었을 것 같다.

　아버지가 10대였을 때, 학교 선생님들 중 한 분이 아버지에게 카메라를 빌려주었고 아버지는 금방 사진에 푹 빠졌다고 한다. 아버지는 사진을 찍으며 필라델피아 북부를 돌아다녔고, 후에 암실에서 필름을 현상하는 법도 배웠다. 하지만 사진에 빠져 시간과 흥미를 모두 쏟아붓기 시작하자, 조부모님과 선생님들은 아버지에게 돈을 벌어야 할 필요성이 있다는 점을 상기시켰다. 사진은 값비싼 취미였다. 그리고 아버지가 기숙학교에 들어가자마자 카메라를 집으로 돌려보내야 했다. 아버지는 마음이 아팠지만 사진에 대한 열정은 결코 잃지 않았다.

　새 카메라는 아버지를 전형적인 자상한 이미지로 바꿔놓았다. 왜, 그런 아버지들 있지 않나. 아이들의 생일파티나 바비큐파티에서 아이들이 하는 모든 짓을 촬영하며 아이들을 웃게 만들고, 장난을 치고 우스꽝스러운 행동을 보이는 아버지들. 카메라에는 소리가 녹음되지 않아서 아버지는 우리의 모습을 더욱 효과적으로 전달하기 위해 우리에게 더욱 과장해서 움직이라고 시키셨다.

아버지는 카메라 뒤에선 정말 달랐다. 해야 할 일이 있을 때마다, 그는 질서와 규율을 중시했다. 하지만 카메라만 잡으면 아버지는 내가 뛰어다니고 바보처럼 구는 것을 보고 싶어 했다. 나는 금세 아버지의 시선을 사로잡았다. 심지어 나를 찍지 않을 때에도, 나는 금방 아버지의 화면 속에 담겼다. 다른 사람 사진에 마치 폭탄처럼 갑자기 끼어들어 찍히는 이른바 '포토바밍photobombing'은 내가 처음 개발한 것이나 마찬가지다.

녹화가 끝나면 아버지는 지하실로 달려가 벽에 하얀 천을 두르고, 섬세한 필름을 프로젝터에 조심스럽게 감았다. 쓰디쓴 좌절을 몇 번이나 맛보며 일련의 장애물을 극복한 끝에, 하얀 천 위로 영상이 드러났다. 우리의 자동차 여행과 생일파티가 이렇게 담겼다. 마치 우리 가족의 하이라이트와 같았다.

아버지는 때때로 기타를 연주하기도 했다. 사이드 테이블 위에 놓인 시바스 리갈 양주잔, 입에 문 담배와 춤추는 연기를 피해 눈을 가늘게 뜬 아버지는 앤디 윌리엄스의 〈The Shadow of Your Smile〉에 맞추거나, 아니면 너무 빨라 따라할 수조차 없는 완벽하고 복잡한 재즈 리프를 시도하곤 했다. 아버지는 기타 줄을 당기고 두드리면서 심지어 노래를 부를 때도 있었다. 아버지의 연주는 언제나 낭만적이었다. 사랑 노래를 연주하는 게 아버지를 기분 좋게 만드는 것 같았다. 심지어 어머니도 마찬가지였다.

음악과 홈 비디오는 집에 평화를 가져다주었다. 나는 우리 집의 홈 비디오가 완벽하고 행복한 가족에 대한 아버지의 꿈을 묘사했다고 생각한다. 그리고 이상한 연금술에 의해, 스크린 속 진실이 지하실 아래 우리 가족이 함께 지켜보면 곧 현실이 되었다. 모든 영상 속의 우리는 웃고, 즐기고 있었다. 그 짧은 순간 동안은 두려움도, 긴장도, 폭력도 없었다. 우리 모두가 미소를 짓고, 웃음을 터트리고, 노래를 부르는 모든 순간 아버지의 삶은 아버지의 예술이었다.

———

심리학자들은 어린 시절과 사춘기 초기에 부모님과의 관계가 성인기에 사랑을 이해하는데 어떤 영향을 주는지에 관한 연구를 했다. 어린 시절 부모님과 상호작용을 할 때, 어떤 행동과 태도는 우리의 관심과 애정을 주고, 또 다른 행동과 태도는 버려졌다는 느낌이나, 안전하지 못하다는 느낌, 사랑받지 못한다는 감정을 심어준다. 애정을 얻는 행동과 태도는 종종 우리가 이해하는 사랑이라는 감정을 정의하기도 한다.

아버지는 내가 열심히 공부하고 아버지의 명령을 확실하고 정확하게 수행했을 때 고마워했다. 완벽한 벽을 쌓기 위해 완벽한 벽돌을 쌓는 훈련을 익히자 아버지는 박수를 쳤다. 어머니는 내가 머리를 쓰는 것을 좋아하셨다. 어머니는 나의 재치와 지성이 가장 잘 드러났을 때 내 안에 있는 사상가에게 박수를 보내셨다. 어머니는 나의 본보기다. 인내심이 많고, 똑똑하고, 대단하고, 아이를 잘 길러내는 모습까지도. 어머니는 타인과 함께하는 것을 좋아하지만, 혼자서도 충분히 모든 걸 해내실 수 있는 분이다.

외할머니와 자라며, 외할머니가 내게 주신 사랑에는 장엄하고 힘이 되는 무언가가 있었다. 내가 외할머니를 위해 공연을 할 때마다 나는 절대 지지 않는 절대적인 힘이 충전되는 것을 느꼈다. 외할머니는 내게 마치 태양과 같았다. 내가 부활의 전당에서 연주하던 그 순간 외할머니가 나를 보는 것처럼 내가 세상을 볼 수 있다면 그것만으로도 충분하다. 세상을 다 가진 기분일 테니까.

사랑과 공연의 개념이 내 마음속에서 하나가 되었다. 사랑은 올바른 것을 말하고 행함으로써 얻어지는 것이 되었다. 내 생각에 멋진 공연은 사랑을 얻는 것이고, 나쁜 공연은 버림받고 홀로 남겨지는 것이다. 그리고 나는 절묘한 연기로 굳건한 애정을 얻을 수 있었다. 하지만 만약 연기 실력이 나쁘다면, 그대로 인생이 나락으로 떨어지는 것이다.

나는 아버지의 불쾌한 기분을 가라앉히기 위해 공연했다. 나는 점점 커지는 긴장과 분노로부터 가족을 지키기 위해 공연했다. 나는 친구들이 나를 좋아하게 하려고 공연을 했다. 즉, 나는 나 자신과 사랑하는 사람들의 행복을 연기의 기능으로 보기 시작했다. 만약 내가 공연을 잘하면 모두가 안전하고 행복할 것이다. 만약 내 실력이 엉망이라면 우리는 모두 곤경에 처했을 것이라고 생각했다.

아버지는 카메라나 프로젝터 뒤에서 가장 사랑스러웠다. 그래서 나는 항상 그의 카메라 앞에 있고 싶었고, 그는 항상 내가 카메라 앞에 있기를 원했다. 어린 시절, 아버지와 내가 완벽하게 정렬을 맞춘 몇 안 되는 시기 중 하나였다. 나는 아버지의 홈 비디오에 출연하는 것을 좋아했다. 그래야 아버지 곁에 가까이 다가갈 수 있었다. 그리고 아버지의 사랑과 인정을 얻고 싶다는 깊은 갈망은 의심할 여지 없이 후에 영화에 출연하고 싶다는 나의 열망에도 큰 몫을 했다.

———

내가 열세 살이었을 때, 아버지는 마지막으로 어머니를 때렸다. 어머니에겐 마지막이나 마찬가지였다. 다음 날 아침, 어머니는 퇴근 후 집에 오지 않았다. 하지만 멀리 떠나진 않았다. 우리가 살던 집이 외할머니 집과 불과 몇 블록 떨어져 있었다. 하지만 메시지는 분명했다. 어머니는 손을 놓은 것이다.

내가 자살에 대해 생각해 본 것이 인생에서 딱 두 번뿐이었는데, 그중 한 번이 이 시기였다. 나는 수면제를 떠올렸다. 기차에 뛰어내리자니 언젠가 기차선로에서 다리를 잃은 소년에 대한 이야기가 생각났다. 욕조에 누워 손목을 그었다는 이야기는 TV에서 보았다. 하지만 그러면서도 내 마음속 어딘가에서, 자살은 죄악이라던 외할머니의 희미한 목소리가 들렸다.

아버지는 완전한 군인으로 되돌아갔다. 그는 절대적인 지휘권을 가지고 있었다. 그는 모든 것을 통제하려고 했다. 아침 4시에 일어나 식사를 준비했다. 그는 어머니가 필요 없다는 것을 증명하기로 결심한 모양이었다. 5시 30분이 되자, 접시 위에는 사과 반쪽, 반숙으로 익힌 계란프라이, 그리고 저민 돼지고기 튀김인 스크래플 한 조각이 오렌지 주스 한 병과 우유 한 병과 함께 식탁 위에 놓였다.

6시쯤, 엘렌과 나는 테이블에 앉아 있었다. 해리는 6시까지 식탁에 앉아야 한다는 사실을 알면서도 오지 않았다. 6시 4분, 해리는 나름의 반항을 하고 있었다. 아버지는 평소 같으면 절대 봐주지 않고 접시를 치우셨겠지만, 그날은 30분이나 기다리셨다. 계란은 차갑게 식었고 사과는 갈색으로 변하고 있었다. 누나와 나는 조용히 밥만 먹었다.

"프라이가 딱딱한데요."

해리가 말했다. 아버지는 그의 말조차 듣지 못한 것 같았다. 그는 설거지를 하고 있었다. 깨끗하게 정리하라는 게 아버지가 입에 달고 다니던 격언 중 하나였다. 일이나 요리도 마찬가지였다. 언제나 끝까지, 흔적이나 소란 없이 치웠다. 해리는 음식에 대고 코웃음을 쳤다.

"사과는 갈색이고요." 해리가 말했다.

나는 해리가 제발 그만하고 아버지한테 말 걸지 않기를 바랐다.

"그리고 이 쓰레기는 대체 뭐예요?"

해리가 손가락으로 스크래플을 쿡쿡 찌르며 말했다. 아무 말이 없던 아버지는 그대로 의자에서 해리를 낚아채 현관문까지 끌고 가더니 문을 열고 밖으로 던졌다. 그다음 해리에게 책가방을 건네주고 문을 쾅 닫았다. 해리는 그날 방과 후에 집에 오지 않았다. 동생은 외할머니 집으로 가서 어머니와 함께 산다고 했다.

해리가 떠났을 때도, 어머니가 떠났을 때만큼이나 고통스러웠다. 나도 어머니와 함께 살고 싶었지만 너무 무서워서 떠날 수가 없었다. 나의 가장 깊은 불안감을 더욱 고조시킬 뿐이었다. 어머니는 3년 동안 외할머니와 살았고 우리에게 매일 점심을 가져다주었다. 우리는 가끔 외할머니 댁에서 잠을 자곤 했다. 집이 가까웠으니, 외형적으로는 근접성을 유지했지만, 내부적으로 우리 가족은 완전히 무너졌다.

———

내가 TV로 도피하기 시작한 것은 이 시기부터였다. 나는 내가 좋아하는 시트콤 속의 완벽하게 꾸며진 가족 이야기에서 위안과 기쁨을 찾았다. TV에서 본 가족들을 이상화했다. 그들은 정확히 내가 원하던 모습을 그리고 있었다. 나는 항상 부모님과 잘 지내는 행복한 10대가 되고 싶었다. 나는 서로를 사랑하는 어머니와 아빠를 갖고 싶었다.

내가 어렸을 때 가장 좋아하던 드라마 〈댈러스Dallas〉처럼 말이다 (1978년부터 1991년까지 CBS에서 방영된 연속극). 그중 내 인생을 바꾼 장면을 결코 잊지 못한다. 북부 텍사스의 평범한 맑은 날, J. R. 유잉 가족은 가족 식사를 위해 모였다. 그 웅장한 저택의 전경이 보이고, 곧 J. R. 유잉의 아내인 수 엘렌이 말을 타고 아침 식사를 하러 나왔다. 어린 내 마음에 결코 잊지 못할 장면이었다. 영지에 있는 자신의 집에서 말을 타고 가족 저택으로 밥을 먹으러 왔다고? 모두가 함께 살고 아내는 말을 타고 아침 식사를 하러 올 수 있는 땅인 사우스포크는 마치 내게 천국 같았다.

그러나 현실 세계에서 나는 나의 단점을 공연과 공연 사이에 더욱 깊이 파묻었다. 나는 끝없이 쾌활하고 낙관적이며 긍정적인 성격을 선택했다. 나는 세상의 불협화음에 일관성을 유지함으로써 대응했다. 나는 항상 웃고 있었다. 항상 재미있고 웃을 준비가 되어 있었다. 내 세상엔 아무런 문제가 없는 척을 했다. 언젠가는 내가 책임자가 되면 모든 것이 완벽해질 것이었다. 우리는 거대한 땅에 큰 집을 갖게 될 것이고, 모두가 함께 살게 될 것이고, 나는 모든 사람들을 돌볼 것이다.

나는 모두에게 사랑받는 자식이 될 것이다. 우리 어머니의 구세주이자 아버지의 권력을 강탈한 영웅이 될 것이다. 평생의 공연을 시작할 것이다. 그리고 그 후로 40년간, 나는 단 한 번도 내 성격을 바꾸지 않았다.

04.

POWER

힘

말의 힘이
내 꿈을 그리는 것을
보기 시작했다.

사촌 폴은 골칫덩이였다. 그는 싸움을 벌였고, 늦게까지 밖에 있었고, 잘못된 무리들과 어울리기 위해 뉴저지에 있는 그의 집에서 뉴욕으로 몰래 도망가곤 했다. 경찰까지 때려눕혔다고 어머니가 말하는 걸 들은 적도 있다. 그는 열여덟 살이었고 바버라 이모는 그를 더 이상 감당할 수 없었다. 절박해진 이모는 도움을 줄 수 있는 유일한 사람에게 도움을 청했다. 바로 우리 아버지였다. 우리 중 누구도 사촌 폴을 본 지 몇 년이나 지났을 때였다. 우리 모두는 그를 상냥하지만 진지한 아이로 기억했다. 하지만 1983년 여름에 필라델피아에 나타났을 때 그는 완전히 다 큰 성인이나 마찬가지였다.

폴은 키가 크고 어깨가 떡 벌어진데다가 늘 취해 있었다. 손가락 마디에는 흠집과 베인 상처, 켈로이드 흉터가 가득했다. 결코 요리를 하면서 얻은 상처는 아니었다. 그는 커다란 아프로 헤어를 했고 머리 정수리엔 '블랙 파워' 운동 푯말을 꽂고 다녔다. 그러고도 관심을 끌지 못할까봐 폴은 듀크라는 공격 훈련을 받은 저먼 셰퍼드와 함께 모든 곳을 돌아다녔다.

폴은 쿵푸에서 1급 검은 띠를 땄고, 쿵푸 슬리퍼를 신고 당당히 필라델피아 서부를 돌아다녔다. 그는 마치 영화 〈라스트 드래곤〉에 나오는 브루스 리로이의 실사 같은 느낌이었다. 폴은 말을 많이 하지는 않았지만, 말을 할 때는 한결같이 공손했다. 그는 항상 가라데 절을 하고 모든 문장을 '네' 또는 '아니오'로 끝맺었다. 그는 언제나 혼자였고, 아무도 귀찮게 하지 않았다. 하지만 만약 누군가가 그를 건드리면, 결과는 초토화였다.

이때까지 아버지의 에어컨, 냉장고, 공기압축기 사업은 인기를 끌었다. 단순히 냉장 수리를 넘어 확장되는 중이었다. 아버지는 이제 사각 얼음 납품까지 하고 있었고, 필라델피아, 뉴저지, 심지어 델라웨어까지 얼음을 제조, 포장, 배달하고 있었다.

문제는 매일 수천 킬로그램의 얼음을 포장하는 것이 노동력을 필요로 한다는 것이었다. 정말 많은 노동력이 필요했다. 얼음은 가격이 싸기 때문에 값싼 노동력이 필요했다. 처음에는 나와 해리, 엘렌, 누나 팸, 그리고 친구들로 시작했다. 곧 아버지는 친척들과 친구들을 모두 모집하기 시작했다. 그 시절의 아동 노동법은 지금과 매우 달랐고, 곧 동네의 모든 아이들이 얼음을 포장하기 시작했다.

폴은 여름 전 얼음 러시에 맞춰 5월 말에 우리 집으로 이사했다. 내가 그에게 동네 산책을 시켜주었다. 나는 브라이언트 씨의 집을 그에게 보여주고, 내 친구들에게 그를 소개시켜 주었다. 나는 멋진 사촌을 자랑하고 있었다. 폴은 나와 함께 노는 것을 좋아했다. 그는 내가 우스꽝스럽다고 생각했다. 그는 듀크를 훈련하는 법도 알려주었고 심지어 독일어로 된 비밀 공격 명령어도 알려주었다. 당연히 저먼 셰퍼드니까 독일어로 훈련을 해야 한다고 했다. 나는 그게 정말 끝내주게 멋져 보였다. 무엇보다 그는 나에게 쿵푸를 알려주었다. 그 해 여름, 그는 내가 가져본 적이 없던 일종의 형이 되었다.

아버지는 가게를 우리 집을 운영했던 것과 같은 방식으로 운영했다. 그는 지휘관이었다. 소리를 지르고, 고함을 지르고, 욕을 했다. 우리 모두는 그가 폭발하지 않기를 바라며 겁에 질려 살금살금 마음을 졸였다. 하지만 폴은 아버지의 분노나 폭발에도 조금도 개의치 않던 첫 번째 사람이었다. 아버지가 화가 나서 뒤집어질 때마다, 폴은 완전히 침착한 자세를 취하며 아버지에게서 눈을 떼지 않았다. 폴의 몸짓은 정말 명확했다.

'하고 싶은 말은 다 하세요, 영감님. 대신 거기 그 자리에서 뭐든 말씀하세요. 하지만 조금이라도 나한테 다가오면…… 초토화될 거예요.'

나는 깜짝 놀랐다. 폴과 아버지는 완벽하게 잘 어울렸다. 누가 그 괴물과 마주한 채로 분노와 폭풍 속에서 그를 무장해제 시킬 수 있다는 생각을 하겠는가? 나는 그런 힘을 경험해 본 적이 없다. 폴은 무술 훈련을 했기 때문에 아버지의 권위에 복종할 수 있었다. 그는 아버지를 존경했지만 두려워하지는 않았다. 왜냐하면 마음속 깊은 곳에서 폴은 필요하다면 아버지를 죽일 수 있다는 것을 알고 있었기 때문이다. 그리고 아버지도 그걸 알고 있었다.

어린 시절 처음으로 폴은 내 집에서 나를 안심하게 해주었다. 그는 강력했다. 폴이 곁에 있다면 아무도 날 건드리지 않았다. 동네 애들도, 학교의 백인 애들도 심지어 아버지조차도. 그리고 그는 내게 힙합의 세계를 열어 주었다.

그때는 힙합이 지금과 달랐다. 히트곡이 몇 곡 나왔지만 대부분 언더그라운드에 있었다. 음반도 싱글도, 라디오도, 비디오도 없었다. 라이브 공연을 녹음한 카세트테이프를 구해 줄 연줄을 알고 있어야 했다. 뉴욕 사람들은 말 그대로 파티의 관중석에 서서 공연을 녹음하기 위해 휴대용 카세트를 머리 위로 들어 올리곤 했다. 이렇게 믹스테이프가 만들어졌다. 사람들이 파티에 가서 한 시간 혹은 두 시간 내내 커다란 라디오를 들고 서 있으면서 직접 테이프를 복사해서 친구들에게 주는 형식이었다.

뉴욕 사람들은 자신들이 가장 좋아하는 힙합 아티스트들의 테이프를 자르고, 복사본을 만들어 보스턴에 있는 친구에게 가져가거나, LA에 있는 형제에게 편지를 보내거나, 필라델피아에 있는 어린 사촌을 위해 들려주곤 했다. 이 테이프들이 돈을 주고 팔리고, 다시 복사를 하고 또다시 거래되었다. 전국에 퍼진 이런 식의 교류가 힙합의 연료가 되었다. '바이러스가 퍼지는 것'이 무엇인지 알기도 전에 이미 바이러스처럼 흩어졌다. 그리고 힙합은 길거리에서 우리의 심장까지 곧장 뻗어 있었다.

1970년대 뉴욕에 사는 흑인들은 블록 파티를 열곤 했다. 자신이 사는 동네의 한 블록을 막고 DJ가 턴테이블과 음반 상자를 들고 나와 모든 사람들이 춤을 출 수 있도록 길거리에서 음악을 틀어주는 것이었다. 1970년대였음을 감안하면 이들이 재생하고 믹싱한 음악은 대부분 펑크와 디스코였다. 펑크와 디스코 곡들은 항상 음악 중간에 특정 악기가 하이라이트를 장식했다. 노래는 계속 흘러가면서 고조되다가 모든 악기가 최고조에 달하는 순간 '쿵!' 드럼 솔로가 신나게 드럼 비트를 두드리는 것이다. 이것이 브레이크의 시초가 되었다. 브레이크 비트는 잠깐의 비트로 사람들의 관심을 끌었다. 제임스 브라운과 같은 공연자들이 그 비트에 나와 자신의 춤 동작을 뽐내기 위한 시간이었지만 언제나 브레이크 비트는 노래의 가장 뜨거운 부분이자 파티에 불을 지피는 시간이 되었다.

모두가 브레이크 비트에 맞춰 춤을 추는 것을 너무 좋아했기 때문에, 어느 날 뉴욕 브롱크스의 한 블록 파티에서 DJ 쿨 허크라는 이름의 한 남자가 턴테이블 두 개를 들고 나와 같은 음반을 재생하는 아이디어를 생각해 냈다. 그렇게 하면, 브레이크 부분을 무한 재생하면서 두 곡 사이를 왔다 갔다 할 수 있었다. 턴테이블 두 개와 믹서 한 개만으로 그는 제임스 브라운과 더 윈스톤즈 사이를 오가다 슬라이와 패밀리 스톤 곡을 틀 수 있었다. 그렇게 모든 사람들이 좋아하는 음반 중에서도 브레이크 비트 10초만 계속해서 재생할 수 있다는 의미였다. 그의 방식은 광란의 새로운 파티를 만들었다. 그리고 현대 디제잉이 그렇게 탄생했다.

DJ가 두 개의 턴테이블과 믹서를 가지고 있었기 때문에, 또 다른 혁신이 나타났다. 바로 스크래칭이었다. 스크래칭은 음반을 앞뒤로 움직이면서 음악에 새로운 사운드를 만드는 것으로 두 개의 레코드를 재생하면서 하나는 스크래칭을, 그 사이 다른 하나는 브레이크 비트를 재생할 수 있었다. 스크래칭을 하는 레코드가 완벽하게 박자에 맞춰 재생되었고, 반대로 레코드를 바꾸어 사람들이 듣고 싶어 하는 만큼 브레이크가 계속될 수 있게 되었다.

그리고 힙합을 만들 수 있는 방정식에서 빠진 것은 랩이었다. DJ는 이제 두 개의 턴테이블과 더 많은 레코드를 틀 수 있었다. 더 멋진 디제잉 솜씨에 대한 열망이 점점 더 격해지면서 DJ는 예전만큼 대중들과 교류를 할 수 없게 되었다. 그래서 DJ들은 형제나 친구 중 하나에게 마이크를 주고 무대에 세워 대중과의 교류를 이어나갔다. "여자들만 소리 질러!", "이 중에 누구 주머니가 제일 두둑해?", "브루클린이 대체 어디야?"와 같은 식으로 이 무대의 주역이 청중에게 말을 걸고, 그들의 흥을 돋구고 DJ에 대해 자랑을 하며 사람들을 즐겁게 했다.

결국, 가장 창의적인 MC들은 자메이카 이민자들로부터 수입된 랩을 브레이크 비트에 맞춰 말하기 시작했다. 이렇게 블록 파티들이 활개를 치기 시작했다. 특히 똑똑하고 재미있고 시적이며 무엇보다 내가 사는 동네를 큰 소리로 외칠 수 있는 라임이 중요해졌다. 디제잉에 MC를 더한 것이 힙합의 개념인 것으로 방정식이 마침내 완성된 것이다. 하지만 아직 세상은 그들을 받아들이지 못했다.

———

뉴욕에서 탈출한 골칫거리 폴은 모든 믹스테이프에 접근할 수 있었다. 그는 뉴욕·뉴저지 지역에 기반을 둔 하드코어 힙합 애호가들의 초기 모임인 줄루 네이션이라는 크루와 함께 일했던 사람들을 알고 있었다. 그는 나에게 그랜드마스터 플래시, 멜 멜과 퓨리어스 파이브, 트레처러스 스리, 쿨 모 디와 비지 비, 스타스키 그리고 내가 가장 좋아했던 그랜드마스터 캐즈와 더 콜드 크러시 브라더스의 테이프를 가져다주었다.

그랜드마스터 캐즈는 혼자만으로도 부인할 수 없이 내 힙합 인생에 가장 큰 영향을 끼쳤다. 그는 '프레시 프린스'의 원형이었다. 그는 힙합 1세대 중 한 명이었다. 캐즈는 재치 있고, 영리한 라임으로 사람들을 이끌었다. 그의 랩을 듣다보면 우리는 항상 긴장하며, 다음에 무슨 일이 일어날지 궁금했다. 그리고 무엇보다도, 이 대단한 놈은 펀치라인을 얻는 법을 알고 있었다. 난 캐즈처럼 되고 싶었다.

사실, 내 첫 히트 싱글 〈Girls Ain't Nothing But Trouble〉은 그에게 영향을 받았다. 기본적으로 나는 그의 프리스타일 랩 〈Yvette〉의 모든 가사를 공부하고 나만의 이야기를 썼다. 내가 그에게 푹 빠진 이유는 그가 〈Yvette〉에서 묘사한 것과 비슷한 경험을 한 적도 있거니와, 그 일에 대한 나만의 라임을 쓰려고 해도 아무것도 떠오르지 않았기 때문인 것 같다. 어떤 면에서 캐즈는 내 창조성을 돌아보고 아이디어를 풀어내도록 해주었다. 그는 내가 되는 것을 허락해 주었다.

오래 전 일이지만 절대 잊지 못해

이벳이란 여자와 침대에 같이 누워있었지
끔찍하게 무서웠지만 어떻게든 도망쳤지
그렇게 나는 오늘 여기서 이야기를 하게 됐지
나는 학교 밖에서 록을 틀고 몸을 흔들고
사람들이 노래를 들으려고 모여들어 내게로
그게 나야, L. A. 그리고 AI
그리고 전화를 걸려고 슬그머니 저 멀리로
지금까지 가장 후회되는 내 행동으로
하지만 그때는 몰랐지, 그래서 전화했지 이벳에게로.
— 그랜드마스터 캐즈, 〈YVETTE〉

유사점은 지적할 필요도 없지만 가장 마음에 드는 부분을 꼽자면 나는 캐즈가 이벳에게 전화를 걸 때 농구 코트에 있었다는 부분이 참 좋았다. 그래서 시트콤 〈더 프레시 프린스 오브 벨 에어〉의 주제가 영상에서도 내 캐릭터는 농구 코트에 서 있었다. 전설을 향한 조용한 나만의 경의였다.

————

내가 언제 래퍼가 되었는지 정확히 모르겠다. 그 당시 힙합은 우리의 행위가 아니라 우리 그 자체였다. 힙합은 단지 음악이 아니라 춤이었다. 힙합은 패션, 거리 예술, 정치, 그리고 사회정의였다. 힙합은 모든 것이었다. 삶, 그리고 우리였다. 외부인들은 힙합을 무언가 추구할 만한, 완벽한 음악 장르로 보지 않았지만, 우리는 그런 부분은 생각조차 하지 않고 있었다. 힙합은 우리 주변에서 그리고 우리 안에서 자라고 있는 새롭고, 신선하고, 재미있고, 신나는 것이었다.

우리 중 누구도 힙합이 이렇게 폭발적인 반응으로 오늘날처럼 세계를 지배할 것이라고 생각하지 않았고, 만약 누군가가 그때 내게 '40년 후에 힙합이 어디에 있을 것 같습니까?'라고 물어봤더라면, 나는 아마 '아, 인류 역사상 가장 영향력 있는 음악 중 하나가 될 것'이라고 대답하지는 않았을 것이다. 우리는 그저 우리가 하는 일이 좋아서 계속했다. 열두 살 때 처음 썼던 라임을 아직도 기억한다.

한 살 때, 나는 정-상으로 가는 여정을 시작했지.
두 살 때, 모두가 내가 빌어먹을 [세상에]
MC라는 것을 알고 있었지.
세 살 때, 어떤 장면이든 볼 수 있었고,
마음속으로는 진정한 사랑꾼이 되었지.
내 IQ 142, 내 이름처럼 예술이지.

다행히도, 실력은 훨씬 나아졌다. 폴의 테이프와 격려에 나는 집착하게 되었다. 하루 종일 돌아다니면서 혼자 조용히 옹알이를 하고 랩을 하고, 새로운 운율을 만들고 내가 좋아하는 구절을 암송하고 주위에서 무슨 일이 일어나든 프리스타일 랩을 주절거렸다. 나는 밖에 나가 흑백의 작문 공책 하나를 사서 내 방에서 랩을 적고 내 방에 숨어 거울을 보며 연습하기 시작했다.

환상에 사로잡힌 내 마음은 노트에 적은 랩을 주절거렸고, 가끔은 내가 쓴 랩에 스스로 놀라기도 했다. 나의 창조적인 강은 맹위를 떨치고 있었다. 랩은 나에게 세상에서 가장 자연스러운 것이었다. 괴롭힘을 당하고 어색한 아이에서 타고난 킬러 MC가 탄생한 것이다.

———

오버브룩 고등학교는 루르드 성모 마리아 중학교에서 1.5킬로미터도 떨어지지 않은 곳에 위치해 있었다. 하지만 고등학교는 다른 행성에 있었던 것과 다름없었다. 환경은 이보다 더 다를 수 없을 것이다. 루르드가 부유한 백인 거주지인 로어 메리온과 맞닿은 반면 오버브룩은 힐탑이라 불리는 필라델피아 서쪽의 가난한 흑인 거주 지역의 중심이었다. 루르드 성모 마리아 중학교는 작고 친밀한 가톨릭 학교로 학년 당 수십 명의 아이들이 있었고 대부분이 백인이었다. 나는 서너 명의 흑인 아이들 중 한 명이었다.

오버브룩은 '언덕 위의 성'이라는 별명처럼 거대하고, 절대적인 구조의 괴물이었다. 실제 건물을 지을 때인 1924년, 이 건물은 두 개의 네모난 도시 블록에 걸쳐 요새처럼 동네 위에 우뚝 나타났다. 인도에서 현관문까지 오르기 위해서는 30개의 계단을 올라가야 했고, 만약 그 등반에서 살아남았다 해도, 학교에는 거의 1,200명의 학생들이 다녔으며 그들 중 99퍼센트가 흑인이었다.

한 무리의 아이들이 시내 블록 길이의 복도를 시끄럽게 지나갔다. 루르드에서는 모두 내가 누군지 알고 있었지만 첫날 오버브룩으로 걸어 들어갔을 때 난 완전한 익명이었다. 나는 겁에 질리고 주눅 들었다. 심장이 뛰었고, 손은 떨렸지만, 이때쯤 나는 두려움에 대처하기 위한 완벽한 전략을 개발했다. 바로 공연이었다. 만약 내가 그들을 웃게 할 수 있다면, 나는 안심할 수 있을 것만 같았다.

내가 첫날 왜 그랬는지 아직도 정확히 모르겠다. 마치 내 감정 면역체계가 내 입을 장악한 것 같은 일종의 기이한 자동 방어 장치였다. 나는 내가 무슨 말을 할지 알기도 전에 말하고 있었고, 그래서 고등학교 생활을 내 인생에서 가장 멍청한 짓으로 시작했다. 오전 8시 직전, 수백 명의 아이들이 오리엔테이션을 위해 카페테리아 식당에 모였다. 식당에 들어서자 불안에 쌓여가는 압박감이 마침내 지나쳤다. 나는 손을 위로 들고 소리쳤다.

"잠깐만, 잠깐만. 잠깐 나 좀 봐줄래?"

식당은 순식간에 조용해졌고, 200명의 학생들이 모두 돌아서서 나를 쳐다보았다. "여기 내가 있어."라고 나는 내 자신을 가리키며 말했다. "내가 여기 있으니 안심해······. 모두들 하던 일로 돌아가도 돼······. 대신 너희가 필요하면 난 늘 여기 있을게."

묘한 침묵이 흘렀다. 분명히 이것은 대부분의 아이들에게 교육적으로 처음 있는 일이었다. 그들 중 몇 명은 낄낄대고 있었다. 그러고 나서 대부분은 그렇게 이상하게 방해받기 전에 하던 일을 다시 했다. 군중들로부터 어떤 반응을 기대했는지는 모르겠지만, 내 폭발은 적어도 나의 불안과 긴장을 대부분 없애주었다. 식당 안으로 깊숙이 들어가면서, 나는 내 발표에 감명을 받지 않은 한 남자애를 스쳐 지나갔다. 쳐다보지도 않고 그는 말했다.

"여기선 그 누구도 너한테 관심이 없어."

한 박자도 놓치지 않고 나는 그에게 몸을 숙여 말했다.

"이봐, 10분만 시간을 줘. 네 여자 친구는 나한테 신경 쓸 테니까."

우와아아아! 우리 주변으로 환호성이 들렸다. 누군가는 박수도 쳐주었다. 그 친구는 나를 잠시 쳐다보았지만 아무 말도 하지 않았다. 그는 굳은 턱으로 고개를 끄덕였다. 동의의 끄덕임은 아니었고, '그래. 어떻게 되나 보자.' 식의 끄덕임이었다.

고등학교 생활이 그리 나쁘지 않을 거라고 생각하면서 승리감에 넘겼다. 8시 31분, 오리엔테이션이 끝났고, 학생들은 모두 오버룩 강당에 흩어져 배정된 담당 교실을 찾을 때까지 이리저리 떠들고 장난쳤다. 내 교실은 315호였다. 2층과 3층 사이의 계단을 돌고 있을 때, 식당가에 있던 남자가 내 시야 끝에 걸렸다. 그는 몰래 내 뒤를 따라오고 있었다. 그때 퍼런 섬광이 보이고 내 머리 오른쪽에 날카로운 통증이 느껴졌다. 그러고는 기억을 잃었다.

그다음에 기억나는 건 비릿한 피 맛이었고, 그다음에 아우성치는 소리였다. 윗입술이 부어오르고 앞니가 헐거웠다. 지금까지 겪었던 것 중 최악의 두통이었다. 그 친구는 옛날식 자물쇠 중 하나를 가져왔다. 모든 학생들이 사물함에 사용하는 자물쇠였다. 그는 손바닥에 자물쇠를 채우고 가운데 손가락에 철제 고리를 끼워 임시로 놋쇠 너클을 만들었다. 그가 지나가면서 자물쇠로 내 오른쪽 머리를 힘껏 내리친 것이다. 나는 즉시 쓰러졌다. 넘어지면서 계단에 입을 부딪쳐 사방에 피가 흐르자, 아이들이 비명을 지르고, 선생님들이 뛰어오고, 모두 내가 죽었는지 아닌지 알아내려고 난리였다.

———

교장실 불빛에 눈이 부셨다. 아버지가 들어오셨을 때 나는 수건을 입에 대고 있었다. 곧, 경찰이 왔고, 나는 내 기억을 더듬었다. 아버지는 단단히 화가 났다. 경찰은 교장선생님과 고발에 대해 이야기하고 있었다. 어지러운 와중에도 나는 내내 이 생각뿐이었다. '아니, 잠깐만, 다들 잠깐만. 모든 게 너무 순식간에 벌어졌는데.' 잠깐 쉬었다가 기억을 더듬고 싶었다. 아니 난 처음부터 다시 되돌리고 싶었다. 난 여기 있고 싶지 않았다. 이 모든 것이 가짜이길 바랐다.

"자, 가자."라고 아버지가 말했다. 그리고 아버지는 나를 두고 홀쩍 교장실을 나가버렸다. 복도가 텅텅 비어 있었다. 아버지는 사냥감을 찾을 수 없는 사자처럼 느껴졌다. 우리는 옆문으로 나왔다. 오버브룩에 온 지 한 시간 반밖에 되지 않은 시간이었다. 한낮에 학교를 나가니까 이상했다. 편의점은 길 건너편에 있었다. 나는 얼음물과 프레즐을 원했다. 하지만 아버지가 그럴 기분이 아닌 것 같아서

군이 물어보지 않았다. 나는 차를 타고 떠나면서, 나를 내리친 그 친구가 고등학교 첫날부터 수갑을 찬 채 경찰차에 실려 가는 것을 보았다. 그는 나중에 퇴학당했고, 나는 그의 이름도 전혀 몰랐다.

———————

밤이었다. 달빛이 퉁퉁 붓고 바셀린을 잔뜩 발라놓은 입술을 반짝반짝 비추었다. 완벽하고 말도 안 되는 일이 벌어진 하루 중 처음으로 위안을 얻는 순간이었다. 침대 왼쪽에 몸을 뉘이고 나니 문득 궁금해졌다. 대체 무슨 일이 있었던 거지? 바로 그때, 외할머니가 나를 보러 왔다. 외할머니는 얼음팩을 갈고, 베개를 두드려 불룩하게 만들고, 내 머리에 붕대를 다시 감았다. 할머니가 간호사라는 건 그리 나쁘지만은 않은 일이었다. 나는 그녀에게 자초지종을 말했다. 할머니는 잔소리도 안 하고 꾸짖지도 않았다. 다만 간단히 말했다.

"있잖니. 지금이라도 그 입을 조심히 안 쓰면, 아마 오늘 같은 펀치를 또다시 맞게 될 게다."

그러고 나서 외할머니는 나에게 키스하고 방을 나섰다. 나는 할머니의 말을 계속해서 떠올릴 수밖에 없었다. 할머니가 옳았다. 나는 항상 떠들었고 늘 농담을 했다. 절대 입을 가만히 두질 않았다. 특별히 중요하게 할 말이 있어서가 아니라 두려워서 그랬다. 내 과잉보상과 가짜 허세는 정말로 겁쟁이의 또 다른, 더 음흉한 모습을 드러내는 것일 뿐이라는 걸 깨달은 것이다.

생각이 소용돌이쳤다. 할머니가 내 첫 랩북을 찾았을 때만큼 마음이 흔들렸다. 대부분의 어린아이들이 힙합 우상을 모방하듯이, 나도 욕설과 비속어로 가득 찬 구절을 썼고, 어느 날 우연히 책을 부엌에 두고 왔었다. 두고 온 공책을 할머니가 찾아서 읽었다. 나한테는 아무 말도 안 했지만 공책 앞 표지 안쪽에 이런 쪽지를 남겨두었다.

사랑하는 윌러드.
진정한 지성인은 감정을 표현하기 위해 이런 언어를 사용할 필요가 없단다. 주님께서 너에게 주신 말은 선물이란다.
너의 재능을 다른 이들을 고양시키기 위해 사용하는 지 확인을 한번 해보렴. 부탁이란다. 네가 우리가 생각하는 것만큼 똑똑한 아이라는 것을 세상에 보여주렴.
– 사랑하는 할머니가.

나는 침대에 누워 수치심에 잠겼다. 내가 다른 사람들을 고양시키기 위한 말을 했었는가? 구치소 어딘가에 앉아 있는 그 친구에 대해 생각했다. 그의 할머니는 지금 무엇을 하고 계실까? 그는 잠재적으로 인생을 망쳤다. 어쩌면 파국까진 아니었겠지만, 내 말에 자극받은 것만큼은 분명하다. 내가 그런 사람이 되고 싶지 않다는 걸 확실히 알 수 있었다.
그러나 나의 수치심을 통해 서서히 말의 힘을 깨닫기 시작했다.

나는 무의식적으로 하루 종일 사건을 유발했다는 걸 깨달았다. 어떻게 했는지는 모르겠지만, 나 때문에 이런 일이 벌어졌다는 것만큼은 확신했다. 그리고 처음으로 내가 나약하지 않다는 걸 깨달았다. 아니, 사실 나는 무한히 강했다. 그저 통제를 할 수 없었을 뿐이다. 내 상상력은 가능성들로 넘쳐나고 있었다. 그리고 그날 밤, 나는 그 단어들이 내 현실을 바꾸는 힘을 처음으로 엿볼 수 있었다.

그러고 나서 스스로에게 물었다. 만약 내가 이 정도의 힘을 가지고 있다면, 그것을 좋은 일에 사용해야 하지 않을까? 말은 사람들이 자신을 어떻게 보는지, 서로를 어떻게 대하는지, 세상을 어떻게 향해하는지에 영향을 미칠 수 있다. 말은 사람을 일으켜 세울 수도 있고, 무너뜨릴 수도 있다. 그날 밤 나는 내 말을 다른 사람들에게 힘을 주고, 상처주기보다는 돕고 싶다고 결심했다.

나는 단 한 번도 랩으로 욕을 한 적이 없다. 그리고 나는 그 선택 때문에 몇 년 동안 비난도 받고 욕도 먹었다. 그러나 동료들의 압력은 할머니의 압력과는 비교도 되지 않았다.

고등학교 1개월 동안은 좀 힘들었지만 나는 더 이상 익명이 아니었다. 그리고 내 말의 힘이 나를 거의 파괴했던 것처럼, 나는 이제 말의 힘이 내 꿈을 그리는 것을 보기 시작했다.

학년의 중반 무렵, 필라델피아에서는 힙합이 본격적으로 유행하기 시작했고, 이제 모든 사람들은 뉴욕에서 믹스테이프를 구할 수 있게 되었다. 슈가힐 갱의 〈Rapper's Delight〉의 성공으로 인해 메인스트림의 장벽을 두드리고 있었다. 모두가 그 노래를 항상 들었다.

그 해 오버브룩의 복도를 걷는 것은 힙합 배틀 그라운드를 걷는 것과 같았다. 힙합이 TV나 라디오에 나오지 않았을지 몰라도, 오버브룩 고등학교에서는 모두가 랩을 하고 있었다. 아직 아무도 몰랐지만, 나는 지난 8개월 동안 매일 라임을 쓰고 있었다. 나는 다양한 콘셉트 페이지와 펀치라인과 스토리를 가지고 있었다. 나는 숨겨둔 것을 외우고 세상에 드러낼 준비를 하기 시작했다. 나는 랩을 하는 아이들 무리에 합류했고, 서서히 꽤 좋은 래퍼로서의 명성을 쌓기 시작했다.

프리스타일 랩이 새로 급부상했다. 누군가가 입으로 비트박스를 하면 래퍼는 그 주변에 무엇이 있든지 즉흥적으로 랩을 했다. 이것이 나의 가장 큰 강점이었다. 난 평생 농담을 해왔고 이제 내가 해야 할 일은 라임을 만들고 사람들을 환호하게 만드는 것이었다.

전교에서 가장 뛰어난 비트박서는 클라렌스 홈즈라는 남자였는데 모두가 그를 레디 록이라고 불렀다. 그는 가장 많은 베이스를 깔 수 있었을 뿐만 아니라, 인기 있는 브레이크 비트의 실제 소리를 흉내 낼 수 있었다. 게다가 그는 음향 효과도 낼 수 있었다. 그가 복도에서 새소리를 내면 학생들은 학교에 어떻게 새가 들어왔는지 찾을 정도로 정말 진짜 같은 소리를 내었다. 나는 곧 레디 록이 나를 위해 비트박스를 할 때마다 그가 항상 내 랩을 더 멋지게 만들어준다는 것을 깨달았다. 나는 매일 수업 후에 그를 찾아갔다. "야, 레디 록 C, 흔들 준비됐어?"라고 인사하며 그를 가볍게 때리곤 했다.

"알지, 알지." 그가 말했다.

레디 록은 항상 무대를 흔들 준비가 되어 있었다. 그래서 우리는 그를 '레디 록 C(클라렌스 홈즈의 'C')'라고 부르기 시작했다. 얼마 지나지 않아, 가벼운 프리스타일 세션으로 시작한 라임과 흐름, 그리고 서로를 이기기 위한 배틀이 시작되었다. 내가 나서서 한 소절을 하면, 다른 친구가 나와 한 소절을 랩하며 앞서려고 했다. 내 머리나 옷을 가지고 조롱할 때도 있었다. 그의 구절이 끝나면 내가 한 걸음 물러나 프리스타일로 대답해야 했다. 그중 가장 큰 웃음과 환호를 받은 사람이 주로 승자가 된다. 군중을 가져야 배틀에서 이기는 것이었다.

난 천하무적이었다. 물론 나보다 더 똑똑하고 흐름이 촘촘하거나 목소리가 좋거나 시적 감각이 발달한 친구들도 있었다. 하지만 나만큼 웃긴 사람은 없었다. 아무도 나처럼 펀치라인으로 군중을 흔들 수 없었다. 웃음은 누구도 이길 수 없다는 걸, 나 말고 그 누구도 이해하지 못하는 것 같았다. 원하는 건 다 뱉어도 괜찮았다. 세상의 모든 돈과 여자에 대한 랩을 따라 해도 괜찮다. 하지만 만약 바짓단이 신발보다 경중 더 높으면 사람들은 이렇게 말한다.

넌 봐, 귀염둥이. 날아다니는 척하는 거야?

네 신발은 어디로 가고 바짓단은 하늘로 치켜 올랐네.

그리고 40명의 사람들이 웃는가? 그럼 게임 끝이다. 랩은 나의 모든 것을 바꿔주었다. 나는 태어나서 처음으로 인기가 많아졌다. 나는 관심과 존경을 받았다. 그래서 나를 괴롭히고 놀리던 많은 동네 남자애들도 내가 나타나면 흥분하기 시작했다. 나는 새로운 친구들을 사귀고 있었고, 여자애들도 나의 존재를 느끼기 시작했다. 레디 록과 나는 떼려야 뗄 수 없는 사이가 되었다.

내가 랩 배틀에서 지지 않는 또 다른 이유는 내가 아버지 집에서 자랐기 때문이다. 아버지의 끊임없는 직업윤리에 의해 만들어지고 조각된 나였다. 나는 끊임없이 연습했다. 대마초를 피우고 수업을 빼먹기 시작한 다른 아이들과 달리, 나는 매일 몇 시간이고 라임으로 공책을 채웠다. 나는 거울에 서서 연습하고, 펀치라인을 강화하고 끊기 위해 얼굴과 몸짓이 완벽하게 일치하도록 했다. 나는 전달에 강약을 주고 목소리 톤을 낮추려고 노력했다.

수업 사이에 쉬는 시간마다, 그리고 학교 가기 전과 후에, 나는 항상 들었을 때 매끄러운 펀치라인을 찾았다. 카페테리아 식당, 주차장, 놀이터, 운동장을 드나들며 누구와도 실력을 견주었다. 수업 시간에 선생님이 내 이름을 부르면 나는 라임을 맞추어 선생님들을 즐겁게 해드릴 수 있었다. 부모님에게도 운을 맞출 수 있었다. 라임을 맞추어 전화도 받을 수 있었다. 많은 어른들이 싫어하는 척했지만, 사실 그들도 내 랩을 좋아한다는 걸 알았다.

힙합과 유머의 조화가 나를 손댈 수 없게 만들었다. 난 내 목소리를 찾았다. 나는 시적으로 그리고 희극적으로 말을 골랐다. 그리고 처음으로, 내 삶에서 힘이 급증함을 경험했다. 선생님들은 나를 사랑하셨다. 수업에 늦거나, 숙제를 놓치거나, 교실 뒤에서 바보처럼 굴다가 들켜도 선생님을 웃게 만들어 누구도 내게 소리를 지를 수 없었다.

나는 내가 절대 문제를 일으키지 않는다는 것을 깨닫기 시작했다. 내가 가장 좋아했던 선생님 중 한 분은 브라운 선생님이었다. 그녀는 대수학 II, 기초 함수, 그리고 삼각법을 가르쳤다. 그녀는 흠잡을 데 없는 초콜릿 피부에 크고 차분한 갈색 눈을 가지고 있었으며, 키가 150센티미터도 채 되지 않았지만 내면은 너무도 큰 분이었다. 그녀는 내가 뭘 하는지 정확히 알고 있었다. 이맘 때, 나는 적어도 그녀보다 30센티미터 이상 컸다. 나를 확인하러 가까이 오시면, 그녀는 내 가슴팍에 대고 이렇게 말씀하셨다.

"내 눈높이에 맞추렴. 이야기 좀 하자."

선생님들이 당신을 사랑한다고 느낄 수 있을 때 배우는 것은 정말 쉽다. 브라운 선생님은 농담처럼 나를 '왕자님'이라고 부르기 시작했다. 분명 비꼬는 말투였다.

"참, 왕자님이 이번 월요일 아침에 우리에게 숙제를 내려주셨네. 정말 친절도 하시지."

애들이 웃음을 터트리면 내 세상이었다. 모두가 웃기만 하면 난 아무래도 좋았다. 그 당시에 프레시fresh라는 단어는 새로운 힙합 유행어였다. 모두들 아무 말에나 유행어를 붙였다. 70년대에는 '플라이fly'였고, 90년대에는 '도프Dope'였다. 그리고 80년대에는 무언가 멋진 일이 일어나면 모두들 "야, 그거 프레시하다."라고 했다. 어느날, 내가 말 그대로 수업 종이 친 지 45초 만에 교실로 들어갔다. 브라운 선생님은 시계를 보더니 이렇게 말했다.

"왕자님. 2분이나 늦으셨네……."

나는 재빨리 선생님의 잘못을 지적했다.

"아니, 브라운 선생. 우리 모두 내가 30초밖에 늦지 않았다는 걸 알지. 괜찮다면 앞으론 나를 '프레시 프린스'라고 불러주게."

그리고 교실이 빵 터졌다. 그리고 그게 내 이름이 되었다.

———

자신감과 안정감을 느끼기 위해서는 뭔가 안심할 수 있는 것이 필요하다. 우리 모두는 우리 자신에 대해 좋게 느끼고 싶어 하지만, 우리 중 많은 사람들은 실제로 얼마나 많은 노력을 필요로 하는지 알지 못한다.

내면의 힘과 자신감은 통찰력과 숙련도에서 탄생한다. 어떤 것을 이해하거나 어떤 것을 잘할 때 힘이 솟고, 뭔가 선보일 수 있다는 느낌이 든다. 나만의 독특한 기술과 재능을 적절히 길렀을 때, 세상에 나가 교류하는 것이 흥분된다. 내가 폴을 통해 배운 것은 어떤 일을 잘하면 폭풍 속에서도 침착할 수 있다는 것이다. 어떤 일이 일어나더라도 잘 처리할 수 있다는 것을 알면서 말이다. 나에게 큰 반향을 불러일으키는 브루스 리(이소룡)의 명언이 있다. 그의 제자 중한 명이 그에게 물었다.

"스승님, 저희에게 끊임없이 평화를 말씀하시지만, 매일 싸움 훈련을 시키십니다. 어떻게 이 상충되는 생각들을 조화롭게 할 수 있을까요?"

그러자 브루스 리는 이렇게 답했다.

"정원의 전사가 되는 것이 전쟁의 정원사가 되는 것보다 낫다."

랩은 내가 친구들로부터 간절히 원했던 인정을 받은 것뿐만 아니라 나에게 힘을 주었다. 그러나 나는 그것이 일시적인 것이라는 것을 알았다. 나의 지속적인 관심과 노력이 필요했다. 내가 잘한다는 것도 알았지만, 더욱 노력해야 한다는 것도 알고 있었다. 노력 없이 그냥 찾아오는 게 아니었다. 쟁취하기 위해 직접 움직여야 했다.

나는 열여섯 살 생일 직전에 운전면허증을 땄다. 레디 록과 나는 매일 방과 후에 필라델피아 서쪽을 드라이브하며 랩 배틀할 사람들을 찾는 것을 좋아했다. 그 당시에는 꽤 쉽게 찾을 수 있었다. 한 무리의 남자들이 동그랗게 구석에 서 있고, 그들 중 한 명이 손을 입가에 오므리고 머리를 앞뒤로 흔들면, 그게 바로 보편적인 비트박스 자세였던 것이다.

우리가 차를 세우고 나서 비보이의 자세를 취하면 바로 랩 배틀의 시작이었다. 학교에 다니는 바보들을 물리치는 건 1분도 채 걸리지 않았다. 내가 펀치라인을 던지면, 사람들은 손을 흔들고, 소리를 지르고, "워! 방금 뭐라고 했는지 들었어?" 하고 외쳤다. 똑똑한 놈들은 내가 사람들의 관심을 다 가져왔을 때 패배를 인정했다.

3학년 때, 나는 곧 필라델피아 서쪽에서 명성을 얻었다. 나는 나보다 나이가 많은 남자들로 이루어진 팀에 합류했다. 우리는 스스로를 'The Hypnotic MCs'라고 불렀다. 이 그룹은 그랜드마스터 캐즈와 더 콜드 크러쉬 브라더스를 따라하고 있었다. DJ 한 명과 MC 네 명이었다. DJ 그루브, 제이미 프레시, 셰키 디, 내 친구 마크 포레스트, 그리고 프레시 프린스였다. 'The Hypnotic MCs'의 역할을 나는 꽤 진지하게 생각했다. 나는 아버지가 나에게 심어준 규율을 바탕으로 활동했다. 하지만 당시엔 대부분의 사람들이 나와 같은 직업윤리를 가지고 있지 않다는 걸 모를 때였다.

나는 매일 모여 특정 시간을 정하고 연습하고 싶었다. 하지만 다른 사람들은 연습 시간을 진지하게 여기지 않았다. 때로는 리허설에 늦게 나타나기도 하고, 때로는 아예 나타나지 않는 경우도 있었다. 난 팀으로 모든 블록 파티에 가서 공연하고 돈을 모아서 장비를 사고 전단지를 나눠주고 우리만의 카세트를 만들고 싶었다. 내가 막내였기 때문에, 그들은 항상 나를 비웃고 내 생각을 무시했다. 마침내 나는 모두에게 인당 200달러씩 내라고 설득했다. 나는 새 SP-12 샘플 비트박스를 사기 위해 아버지 가게에서 몇 주 동안 열심히 일해서 내 몫을 마련했다. 비트박스, 마이크 4개, 턴테이블 2개, 그리고 필요한 모든 레코드를 갖게 되었고, 그루브가 DJ였기 때문에 우리는 모든 장비를 그에게 맡기기로 합의했다.

우리는 약 6개월 동안 꽤 괜찮은 공연을 함께했지만, 대부분의 장비들은 사용하지 않은 채 그루브의 지하실에 놓여 있었다. 나는 좌절감을 느끼고 있었다. 아무도 장비를 가지러 가려 하지 않았다. 나의 직업윤리와 끊임없는 압박이 나와 그룹을 서서히 갈라놓았다. 그들은 내가 항상 그들을 괴롭히고 그들에게는 그저 재미있는 취미를 망치는 것에 대해 화가 났다. 나는 그들이 최대한의 노력을 기울이지 않은 것에 대해 분개했다. 나는 그들과 리허설을 하면서 아버지의 격언을 외쳤던 내 자신을 기억한다.

"99퍼센트는 0퍼센트와 같다고!"

우리는 모든 것을 놓고 다투고 싸우기 시작했다. 어떤 브레이크 비트가 어떤 하모니와 가장 잘 어울리는지, 누가 어떤 부분을 부를지, 모든 결정은 잡일이 되었다. 지금 내가 알고 있는 것을 알고 보니, 그 그룹이 제대로 굴러갈 리가 없다는 것이 보이지만, 그때만 해도 내 마음은 모든 것을 고칠 수 있을 것만 같았다.

하지만 몇 달 동안 아무런 녹음도 진행되지 않았고 결국 나는 그루브의 집에 가서 동료들에게 내가 나가겠다고 말했다. 그들에게 나는 모두의 기분을 죽이는 불쾌한 아이였다. 그들은 어깨를 으쓱하더니 서로를 보며 피식거리고는 나에게 마음대로 하라고 했다. 그래서 나는 내 마이크와 헤드폰을 잡았고, 공정성을 기하기 위해 그들에게서 SP-12를 다시 사겠다고 제안했다.

"그건 팔 물건이 아닌데."라고 그루브가 말했다. 그의 목소리엔 냉기가 돌았다.

"이봐. 너희들은 그걸 쓰지도 않잖아." 내가 말했다.

"우리 아빠가 모자란 현금은 좀 도와주실 거야……."

그들은 나를 무시하고 자기들끼리만 이야기했다. SP-12에 대한 것도 아니고 심지어 분노에 대한 것도 아니었다. 그건 힘, 즉 권력에 관한 거였다. 그들은 그저 그렇게 할 수 있었기에 날 무시했다. 그들은 내가 아무것도 할 수 없다는 것을 알았다.

"그래, 좋아. 내 200달러만 돌려 줘."

서로를 보며 피식거리더니, 그루브가 내게 말했다.

"안 돼."

논쟁의 여지가 없었다. 누구도 목청을 키우지 않았다. 그저 계속해서 거절, 또 거절이었다. 겉으로는 냉정을 유지했지만 내 안에는 분노가 치밀기 시작했다. 나는 가정과 어린 시절 내내 괴롭힘과 학대에 시달렸다. 그리고 난 그게 지겨웠다.

"좋아. 다음에 보자."라고 나는 침착하게 말했다. 하지만 막 떠나려던 찰나, SP-12가 바로 눈에 보이는 곳에 있다는 것을 깨달았다. 그래서 나는 그쪽으로 걸어가 잠시 걸음을 멈췄고, 기계를 낚아챘다. 벽에 꽂힌 케이블을 격렬하게 뜯고, 손잡이를 아래로 향하게 한 채 머리 위로 높이 들고, 집어던졌다! 나는 곧장 콘크리트 바닥에 기계를 떨어뜨렸고, 완전히 산산조각 났다. 손잡이, 플라스틱, 트랜

지스터가 사방으로 흩어졌다.

"대체 뭐하는 거야?"

그루브가 고함을 내질렀다. 그리고 지하실 계단으로 올라가서 거리로 나갔다. 처음엔 분명 나와 잘 맞았는데, 들어와서 보니 난 그들에게 그저 막내일 뿐이었다. 그 시절, 내가 달리던 방식을 '부킹'이라고 불렀다. 나는 고개를 숙이고 무려 여덟 블록을 뒤도 돌아보지 않고 내달렸다. 마침내 속도를 줄였을 때, 내 뒤에는 아무도 없었다. 난 이제 완전히 혼자였다.

———

아버지의 신형 쉐보레 밴의 모든 유리창이 깨졌다. 라디오와 함께 모든 기계들이 도둑맞았다. 도난 사건이 일어났을 때, 폴이 차를 가지고 있었다. 그리고 그는 아버지에게 사과하며 거의 눈물을 흘렸다. 아버지는 "이런 일이 일어날 수 있다. 그래서 보험에 가입하는 거다."라고 말하며 그를 진정시키려고 노력했다.

하지만 폴은 내심 용서받을 수 없는 짓을 저질렀다고 생각했다. 아버지가 자신을 믿고 차를 맡겼으니 차에 대한 책임도 온전히 자신이 졌어야 마땅하다고 여긴 것이다. 나는 지금껏 이런 모습을 본 적이 없었다. 그는 자신이 실패했으며 아버지에게 모욕을 안겼다고 생각했다. 아버지 역시 폴의 이런 감정을 잘 알고 있었다. 아버지는 말했다.

"이봐, 폴. 얼마나 많은 흑인들이 내 물건을 훔쳤는지 알아?"

"누가 그랬는지 정확히 알아요, 윌 삼촌." 폴이 말했다.

"저 흑인들은 그냥 무시해라. 우린 할 일이 많아. 그냥 둬."

아버지가 말씀하셨다. 하지만 폴은 그냥 놔둘 수 없었다. 그는 쉘리라는 여자와 만나고 있었다. 하지만 폴을 만나기 전 블랙이라는 남자와도 잠깐 만났다고 했다. 블랙은 와인필드를 주름잡고 있었다. 그는 늘 7~8명의 친구들과 함께 브라이언트 씨의 가게 앞 모퉁이에 있었다. 블랙은 키가 190센티미터 정도였고 항상 셔츠를 벗고 있었다. 그는 그 무엇도 신경 쓰지 않는 타입이었다. 낮에도 길에서 대마초를 피우곤 했다. 폴은 사람들 가운데를 곧장 헤치고 걸어 들어가 블랙에게 갔다.

"네가 우리 삼촌 차를 건드렸냐?"

폴이 말했다. 모퉁이에 있던 모든 사람들이 웃었다.

"그래, 내가 그랬지. 너 같은 놈이 어쩔 건데……."

큰 실수였다. 몇 초 만에 블랙의 코가 부러졌다. 하지만 그는 몰랐다. 아마 의식을 되찾을 때까지도 몰랐을 것이다. 영화에서 말고는 이런 싸움을 본 적이 없다. 폴은 모두를 때렸다. 길모퉁이에 있는 모든 남자들이 피를 흘리거나 도망가거나 기절했다. 폴은 그날 밤 집에 오지 않았다. 그다음 날도. 폴은 아버지에게 반항했다. 그저 참고 견디기엔 너무 힘들었던 모양이다.

그리고 내가 그를 다시 보기까지는 35년이나 걸렸다.

05.
HOPE
희망

**희망은 암울할 때에도
생존할 수 있게
만드는 약이다.**

어머니와 해리가 우드크레스트로 다시 이사 왔다. 우리 가족은 이런저런 이야기를 하는 사람이 아니었다. 나는 어머니와 아버지의 결정에 전혀 관여하지 않았다. 나는 이유를 묻지 않았고, 두 분은 말해주지 않았다. 하지만 그게 뭐든 간에, 아버지는 다시는 어머니에게 손을 대지 않았다.

졸업반 중간쯤 SAT(대학수능시험) 점수를 받았다. 낮은 1200점. 이건 만점과는 거리가 멀었지만 필라델피아 시내의 흑인 아이에게는 대학 진학에 정말 좋은 선택지를 주기에 충분했다. 어머니는 날아갈 듯 좋아하셨다. 집 안에서 춤을 추며 카네기 멜론의 동문들과 MIT(매사추세츠 공과대학) 출신의 모든 친구들에게 전화를 걸었다. 꼭 어머니가 다시 대학에 들어간 듯한 모습이었다.

내가 잘하던 과목은 수학과 과학이었다. 1986년까지, 점점 더 많은 학교들이 컴퓨터 과학과 공학 과정을 가르치고 있었다. 어머니는 전략실을 만들었다. 미국의 지도를 펼쳐놓고 공과대학과 가족이 있는 도시와 주, 생계비와 필라델피아로부터의 거리를 비교하며 분석하였다. 그 정보를 바로 옆에 두고, 그녀는 내가 선택할 수 있는 것들을 합격 가능성이 가장 높거나 가장 낮은 순서로 상위 5~6개 학교로 좁혔다. 그리고 나서 어머니는 모든 입학 신청서를 작성했고, 재정 지원 문제를 저울질했다. 당시 그녀는 필라델피아 교육위원회에서 일했기 때문에 교육에 관한 한, 그녀의 계획과 실행은 아버지조차 박수갈채를 보냈다.

위스콘신에 집안 친구들이 산다며, 갑자기 어머니는 그들을 만나러 가족 여행을 떠나자고 결정했다. 아저씨 이름이 월터 맥컬럼이었다. 아저씨가 그 지역 공과대학의 입학처장과 가까운 사이라고 했다. 어머니는 이미 누나 팸을 햄튼 대학교에 입학시킨 전적이 있었다. 그리고 내가 그다음이었다. 부모로서 가장 꿈같은 일, 즉 아이들을 모두 대학에 보내는 일이 실현되기 직전이었다. 어머니는 '월을 대학에 보내기' 임무를 맡은 지휘관이었다.

———

금요일 밤이었다. 내 여자 친구였던 주디 스튜어트가 생일 파티를 열었다. 나는 방과 후에 레디 록을 만났다.

"오늘 밤 주디의 파티에 갈 거야?" 그는 말했다.

"아니, 알고 보니까 날 속였더라고. 내가 지난 2년 동안 파티마다 DJ를 해줬는데 다른 사람을 섭외해놓고 말도 안 해줬더라."

"그냥 다른 사람이 아니야. 주디가 재지 제프를 데려온대."

"뭐? 들어본 적은 있는데 직접 디제잉 하는 걸 본 적은 없는데."

"기분 나쁜 놈." 레디가 말했다.

"사우스웨스트 출신이긴 한데 우리 동네에 감히 발을 들여? 우리를 뭘로 보고?"

레디 록은 항상 랩 배틀 때마다 기름 치는 법을 알고 있었다. 물론 우리에게 기름칠이 많이 필요했던 건 아니지만.

"래퍼 이름은 뭐래?" 내가 물었다.

"MC 아이스. 그래도 넌 못 이기지."

"누가 날 이겨."

내 머릿속은 오늘 밤의 살육을 위한 랩 라임들로 뒤흔들리고 있었다.

"오늘 밤 파티에 가서 이 바보들을 박살낼 거야. 와인필드를 대표해야지."라고 내가 말했다.

"좋아!" 그가 말했다.

"레디 록 C와 프레시 프린스 대 재지 제프, MC 아이스! 8시에 거기서 만나자."

"그래. 붙자. 이따 봐."

———

제프리 앨런 타운즈는 필라델피아 남서부의 로드먼가에서 자랐다. 제프는 음악가 집안 출신이었다. 아버지는 재즈의 전설인 카운트 베이시의 사회자였다. 그의 형들은 펑크와 퓨전 밴드에서 연주했고, 그의 누나들은 항상 모타운 노래를 불렀다. 그는 가족의 막내이자 음악의 스펀지 같은 사람이었다. 주변에서 일어나는 모든 재능을 흡수하고 자기 것으로 만드는 사람이었다.

열다섯 살 때, 제프는 비호지킨림프종이라는 암 진단을 받았다. 고통스럽고 어려운 치료 후, 그는 간신히 병을 이겨냈지만, 어머니는 당연히 아들을 과잉보호하게 되었고, 제프는 아버지와 형제들의 재즈, 펑크, 블루스 음반에 둘러싸인 채 가족 지하실에서 나날을 보냈다. 제프는 하루 종일 음반만 파헤치며 존 콜트레인과 찰리 밍거스부터 스티비 원더와 제임스 브라운에 이르기까지 다양한 스타일의 음악, 악기 연주에 몰두했다.

열 살이 되던 해에, 제프는 디제잉을 시작했다. 그의 백과사전적 지식은 그를 경이로운 음악가로 만들었다. 복잡한 재즈 선율과 모던 펑크, 디스코, 힙합 리듬을 매끄럽게 섞는 그의 능력 때문에 모두가 그를 '재즈'라고 불렀다. 결국, 그는 '재지 제프'라는 이름을 얻었다. 어린 친구들은 모르겠지만 그때는 MC보다 DJ가 더 유명했고 랩은 아직 시작 단계인 수준이었다. 오늘날 우리가 가지고 있는 리듬이나 언어적인 독창성은 없던 시절에 디제잉은 혁신적이고 흥미로운 관심의 중심이었다.

구식 디제잉에 익숙하지 않은 사람들에게 설명하기는 어렵지만, 리듬을 지우고 소리를 혼합하는 제프의 능력은, 대부분 그리고 여전히 그 누구와도 비할 데 없는 실력이었다. 그는 10대 때 필라델피아 지하실 파티의 기술과 스타일을 개척했고, 이 파티는 오늘날에도 전 세계 수천 명의 DJ들에 의해 사용되고 있다.

그는 아무도 보거나 듣지 못한 방식으로 기록을 조작할 수 있었다. 키와 박자표를 마음껏 갖고 놀며 소리를 바꿀 수 있었고, 그중 하나는 나중에 〈트랜스포머〉 만화에 나오는 효과를 떠올리게 했다. 나는 이 기술을 '트랜스포머 스크래치'라고 이름 붙였다. 그는 두 음반의 보컬 라인을 서로 주고받으며 완전히 다른 두 곡의 대화를 만들어 낼 수 있었다.

계속해서 그에 대한 이야기를 할 수도 있지만 여기서 잠깐 멈추고 나를 포함한 많은 사람들이 제프를 힙합 디제잉의 레전드라고 부를 만한 이유가 있다는 이야기부터 해야겠다. 30년이 지난 오늘날에도 그는 DJ 전문가들로부터 세계 최고 중 한 명으로 추앙받고 있다. 중요한 건 내가 유명한 영화배우인 건 맞지만, 80년대엔 재지 제프가 스타였다. 내가 그의 서브였다는 사실이다.

———

내가 도착했을 때, 제프는 아직 자리를 잡고 있었다. 주디가 우리를 소개했다.

"어, 안녕. 난 제프야." 그가 말했다.

"프린스다." 내가 말했다.

나는 이렇게 생각했다. '니가 재지 제프야?' 그는 커다란 안경을 쓰고 있었고, 옷에는 그의 이름이 어디에도 없었다. 누가 그가 재지 제프라는 것을 알겠는가? 그의 왼손 가운데 손가락에는 반창고가 둘러져 있었다. 분명히 너무 심하게 스크래칭을 하는 바람에 손가락 윗부분의 관절은 구부러졌을 것이다. 다들 이놈에 대해 호들갑을 떨었지만 난 감명받지 않았다.

만약 이놈이 이 도시 최고의 DJ라면 나는 필라델피아에게 실망을 할 거야. 그 당시 유명한 DJ들은 무대에서 백플립을 하고 턴테이블을 뛰어넘는 등 기술이 화려했다. 하지만 제프는 조용하고, 말랐고, 말투도 부드러웠으며, 강철 바퀴 위의 사무라이라기보다는 과학 괴짜 같았다.

제프가 계속 준비하는 동안 나는 앉아서 몸을 식혔다. 항상 배틀 전에 일찍 나타나서 시간을 재는 것이 좋다. 그의 안경과 반창고에 대해 펀치라인을 짜려다가, MC 아이스와 배틀을 벌이는 게 낫겠다고 결정했다. 몇 분이 지나고 내가 물었다.

"재프, 아이스는 어디 있어?"

제프는 쳐다보지도 않았다 나는 이것이 골치 아픈 주제라는 것을 알 수 있었다.

"좋은 질문이네. 5번이나 전화했는데 답이 없어."

그 당시에는 휴대폰이 없었다. 요즘처럼 사람들과 연락이 되지 않았다. 주디의 손님들이 속속들이 도착하고 있었지만, 레디 록의 흔적은 없었다. 파티가 시작되고 있었다. 주디가 긴장하고 있다는 걸 알 수 있었고, 제프도 기분이 별로 좋지 않다는 걸 느낄 수 있었다. 나는 기쁨이 폴폴 새어 나왔다.

"이봐, 네가 원한다면 아이스가 올 때까지 놀아줄게."라고 내가 말했다.

제프는 "아, 그거 괜찮네. 고마워. 난 마이크에 대고 말하는 것이 싫거든."이라고 덧붙였다.

"좋아. 난 마이크에 대고 말하는 것보다 재미있는 게 없으니까." 라고 내가 대꾸했다.

우리 둘 다 웃음을 터트렸다. 주디는 환호성을 터트리며 박수를
보냈다.

───────

예술가로서 재능을 계량화하거나 측정할 수 있는 순간은 드물
다. 아무리 노력한들, 예술적 재능을 원하는 만큼 재현하거나 묘사
한다는 것은 거의 불가능에 가깝다. 하지만 모든 예술가들은 내가
말하는 신의 영감의 순간들을 알고 있다. 창조가 훌륭하고 쉽게 흘
러나와 그 어느 때보다도 더 잘하게 되는 순간 말이다.

제프와 함께한 그날 밤은 무아지경의 순간을 처음으로 맛본 날
이었다. 우리는 이미 하나의 그룹으로 존재했고 스스로를 따라잡아
야만 했다. 자연스럽고, 편안한, 집 같은 느낌이 들었다. 제프는 나
의 라임을 느낄 수 있었다. 그는 항상 내 농담이 언제 오는지 알고
있었고, 언제 트랙을 빼서 사람들이 펀치라인을 분명히 들을 수 있
게 만들어야 하는지도 알았다. 나는 그가 어떤 종류의 스크래치를
사용하는지 알 수 있었다. 그는 오른손보다 왼손의 스크래치를 선
호했다. 금방 그의 습관을 감지한 나는 그가 어느 손으로 어떤 스크
래치를 만드는지에 따라 관객들의 관심을 끌 수 있었다. 그는 랩의
구조와 라임의 흐름을 읽고 트랙을 선택하며 박자를 조절했다. 음
악이 빨라지면 그는 킥을 날렸다. 그리고 필라델피아의 아이들이
본 것 중 가장 재미있고, 섹시한 파티를 만들어냈다.

그날 밤은 미친 밤이었다. 파티가 끝났을 때, 나와 제프는 차도에 서서 숨을 죽이고 더위를 식혔다. 우리는 여전히 흥분되어 있었다.

"트럭 터너 에코는 진짜 끝내주더라." 내가 말했다.

"시크 베이스라인Chic bassline에 완벽하게 맞춰서 타던데!" 제프가 대답했다.

"다음번엔 '바운스, 락, 스케이트, 롤Bounce, Rock, Skate, Roll'부터 가고 그다음에 '시크……'로."

"좋아! 좋아!"

아이디어가 소방차의 호스처럼 쏟아졌고 창의력이 우리 사이를 왔다 갔다. 그가 무슨 말을 하면 내 마음속에 세 가지 아이디어가 이어졌고, 내 대답에 그는 머리가 어지럽게 빙빙 돌았다고 했다. 우 린 특별히 얘기한 적도 없고, 공식적으로 말한 적도 없지만, 11월 주디 스튜어트의 지하실에서 있었던 그 밤, 그는 내 DJ가 되었고, 나는 그의 래퍼가 되었다. 그때부터 우리는 필라델피아 서부에서 온 DJ 재지 제프와 프레시 프린스로, 서로에게 파트너이자 친구이 며, 형제였다. 그리고 우리는 오늘까지도 여전히 함께한다.

———

다음 몇 달 동안, 나와 제프는 열심히 연습했다. 매일 연습하고 주말마다 공연했다. 그는 어머니 집의 지하실에서 살았다. 여긴 그 의 보호구역이자 마법의 작업장이었다. 지하실로 내려가면 마법사의 커튼 뒤를 살짝 엿보는 것 같은 느낌이 들었다. 제프는 내가 가진 친구 중 가장 명백하게 나를 앞지른 첫 번째 친구였다. 나는 그가 '연습을 많이 했다.'고 말하는 것은 잘못된 표현일 것이라고 생각한다.

그는 연습하는 게 아니라 다른 일을 아예 하지 않았다. 절대 제프가 부엌에 있거나 TV를 보는 모습을 볼 수 없었다. 그는 가게조차 가지 않았다. 제프는 하루 14시간에서 18시간, 일주일에 7일, 1년 365일을 턴테이블 앞에만 서 있었다. 말 그대로 그 모습만이 제프를 생각하면 떠오르는 유일한 이미지다.

제프는 미친 과학자였고, 기술을 사랑했다. 그는 항상 빈에 있는 일흔여덟 살의 미심쩍은 역사를 가진 기타 장인에게서만 받을 수 있는 새로운 악기가 도착하기를 기다리고 있었다. 제프는 디제잉에서 비트 메이킹과 녹음으로 옮겨가고 있었다. 얼마 후, 그는 미니 스튜디오를 갖게 되었다.

제프는 나보다 세 살 위여서 이미 졸업했지만, 나는 여전히 학교에 다니고 아버지 가게에서 일해야 했다. 내가 오후 4시쯤 리허설을 하러 가면, 제프는 이미 10시간이나 작업을 한 후였다. 그는 내가 쓸 트랙을 두 개쯤 넘겨주곤 했다. 다음 날 내가 한 곡을 쓰고 나타나면 그는 내게 여섯 곡을 더 주곤 했다. 우리 파트너십의 처음 몇 달 동안은 이런 일이 계속되었다. DJ 재지 제프는 힙합의 터미네이터였다. 그는 밥도 안 먹고 잠도 안 잤다. 그저 죽기 전까지 계속해서 디제잉을 할 뿐이었다.

나는 그를 따라가려고 애썼다. 어머니나 아버지가 지금이 몇 시인지 아느냐고 전화할 때까지 가능한 한 늦게까지 남아 있었다. 제프의 지하실에서 보낸 그 몇 달은 내가 경험한 가장 창의적인 시간들 중 하나였다. 모든 것이 최첨단이었고, 모든 것이 뜨거웠다. 모든 게 실험적이고 영감을 주었다. 난 떠나고 싶지 않았다. 우리는 소리를 찾고 있었지만, 알고보니 우리 자신을 발견했던 것이다.

———————

어느 날 밤, 우리는 제프의 지하실에서 리허설을 하고 있었는데 라코스테 폴로셔츠를 입고 찢어진 청바지에 아디다스 신발을 신은 남자가 지하실 창문 너머로 기어 들어왔다. 그는 침착하게 서서 한쪽 구석에 자기 자리를 잡고 앉았다. 음악이 흐르고 있었고 제프와 나는 음악적 농담에 푹 빠져 있는 상태였다. 우리를 방해하고 싶지 않았던 모양이다. 제프는 그의 존재에 반응을 보이지 않았다. 나 혼자서 어색함을 깨려고 몇 분이나 고군분투했다.

"저기. 그 바지를 입으려면 신발부터 신어야겠어. 뚫린 구멍으로 자칫하면 발목이 튀어나오게 생겼네."

난 그저 어색함을 깨고 싶었던 건데, 남자는 나를 도전적인 시선으로 바라보며 입을 열었다.

"아, 그렇게 시작하려고? 깜찍하네? 왜냐하면 난 차 문짝에 네 귀때기부터 박고 시작하는 줄 알았지……."

"아니, 아니. 난 그냥 농담한 건데. 난 윌이고. 사람들은 프레시 프린스라고 불러."

정신 나간 교수처럼 무아지경에 빠져 있던 제프가 마침내 헤드폰을 탁 내려놓았다.

"이런 젠장! 여기서 뭐해. JL? 언제 왔어?" 제프가 말했다.

JL은 제프의 친한 친구였다. JL은 한 블록 떨어진 헤이즐가에서 자랐다. 제프가 어린 시절 아프면서, 어머니는 제프의 외출을 허락하지 않았고, 그래서 JL은 이곳으로 와서 제프와 몇 시간이고 함께 앉아 있었다. 이러한 일상은 제프가 회복되고 한참 후, 성인이 되어서도 계속되었다.

JL은 늘 진지했다. 내가 처음 그를 만났을 때, 그는 템플 로스쿨에 막 입학한 상태였다. 그는 낮에는 공부하고 밤에는 펜실베이니아 대학 병원에서 일했다. 그는 퇴근 후 제프의 집에 들러 두어 시간을 보내고 돌아갔다. 반쯤은 습관이었고, 반쯤은 긴장을 풀 요량이었다. 그는 맨 앞자리에 앉아 이 엄청난 DJ가 발전하는 모습을 1열에서 구경했다.

———

필라델피아 힙합계에서 우리는 핵폭탄처럼 급부상했다. 우리는 참가할 수 있는 모든 쇼를 했다. 블록 파티, 댄스 파티, 졸업 파티, 지하실 파티, 생일, 교회 주차장에서 열리는 모금 행사, 뭐든. 우리는 재미있고, 창의적이고, 매혹적인 파티 로커로서 대표성을 확립했다. 마침내 1986년 초에, 우리는 주요 공연장인 와인필드 무도회장에서 우리의 첫 실제 공연을 했다. 나의 동네에서 내 사람들, 그리고 내 새로운 DJ와 함께, 우리는 필라델피아 거리에서 가장 핫한 힙합 듀오였다.

1986년 9월, 제프가 더 뉴 뮤직 세미나 배틀 포 월드 슈프리머시The New Music Seminar Battle for World Supremacy에 초대받았을 때 우리에게도 큰 돌파구가 찾아왔다. 더 배틀 포 월드 슈프리머시는 뉴욕에서 매년 열리는 DJ 겸 MC 대회다. 그랜드마스터 플래시, 비지 비, 맨트로닉스, 멜리 멜 등 힙합의 모든 전설들이 그곳에서 공연을 하고 경쟁했다. 80년대 초반 힙합의 올림픽 같은 곳이었다.

현지 라디오 DJ인 레이디 B는 필라델피아 힙힙의 상징적인 선구자다. 그녀는 도시의 누구보다도 먼저 랩 음악을 연주하고 있었다. 라디오 채널 〈WHAT AM〉으로만 방송되던 시절 말이다. 그녀는 행사 코디네이터 중 한 명인 데이빗 풍켄 클라인에게 전화를 걸어 필라델피아에 괜찮은 DJ가 있다고 소개했다. 레이디 B는 데이빗 클라인에게 제프를 출전시키라고 압박했다.

차로 두 시간밖에 안 되는 거리인데도 드라이브 길이 순례길처럼 느껴졌다. 뉴욕은 힙합의 메카였고 나는 뉴욕에 가본 적이 없었다. 음악이 새로운 세계로 가는 여권이 될 수 있다는 생각이 나를 흥분시키고 영감을 주었다. 나는 지금 뉴욕시를 거닐고 있다. 지구상에서 가장 멋진 곳으로 향했다. 그리고 이게 다 랩 음악 덕분이다.

대회는 타임스퀘어에 있는 메리어트 마르퀴스의 대연회장에서 열렸다. 우리는 소매를 한껏 걷어 올리고 스웨그를 잔뜩 채웠다. 빨간 필라델피아 야구모자가 연회장을 가득 채웠다. 소름이 돋으며 주눅이 들기도 했지만 우리가 만들어냈던 모든 환호를 과연 어떻게 표현할 수 있을까. 마치 온 필라델피아 사람들이 따라온 기분이었다.

제프는 등록 테이블로 다가갔다. 나는 팔짱을 끼고 비보이 자세를 취한 채 그의 뒤에 서 있었다. 멜이 내 왼쪽으로 지나가서 연회장으로 들어간다. 내 비보이 자세가 조금 건전해졌다. 그러고 나서 그랜드마스터 플래시가 그의 바로 뒤에 들어섰다. 편안함을 위해 나는 차렷 자세를 취했다. 그리고 어깨 너머 무슨 소리가 들렸다. 마치 오랜 친구들이 오랜만에 만나 회포를 푸는 듯한 소리였다. 나는 희미하게나마 목소리 하나를 알아들을 수 있었다. '대체 저 목소리를 내가 어디서 들었더라?'

나는 알아차렸다. 그를 직접 본 적은 없지만, 나는 그가 맞다는 것을 알았다. 그는 비보이 자세를 취하지도 않았고, 화려한 옷이나 경호원도 없었지만, 그가 걸어 나가자 관중들이 홍해 갈라지듯 갈라졌다. MC 대회의 우승 후보, 바로 그랜드마스터 캐즈였다.

그가 내 곁을 지나는 사이, 나는 "사랑해요, 캐즈!" 하고 외치지 않고는 배길 수가 없었다. 다행히도 그는 내 곁을 빠르게 스쳤고, 나도 입 밖으로 내뱉지는 않았지만 과연 내가 얼마나 오래 참을 수 있을까. 그때 때마침 제프가 등록을 마치고 내게 다가왔다. 나는 주머니에 손을 넣고 조용히 자리를 찾으러 나섰다.

월드 슈프리머시 대회에는 MC 대회와 DJ 대회 두 부문이 있었다. 각 8명, 세 번의 준결승 예선전, 그리고 마지막 남은 선수가 우승이었다. 대회는 각 선수가 각 라운드 32개의 슬롯을 가지도록 설정되었다. 음악을 선보이는 사이, 심판들이 돌아다니며 그들의 기술과 전반적인 퍼포먼스를 체크하고 관중들의 반응도 점수에 반영했다. MC들이 먼저 올라왔다. 공정한 싸움도 아니었던 게, 라운드마다 올라온 래퍼들은 나의 우상에 비하면 재치나 카리스마 면에서 한참 뒤떨어졌다. 그랜드마스터 캐즈가 마침내 월드 슈프림 MC로 등극하는 순간 난 더 이상 버틸 수가 없었다.

"사랑해요, 캐즈!"

그다음은 DJ들이었다. 옛날에는 이 부분이야말로 사람들이 정말 보러 온 전쟁이었다. 첫 참가자로서, 제프는 첫 라운드에서 전년도 챔피언인 DJ 치즈와 짝을 이루었다.

1라운드가 시작되기 직전이었다. 제프는 무대를 가로질러 걸어갔다. 어쩌면 그런 곳엔 어울리지 않는 너무 행복한 모습으로 그는 DJ 치즈에게 손을 내밀었다. 치즈는 그를 위아래로 훑어보며 악수를 거부했다. 제프가 DJ 부스 안으로 돌아오자, 유쾌하던 태도는 사라지고 두 눈이 차갑게 얼어붙었다. 만약 무슨 일이 일어날지 미리 알았더라면 치즈도 그와 악수를 했을지 모른다. 아니면 그냥 무대를 내려갔거나.

치즈가 먼저 올라왔다. 그가 강하게 나왔다. 하지만 제프는 필라델피아가 가장 좋아하는 리듬 스크래치로 반격했다. 사람들은 서로를 바라보며 중얼거리고 있었고, 그들이 방금 무엇을 보았는지 확실히 알지 못했다. DJ 치즈가 제프를 쳐다보고 있었다. 하지만 이제 시작일 뿐이었다. 지금껏 그 누구도 이런 커팅은 본 적이 없었다. 사람들이 의자 끝으로 조금씩 다가오고 있었다.

DJ 치즈가 두 번째 루틴을 공개하며 다시 한번 무대를 흔들었다. 관중들이 환호했다. 모든 심판들이 큰 점수를 주었다. 그러고 나서 관객들은 필라델피아 아이가 가지고 온 또 다른 한 방이 무엇인지 보기 위해 자리를 잡았다. 그리고 발표나 팡파르도 없이, 제프는 이 세상에 그의 '트랜스포머 스크래치'를 소개했다. 1986년에 들어본 것 중 가장 멋진 비트였다. 고작 도입부 10초일 뿐이었는데도, 그랜드마스터 플래시와 퓨리어스 파이브의 〈Pump Me Up〉을 쪼개 비트를 만들었다. 그 노래의 끝부분에는 다음과 같은 구절이 있다.

밭장다리 형제로, 아무도 없어 그 누구도
내가 산 저택, 어머니에게로.

제프는 마지막 부분을 음절로 자르며 나누었다.

내가 / 산 / 저 / 택

그리고 그는 시계를 들고 시간이 다 지날 때까지 기다렸다. 그리고 마지막 29초가 되었을 때, 버저가 울리기 바로 직전, 그는 마지막 단어를 재생했다.

어머니에게로.

버저가 울렸고, 관중들이 할 말을 잃었다. 심사위원들이 자리에서 벌떡 일어나 손을 머리에 올린 채 자리를 서성였다. 제프의 스크래치는 매우 깨끗하고, 날카롭고, 계산적이어서 사람들은 예술의 진화를 목격하고 있다는 것을 깨달았다. DJ 재지 제프는 이제 세계 최고의 정상이 곧 필라델피아에서 태어났다는 사실을 알리고 있었다. 그날 밤, 제프는 홈잡을 데 없었다. 1986년 월드 슈프림 DJ는 필라델피아 남서부의 지하실에서 대부분의 시간을 보낸 아이였다. 나의 DJ, 재지 제프였다.

그 후, 우리는 모두 매리어트 마르퀴스 호텔방에 모여들었다. 우리는 방금 뭔가 큰일이 일어났다는 것을 알았다. 에릭 B. & 라킴이 직접 제프를 축하하기 위해 찾아오기도 했다. 우리는 이 모든 것이 어디로 가는지는 잘 몰랐지만, 중요한 도화선에 불이 붙었다는 느낌이 들었다.

우린 웃고, 꿈꾸고, 미래를 꾸미고, 계획을 세우며 밤을 샜다. 그날 밤은 힙합의 가능성이 내가 감히 희망했던 그 어떤 것보다 훨씬 더 크게 펼쳐져 있다는 것을 깨달은 첫 번째 밤이었다. 평생 동안 부모님의 희망은 교육과 근면이었다. 나는 대학에 가기로 되어 있었고 좋은 직장을 구하기로 되어 있었다. 그리고 스스로 사랑받는 자식이 되기로 마음먹었던 나는 항상 부모님의 희망과 꿈에 부응하기 위해 헌신했다. 그런 내가 아닌 나는 상상도 할 수 없었다.

그러나 다음 날 아침 집으로 떠나며 뉴욕이 우리 너머로 사라지던 순간, 나는 엄청난 확신에 휩싸였다. 나는 대학에 가지 않을 작정이었다.

———

데이나 굿맨은 현금을 좀 가지고 있었다. 그는 170센티미터가 좀 안 되는 키에 뚱뚱하지는 않았지만 필요하다면 누구라도 때려눕힐 수 있을 만큼 풍채가 좋았다. 마흔에 가까운 나이에 와인필드에서도 똑똑한 축에 꼽혔다. 골목 모퉁이에 서 있는 것도 잠깐이었을 뿐, 동네 바보들의 머리 위에서 놀았다. 정말 대단한 사람이었다. 데이나는 뉴욕에 기반을 둔 최초의 힙합 레이블 중 하나인 팝아트 레코드의 설립자인 로렌스 굿맨의 동생이다. 로렌스는 필라델피아 출신으로 뉴욕에서 정말 잘나갔다.

필라델피아에서 돌아오고 처음 몇 달간, 제프와 나는 그야말로 불타올랐다. 제프는 이제 하루에 80퍼센트는 음반을 만드는 데에만 썼고, 나머지 20퍼센트는 디제잉에 몰두했다. 우리는 제프의 태스캠으로 여섯, 일곱 곡 정도를 만들었다. 그리고 제프는 최선을 다

해 믹싱작업을 했다. 하지만 시간이 지날수록 자신의 장비가 머릿속에 흐르는 음악을 제대로 구현할 수 없다는 것에 좌절 중이었다.

나는 최근에 힙합 붐 박스의 원조인 '샤프 777'을 구입했었다. 급성장하는 우리의 예술 작업을 구현해 줄 대기업 제품이었다. 샤프 777은 크고 무거운 라디오였다. 들고 다니려면 힘이 세야 했다. 어떤 이유에서인지 무조건 들고만 있어야 했다. 내려놓으면 비싼 10D 배터리가 빨리 닳기 때문이었다. 무엇보다도 이중 녹음 복사 기능이 있어서 나와 제프가 만든 데모 테이프를 집에 가져가 고속으로 복사하며 밤을 새곤 했다. 한 번에 한 개의 테이프를 찍어야 했던 옛날이었다. 아홉 살 때 벽돌 쌓는 것처럼, 따분하고 단조로운 작업이었다. 하지만 어떻게든 해야만 했다. 그래서 열심히 복사를 떴다.

그러고 나서 니는 그 테이프들을 모두에게 나눠주었다. 힙합이 알든 말든, 귀가 두 개고, 테이프 데크가 있다면 테이프를 나눠주었다. 내 이름은 프레시 프린스라고 여기 바지에 써 있다며, 그리고 여기 당신이 들어봐야 할 테이프가 있다고.

오버브룩 고등학교에는 자신들을 '힐탑 허슬러'라고 부르는 약 30명의 남학생 무리가 주름잡고 있었다. 그 팀에서 최고의 래퍼 중 한 명은 스테디 B였고, 그는 로렌스 굿맨의 조카였다. 그의 삼촌이 막 계약을 해주었고 그해 말에 음반이 나온다는 소문이 있었다. 나는 스테디 B가 우리 데모 테이프를 로렌스에게 가져다주길 바랐다. 문제는 내가 와인필드 다리 건너편에 살고 있다는 점이었다. '힐탑 허슬러'라면 절대 하지 않을 일이 하나 있었다. 바로 와인필드 출신의 흑인을 돕는 거였다.

그런데 갑자기 한 가지 아이디어가 생각났다. 바로 데이나 굿맨이 와인필드에 살고 있다는 것이다! 그가 우리 테이프를 로렌스에게 넘겨줄지도 모를 일이었다. 데이나와 로렌스는 다른 형제들처럼 서로 간의 경쟁심이 있었다. 데이나는 자신의 형이 레코드 레이블로 벌어들인 돈을 보고, 자신도 레이블을 차리기를 희망했다. 그는 나와 제프에게 전화해서 한번 만나고 싶다고 말했다. 우리는 그의 앞에서 공연을 할 계획으로 그를 제프네 집에 초대했다.

데이나는 운동복 상의의 지퍼를 거의 잠그지 않아, 가슴골에 일곱, 여덟 개의 금목걸이가 고스란히 드러났다. 그는 실내, 야외, 대낮, 자정, 농구장, 교회 할 것 없이 언제나 선글라스를 착용했다. 절대 따라갈 수 없는 멋쟁이였다. 그날 데이나는 신형 파란색 아우디를 타고 와서 제프의 집 앞에 세웠다. 나는 난생처음 카폰을 봤다. 사실상 최초의 카폰이었다. 차 안에서 작동하는 회전식 다이얼 방식의 집 전화였다. 데이나는 로드먼 스트리트에 나갔다. 그가 거리의 보스였다. 그가 낀 새끼손가락의 반지가 햇빛에 반짝거렸다. 나와 제프는 집 앞 현관에 서서 그를 기다렸다. 데이나가 우리를 보자마자 두 팔을 활짝 벌리며 낮고 깊은 바리톤 목소리로 소리쳤다. 아이들과 지나가던 이웃들을 향해 손짓하며 그가 외쳤다.

"쟤들이 바로 개네야! 지금 당장 사인 받아두는 게 좋을 거다! DJ 재지 제프와 프레시 프린스라고! 조만간 빵 뜰 놈들이라고!"

그는 나와 제프에게 오라며 손짓했다.

"당장 이리 와봐. 얼굴 좀 보자!"

나와 제프는 인도로 내려갔고, 데이나는 자랑스러운 아버지마냥 우리를 와락 껴안았다.

"뉴욕에서 한 공연은 정말 최고였다. 필라델피아의 자랑이야!"

나와 제프는 배시시 웃기만 했다.

"뭐, 저희가 그러고 있긴 하죠."

내가 말했다. 바로 그때, 제프의 이웃 중 한 명이자 데이나보다 몇 살 위였던 키스가 외쳤다.

"이봐! 데이나! 너 맞아?! 데이나 굿맨이 맞네. 거기서 뭐해?"

키스와 데이나는 악수를 했다. 이전 세대가 나누던 길고 복잡한 주먹 악수 중 하나였다. 데이나의 운동복과는 어울리지 않았다.

"아니, 어떻게 여기를 다 왔어?" 키스가 물었다.

"아, 여기 요놈들이랑 비즈니스 좀 하려고." 데이나가 대답했다.

"비즈니스?" 키스가 나와 제프를 바라보았다. 살짝 누그러진 반가움이었지만 우리의 젊음과 흥분은 미묘한 기색을 눈치채지 못했다. 키스는 데이나를 한쪽으로 끌어당기고 팔을 둘렀다.

"이놈이 지미 타운즈의 남동생인 건 알고 하는 소리지?"

데이나가 제프를 바라보았다.

"지미 타운즈의 동생?"

키스는 데이나에게 가까이 다가가서 우리가 들을 수 없는 무언가를 그의 귀에 속삭였다. 데이나가 고개를 끄덕였다.

"어, 그렇지. 이해했어. 이건 그냥 비즈니스야. 나는 그냥 이놈들을 도와주고 싶을 뿐이라고."

"가족이라고."

키스는 이번엔 우리가 들을 수 있을 만큼 커다란 목소리로 말했다. 그러고 나서 인사를 하고는 다시 길을 따라 내려갔다. 데이나는 지하실로 내려왔다. 나와 제프는 우리가 가진 모든 것을 그에게 들려주었다. 데이나는 그가 가장 좋아했던 두 곡을 골랐다. 첫 번째 곡은 〈Just One of That Days〉였다. 노래는 92 BPM의 느린 곡으로 모든 것이 잘못된 그날 하루에 대한 랩이었다. 코러스를 위해 제프는 1928년 나온 어빙 벌린의 〈Puttin' on the Ritz〉를 샘플링했다. 다인종 앙상블이 영화에서 음악을 공연한 최초의 곡이었다. 오래된 클래식과 힙합의 스크래칭, 리듬을 잘 섞어 제프의 세련된 음악과 나의 자연스러운 스토리텔링과 유머, 깊이 있는 지식이 역동적으로 잘 섞인 곡이었다.

두 번째 곡은 그랜드마스터 캐즈의 〈Yvette〉에서 영감을 얻어 만든 〈Girls Ain't Nothing But Trouble〉이었다. 제프는 이 곡을 위해 1960년대 유명 시트콤 〈내 사랑 지니〉의 주제곡을 샘플링했다. 새로운 롤랜드 909 드럼 기계를 썼고, 베이스 소리를 넣기 위해 일부러 음악을 늘려 디튠 작업을 넣었다. 나는 주디 스튜어트의 지하실에서 있었던 기억을 랩으로 이야기했다. 사랑을 나누다가 걸릴 뻔해서 도망치고 동상에 걸릴 뻔했던 그날 이야기를 말이다. 특히 데이나는 이 가사를 참 좋아했다. 기절할 것처럼 웃어댔다.

제프와 나는 그때까지 힙합의 다른 누구도 따라 할 수 없었던 방식으로 노래의 구조를 가지고 연주했다. 가사가 없는 후렴구도 있었고 반은 샘플로 반은 랩으로 된 구절도 있었다. 나는 이야기만으로 구성된 구절을 만들고, 각 구절은 다음 구절로 이어졌다. 이야기의 결말에 무슨 일이 일어났는지 궁금했던 데이나는 노래를 완성해 달라고 청했다. 정말이지 새로운 하루였다.

데이나는 박자에 맞춰 고개를 까딱거리고 손뼉을 치며 발을 두드렸다. 그리고 마침내, 더 이상 참을 수 없다는 듯이 그는 말했다.

"그만하면 됐어, 그만, 그만!"

제프는 정지 버튼을 눌렀다. 만약 우리가 만화 속에 있었다면 데이나의 눈에 달러 표시가 돌았을 것이다. 하지만 현실에서 그는 가슴에 금목걸이를 두르고 이렇게 말했다.

"얘들아! 우리 음반을 만들어보는 건 어떠냐?"

나와 제프의 정신이 툭 끊어졌다. 우리는 흥분했다. 뛰어오르고, 하이파이브하고, 소리를 내질렀다. 너무 순진했던 시절이었다. 우린 그게 곧 성공이라고 생각했다. 그때까지 우린 데이나가 회사도 없는 줄 몰랐다. 그는 방송국에 거의 연줄이 없었다. 그리고 DJ 재지제프와 프레시 프린스는 데이나의 음악 사업에 첫 호구였다.

———

일주일 후, 우리는 데이나가 필라델피아 시내에서 발견한 전문 녹음 스튜디오인 '스튜디오 4'로 걸어 들어갔다. 제프가 처음 컨트

롤 룸에 들어섰을 때 그의 얼굴이 어땠는지 묘사하기 어렵다. 마치 B급 영화 촬영장에 걸어 들어가 자신이 곧 스타가 될 거라고 굳게 믿는 열일곱 살 신인 같았다. 데이나는 음반 계약서를 가져왔고 우린 바로 사인했다.

우리는 한 번도 실제 녹음 스튜디오에 와본 적이 없어서 어떻게 해야 할지 잘 몰랐다. 데이나는 적어도 그의 형과 함께 팝아트의 히트곡들을 많이 작업했었다. 그는 녹음 어떻게 되어야 하는지, 그리고 자신이 어떤 음악을 만들고 싶은지 명확히 알고 있었다.

계약서엔 데이나가 우리의 프로듀서이자 공동 작곡가로 명시되어 있었다. 그는 제프에게 템포를 바꾸고, 피치를 바꾸고, 컷을 추가하고, 소리를 조정하라고 말하기 시작했다. 제프는 데이나의 많은 창의적인 선택에 동의하지 않았지만, 데이나의 생각으로는 그가 스튜디오 비용을 지불했기 때문에 그가 책임자였다. 제프는 화가 났지만, 이게 우리의 가장 큰 기회였고, 우리의 유일한 기회였다. 그래서 망치고 싶지 않았다.

〈Just One of That Days〉는 녹음 중 난도질을 당했다. 각 절과 후렴구의 템포가 완전히 달라졌다. 노래의 조(調)가 바뀌었고 형편없는 믹싱이었다. 나중에 재녹음을 했음에도 제프는 여전히 그 트랙을 싫어했다. 하지만 〈Girls Ain't Nothing But Trouble〉은 대부분 무사히 녹음을 마쳤고 여전히 우리 노래로 남을 수 있었다. 제프의 투덜거림에도 불구하고, 그 노래가 우리의 첫 싱글로 발매가 되었고 〈Just One of That Days〉는 수록곡이 되었다. 첫 정규 앨범을 녹음하는 사이에 홍보용으로 발매한 싱글이었다.

1986년 3월, 〈Girls Ain't Nothing But Trouble〉의 싱글이 발매되었으나 그 누구도 몰랐다. 데이나의 워드-업 레코드 사가 이제 막 새로 생긴 레이블이었기 때문이다. 사무실도 없고 직원도 없고 홍보도 없었다. 싱글은 음반 가게에 진열되지도 않았다. 데이나는 그의 차 트렁크에 음반을 넣고 다니며 팔았다. 아무 일도 일어나지 않았다. 그의 말에 따르면 데이나도 할 수 있는 모든 걸 하고 있었다고 했다. 수완가인 건 맞았다. 자신이 가진 돈을 아끼지 않으며 DJ 재지 제프와 프레시 프린스를 전적으로 믿었다.

비록 아무도 우리의 음반이 나온 걸 몰랐지만, 월드 슈프리머시 대회에서 우승했기 때문에 홍보 전문가들이 곧 제프를 섭외하기 시작했다. 나는 패키지 계약으로 따라다녔다. 우리는 필라델피아 주변의 더 좋은 클럽부터 공략했고 델라웨어와 애틀랜틱시티를 다니며 공연을 했다.

공연은 계약서를 쓸 정도로 규모가 커지고 있었고, 언젠가 한번은 오후 5시까지 계약서에 서명하고 팩스로 돌려보내지 않으면 공연을 놓칠 수도 있었다. 제프와 나는 허둥지둥 뛰어다녔다. 오후 5시가 다가오자, 1,500달러가 날아갈 위기였고, 증발을 막기 위해 우린 점점 더 미쳐가고 있었다. 우리 둘 다 팩스 기계가 없었다. 그리고 워드-업 레코드 사의 이동식 사무실엔 카폰만 있었다. JL은 제프와 내가 서로 화를 내는 동안 조용히 앉아만 있었다.

"너는 컴퓨터니 뭐니 다 가지고 있으면서 팩스는 없어?" 내가 화를 냈다.

"비엔나에서 나치들이 쓰던 기타로 샘플링도 한다면서 그 계약서를 보낼 팩스는 왜 못 보내냐?"

"그게 왜 내 일이냐? 넌 대체 뭘 하는데?"

JL은 한 번도 고개를 들지 않았다. 그리고 그는 지루하고 단조로운 목소리로 오하이오 플레이어스의 음반을 바라보며 나와 제프에게 입을 열었다.

"나 팩스 있는데……."

그렇게 JL이 우리의 매니저가 되었다.

———

짐 론의 명언이 있다.

"당신과 가장 많은 시간을 보내는 다섯 사람을 보면 당신이 어떤 사람인지 알 수 있다."

이 명언을 나는 항상 마음속으로 깊이 공감했다. 마음속 깊은 곳에서, 나는 내 꿈이 나를 둘러싼 사람들에 의해 만들어지거나 깨질 것이라는 것을 알고 있었다. 우리 삶의 질이 친구들의 질보다 더 높다는 것은 거의 불가능하다. 그리고 하나님의 은총으로 내 주변에는 나만 믿고 나를 위해 애쓰는 사람들뿐이었다.

JL은 로스쿨 마지막 학년이었고, 제프와 내가 JL을 매니저로 고용한 것은 우연한 편의였을지 모르지만, 우리는 JL이 평범한 사람이 아니라는 것을 금방 깨달았다. 그는 우리의 모든 공연장과 콘서트 프로모터들과 접촉하기 시작했고, 데이나에게 음반 판매와 스튜디오 비용에 대한 문서와 재정 정보를 요청하기 시작했다. 그는 뉴욕시 변호사를 고용해 우리의 모든 거래를 감독했다. JL은 명예나 돈에 신경 쓰지 않는 사람들 중 하나였다. 그는 겉멋만 번지르르한 것도 아니고 화려한 옷이나 보석을 원하지도 않았다. 그는 자신이 사랑하는 사람들을 변호하는 것에 자부심을 가졌다.

JL은 데이나와 맺은 녹음 계약서를 읽었다. 조항들을 강조 표시하고 동그라미를 치며 문제가 될 만한 조항들엔 'X'표시를 했다. 이미 우리가 서명을 해버린 뒤라 큰 문제를 삼을 수도 없었다. JL은 자기 자리에 앉아 당혹스러운 표정을 지으며 "이 계약서를 읽기는 한 거야?" 하고 물었다.

제프와 나는 서로를 흘끗 쳐다보았다.

"난 읽지 않았지, 넌 읽었나?"

내가 말했다. 제프는 고개를 저었고, JL에게 말했다.

"안 읽었지. 뭐라고 쓰여 있는데?"

결코 JL이 바라던 대답이 아니었다.

"뭐라고 써 있냐면 니들 전부 멍청이라고 쓰여 있다."

데이나는 항상 자신이 얼마나 열심히 일하고 있는지, 그리고 음반을 홍보하기 위해 얼마나 많은 돈을 쓰고 있는지를 우리에게 이야기하며 낙관적인 태도를 고수했다. 제프는 두어 번쯤, 자정이 다될 때까지 그게 무슨 일인지에 대해 들었고, 몇몇 친구들이나 가족들에게 목격되기도 했지만, 데이나의 최선이라는 게 기껏해야 라디오 방송에 음반을 트는 것뿐이었다.

———

대학에 가지 않기로 몰래 결정한 후로, 나는 숙제도 하지 않았고, 시험공부도 하지 않았으며 심지어 수업도 빼먹었다. 아버지라면 내가 가게에서 일을 하고, 흠잡을 데 없이 할 일을 하며 경찰에 체포되거나 살해를 당하지 않는 한 다 괜찮았다. 하지만 어머니는 금방 화를 내기 시작했다. 그녀에게는 대학이 전부였다. 그게 필라델피아로 이사한 이유였다. 어머니에게 대학 교육은 성공적인 삶의 기본 바탕이었다. 그게 없으면 난 끝장이나 마찬가지였다.

희망은 생명을 지탱한다. 희망은 암울할 때에도 생존할 수 있게 만드는 약이다. 더 밝은 날을 상상할 수 있는 능력은 우리의 고통에 의미를 부여하고 견딜 수 있게 만든다. 우리가 희망을 잃으면 힘과 회복력의 중심 원천을 잃는다.

아이들에 대한 어머니의 희망은 어머니의 결혼 생활 중 가장 암울한 세월 동안 그녀를 지탱해 주었다. 하지만 지금 나는 나만의 희망을 키우고 있었다. 힙합에 대한 희망이었다. 나는 내 이름을 건 앨범과 환호하는 5만 명의 사람들 앞에 설 수 있다는 희망을 품었다. 이러한 희망들이 이제 나에게 힘을 주고 지탱해주고 있었다. 만약 내가 내 꿈을 포기해야만 한다면 나는 죽었을 것이다. 절대 포기할 수도, 포기하고 싶지도 않았다.

졸업반 마지막이 되는 어느 날 오후 갈등이 정점에 다다랐다. 나는 방과 후 집에 오지 않고 바로 제프네 집에 가서 리허설을 했다. 집에 도착했을 때는 밤 10시쯤이었다. 현관문에 열쇠를 넣기도 전에 어머니의 인기척이 느껴졌다. 아니나 다를까 어머니는 부엌에서 나를 기다리고 계셨다.

"오, 어머니!" 내가 장난삼아 놀라는 척을 했다.

"너 무슨 문제 있니?"라고 어머니는 차분하게 물었다.

"아니, 아무 일도 없는데요."

"보아하니 큰 문제가 있어. 아니면, 문제를 일으키려고 하거나."

"그게 무슨 소리예요, 어머니? 무슨 일 있어요?"

"방금 스텁스 선생님과 통화했다. 4학년이 되니까 교실이 어딘지도 까먹었니?"

"아니요, 어머니. 그냥 요즘 일이 좀 많아서요."

"대학에 들어가는 것보다 더 중요한 게 뭐니? 대학에서 네 마지막 졸업반 성적을 볼 거란 거 몰라? 지금 네 인생을 버리기엔 너무 멀리 왔다. 대체 뭐가 문제니?"

어머니의 목소리와 자세가 분노로 타올랐지만 나는 그 기저에 다른 것을 보았다. 어머니는 겁에 질려 있었다. 마음이 무너졌다.

"어머니, 나는 거의 1년 동안 제프와 함께 작업을 해왔어요. 사람들은 그가 세계 최고의 DJ라고 말해요. 요즘은 랩이 대세예요. 라디오나 MTV만 틀어도 랩이 나오잖아요. 어머니, 진짜로 우리는 남들

만큼 좋은 노래를 만들고 있어요. 공연할 때마다 사람들이 난리가
나요. 우리는 자본이 있는 음반 제작자도, 매니저도 있어요. 필라델
피아에서 나만큼 랩을 잘하는 사람은 없다고요. 다들 우리가 스타
가 될 거라고 해요. 시간이 지나면 정말 스타가 될 거라고요."

"아니. 넌 래퍼가 될 수 없어." 어머니는 퉁명스럽게 말했다.

"왜요? 왜 안 돼요?"

"왜냐하면 나는 그게 뭔지 모르기 때문이야. 내 말 잘 들어. 넌 앞
으로 다시는 수업을 빼먹지 않을 거고, 다른 시험도 놓치지 않을 거
야. 앞으로 숙제 하나 빼놓지 않고 다 제출해야 할 거야. 그리고 올
가을엔 대학에 가는 거야. 더 이상 이야기는 할 필요도 없어."

"어머니, 우리 음악을 한 번 들어봐요……."

"난 네가 여기서 깡충깡충 뛰는 걸 평생 들어왔다! 그건 취미지
직업이 아니야. 잘 자라."

어머니는 부엌 식탁에서 일어나 나가셨고, 나는 어머니에게 했
던 말 중 가장 나쁜 말로 어머니를 막아섰다.

"어머니. 난 대학 안 갈 거예요."

———

나는 고난과 희생을 겪으며 고군분투했던 세대들, 그러니까 미
국에서 안정적이고 교육받은 중산층 생활을 위해 노력했던 아프리
카계 미국인 혈통의 축복받은 수혜자 세대들을 등에 업고 이곳에

왔다. 어머니와 아버지의 세대는 인종차별과 엄청난 가난의 고통 속에서 자랐다. 할머니의 가족은 남부의 노예 생활을 탈출했다. 어머니는 수십 년 동안 관료주의, 재정적 불확실성, 그리고 아버지의 헛소리를 이겨내며 날 여기까지 이끌었다. 지하실에서 어울리는 제프니 레디 록이니 하는 애들 때문에 내가 대학에 가지 않으면 어머니는 무너질 것이다.

우리의 희망은 마침내 충돌했다. 그리고 이 희망들은 본질적으로 서로 양립할 수 없었다. 한 명은 포기해야만 했다. 우리 중 한 명은 가슴이 찢어질 것이다.

충고라는 것에 대해 수년간 배운 결과, 누구도 미래를 정확하게 예측할 수 없다는 것을 깨달았다. 하지만 우리 모두는 우리가 해낼 수 있다고 생각한다. 그래서 조언이란 당신 앞에 있는 무한한 가능성에 대한 한 사람의 제한된 관점이다. 사람들의 조언은 그들의 두려움, 경험, 편견에 기초한다. 그리고 결국 조언은 그저 조언일 뿐이다. 그것은 당신의 것이 아니라 그들의 것이다.

사람들이 타인에게 조언할 때면 그들은 상대가 무엇을 할 것인가, 무엇을 인지할 수 있는가, 또 상대가 무엇을 할 수 있다고 생각하는가에 따라 기초한 결론을 내린다. 결과적으로 우리 모두가 일련의 보편적인 법칙, 패턴, 흐름과 조류에 의해 영향을 받는 것은 사실이지만, 이 모든 것은 어느 정도 예측이 가능하다. 하지만 당신에겐 생전 처음 일어나는 일이다. 당신과 지금 현재의 독특한 사건일 뿐이며, 그것만이 모든 가능성을 따지고 신뢰할 수 있는 척도인 것이다.

나는 내 영화 〈행복을 찾아서〉 중에서 제이든의 캐릭터가 농구 코트 위에서 공을 집어 던지며 "프로가 될 거야!"라고 외치는 장면을 좋아했다. 내가 맡은 크리스 가드너라는 캐릭터는 아들이 농구를 하는 것을 단념시키고 싶어 하면서도 마음을 다잡는다.

"절대로 너에게 무언가를 할 수 없다는 사람들의 소리는 듣지 마. 심지어 내가 하는 말도…… 너에게 꿈이 있어…… 그걸 지켜야 해. 사람들은 자기가 할 수 없으니까 너한테도 못한다고 말하는 거야. 근데 네가 원하는 게 있으면 가서 쟁취해. 중요한 건 그게 다야."

어머니의 대학 교육이 어머니의 생명을 구했고, 어머니에겐 대학만이 세상의 만행에 대항하는 유일한 갑옷이라는 근본적인 전제가 있었다. 그리고 대학 교육이 없다면, 나는 분명 어떤 파멸에 처할 것이다. 이건 어머니의 충고가 아니라, '진실'이었다. 어머니에게 내가 래퍼가 된다는 건 불가능이었다.

하지만 난 어머니가 아니다. 교육이 어머니를 어린 시절의 어려움으로부터 구하고 지켜주었듯이, 공연과 힙합이 나를 내 삶에서 구해 주었다. 돌이킬수록 더 선명해졌다. 하지만 그 당시에는, 우리 둘 다 타협할 수 없었다. 왜냐하면 그것은 우리가 지지하는 모든 것을 파괴하는 것을 의미하기 때문이다.

아버지가 중간에서 시달렸다. 어머니는 나를 대학에 보내라고 요구했고, 나는 내가 하는 말을 이해해 달라고 애원했다. 최종 결정은 아버지가 내릴 것이 분명했다. 아버지는 판사, 배심원, 그리고 아내와 아들 사이에서 희망과 꿈의 실행자가 될 예정이었다.

아버지는 약 일주일 동안 심사숙고했다. 나와 드라이브를 하고, 어머니와 산책을 나가고, 질문을 하고, 우리가 이야기하는 것을 귀담아 듣곤 했다. 그 사이 어머니와 나는 겉치레만 했다. '잘 잤니?'와 '안녕히 주무세요.' 따위의 인사만 나누었다. 그리고 어느 날 저녁, 아버지가 우리 둘을 부엌으로 불렀다. 어머니와 나는 식탁에 앉았고, 아버지는 오븐에 기대었다.

아버지도 언젠가는 내 자리에 앉아 있던 적이 있었다. 아버지의 부모님으로부터 할 수 있는 것과 할 수 없는 것에 대한 명령을 들었다. 그때 아버지에게 조부모님은 카메라는 취미지 직업이 될 수 없다는 이야기를 들었다. 마음속 깊은 곳에서 아버지는 비현실적이고 비실용적이란 이유로 자신의 꿈과 열정을 빼앗긴 비운의 예술가였다. 아버지는 또한 교육받지 못한 흑인을 향한 세상의 악랄함을 뼈저리게 알고 있었다. 전부 아버지가 겪은 일이었다. 사람들은 이따금 아버지에게 결코 할 수 없을 거라고 했다. 자신의 사업을 열 방법이 없어서 직업을 얻어야 했다. 백인들 상대로는 일을 할 수 없을 거라고 사람들은 떠들었다. 그 어떤 슈퍼마켓이 흑인에게 얼음을 공급받겠냐면서. 아버지는 의심과 낙담의 거센 역풍을 무릅쓰고 살았지만 결국은 모든 것을 해냈다.

아버지는 "자, 이렇게 하자."고 말했다.

"1년 주겠다. 네 어머니가 내년 9월 입학에 허가를 받을 수 있다고 했다. 우리는 네가 성공하기 위해 필요하다고 생각하는 모든 걸 돕고 지원해 주겠다. 하지만 1년 안에 그런 일이 일어나지 않으면 너는 네 어머니가 선택한 대학에 입학하는 거다. 괜찮니?"

내 마음속에 1년은 영원한 시간이었다. 나는 너무도 기뻤다. 아버지는 어머니 쪽으로 몸을 틀며 물었다.

"당신은 어때?"

어머니는 분명히 좋아하지 않았지만, 이것은 어머니의 꿈을 살릴 타협이었다. 어머니는 딱 한 마디만 했다.

"좋아."

그리고 아버지는 다시 일하러 갔다. 아버지와의 경험은 아무리 좋게 말해도 뒤죽박죽이다. 하지만 그날 밤, 아버지는 내가 본 것 중 가장 훌륭한 리더십을 보여주었다. 아버지라면 응당 보여야 할 모습이었다.

———

몇 주 후, 어머니는 입학 허가가 난 위스콘신 대학교의 학장에게 전화를 걸고 이렇게 설명했다.

"정말 끔찍하게도 아들이 1년간 입학을 유예하고 싶어 해요. 랩인지 뭔지를 하겠대요. 벌써 매니저도 있고 회사 몇 군데에서 앨범을 내자고 계약금도 줬다네요. 내가 보기엔 모두 의심스럽지만, 혹시 87년 9월 입학으로 유예가 가능할지 궁금해서요."

학장은 끈기 있게 경청했다.

"그것 참 대단한데요. 스미스 부인."

"네?" 어머니가 반문했다.

"겨우 그 나이에 벌써 그렇게 추진력이 있다니요. 대학에서는 절대 그런 경험을 할 수 없을 겁니다. 그러니 당연히 도전을 해야죠."

어머니는 당황하셨다.

"그리고 당연히 자리를 비워둘 겁니다. 앨범이 잘 안 되면 내년에 입학할 수 있어요. 문제없습니다."

———

몇 주 후, 졸업을 한 달여 앞둔 5월 초, 나는 아버지 가게에서 얼음을 포장하고 있었다. 라디오 〈파워 99〉 채널에서 밤이면 힙합을 틀어줘서, 나는 밤에 일하는 걸 좋아했다. 언제나 '밤 9시의 파워 9'을 들으며 나만의 세상에서 길을 잃고 새로운 힙합음악에 빠져 들었다. 랩을 하며 내가 좋아하는 노래를 외우고, 박자에 맞춰 삽질을 하며 나만의 운율을 만들어내곤 했다.

하지만 그날 밤, 나는 "소원을 이룰지도 모르니 조심하라."는 옛

말을 처음으로 이해했다. 나는 부모님에게 내 입장을 굽히지 않았고, 부모님은 굴복하셨다. 하지만 이젠 증명했다.

"차트 5위, 5위, 5위, 5위-! 이번에 새로 나온 쿨 모 디의 새 트랙 〈Go See the Doctor〉를 입수했습니다."

'난 쿨 모 디만큼 잘한다고.'

정신 차리려고 애를 쓰며 겨우 스스로를 다독였다. 그때 어머니 생각이 났다. 만약 어머니가 옳았다면? 래퍼가 되는 게 내 길이 아니라면? 고작 1년? 그거 가지고 충분할까? 작년도 빛의 속도로 지나갔는데. 어쩌면 그냥 대학에 가는 게 낫지 않을까. 고등학교 다니면서도 제프랑 같이 이 모든 걸 해냈는데 대학에 가서도 음악을 할 수 있지 않을까.

"이번 주 4위! 비스티 보이즈가 〈Hold It Now, Hit It〉으로 돌아왔습니다."

아니 나도 비스티 보이즈만큼은 하는데. 쟤들은 라디오에 노래가 나오고 나는 여기서 얼음이나 팔지만. 어쩌면 얼음 포장이 내 운명인가. 아니 근데, 여기서 아버지랑 같이 10년을 갇혀 있으라고 하면 차라리 얼음 삽으로 내 머리를 깨고 말지. 물론 런 디엠시랑 비스티 보이즈도 자기들만의 믿을 구석이 있겠지. 아니면 백만 명 중에 하나 운 좋은 놈들일 수도⋯⋯.

"3위예요, 3위! 당장 들어봅시다. 스트리사소닉의 데뷔 앨범이 화제라는 건 다 알고 있죠? 정말이지 핫한 신인입니다. 우리 모두가 원하던 앨범, 새로운 앨범입니다. 〈My Rhyme〉."

하지만 나도 특별해. 제프도 특별하고. 어머니는 내 팬층이 아니잖아. 어떻게 어머니가 랩이 좋은지 안 좋은지 알겠어? 어머니는 이해하지 못해.

"자, 차트 2위를 들고 다시 돌아왔습니다. 우리 모두가 좋아하는 그 노래, 맞아요. 런! 디!엠!시! 〈My Adidas!〉. 아, 제가 제일 좋아하는 곡입니다. 요즘 이 곡에 푹 빠졌어요. 비트와 랩이 환상이라니까요."

하지만 내 공상은 오래가지 못했다. 어머니 생각을 떨쳐버릴 수가 없었다. 나는 또 그녀를 실망시키고 있다는 느낌을 떨칠 수가 없었다. 〈My Adidas!〉가 끝나고 라디오는 어느새 광고를 내보내고 있었다. 나는 노래 마지막 부분을 듣지 못했다는 것을 깨달았다. 마지막 카트를 냉동실로 끌고 갔다. 오늘 노동은 끝이있다. 새로운 매트리스 광고가 흘러나오는 사이 나는 내가 포장한 얼음을 세어보았다. 그리고 삽을 옆으로 던지고 불을 껐다.

"여러분과 함께하는 '밤 9시 파워 9!' 오늘 밤, 카운트다운을 찾아온 신인이 있습니다."

불을 끄고 나서야 열쇠가 없다는 것을 깨달았다. 전에도 열쇠를 몇 번 잃어버려서 아버지가 데리러 왔다. 날 데리러 오라고 전화해야 한다는 생각에 깜깜했다. 독립을 꿈꾼다는 놈이 아버지에게 열쇠를 잃어버렸다고 데리러 오라고 전화나 해야 하다니.

"이들의 목소리를 듣고 싶다고 하루 종일 전화가 끊이질 않았다는데요. 그러니 우리 필라델피아 출신 소년들 DJ 재지 제프와 프레시 프린스를 들어봐야겠죠. 제목은 〈Girls Ain't Nothing But Trouble〉."

나는 완전 얼어붙었다. 가슴이 두근거려서 입만 벌리고 서 있었다. 소리를 지르고 싶었고, 방방 뛰어오르고 싶었지만, 내 노래가 라디오에서 흘러나오는 걸 놓치고 싶지도 않았다. 그 가사들, 그 단어들, 내게 너무도 익숙한 수백 번 아니면 수천 번을 반복했던 그 가사가 라디오에서 흘러나오고 있었다.

내 목소리였다. 나였다. 라디오에서 내가, 내 라임이, 내 목소리가 나오고 있었다! 사람들에게 전화를 걸고 싶었지만 이 순간을 놓치고 싶지 않았다.

나는 밖으로 뛰쳐나갔다. 누구라도 붙잡고 "나라고, 여러분. 내 노래가 나온다고."라며 외치고 싶었다. 하지만 밖은 밤 10시였다. 거리엔 아무도 없었다. 나는 킥킥거리며 웃기 시작했다. 지금도 극한의 감정이 치밀면 나는 여전히 킥킥 웃고 만다. 웃음을 멈출 수가 없었다. 즐겁고 행복한 웃음이었다. 크리스마스 아침에 잠에서 깬 아이의 순수함처럼 발견의 즐거움이었고, 새로운 희망이었으며, 새로운 삶을 맞이한 순간이었다.

그리고 내가 옳았다는 기쁨의 웃음이었다.

06.

IGNORANCE
무지

무지에서 시작하여
앎으로 가는 것,
그게 인생이다.

우린 아무것도 몰랐다. 관광버스가 우드크레스트에 정차했다. 우리 모두 우리 집에서 만나기로 동의했었다. 온 가족이 우리를 배웅하기 위해 모였다. 어머니, 아빠, 외할머니, 엘렌, 해리, 팸 누나도 집에 있었다. (하지만 멜라니는 내가 차를 몰고 가는 것을 차마 볼 수 없다고 말했다. 우리는 전날 밤에 작별 인사를 했다.) 동네 아이들은 관광버스를 본 적이 없어서 버스 주위를 돌아다니며 타이어를 확인하고 짐칸을 들여다보고 운전기사에게 말을 걸었다.

어찌된 일인지 데이나가 해냈다. 〈Girls Ain't Nothing But Trouble〉는 1986년 5월 마침내 지역 라디오에서 빵 터졌다. 3월에 처음 나왔을 때는 반응이 없었지만 5월 말부턴 아주 불이 붙었다. 델라웨어, 뉴저지, 그리고 심지어 뉴욕에서도 방송된다는 소식을 들었다.

나는 6월에 고등학교를 졸업했다. 다시 말해 내가 라디오에서 히트를 치고도 한 달이나 학생이었단 뜻이다. 모자와 가운을 입고 졸업장을 흔들며 무대 밑으로 뛰어 내려오자마자 나는 달려가 어머니를 껴안았다. 하지만 어머니는 장난스럽게 나를 피하며, 내 손에서 졸업장을 낚아채곤 이렇게 말씀하셨다.

"아들, 이건 내 거야."

7월까지 데이나는 나와 제프를 필라델피아 시내에 있는 스튜디오에 가두고 데뷔 앨범 〈Rock the House〉를 녹음하게 했다. 제프와 나는 만난 날부터 노래를 만들고 있었기 때문에, 광속으로 앨범을 끝냈다. 하지만 데이나는 계속해서 곡들을 손질하고, 리믹스하고, 고치다가 결국 제작을 망치고 말았다. 그 무렵 그와 우리의 관계는 이미 시들해졌지만, 우리는 집중할 시간이 없었다. 히트곡이 있으므로 그걸 어떻게 활용해야 할지 고민해야 했다.

우리는 LL 쿨 J, 후디니와 함께 미국 동부부터 돌기로 했다. 뉴욕에서 열린 매진된 공연도 포함이었다. 그러고 나서 우리는 첫 번째 투어를 잡았다. 퍼블릭 에너미Public Enemy와 투 라이브 크루2 Live Crew라는 당시 미국에서 가장 큰 힙합 그룹의 콘서트에서 오프닝을 맡을 예정이었다. 우리는 짐을 버스에 실었다. 나의 가족은 나를 새로운 힙합 가족에게 선물했다. JL은 우리 팀에 새로운 '아버지'였다. 그는 어른이었고, 집안의 어른이나 마찬가지였다. 그는 어머니와 아빠에게 버스 여행 일정, 호텔 이름과 전화번호, 주소와 날짜, 요원 이름, 연락처 등을 알려 주었다.

JL은 스물한 살이었고, 곧 스물두 살에 접어들었다. 나이가 제일 많아서 어머니와 아버지는 그가 책임자였다는 사실에 안도했다. 오말은 겨우 열여섯 살이었고, 그 나이에도 패션 감각만큼은 유행을 선두했다. 그는 항상 가장 멋진 옷을 가지고 있었고 내가 아는 유일하게 다리미를 가지고 여행한 사람이었다. 대부분의 그룹에는 대칭성을 위해 적어도 두 명의 댄서가 있었지만, 오말의 춤 솜씨만큼은 최고라서 우리에겐 댄서 하나로도 충분했다. 오말과 우리 집 사이에 열 집 정도가 떨어져 있었다. 그는 지금까지 내 인생에서 벌어진 주요 사건들의 증인이었다. 그는 내가 카우보이 부츠를 신고 자전거를 타는 것도 보았고, 얼음도 자주 챙겨 갔으며 심지어 내가 구급차 뒷좌석에 앉아 있을 때 내게 거짓말을 해 준 장본인이기도 했다.

"아, 물론이지. 당연히 덩크슛은 성공했지."

고등학교 졸업까진 아직 1년이 남아 있어서, JL은 오말의 어머니에게 오말이 숙제도 하고 우등생 조건 유지도 책임지겠다고 약속했다.

"램버트 아줌마, 걱정하지 마세요."

JL이 오말의 어머니에게 말했다.

"저도 오버브룩을 졸업했고, 윌도 오버브룩을 졸업했잖아요. 약속할게요. 오말은 당연히 오버브룩을 졸업할 거예요."

그다음 해에 JL은 오말이 호텔 방, 버스, 휴게소에서 숙제를 하는 것을 도왔다. 한 번은 오말이 피타고라스를 이해하지 못해서 식스플래그스 오버 조지아 놀이공원을 못간 적도 있었다. 레디 록은 전날 밤 파티를 벌이고 와서 그런지 이미 피곤에 절어 있었다. 버스가 출발하기도 전에 그는 버스에 가방을 던지고 침대에 누워 깊이 잠들어버렸다.

제프는 턴테이블, 레코드, 비트박스를 넣고 다닐 수 있는 앤빌Anvil 사의 새로운 로드케이스(악기 등을 넣을 수 있는 튼튼한 스테인리스 소재의 사각 박스, 랙케이스라고도 부른다.)도 샀다. 그 당시 너무 흥분해 있던 바람에 알아차리지 못했지만, 제프는 그날 조용히 혼자였다. 그후 몇 년 동안 그는 우리에게 어린 시절에 겪은 과보호로 자신은 필라델피아를 떠나야 할 때마다 극심한 불안 발작과 신체적 반응을 겪었다고 털어놓았다. 평소라면 3, 40분을 쉬지 않고 떠들었어야

맞겠지만, 이렇게 오래도록 한 마디도 하지 않은 게 처음이었다.

우리 모두 이 낯선 마을들과 도시들을 경호원 없이 돌아다니는 건 현명치 못하다고 생각했다. 우리 경호원은 찰리 맥이라고 부르던 찰스 앨스턴이었다. 찰리 맥은 마을에서 가장 거친 지역 중 하나인 남부 필라델피아에서 자랐다. 그의 부모님은 별거 중이었고, 그는 어머니와 함께 살았다. 가정이 파탄 나고 그가 거리를 배회하기 전에도 집은 이사를 자주 다녔다고 했다.

찰리는 고작 열한 살 때부터 거리를 배회하기 시작했다. 하지만 얼마 지나지 않아 그는 총기 소지와 마약 거래 따위를 완전히 파악했고, 우리가 그를 만났을 때 키가 190센티미터에 몸무게가 135킬로그램에 육박하는 엄청난 사나이였다. 그 누구도 찰리 맥을 함부로 긴드리지 않았다.

어느 날 녹색 쓰레기봉투에 1달러와 5달러짜리 지폐를 하나 가득 들고 나타난 적이 있었다. 분명 전날 밤 동네를 다니며 약을 팔고 난 수입일 것이다. 그는 쓰레기봉투를 뒷골목의 산타클로스처럼 어깨에 척 걸쳤다.

"찰리, 현금이 든 가방을 그렇게 들고 다니면 어떡해."

JL이 말했다.

"뭔 소리야. 지금? 무슨 소린데? 난 내 돈 없인 아무 데도 안 가."

찰리가 투덜거렸다. 찰리는 흥분하면 다른 사람이 이해할 때까지 같은 단어나 말을 계속해서 반복했다.

"이봐, 이봐, 이봐, 이봐. 그리고 버텨, 버텨."

그러니 누구라도 그에게 끌려다닐 수밖에 없었다. 목소리 톤과 말의 속도 때문에 그의 말을 거의 이해할 수는 없어도 이상하게 듣는 사람은 그에게 순응할 수밖에 없었다. 우리는 일단 그를 진정시켰다. 나와 제프, 그리고 JL이 나중에 그에게 말을 걸었다. 우리는 우리의 꿈과 우리가 함께 만들고자 하는 것에 대해 이야기했다. 우리는 찰리에게 선택권을 주었다. 찰리는 지금처럼 계속 마약상을 할 수도 있고, 아니면 우리와 함께 진짜 인생을 만들 수도 있었다. 우리는 그가 거리에서 벌 수 있는 만큼의 돈을 줄 수는 없었지만, 언젠가 성공하면 그만큼의 보상을 약속할 수 있었다.

찰리는 잠시 말을 멈추었다. 나는 그가 인생 전체를 저울질하고 있다는 것을 알 수 있었다. 그도 꿈이 있었다. 그리고 그의 영혼 깊숙한 어떤 부분에서는, 그가 자신보다 낮은 곳에 살고 있다는 것을 알았다. 그는 단지 그것을 소리 내어 말할 누군가가 필요했을 뿐이었다.

"니들 다 잘못되기만 해."

그가 나지막이 말했다. 궁극적으로 찰리 맥은 DJ 재지 제프와 프레시 프린스에게 그의 삶을 바쳤다. 우왕좌왕하며 힘든 약속이 되긴 했지만, 그날부터 분명한 건, 그는 다시는 마약을 팔지 않았다.

———

드디어 짐을 모두 실었다. 모두들 작별인사를 했다. 우리 팀도 전부 버스에 올라탔다. 나는 가족들을 껴안고 버스에 올라탔다. 지저분한 버스 계단 세 개가 내 새로운 삶으로 들어가는 문턱이자 스타게이트이자 내 어린 시절과 무한한 미지의 문과 같았다. 나는 이제 혼자였다. 아버지는 더 이상 나를 해칠 수 없었지만, 그는 더 이상 나를 보호할 수도 없었다. 어머니를 실망시켰다는 부끄러움에서 도망칠 유일한 문으로 올라섰다.

서서히 닫히는 문틈으로 외할머니와 눈이 마주쳤다. 그녀는 내가 평생 일요일마다 교회에서 보던 그 미소로 나를 바라보았다.

"하나만 기억하렴, 사랑둥이. 투어 길에 지나치는 모든 이들에게 친절하렴. 왜냐면 돌아오는 길에 그들을 다시 마주칠 수도 있기 때문이란다."

———

우린 아무것도 몰랐다. 우리는 직접 버스 운전사에게 돈을 지불해야 한다는 것도 몰랐고, 임금을 주지 않으면 기사가 버스를 버리고 집에 가버린다는 것도 몰랐다. 몇몇 공연장에서는 돈을 요구했다. 티켓이 몇 장이나 팔렸는지 거짓말도 했다. 제멋대로인 관객들이 노래가 마음에 안 든다며 어느 날 밤, 동전, 술병, 배터리, 신발 심지어 폭발물까지 집어 던질 가능성이 있다는 것도 몰랐다.

우리는 다른 주에 온갖 종류의 야간 통행금지법과 노조규정이 있다는 것을 몰랐다. 다시 말해 얼른 무대에서 내려오지 않으면 공연 자체가 막을 내린다는 뜻이었다. 물건을 도난당하지 않으려면 공연장의 경비원들에게도 뇌물을 주어야 했다. 우리는 지도의 3센티미터가 버스로는 12시간과 맞먹는다는 것도 몰랐다.

사람들은 종종 모르는 것이 약이라고 말한다. 하지만 그 순간이 오면 그게 정답은 아닐지도 모르겠다. 우리는 몰랐던 것에 대해 스스로를 벌한다. 우리는 항상 우리가 할 수 있었던 것과 했어야 했던 것에 대해, 그리고 우리가 얼마나 많은 실수를 했는지, 용서할 수 없는 것에 대해 불평한다. 우리는 너무 어리석고, 우리의 선택을 후회하고, 우리가 내리는 끔찍한 결정을 한탄하는 것에 대해 자책한다.

하지만 현실은 이렇다. 산다는 것은 모르는 것에서 아는 것으로 가는 여정이다. 무지에서 시작하여 앎으로 가는 것, 그게 인생이다. 혼란스러움은 명확함이 된다. 이 우주는 우리를 혼란스러운 상황에서 태어나게 하고, 당황스러워 하다가 마침내 한 인간으로 자리를 잡게 만드는 것이다. 그리고 우리는 문제를 해결하기 마련이다.

인생은 배움이다. 그게 다다. 무지를 극복하는 것이 인생이라는 여행의 핵심이다. 태어나면서부터 아는 사람은 한 명도 없다. 불확실성으로 과감히 들어간다는 건, 우리의 어두운 무지에 빛을 비추는 것과 같다. 언젠가 아주 좋은 명언을 들은 적이 있다. 인생은 학교와 같지만 중요한 건 학교에선 수업을 받고 시험을 친다는 것이며, 인생은 시험을 겪어야 배움을 얻는다는 것이다.

우리 모두는 모험을 하기 전에 깊은 지식, 지혜, 확신에 도달할 때까지 기다린다. 하지만 우리는 거꾸로 알고 있다. 과감히 앞으로 나아가야 지식을 얻을 수 있다. 그 후 몇 년 동안, 우리의 무지는 홍수처럼 밀려드는 고통을 감내해야 했지만, 돌이켜보면 분명 다른 방법은 없었다. 우주는 경험을 통해서만 우리에게 배움을 준다. 그러므로 당신이 무엇을 하는지 전혀 알지 못해도, 일단 심호흡을 하고 버스에 올라타는 게 중요하다.

———

퍼블릭 에너미와 투 라이브 크루에 DJ 재지 제프와 프레시 프린스 말고도 다양한 힙합 가수들이 한번에 올라오는 무대는 다신 볼 수 없을 것이다. 하지만 그 당시의 힙합은 가능했다. 나는 내가 다른 가수들보다 관객들을 더 많이 공부하고 있다는 것을 알았다. 우리는 모두 인간 정신의 전혀 다른 측면을 엿보고 있었다.

퍼블릭 에너미 공연은 사회적 의식에 불을 붙였다. 사람들은 권위에 대한 불만을 표출하면서 쿵쿵거리고 소리를 지르고 환호했다. 나는 척 디의 외침에 관객들이 격분하며 우리가 공유하는 부당함을 외치는 모습을 바라보았다. 특히 남부 지역일수록 우리가 공유하는 에너지는 엄청났다.

공연의 일부로, 그들은 KKK(미국의 비합법적 백인우월주의 비밀결사 단체 Ku Klux Klan을 뜻한다.) 단원으로 분장한 스턴트맨을 세웠다. 그리고 반인륜적 범죄로 선고를 받는 장면을 연기한 후 공연 중 가장 절정인 순간에 그의 목에 올가미를 걸고 무대 위에 매달았다. 군중들이 KKK 단원이 천장에 매달려 휙 움직이고, 30초 정도 경련을 일으키다가 숨이 끊어지는 연기를 선보이다가 마치 죽은 것처럼 무대 중앙에서 대롱대롱 흔들리는 모습을 지켜보았다. 그리고…….

"좋아! 비트 줘! 저항해!"

척 디는 혼란과 아수라장 같은 분위기가 풀리면서 〈Rebel Without a Pause〉란 곡을 시작한다. 그간 상상할 수 있는 강도에 필적하는 다른 공연자들을 경험해 본 적은 있지만, 퍼블릭 에너미 공연을 능가하는 것은 본 적이 없다.

투 라이브 크루는 완전히 다른 종류의 에너지를 이용했다. 멤버 루더 캠벨이 무대에 나와 관중을 향해 "자!!!!!!!" 하고 소리친다. 그럼 만 오천여 명의 사람들이 "우리도 하고 싶어!" 하고 소리친다. 심지어 그중 절반은 여성 관객들이었다. 우리는 투 라이브 크루에 대해 들어본 적이 없지만 플로리다에서는 그들이 헤드라이너(여러 가수가 참여하는 공연에서 당일 대표적으로 내세우는 메인 이벤터)였다. 히트 싱글곡이 〈We Want Some Pussy〉였다. 가수는 군중들에게 적어도 노래를 통해 내면의 하이에나를 풀어주도록 허락하고 있었다. 공연에 포함시킨 음란한 퍼포먼스도 분위기 고조에 한몫했다. 사실대로 얘기하면, 가끔 밤에 하는 공연에서는 퍼포먼스 부분은 건너뛸 때도 있었다.

하지만 사실 나는 이들이 얼마나 똑똑한가가 더 흥미로웠다. 이시대엔 권위를 대표하는 정부, 기업, 사법 기관, 심지어 부모들까지 힙합과 힙합 아티스트의 영향력이 커지는 것에 회의적이고 두려워하던 시절이었다. 퍼블릭 에너미와 투 라이브 크루와 함께 투어할 때 특히 남부 주를 돌 땐 정말 엄격한 조사를 받았다. 조지아, 사우스캐롤라이나, 미시시피, 앨라배마 그리고 다른 지역을 돌며 뼈저리게 느꼈다. 다들 우리를 못 털어서 안달이었다.

남부에서의 콘서트가 있기 전에는 항상 지역 보안관들과 경찰 서장들과 회의를 갖고 무대에서 용인될 수 있는 행동을 통제하는 지역 법과 법령을 우리에게 알려주었다. 우리는 조금만 법을 위반해도 공연은 즉각 정지된다는 통보를 받았고, 법을 어길 시엔 강제로 무대 밖으로 끌려 내려와 체포될 예정이었다. 말할 필요도 없이, 미시시피 주에선 구강성교와 KKK 단원 퍼포먼스 모두 거센 비난의 눈초리를 받았다.

이해관계를 감안할 때, 이런 사전 조율은 사회적 논쟁과 법적 해석으로 확대될 수밖에 없었다. 척 디도 법을 알고 있었다. 그는 지역 옹호자, 지역 지도자들, 그리고 법률학자들이 그의 수정헌법 제1조의 권리를 방어하는 데 필요한 반론과 정보로 무장했다. 그리고 다른 모든 것이 실패했을 때를 대비해 보석금도 미리 준비해 두었다. 하지만 그 어떤 지역 보안관도 그가 원하는 방식으로 공연할 수 없다고 말할 수는 없었다. 그는 투어에서 매일 밤 KKK 단원을 매달았다.

반면에 루더 캠벨은 체포되기를 원했다. 그는 체포를 대단히 효과적인 홍보로 보았다. 그는 뛰어난 기업가였다. 그는 이발소, 슈퍼마켓, 나이트클럽은 말할 것도 없고 자신만의 음반 회사, 유통사, 기획사, 그리고 공식 상품 그룹도 소유하고 있었다. 그때까진 자신의 지역 거점을 넘어 사업을 확장할 방법을 생각해 내지 못했다. 하지만 자신이 조지아주 메이컨에서 체포만 되면 루이지애나주의 배턴루지와 시리브포트의 공연이 24시간 안에 매진될 것이라는 것을 알고 있었다. 그는 또한 예술 대 도덕의 문제를 비추고 있는 국내 및 국제적 스포트라이트를 잘 알고 있었다.

당시 상원의원 앨 고어의 아내였던 티퍼 고어는 연예계의 불경스러운 행위에 대한 고발을 주도하고 있었다. 미 연방 통신 위원회FCC는 신성모독이 포함된 방송을 금지했고, 투 라이브 크루는 신성모독이 포함되지 않은 음반은 한 장도 없었다. 심지어 레코드 가게 주인들도 그들의 앨범을 판매했다는 혐의로 체포되었다. 그래서 루크는 보트를 구입해 라디오 방송국을 만들고 공해상에서 본토로 합법적 방송을 했다. 루크는 투 라이브 크루가 이 전투의 폭발적 중심에 있는 것을 보았고, 그는 그의 사업을 세계적으로 확장하기 위해 이 연료를 이용하는 것을 목표로 했다.

결국, 미국 항소법원은 랩이 수정헌법 제1조에 의해 보호된다고 판결했다. 사전 협의 자리에서 난 손을 들고 이렇게 말하고 싶었다.

실례합니다, 보안관 님, 저는 주의를 기울이실 필요도 없을 겁니다. 제 할머니도 보안관님 말씀에 동의하실 거니까요. 하지만 솔직히 말해 지금 당장 저 사람들을 체포할 수 있으시잖아요. 척 디는 오늘 밤 KKK 단원을 교수형에 처할 거고 루더 캠벨은 첫 코러스가 끝나기도 전에 바지를 다 벗을 테니까요.

하지만 보안관님, 저희 공연은 즐겁고, 건전하고, 가족적인 즐거움이 있습니다! 제프는 지구상에서 최고의 DJ입니다. 레디 록 C는 시트콤 〈샌포드 앤 손〉에 나오는 주제곡을 물속에서 듣는 것처럼 똑같이 흉내 낼 수 있어요! 오말은 6살까지 걷지도 못했는데 지금은 최고의 댄서랍니다. 혹시 아는 댄서가 있으세요? 인기 있는 백인 댄서가 누구죠? 아, 프레드 아스테어Fred Astaire요!(1900년대 초 미국에서 활동한 배우이자 무용가로 수많은 뮤지컬과 영화에 출연하였다.) 혹시라도 저희 공연을 따님이 흑인 학교 친구와 보러온다면 발견하는 즉시 집으로 안전하게 돌려 보내드리겠습니다. 절대 저희하곤 엮이지 않게 하겠습니다! 그럼 저희는 이만 가 봐도 될까요?

이런 취급을 받아도 JL은 단 한 번도 대화에 끼지 않았다. 대신 그는 수첩을 꺼내 쉼 없이 메모를 끼적였다. 단어 하나하나를 살펴보고, 법적 조항을 연구해나갔다. 퍼블릭 에너미의 매니저를 만나고, 투어 프로모터들과 친분을 쌓았으며 루더 캠벨의 레이블과 홍보 방식을 터득해나갔다. JL이 우리와 함께 관광이나 클럽, 놀이공원에 가는 시간이 점점 적어졌다. 대신 그는 음악 사업을 익히는 데 점점 더 많은 시간을 쏟았다.

———

투어는 우리가 그 산업과 그것이 실제로 어떻게 작용했는지의 복잡함에 눈을 뜨게 해주었다. 퍼블릭 에너미에는 관리 회사, 회계사,

A&R 직원(레코드회사 제작부에 소속되어 신인 아티스트의 발굴, 레코드 기획·제작, 제작 관리, 곡목 관리 등을 하는 스태프를 가리킨다.), 로드 매니저들이 있었다. 우리에겐 고작 JL이 전부였다. 데이나의 음반사인 워드-업 레코드는 우리 외엔 다른 아티스트가 없었다. 데이나는 우리가 얼마나 많은 음반이 팔렸는지 알려주지도 않았다. 우리의 레코드는 여전히 필라델피아 이외의 어떤 상점에서도 구할 수 없었다.

그러나 데이나가 러셀 시몬스의 전화를 무시해왔다는 걸 알게 된 후 나는 한계에 다다랐다. 그 당시, 러셀은 힙합 세계에서 가장 중요한 사람이었다. 그는 1977년부터 아티스트를 대표하고 음반을 제작해 왔다. 그는 80년대 가장 큰 힙합 레이블인 데프 잼 레코드를 공동 설립했다. 그리고 그는 비스티 보이즈, 런 디엠씨, LL 쿨 J, 그리고 후디니와 같은 모든 주요 공연들을 기획하고 관리하고 제작했다.

러셀은 벌써 몇 달째 우리에게 연락을 시도하고 있지만, 데이나를 통했기 때문에 그의 메시지는 우리에게 전달되지 않았다. 이를 알게 된 우리는 정말 화가 났다. 러셀은 DJ 재지 제프와 프레시 프린스를 상당히 좋아했다. 그는 〈Girls Ain't Nothing But Trouble〉의 첫 구절에 대해 열변을 토했다.

"아, 내 눈. 내 눈 / 이 남자가 걸어와 내 눈에 주먹을 날리고 / 이렇게 말했어. 내가 자기 여자한테 눈독을 들였다고 / 난 저 여자가 누군지도 몰라요, 맨!"

러셀은 "내가 지금껏 들어본 랩 중에 제일 새로워. 대체 어떤 래퍼가 눈두덩을 맞았다고 인정하겠어?"라고 했다. 러셀은 우리의 솔직함, 취약성, 그리고 그 당시 힙합에서는 들어보지 못했던 자신을 비난하는 유머를 래퍼들이 가본 적이 없는 곳으로 가는 신박함으로 인식했다. 러셀은 우리와 함께 일하고 싶어 했지만 불행히도 데이나는 그와 이야기하는 것을 거절했다. 나는 항상 러셀의 열정에 대한 JL과 데이나의 상반된 반응에 놀랐다. 데이나는 러셀의 관심에 위협을 받은 반면, JL은 러셀을 잠재적인 스승이자 새로운 기회로 가는 관문으로 보았다.

JL은 계획을 세웠다. 비록 데이나가 우리 음악의 녹음을 통제했지만, JL은 우리 커리어를 직접 관리했다. 그는 러쉬 매니지먼트의 러셀 시몬스와 라이어 코헨에게 DJ 재지 제프와 프레시 프린스의 경영권을 넘기는 데 동의했다. 첫째, 그들은 재지 제프와 프레시 프린스를 그들의 가장 큰 아티스트들과 함께 투어를 하게 할 것이고, 둘째, 그들은 JL을 고용하여 우리의 계정을 감독할 것이며 셋째, JL에게 비즈니스를 가르칠 것이다.

러셀은 동의했다. 내가 아끼는 사람들이 승진할 기회를 놓칠 때 그것은 너무 고통스럽다. 지금까지 아마 50번 정도 이런 상황에 처해본 적이 있다. 나는 인간적으로 가능한 한 높이 날아오르려고 노력하고 있고, 내가 사랑하는 사람들을 데리고 가고 싶다. 그러나 항상 레벨 업의 필요성이 대두되는 중요한 순간에 JL과 같은 일부 사람들만이 상황에 대처하고 나머지는 굴복한다. 그들이 더 웅장한 비전을 보지 못하든, 아니면 새로운 도전의 열기를 견딜 수 없든, 아니면 숨겨져 있는 자기패배에 갇혀 있든, 계속해서 나는 그들이 뒤에 남겨져 해변에 서 있을 때, 새로운 배의 뱃머리에서 손을 흔드는 고통을 겪었다.

"데이나와 계약에서 벗어날 수 있게 도와줘."라고 나는 JL에게 말했다.

"그건 그렇게 쉬운 게 아니야."라고 JL은 말했다.

"그럼 데이나가 우리를 아무리 막아도 우리가 할 수 있는 게 아무것도 없다는 거야? 무슨 법적 책임 같은 게 있지 않아?"

"계약을 했잖아. 너희는 그냥 녹음만 해. 나머지는 내가 어떻게 해볼게."

JL은 말했다. 힙합은 세계적인 사업이 되어가는 중이었고 DJ 재지 제프와 프레시 프린스는 포장되어 세계에 팔릴 준비를 했다. 우리에겐 국가적, 국제적 홍보가 필요했다.

JL은 데이나가 미국에서 우리의 커리어를 장악하고 있는 가운데, 〈Rock the House〉를 해외에 판매하기 위해 자이브 레코드(자이브 레코드는 후에 브리트니 스피어스, 엔싱크, 그리고 백스트리트 보이즈로 유명해졌지만, 80년대에는 유럽에서 가장 큰 힙합 레이블이었다.)와 국제 유통 계약을 체결했다. 자이브 레코드는 데이나의 워드-업 레코드를 DJ 재지 제프와 프레시 프린스의 미국 내 공식 배급사로 고용했다.

겉으로 보기에 데이나에게 쉬운 승리처럼 보였다. 그는 미국에서 우리의 음반을 계속 팔 수 있게 되었고, 반면 우리는 전 세계적으로 더 큰 인기를 얻고 자이브 레코드 소속으로 스튜디오에 들어

갈 수 있었다. 기본적으로 자이브 레코드는 모든 비용을 부담하면서 데이나는 여전히 집에서 수익을 올릴 것이다. 데이나는 그 계약서에 서명하기를 몹시 기다렸다. 데이나는 거액의 수표를 받고 우리의 국제 저작권을 자이브 레코드에게 팔았다.

자이브 레코드는 1987년 3월 새로운 커버와 새로운 에너지를 담아 〈Rock the House〉를 즉시 리마스터링하고 재발매했다. 우리 앨범은 세계적으로 히트를 쳤다. 또한 미국에서는 새 앨범이 수입되어 판매되었다. 데이나는 그가 로열티 대신 일회성 지급을 선택했다는 것을 깨달았다. 수입에 대해선 그가 할 수 있는 게 아무것도 없었다. 얼마 지나지 않아 그는 더 많은 돈을 요구했고 자이브 레코드와의 모든 협력을 거부하겠다고 위협했다.

법정 다툼이 뒤따랐다. 변호사들이 우리 서류를 조사하기 시작하자마자 내가 데이나와 계약을 맺었을 때 내가 열일곱 살이었다는 것을 알아챘다. 펜실베이니아 법에 따르면 18세 미만은 부모나 보호자 없이 법적으로 계약을 체결할 수 없었다. 나는 녹음 전에 스튜디오 로비에서 계약서에 서명을 했다. 따라서 법적 용어로 데이나와 맺은 계약은 존재하지 않았다. 그렇게 데이나 굿맨은 DJ 재지 제프와 프레시 프린스 사업에서 손을 떼었다. 데이나는 화가 났다. 처음에 그는 자이브 레코드와 러셀 시몬스를 비난했다. 하지만 소송할 변호사와 돈이 부족해서, 차선책으로 나에게 복수하기로 결심했다.

동네 사람들은 나를 비난하기 시작했다.

"이봐, 데이나가 진짜 열이 받았어. 너 밤길 조심해라."

그러던 어느 날 밤, 데이나가 찾아왔다. 그는 우리 집 앞 거리에 차를 주차시키고, 계기판에 총을 올려놓은 채 가만히 앉아 있었다. 나는 겁이 났지만, 아버지는 결코 움찔하지 않았다. 그는 아무 말도 하지 않고 현관문을 열고 데이나의 차로 다가가 열린 조수석 쪽 창문으로 몸을 숙였다.

"뭘 도와줄까?" 아버지가 물었다.

"그 개새끼 어디 있어?" 데이나가 으르렁거리며 되물었다.

"음, 네가 찾는 개새끼가 우리 윌이라면 집에 있지. 지금 와서 죽여도 돼. 그리고 온 가족도 마찬가지야. 네가 윌을 건드리면 우리 모두를 죽여야 할 거야. 하지만 우린 네 놈의 망할 협박 따윈 무섭지도 않다."

아버지는 즉시 데이나에게 등을 보이며 집안으로 걸어 들어갔다. 나는 아버지의 용기가 이전에 받았던 군사 훈련 때문이었는지 아니면 필라델피아 북부의 거리에서 자랐기 때문이었는지는 모르겠지만, 그날 값진 교훈은 하나 배울 수 있었다. 겁에 질려 돌아다니는 것보다 죽는 것이 더 낫다는 것이다. 나는 거실 커튼 뒤에서 이 모습을 훔쳐보고 있었다. 곧 데이나가 차를 몰고 떠났다.

07.

ADVENTURE

모험심

내 안의 모험심이
깨어난 것을
느낄 수 있었다.

만약 이 책이 영화였다면, 우리는 이제 음악 O'Jays가 부른 〈For the Love of Money〉가 시작되는 몽타주 장면에 도달했고, 모든 것이 잘 진행될 것이다. 우리의 영웅은 아무것도 놓치지 않는다. 그는 출세 중이다. 모든 샷이 홀인원으로 들어가고, 그가 하는 모든 키스는 눈부신 태양처럼 열정으로 불타오른다. 그는 수표를 현금으로 다 바꿀 수도 없을 만큼 돈이 불어난다. 프레시 프린스, 그의 이름은 더 이상 바지 옆구리에 새겨져 있지 않고, 다이아몬드가 박힌 24캐럿짜리 헤링본 금목걸이가 가슴에 달려 있을 것이다. 그리고 올해 그가 결코 대학에 가지 않을 것이라는 게 분명해진다.

———

첫 싱글 〈Girls Ain't Nothing But Trouble〉이 실린 우리의 데뷔 앨범 〈Rock the House〉는 자이브 레코드의 국제 유통 시스템 덕에 결국 골드(50만 장 이상 판매)가 되었고 빌보드 200 차트에서 83위에 올랐다. 그리고 그 당시에는 그것이 반드시 세상을 뒤흔드는 것으로 여겨지지는 않았지만, 무도회에 무사히 당도한 신데렐라 취급은 받을 정도였다.

1980년대 후반은 힙합 역사상 가장 위대한 시기였다. 1986년 말, 제프와 내가 버스를 탄 순간부터 1988년 여름까지 우리는 거의 200회의 공연을 했다. 이때가 내 인생에서 가장 위대한 시기 중 하나였다. 모든 것이 새로웠다. 우리는 문화를 정의하고 있었다. 우리는 힙합을 전 세계에 퍼뜨리는 쓰나미, 파도의 일부였다. 모든 아티스트들이 독특했다. 힙합으로 오프닝을 여는 모든 공연마다 사건이 일어났다. 우리는 관중들 앞에서 공연을 했고, 관객의 50퍼센트가 랩을 전에 본 적이 없었다. 사람들은 경외심을 느꼈다. 발견과 모험의 도취적인 에너지가 있었다.

이 시기는 내 인생에서 첫 만남과 새로운 경험으로 풍요로웠던 시기였다. 자이브 레코드에서 우리 계좌를 운영한 임원은 앤 칼리라는 이름의 일본계 여성이었다. 처음 제프와 나는 대체 어떻게 그녀가 우리의 경력을 이끈다는 건지 혼란스러웠다. 그때 그녀가 말을 했다. 자신은 뉴욕 힙합 중심에서 초창기부터 힙합을 지켜봤다고 했다. 그녀는 제프와 나에게 세계의 힙합 컬러링에 대한 세계적인 소스를 공급해 주었다. 내 안의 모험심이 깨어난 것을 느낄 수 있었다. 나는 여행의 중요성을 발견했다. 중요한 관점을 제공해 준다는 것이었다. 필라델피아 서부에서 내 마음속의 문제들을 나약하게 만들었던 것들이 네브래스카 오마하의 로데오 경기장에선 사그라졌다. 나는 그 동네 사람들이 먹는 건 무엇이든 먹겠다고 다짐했다. 검게 그을린 악어, 민달팽이, 낙타, 그리고 초콜릿으로 덮인 귀뚜라미를 먹어봤다. 나는 모든 것을 보고, 모든 것을 경험해보고 싶었다.

〈Rock the House〉의 온건하지만 탄탄한 성공에 힘입어 자이브 레코드는 우리가 하루빨리 후속 앨범을 녹음하기를 열망했다. 1987년 가을, 자이브가 본사로 있는 런던의 스튜디오에서 6주 동안 녹음을 하기 위해 처음으로 미국을 떠날 예정이었다. 하지만 출발을 2주 앞두고 JL이 새벽 1시 전화를 걸었다. 그 시간에 울린 전화벨 소리는 그 자체로도 심장이 뚝 떨어졌다.

"제프가 교통사고를 당했어." 그가 말했다.

당황한 나는 대답했다.

"어떻게 된 거야? 제프는 지금 어디 있어? 괜찮은 거야?

"모르겠어. 병원으로 갈 거야. 다시 연락 줄게."

그 당시에는 문자도 없었고, 차 안에 있는 사람들에게 연락을 할 수도 없었으며, 사랑하는 사람들이 어떻게 지내고 있는지 매 순간을 확인할 길이 없었다. 모든 사람들이 유선전화에 매달려 전화를 누가 쓰고 있는지, 전화에서 발신음이 나는지를 계속 확인하고, 기다렸다. 그리고 기다리면 기다릴수록, 상대방을 다시는 볼 수 없을지도 모른다는 상상의 나래가 펼쳐지기도 한다.

새벽 3시 15분쯤, 전화벨이 다시 울렸다. 이번에는 벨소리가 원래 울렸어야 했던 것보다 더 크게 울렸다. 마치 나를 대신해서 울린 것처럼. 나는 전화를 받았다.

"어."

"괜찮아."라고 JL은 말했다. 그는 오른쪽 다리가 부러져 엉덩이에서 발목까지 깁스를 하고 있다고 했다. 하지만 의사는 그가 비행기는 타지 말아야한다고 했다. 여행을 8주 정도 연기해야 한다고 말이다. 수화기 너머로 제프가 소리치는 게 들려왔다.

"난 의사가 뭐라 하든 상관없어. 2주 후에 무조건 런던행 비행기를 탈거야."

그리고 단호한 결심을 빌어, 2주 후 우리는 런던의 홀리데이 인 스위스 코티지 호텔에 체크인을 했다. 좁고 비좁은 호텔방에 나와 찰리가, 옆방엔 JL과 레디 록, 그리고 다른 방엔 발에 온통 깁스를 감은 제프가 묵었다. 다섯 명의 필라델피아 아이들이 음울하고 눅눅한 영국의 밤을 보냈다. 하지만 자이브 레코드는 회사 돈으로 우리를 위해 녹음 스튜디오를 마련해 주었다.

우리는 런던에서 한 달 이상을 보냈는데, 나는 그 도시에 대해 단 하나도 할 말이 없다. 우리는 하이드 공원을 걷거나 웨스트민스터 사원을 방문하지 못했다. 우리는 버킹엄 궁전을 가보지도 못했고 런던탑도 당연히 오르지 않았다. 역사가 오래된 펍에 앉아서 피시 앤 칩스를 먹어본 적도 없고, 축구 경기도 당연히 못봤다.

우리는 시차 적응조차 하지 못했다. 우리는 매일 오후 4시에 일어나서 오후 6시까지 스튜디오에 도착했고, 아침 6시까지 일하고, 호텔에서 아침을 공짜로 먹고, 7시쯤 잠자리에 들었다. 그 일정이 거의 6주간 이어졌다. 제프가 깁스를 풀기로 결심한 하룻밤을 빼면 정말 행복했다. 우리가 런던에 있는 동안 6주면 다 나을 거라 예상했던 다리가 점점 가려워지고 있었다. 하지만 제프는 영국 국립 보건국이 깁스를 제거해주리란 믿음이 없었다. 차라리 나와 찰리 맥이 깁스를 떼어 주길 기대했다.

"이건 깁스야, 내 말은 그냥 깁스야. 그냥 벗기자."

찰리가 무심하게 말했다. 나 역시 수술의 기본적인 단순함에 자신감을 느꼈다. 나는 룸서비스에 전화해서 스테이크 나이프를 주문했다. 나는 영국 호텔들이 스테이크 나이프를 가지고 있지 않다는 것을 알지 못했다. 주저하지 않고, 나는 말했다.

"그럼 버터 나이프 30개만 올려 보내 주시겠어요?"

호텔이 가진 버터 나이프는 톱니 모양의 작은 끄트머리를 가지고 있었다. 일단 나는 찰리에게 15개의 칼을 주었다. 그가 제프의 발목 깁스를 자르고, 나는 나머지 15개의 나이프를 가지고 제프의 엉덩이 쪽 깁스를 자르는 것이었다. 마음속에 계산이 맞았던 것처럼, 버터 나이프의 톱니 모서리가 거의 닳았을 때쯤, 우리는 제프의 무릎에서 만나 마지막 커트를 하기 전에 잠깐 하이파이브를 했다.

하지만 부족했다. 버터 나이프가 조금씩 휘어졌고, 그에 따라 찰리의 얼굴엔 혼란이 짙어지며 땀이 줄줄 흘러내렸다.

"야, 이거 안 되는데."

나이프 여섯 자루를 꽂고, 나는 정지를 외쳤다. 주저하지 않고 나는 제프에게 욕조에 들어가라고 제안했다. 제프가 견딜 수 있을 만큼 뜨거운 물을 받고, 깁스를 최대한 불릴 예정이었다. 나는 제프에게 금방 벗길 수 있을 거라 확언했고, 제프도 동의했다. 나와 찰리는 제프를 도와 욕조에 앉혔다. 두 다리가 완전히 물에 잠겼다. 그러고 나서 우리는 기다렸다. 곧 제프의 얼굴에 걱정스러운 표정이 떠올랐다.

"야, 벗겨 봐. 점점 조여 오는데." 제프가 말했다.

몇 초 후, 호텔 방문이 열리고 JL이 욕실로 고개를 들이밀었다.

그때 제프는 욕조에서 우물쭈물하며 신음을 흘리고 찰리 맥과 나는 무릎을 꿇은 채 버터 나이프 두 자루를 들고 있었다. 쓰고 난 나머지 스물여덟 개는 욕실 바닥에 흩어져 있었다. JL은 대체 자신이 보고 있는 게 무슨 광경인지를 파악하려고 오래도록 말이 없었다. 황당해하며 JL이 소리쳤다.

"이게 대체 뭐 하는 짓이야?"

"JL, JL! 이 거지 같은 것 좀 떼 봐!" 제프가 비명을 내질렀다.

"왜 욕조에 들어가 있어? 그거 그렇게 젖으면 안 돼."

JL은 지난 2년간 병원에서 일했다. 전문지식을 가진 건 아니었지만, 적어도 깁스에 뜨거운 물을 부어서는 안 된다는 것을 알고 있었다.

"그냥 부셔버려." 제프가 울부짖었다.

"뭘 그렇게 징징대. 그렇게 심할 리 없는데." 찰리가 말했다.

"제프를 당장 욕조 밖으로 꺼내." JL이 외쳤다.

"우리한테 왜 소리를 질러, 그건 하나도 도움이 안 된다고!" 찰리가 쏘아붙였다.

나와 찰리는 지시대로 제프를 욕조에서 꺼내어 욕실 바닥에 눕혔다. 호텔 룸서비스가 없어서 우린 호텔방에 통조림을 좀 갖고 있었다. JL은 즉시 소고기 스튜 통조림을 열었다. 알루미늄 뚜껑의 들쭉날쭉한 가장자리를 제프의 깁스에 댔다. 찰리와 나는 깁스를 세로 방향으로 자르려고 했던 반면, JL은 깁스를 가로질러 부드럽게 수평으로 그었다. 90초도 되지 않아 찰리와 나는 깁스를 쉽게 풀어버릴 수 있었다.

제프는 자유였다. 화가 난 JL은 쇠고기 스튜 통조림 뚜껑을 쓰레기통에 버리고 방을 나서며 투덜거렸다.

"니들은 진짜 멍청이다."

––––––

의학적으로 보면 우리는 진짜로 덤앤더머만큼이나 멍청했을지도 모른다. 하지만 스튜디오에서 우리는 불타올랐다. 녹음은 아마도 내가 경험한 것 중 가장 순수하고 창조적인 경험이었을 것이다. 우린 너무 많은 곡을 녹음했고, 음반사는 그중 많은 곡을 좋아했다. 회사는 이전의 힙합 장르에서 시도되지 않았던 것을 시도하기로 결정했다. DJ 재지 제프와 프레시 프린스가 힙합의 첫 번째 더블 앨범을 발매한 것이다.

제프와 나에겐 이 음반이 팬들이 듣고 싶어 하는 것이었는지, MTV가 좋아할지, 라디오 방송국이 틀어줄지, 힙합계의 유명 가수들이 디스할지 여부에 대한 개념이 없었다. 우리가 신경 쓴 것은 창의적 과정에서 영감을 받고 자극을 받았다는 것뿐이었다. 우리는 새로운 가족 중심에서 가장 친한 친구였고, 급성장하고 있는 세계적인 예술 형식의 첨단에 서 있었다.

우리는 높이 올라가고 있었지만, 뒤늦게 알아차릴 수 없는 불만의 씨앗이 뿌려지고 있었다. 어떤 사람들은 높은 고도에서 잘 자라지만, 다른 사람들은 숨을 쉴 수 없다. 그리고 사람들은 산에 올라 공기가 너무 희박하다는 것을 깨달았을 때 무엇을 할까? 가능한 한 빨리 내려가려고 노력한다. 유명 프로듀서 퀸시 존스는 이것을 고산병이라고 불렀다.

고등학교에서 레디 록과 나는 가장 친한 친구였다. 우리는 매일 함께 다니며 싸우고 곡을 만들곤 했다. 우리는 떼려야 뗄 수 없는 사이였다. 하지만 DJ 재지 제프와 프레시 프린스가 형태를 갖추기 시작하면서, 비트박스는 우리 그룹 내에서 점점 소외되고 있었다. 음반사 역시 비트박스가 들어간 노래엔 관심이 없었다. 그 결과 레디 록은 새로운 가족에서 점점 주변으로 밀려났다. 나는 그에게 내가 있으니 걱정 말라고 했다. 나중에 생각해보니 너무 많고 빠른 변화였다. 그런 경험은 우리 중 누구도 소유할 수 없는 감정적인 성숙을 요구했다.

그리고 상황은 더욱 고통스럽고 복잡하게 흘렀다. 우선 찰리 맥과 내가 하루 종일 붙어 있다는 점이었다. 우리는 단지 호텔방을 함께 쓰는 것이 아니라 우리 삶의 모든 면을 공유하고 있었다. 심지어 앨범에는 찰리와의 관계를 축하하는 노래인 〈Charlie Mack The First Out the Limo〉란 곡도 있었다. 이 노래는 찰리가 경호 일을 너무 많이 한 데서 비롯되었다. 찰리는 운전사와 함께 리무진 앞에 앉아 있었고, 우리가 자기보다 먼저 차에서 내리면 화를 냈다. "제기랄, 니들이 내리기 전에 내가 먼저 내려서 경계를 확보해야 된다고!"라고 외쳐댔다.

그러나 앨범에 레디 록에 대한 노래는 없었다. 1987년부터 1990년까지, 우린 찰리 맥 없이 밖에 나가지 않았다. 제프와 JL은 조용하고 자기성찰적인 내향적인 사람들이었지만, 찰리와 나는 시끄럽고 시끌벅적하며 관심의 초점이 되는 파티 스타들이었다. 우리는 항상 우리 자신을 몰입시킬 무언가를 찾고 있었다. 우리 둘 다 파티를 좋아했고, 대화하는 것을 좋아했다. 여행과 도박 그리고 스포츠카를 좋아했고, 여자들은 우리를 사랑했다. 찰리는 나의 모험심에 필적할 뿐만 아니라 도전 정신을 일으켰다. 그는 결코 잠을 자는데 시간을 쓰고 싶어 하지 않았다. 우리가 한 마을에 10시간만 머물러도 그는 호텔방에서 단 1분이라도 머무를 이유가 없다고 여겼다. 그는 나를 침대에서 끌어내서 미니애폴리스의 페이즐리 공원에 가거나, 시카고의 어떤 운동가의 연설을 들으러 가거나, 찰리가 파리의 샹젤리제라고 부르던 라스베이거스의 스트립에서 사진을 찍으러 가자고 부추겼다.

"이봐, 이 사람아."라고 그가 말하곤 했다.

"죽으면 영원히 잘 수 있어."

우리가 잘 맞는 또 다른 부분은 찰리와 나는 서로 믿을 수 없을 정도로 경쟁적이고 높은 자기 우월감에 사로잡혀 있다는 것이다. 우리는 누가 더 빨리 달릴 수 있는지, 누가 더 잘 운전하는지, 누가 더 축구공을 멀리 던질 수 있는지, 누가 더 잘생겼는지, 누가 더 똑똑한지, 그리고 무엇보다도 어떤 것을 더 좋아하는지에 대해 논쟁하면서 하루를 보냈다.

찰리는 한 여자가 나와 시시덕거리려고 그를 지나치는 것을 정말 싫어했다. 그는 여자가 자기를 가질 수 있는데 왜 나와 시간을 낭비하고 싶어 하는지 이해할 수 없었다. 그는 마침내 "여자들이 너랑 이야기를 하는 유일한 이유는 네가 유명하기 때문이야."라고 씁쓸하게 결론을 내렸다. 내가 대답했다.

"야, 찰리, 반대로 알고 있네. 모든 여자들이 나를 갖고 싶어 해서 내가 유명한 거야."

우리는 서로의 양(陽)에 대한 음(陰)이었다. 우리는 서로의 인생 경험의 공백을 메웠다. 우리는 서로의 맹점을 보고, 서로의 결점을 보완했다. 찰리는 아버지처럼 거리 감각이 날카로웠다. 그는 그것을 뒷골목 레이더라고 부르곤 했다. 찰리는 나쁜 일이 일어날 때를 알았다. 우리가 어딘가를 돌아다니거나 머물며 모든 게 다 괜찮다가도 느닷없이 그는 내 귀에 "가자." 하고 속삭였다.

그러면 나는 "뭐? 왜, 그냥 여기로 가자."라고 말하면 그는 더욱 강하게, "일어나. 지금 당장."이라고 말했다. 나는 찰리 맥이 화재가 나지 않는 새벽 2시에 계속 울리는 지나치게 민감한 화재경보기와 같은 인간이라고 생각했던 것을 기억한다. 하지만 화재경보기여서 무시할 수는 없다. 언젠가는 실제로 불이 날 수도 있기 때문이다. 하지만 찰리 맥은 결코 틀리지 않는 경보기였다. 우리가 방금 떠난 파티에서 총소리가 울려 퍼질 때마다 나는 주차장에서 투덜거리곤 했다.

우리는 서로의 약점을 보완했다. 찰리는 거리를 알고 있었고, 나는 더 넓은 감정 패턴을 이해했다. 나는 현명하고 주류 친화적이었다. 찰리의 신체적 외모가 무섭고 위협적인 반면, 나는 어떻게 미소 짓고, 사람들을 안심하게 하고, 어디까지 들어갈 수 있는지를 알 수 있었다. 우리 둘 다 상당히 부족한 사람이었지만, 우리가 함께 있으면 정말 유능해졌다.

나는 찰리가 결코 초대받지 못할 방에 들어갈 수 있는 티켓이었다. 그리고 찰리는 나에게 감히 욕설을 퍼붓는 사람을 때리는 망치였다. 그는 내가 육체적으로 나를 방어할 수 있는 용기를 주었다. 이 무렵, 내게 '촌스럽다.', '무르다.'라는 비판의 목소리가 높아지기 시작했다. 나는 욕을 하지도 않고, 고등학교 경험에 대한 랩만 했고, 유머도 많이 사용했다. 사람들은 내가 진짜 래퍼가 아니라고 했다. 더 최악인 건, 내가 진짜 흑인도 아니고 내 음악이 진짜 힙합도 아니라는 소리였다.

"그. 망할 놈들의 면상을 그냥 쳐버려!"

찰리는 아마 그렇게 말했을 것이다.

"그럼 다시는 그런 소리는 지껄이지 못하지."

그가 내 뒤를 지켜주면서부터 나는 진짜로 그렇게 행동했다. 누군가 헛소리를 지껄이면 나는 그들의 면상에 펀치를 날렸다. 그리고 찰리의 등 뒤에 숨었다.

———

〈He's the DJ, I'm the Rapper〉는 1988년 3월 29일에 발매되

었다. 수록곡 〈Brand New Funk〉와 〈Parents Just Don't Understand〉의 인기로 앨범은 빌보드 200의 4위에 올랐고 트리플 플래티넘(3백만 장 이상 판매)을 기록했다. 이 음반이 그렇게 획기적인 것은 절반이 DJ 중심의 역작이었기 때문이다. 이 앨범에서 제프는 턴테이블을 완전히 부술 정도였다. 그리고 나머지 절반은 랩이었다. 앨범에서 나는 열아홉 살이 가질 엄청난 창의력과 시적인 장난스러움을 가감 없이 뽐냈다.

그러고 나서 상상할 수 없는 일이 일어났다. 우리 앨범이 제31회 그래미 시상식, 랩 부문 후보에 첫 후보로 오른 것이다. 〈Parents Just Don't Understand〉와 함께 솔트 앤 페파의 〈Push It〉, LL 쿨 J의 〈Going Back to Cali〉 그리고 쿨 모 디의 〈Wild Wild West〉 그리고 J. 패드의 〈Supersonic〉이 올랐다.

제프가 우는 걸 본 건 이번이 처음이었다. 나는 내가 경험해 본 그 어떤 것보다도 흥분되어 있었지만, 성취감에 우는 타입은 아니었다. 그 당시 나는 굳이 그에게 이유를 물을 만큼 성숙하지도 않았지만, 정확히 어떤 부분이 그렇게 그에게 감정을 끓어 오르게 했는지 궁금했다. 혹시 어렸을 때 앓았던 암에 대해 떠올렸을까? 어머니와 음악가 가족들이 오래도록 이 길을 위해 노력해왔고, 집안에 이런 영광을 자신이 가져와서 울었을까? 혹시 무서웠을까? 다신 과거로 돌아갈 수 없다는 것, 즉 이전의 삶이 영원히 사라졌다는 것, 그리고 이제 기대치가 높아졌다는 것을 깨달아서였을까?

얼마 전, 미국의 흑인 이슬람교도로 구성된 과격파 흑인 단체에 가입했던 찰리 맥은, "이건 신의 뜻이야. 너희 모두 신의 뜻을 받은 거야. 제기랄. 너희가 해낸 거야! 그 어떤 앨범도 너희 앨범을 넘진 못 해. 신이 주신 명령이니 누구도 이길 수 없지."라고 했다.

찰리 맥은 벌써 몇 달째 종교적 운율로 말하고 있었다. 그리고 1989년 2월 22일, 바비 맥퍼린이 〈Don't Worry, Be Happy〉로 올해의 음반상을 받았고, 조지 마이클이 〈Faith〉로 올해의 앨범상을 받았다. 트레이시 채프먼이 최우수 신인상을, 그리고 최우수 랩 퍼포먼스상은 바로 DJ 재지 제프와 프레시 프린스의 〈Parents Just Don't Understand〉에게 돌아갔다. 우리에게 상을 주기 위해 처음으로 만들어진 그래미상이었다.

그래미상을 시상하는 전 미국 레코딩 예술과학 아카데미NARAS가 랩 퍼포먼스상 시상을 거부했기 때문에 우리는 결국 실제 시상식을 보이콧했다. 우리는 그것이 모욕이라고 느꼈다. 랩 음악이 그 해 업계보다 더 많이 팔렸기 때문에 우리는 그 자리에 있을 자격이 있었다. 러셀 시몬스와 라이어 코헨은 솔트 앤 페파, 아이스-티, 퍼블릭 에너미, 더그 이 프레시, 슬릭 릭, 스트리사소닉을 비롯한 수많은 아티스트와 DJ 재지 제프와 프레시 프린스를 모아 보이콧에 동참했다.

그리고 비록 그래미 시상식은 갈 수 없었지만, DJ 재지 제프와 프레시 프린스는 다른 모든 곳에 있었다. 인생은 영원히 바뀌었다. 제프의 어머니는 첫 번째 아메리칸 뮤직 어워드가 끝난 후 제프와 나를 위한 축하 만찬을 계획하셨다. 우리는 금의환향한 영웅이 되어 동네에 나타났다. 사람들은 환호하고 박수를 치며 악수하기 위해 거리로 나왔다. 제프의 집에 들어가는 데 20분이 걸렸다. 우리가 마침내 집으로 들어오자 제프의 어머니는 자랑과 기쁨을 내뿜으며 우리를 껴안았다. 그러고 나서 그녀는 제프에게 5달러와 장바구니 리스트를 주었다.

"제프리, 골목 가게에 가서 빵과 베이킹 소다를 좀 사와. 통조림 고구마도 있는지 보고."

"하지만 어머니……." 제프가 입을 뗐다.

"하지만 뭐? 아들, 가서 여기 적힌 것 전부 사오거라."

DJ 재지 제프와 프레시 프린스는 사랑하는 팬들을 뚫고 슈퍼까지 걸어갔다. 고구마는 팔지 않았다.

———

러셀 시몬스는 힙합에 대한 모든 장벽의 파괴를 지휘하고 있었고, 나와 제프는 그의 맹렬한 공격자 중 한 명이었다. 우리는 깨끗한 그룹이었고, 존경할 만한 그룹이었다. 러셀에게 우리는 모든 반대자들에게 대항하는 완벽한 무기였다. 우리는 창끝에 있었다. 우리는 〈Yo! MTV Raps〉라는 방송을 만들어 힙합을 주간 TV에 내보냈다.

포시즌스 호텔이 투어 중인 힙합 아티스트들의 숙박을 거부하자, 러셀은 DJ 재지 제프와 프레시 프린스를 내세워 숙박을 설득했고, 우리를 이용해 미래의 힙합 아티스트들이 이 호텔에 머물 수 있는 포문을 열었다. 주간 라디오는 래퍼를 생방송에 내보내는 것이 위험하다고 생각해 항상 이상한 소리를 하지 않도록 인터뷰를 미리 녹음했다. 그러나 나와 제프는 오후 라디오 프로그램 생방송에 출연한 첫 세대 중 하나였다.

우리의 쇼는 점점 더 커지고, 관중들은 점점 더 시끄러워지고 있었다. 어느 날 밤, 나는 너무 흥분해서 〈Parents Just Don't Understand〉의 가사를 잊었다. 한 번도 이런 적이 없었다. 가슴이 철렁 내려앉았다. 만 팔천 명의 관객이 힘들게 번 돈으로 보러 온 공연에서 랩 가사를 잊는 것보다 더 창피한 일은 없었다. 그런데 기적적인 일이 벌어졌다. 모든 관객들이 내 파트를 다시 부르기 시작한 것이다. 모두가 가사 하나 하나를 다 외우고 있었다. 내가 마이크를 내밀었더니, 관객들이 노래를 끝냈다. 울음을 터트리지 않으려고 나는 안간힘을 썼다. 수천 명의 사람들이 내 노래를 되뇌고 있었다. 나는 낯선 사람들 무리에게 사랑받고, 보호받고, 포옹받는 것을 느꼈다.

우리는 한껏 달아올랐고 막을 수 없었다. 스무 살 때, 나는 세계적으로 유명한 래퍼였고, 그래미상 수상자였고, 갓 등극한 백만장자였다.

아, 이대로 마이크를 떨어뜨리고 싶지만, 다음 장에도 마이크가 필요하다.

08

PAIN

고통

나에게는
우유부단함으로
고통스럽게 할 시간이 없다.

그는 밝은 피부와 눈동자를 갖고 있었다. 난 언제나 그렇게 생긴 남자들이 싫었다. 난 가수 크리스토퍼 윌리엄스처럼 생긴 놈들에게 늘 겁을 먹었다. 여자들은 항상 서로 어깨를 맞대고 내 앞을 지나가면서 꼭 시선은 알 비 슈어!나 엘 드바지 같은 놈들에게 던졌다. 나는 태평양 북서부에서 2주간의 투어를 마치고 막 고향으로 돌아온 참이었다.

시애틀, 포틀랜드, 그리고 그 사이에 있는 작은 소도시까지. 멜라니에게 가능한 한 빨리 돌아가기 위해 무대에서 내려오면 곧장 차로 뛰어 들어가 공항으로 달리곤 했다. 내 안의 하이에나가 운전대를 잡고 내 인생을 제멋대로 운전하는 꼴은 두고 보고 싶지 않았다.

나는 멜라니를 그녀의 이모네 집에서 만날 예정이었다. 공항에서 탄 차가 곧장 그녀의 집 앞으로 나를 데려갈 것이었다. 우리는 이모의 집에서 우리가 함께 살 새집으로 걸어가기로 했다. 옛날을 떠올리며 고등학교 때 매일 그랬던 것처럼 오버브룩 고등학교를 지나 슈거볼 편의점에 들러 시원한 물과 프레첼을 사먹어야지.

멜라니가 날 얼마나 그리워하는지 모른다는 생각이 항상 기뻤다. 심지어 주말 공연 후 월요일 아침에 집에 돌아왔을 때도 그녀는 내가 몇 달 동안 집을 비운 것처럼 행동했다. 그녀는 일을 하고 돌아온 남자가 어떨 때 기쁜지를 정확히 알고 있었다.

북서부 투어를 마치고 들어왔을 때, 멜라니와 이모는 예전에도 그랬듯이 부엌에서 요리를 하고 있었다. 투어를 돌며 길 위에서 보내는 시간은 끔찍하게 외롭다. 거의 심장을 탈수시키는 그런 기분이 든다. 이모님은 평소처럼 검푸른 히잡을 쓰고 안경을 코끝에 걸친 상태였다. 항아리 속을 훤히 들여다볼 수 있는 자세였다. 두 사람의 음식 냄새가 메마른 내 마음을 누그러뜨리고 가라앉히는 것 같았다. 멜라니는 앞치마보다 두 배는 큰 작업복을 걸치고 있었다.

나는 멜라니를 바라보았다. 뭔가 이상하다는 느낌 하나만 제외하면 모든 것이 똑같았다. 그냥 뭔가 풍기는 느낌이 이상했다. 내 성장 배경 때문인지 마치 중추신경계에 감지 센서가 생긴 것 같다. 무엇이든 평소와 다르다는 걸 감지하는 게 빠르다는 뜻이다. 그래서 나는 타인의 행동과 마음이 평소와는 다르거나 일치하지 않는다는 걸 쉽게 알아차린다. 지르르하고 전류가 흐르는 것 같은 느낌이다. 머리가 지르르 울리는 기분이랄까. 떨고 있지만 춥지는 않은 그런 느낌이나.

부엌은 더웠지만 오한이 났다. 우리는 앉아서 저녁을 먹었고 식사 후에는 〈대역전〉이라는 코미디 영화를 함께 보았다. 나는 그 영화 속 빌리 역을 연기한 에디 머피의 모든 대사를 외운다. 그는 나의 우상이었다. 함께 열 번은 봤던 영화였는데도, 오늘 밤 그녀는 너무 심하게 깔깔거렸다.

이모님이 먼저 잠자리에 들었다. 우리는 마침내 둘만 남겨졌다. 멜라니가 나에게 바싹 달라붙었다. 나는 이번 여행에서 그녀가 너무 보고 싶었고 그 마음을 전하기 위해 입을 맞추었는데, 그녀의 키스는 애정보다는 자신이 누군가와 잠자리를 가졌다는 사실을 성공적으로 숨기기 위한 연기에 가까웠다.

지금 이 순간에도, 나는 내가 어떻게 그 사실을 깨달았는지 정확히 설명할 수 없다. 대체 어떻게 나는 그토록 아무 증거 없이 본능과 직감을 믿으며 상황을 벌였을까. 나는 내 목을 감싼 그녀의 팔을 거세게 풀어 밀치고, 자리에서 벌떡 일어나 외쳤다.

　"내가 그렇게 멍청해 보여?"

　"뭐?" 멜라니가 말했다.

　하지만 말투에 자신이 없었다.

　"나 없는 사이에 네가 무슨 짓을 했는지 다 알아.

　나는 내가 들고 있는 모든 패를 내보인 셈이었다. 가진 것 없는 빈손이 되었는데 순간 상대가 게임을 포기해버렸다.

　"미안해." 그녀가 울음을 터뜨리며 말했다.

　"정말 딱 한 번이었어. 근데 나는 그 사람을 사랑하는 게 아니야. 정말 미안해. 난 너를 사랑해. 그와는 그냥 친구 사이야……. 떠난 건 너잖아! 네가 거기서 뭘 하는지도 모르겠고. 나는 네가 정말 그리웠단 말이야. 정말 맹세하는데 다시는 그럴 일 없을 거야."

　뭐? 내가 맞았어? 하지만 그럴 리가 없는데. 대체 멜라니가 왜? 과거에 의식을 잃었던 적이 있다. 오버브룩 고등학교에서의 첫날, 자물쇠로 머리를 맞았을 때. 파란 섬광이 일었고 손을 뻗으면 닿을 것들이 모두 다른 우주로 날아가 버린 것 같다는 묘한 느낌이 들었다. 남부 캘리포니아에 비가 오든 안 오든 상관없이 나에게 닿았던 중력, 원인과 결과, 사랑 같은 것들.

　말도 안 돼. 나는 잘못한 게 없는데. 내가 이겼는데. 내가 최고인

데. 난 우리가 살 집도 마련했는데. 몇 달 동안 하이에나 같은 탐욕스럽고 거만한 연예계 사람들과 싸우면서 여자들이 버스나 호텔방엔 들어오지 못하게 했는데. 나는 다른 여자를 만지거나 키스도 안 했고, 심지어 거의 쳐다보지도 않았는데. 공항에서 집으로 곧장 달려왔는데. 우리는 늘 앞으로 우리 사이에 태어날 아기들에겐 우리가 자랐던 것보다 더 나은 가정을 만들어주자고 이야기했었는데. 대체 멜라니가 어떻게 이럴 수 있을까.

하지만 겉으로는 이상하게도 침착했다. 왜냐하면 이러한 생각들 중 어느 것도 실제 감정으로 나타나지 않았기 때문이다. 난 화를 내고 싶었다. 그러니까 상대가 바람을 피웠다면 난 당연히 화가 나야 정상 아닌가. 그런데 난 아무것도 느끼지 못했다.

소파에 앉아 멜라니는 얼굴을 감싼 채 울기만 했다. 그리고 나는 멍하니 서 있었다. 누군가 당신을 두고 바람을 피웠다면 당연히 어떤 반응을 보여야 마땅하다. 나는 어떤 감정도 느끼지 못했지만 겁쟁이가 되지는 않을 것이다. 이번엔 아니었다.

상대가 나를 두고 바람을 피우면 당신은 어떻게 하는가? 어떻게든 내 감정을 분출해야 했다. 내 분노에 마침표를 찍으려면 무언가 폭력적인 행동을 해야 한다는 것도 알았다. 나는 일단 가능성을 찾아 방을 샅샅이 뒤졌다. 벽난로 옆에 통나무를 정리할 수 있는 뾰족한 철제 꼬챙이가 있었다. 하지만 그걸로 뭘 어쩔 수 있겠는가? 나에게 방향을 가르쳐 줄 어떤 감정이라도 하나 피어났으면 싶었다.

그럼에도 불구하고, 나는 그것을 집어 들었다. 멜라니의 이모 집으로 들어오는 정면 현관에 백여 장의 유리 판벽으로 만든 아름다운 나무 안뜰이 있었다. 나는 잠시 서서 울고 있는 멜라니를 바라보았다. 어떻게 해야 좋을지 모른 상태로도 이 분노를 어떻게든 무조건 터트려야 했다. 나는 쇠꼬챙이를 침착하게 들고 현관으로 가서 창문을 하나씩 깨부수기 시작했다.

한 열두 장에서 열다섯 장 쯤 깨뜨렸을까. 스무 살의 나이에 여자 친구에게 상처를 받은 남자로서 이 정도면 충분하다는 생각이 들기도 전에, 나는 그냥 쇠꼬챙이를 바닥에 집어던졌다. 꼬챙이가 바닥에 부딪치는 소리에 내가 먼저 깜짝 놀랐다. 내가 생각했던 것보다 훨씬 큰 소음이었다. 원래 계획대로라면 멜라니와 함께 우리가 살 집으로 가야 했지만, 대신 나는 우드크레스트까지 혼자 걸어가기로 결심했다.

어머니는 그간 충분히 참을 만큼 참았다. 내가 투어를 하는 동안 어머니는 아버지를 내쫓았다. 이번에는 정말이었다. 아버지는 가게 사무실 위에 있는 아파트로 이사했다. 어머니가 집에 혼자 계시리라는 걸 알고 있었다. 걸어서 한 22분쯤 되는 거리였다. 나는 내가 방금 그 모든 창문을 깼다는 것을 믿을 수 없었다. 그 분노가 내 안에 어디에서 왔는지 도무지 찾을 수 없었다. 내가 물건을 깨뜨렸다는 것 자체가 너무 이상했다. 다만 그렇게 해야 한다고 생각했기 때문이 아니라 내 감정을 그렇게라도 터트려야 옳다고 믿었기 때문이다. 나와는 어울리지 않는 생각이라 웃기기만 했다. 나는 갑자기 그 장면을 떠올리며 낄낄거리기 시작했다. '윌, 너 미쳤구나.' 그러자 더 크게 웃음이 터졌다. 이 모든 게 우습기 그지없었다.

내가 우드크레스트에 도착했을 때, 어머니는 집 앞 계단에 앉아 계셨다. 분명 멜라니의 이모와 통화를 한 게 분명해 보였다. 어머니의 눈에 눈물이 그렁그렁 맺혀 있었다. 당신의 아들이 괜찮기만을 빌고 또 빌며 폭풍에 대비하고 계셨다. 어머니는 어머니의 아들이 어떤 놈인지를 아는 분이니까.

어머니의 눈을 보자마자 나는 어머니와 내가 똑같은 고통을 느끼고 있다는 것을 깨달았다. 고통은 더 이상 나 혼자만의 것이 아니라 우리 두 사람의 감정이었다. 마치 고통이라는 강둑을 틀어막고 있다가 다이너마이트로 댐을 무너뜨리는 것처럼, 나는 투어버스가 나를 실고 갔던 곳에서 열 걸음 정도 떨어진 길가에 무너져 내렸다.

어머니는 달려와 울음을 터트리는 나를 껴안았다. 나의 어린 시절 고향이 묵묵히 고통에 몸부림치는 나를 바라보고 있었다. 나는 우드크레스트를 떠나면 다시는 이런 기분을 느끼지 않아도 될 거라고 믿었었다.

"어떻게 걔가 나한테 이럴 수가 있어? 대체 신은 왜 이런 일이 일어나게 했을까?"

어머니는 아무 말 없이 그냥 나를 꼭 안아주었다. 나도 이제 성인이다. 내 문제는 어머니가 바로잡아 줄 수 있는 게 아니었다. 내 목덜미로 떨어지는 어머니의 눈물이 느껴졌다.

어머니는 나를 부축해 집 안으로 들어갔다.

가슴이 찢어지는 고통도 질병이다. 정신 질환과 유사한 형태의 쇠약을 유발한다. 내가 겪고 있는 이 고통이 너무 심해, 차라리 마취제가 없이 칼에 찔리거나 생니를 뽑는 게 나을 것 같다는 생각이 들 정도였다.

내 여자 친구가 바람을 피웠다. 내가 형편없는 놈이라는 증거였다. 마음이 산산조각 났다. 내가 더 잘했더라면 멜라니가 바람을 피우지 않았을 거란 생각이 들었다. 나는 또다시 인생의 한 여자를 실망시킨 셈이었다. 나에겐 아픔을 덜어 줄 안정이 절대적으로 필요했다. 하지만 이런 고통을 치료해 줄 약은 없었다. 결국 쇼핑과 무분별한 성교라는 민간요법에 의지했다. 일주일 후, 나는 열 명의 친구를 데리고 필라델피아에서 애틀랜타까지 가서 그곳의 구찌 매장 문을 닫아버렸다.

"너네 갖고 싶은 거 다 골라." 나는 아멕스 카드를 계산대에 내려놓으며 말했다.

내겐 신용카드가 있었다. 내 마음과 달리 카드는 굳건했다. 돈이 나일강의 홍수처럼 범람하고 있었다. 그때 당시 막 'DJ 재지 제프와 프레시 프린스 사서함'을 오픈했었다. '1-900-909-제프······.'는 미국 최초의 900번 서비스 번호였다(미국의 정보. 오락 제공 유료 전화 서비스). 프리미엄 요금이 붙는 사서함은 팬들과 소통할 수 있는 혁신적인 방법이었다(기본적으로 요즘 소셜미디어의 전신이라고 볼 수 있다.).

우리가 지금 어디 있고, 무엇을 하고 있는지 메시지를 녹음해 매일 남겨놓으면 팬들이 전화를 걸어 들을 수가 있었다. 처음 1분당 2달러, 그 후로 매분마다 34센트가 추가 과금되었다. 사서함의 인기가 최고조에 달했을 때는 하루에 오천 통이 넘는 전화를 받았다.

내 아멕스 카드는 굳건할 뿐만 아니라 절대무적이었다. 그때까지 내 상대는 멜라니 말고는 다른 여자 하나뿐이었다. 하지만 몇 달간, 나는 완전히 뒷골목 하이에나 상태로 지냈다. 너무도 많은 여자와 밤을 보냈고, 그건 내면의 자아와 맞지 않는 일이었다. 그래서인지 정신적으로, 육체적으로 거부반응이 일어났다. 속이 자주 뒤집어지고 심지어 구토증상이 일 때도 있었다. 그럼에도 매번 나는 이 아름다운 타인이 내 사랑이 되었으면 하고 바랐다. 나를 사랑해주고 나를 치료해주고 이 고통을 앗아갈 사람이길 원했다.

하지만 변하는 건 없었다. 나는 여전히 토악질을 했고, 비참했다. 상대 여자의 눈빛은 나를 더욱 고통스럽게 만들었다. 내가 그토록 증오하던 아버지의 행동을 내가 그대로 하고 있었다. 여자에게 상처를 주는 일 말이다.

———

첫 번째 집을 샀다. 메리온 공원과 마주보고 있는 저택이었다. 시티 라인 건너편에 있는 부유한 동네로, 내가 늘 꿈꾸던 집이었다. 흰색의 단단한 마룻바닥과 거실의 높은 복층 천장. 안방에 놓은 커다란 온수욕조(그렇다, 화장실이 아니라, 안방이었다.). 그 집에서 처음 산 건 침대나 소파, 수건, 식기류가 아니라 바로 당구대였다.

결국은 침대도 사들였다. 킹사이즈 침대에서 잠을 잔 건 처음이었다. 나와 해리는 어린 시절 대부분 같은 침대에서 잤다. 투어를 다닐 땐 찰리 맥과 함께 방을 썼다. 메리온 로드의 저택에서 보낸 첫날 밤, 나는 지금껏 단 한 번도 혼자 잠든 적이 없다는 사실을 깨달았다. 딱히 기분이 좋지 않았다. 내 심장이 피를 흘리고 있었다. 멜라니 파커와 사랑에 빠졌던 나는 죽어가고 있었다.

그녀를 되찾고 싶었다. 그 당시 내 마음은 여전히 공연을 사랑과 연관시켰다. 내 자존감의 모든 근거는 근본적으로 내 여자가 행복한지에 달려 있었다. 나의 자아는 여자들의 의견과 나에 대한 인정에 어쩔 수 없이 얽매여 있었다. 내가 그토록 갈망했던 사랑을 받지 못한 건, 주인공인 내가 부족했기 때문이라 여겼다. 내가 만약 남자친구 역할을 더 잘했더라면 그녀는 바람을 피우지 않았을 것이다.

아마 상상했겠지만, 그게 고통으로 가는 1등석 티켓이었다. 멜라니는 필라델피아 시내의 한 쇼핑몰의 메리-고-라운드라는 옷가게에서 일했다. 나는 모든 것을 계획했다. 거창하고 로맨틱한 용서의 제스처였다. 내가 그녀를 찾아가 우리의 눈이 마주치면, 나는 그녀를 용서하고, 그녀는 감사와 후회의 눈물을 흩뿌리면서 온 몸을 내게 던져오겠지. 그럼 나는 그녀와 결혼하고 싶다고 청혼을 하는 것이다. 내 아내가 되면 다시는 이런 거지 같은 가게에서 일을 하지 않아도 된다고. 우리는 사장에게 가운뎃손가락을 날리며 새로 산

내 벤츠 300CE에 올라타겠지. 그리고 화장실이 아닌 침실에 온수 욕조가 있는 그녀의 새로운 메리온 로드 저택으로 데리고 와야지.

쇼핑몰에 주차하는 게 힘들 것을 고려해 찰리 맥이 우리를 데려 다주었다. 그는 가게 바로 앞에 주차를 하고 운전석에 앉아서 기다 리기로 했다. 로미오 같은 내가 회전목마를 휩쓸고 들어가 그녀를 모시고 나와서 주차되어 있던 벤츠에 공주님처럼 태울 생각이었다.

그때, 빵빵! 찰리가 경적을 울렸다.

"야, 나 면허 없는 거 알잖아. 이러다가 경찰 오면 난 어쩌라고."

찰리가 말했다. 이 새끼 때문에 되는 일이 없다.

"지금이라도 면허를 따는 건 어때?" 내가 외쳤다.

"총기 소지로 잡혀갔던 거 알잖아! 그래서 못 땄지! 일단 가서 멜 라니를 데려와. 경찰 뜨기 전에 도망가자!"

나는 가게로 뛰어들어 갔다. 조용한 날이었다. 매장은 대부분 텅 비어 있었다. 멜라니는 카운터 뒤에서 청바지를 접고 있었다. 그녀 는 나를 보지 못했다. 잠깐이나마 그녀를 지켜보았다. 그 순간, 나는 그녀 없이는 살고 싶지 않다는 걸 깨달았다. 그녀를 보자마자 내 안 의 무언가가 가득 차올랐다. 찢어질 듯 아픈 마음도, 갈증도 다 가라 앉았다.

그녀가 고개를 들자 우리는 눈이 마주쳤다. 짧지만 부인할 수 없 는 확실한 순간이었다. 멜라니는 나를 정말 사랑했다. 그리고 나도 그녀를 사랑했다.

젠장. 내 망할 감지기. 그게 뭔지는 모르지만, 난 내 육감을 굳게 믿었다. 나는 그녀를 더욱 깊이 파고들며 감각을 일깨워야 했다. 그래서 그녀에게 다가가 와락 끌어안았다. 여전히 무언가 옳지 않았다.

나는 그녀를 놓아주며 우리는 배시시 웃었다. 가게 안을 훑어보니 그놈이 보였다. 그는 피부와 눈동자가 밝았다. 나는 그런 녀석들이 싫었다.

나는 멜라니를 돌아보았다. 그녀가 손을 재빠르게 놀리며 옷을 접는 시늉을 했다.

"점심 시간이 아직 15분 남았어. 나가서 뭐 좀 먹고 올까?" 그녀가 내게 물었다.

나는 그를 돌아봤다. 그는 나와 눈을 마주치지 않을 것이다.

'내가 널 봤어, 이 자식아.'

나는 매장을 가로질러 달려들었고, 그는 도망치기 시작했다. 딱 걸렸다. 하지만 가게엔 마땅히 숨을 곳이 없었다. 나는 그를 덮쳤고, 멜라니는 소리를 질렀다. 어떻게 된 일인지 찰리 맥이 나타나 나를 떼어 놓았다. 가게는 엉망진창이 됐다. 놈의 눈에 멍이 들었고, 찰리는 나를 잡아 끌고, 나는 멜라니를 잡아당겼다. 우리는 재빨리 도주 차량에 몸을 실었다.

"이 새끼야. 내가 총기 소지로 잡혀간 적 있다고 했어, 안 했어. 대체 뭐 한 거야?"

도망을 치며 찰리가 으르렁거렸다. 그날을 마지막으로 멜라니는 더 이상 그곳에서 일을 할 수 없었다. 멜라니는 다시는 그 남자를 만나지 않겠다고 약속했다. 나는 그녀를 새 집으로 데려갔다. 욕실이 아니라 침실에 온수욕조가 있는 집으로.

우리는 다시 한번 노력하기로 약속했다. 내 안의 비밀스러운 무언의 맹세가 속삭였다.

'너만 다시 돌아오면, 난 그걸로 충분해.'

─────────

JBM은 주니어 블랙 마피아를 의미한다. 필라델피아에서 그들의 좌우명은 '엎드려라, 아니면 무덤에 누울 뿐.'이다. 즉 그들과 함께하거나 그들에게 맞설 뿐이라는 것이다. 그들과 한 패가 되거나 그게 아니면 죽음뿐이다. 필라델피아 도심의 스무 살의 래퍼로 처음 백만 달러를 벌면, 어울릴 수 있는 유일한 사람들은 다른 래퍼, 프로 운동선수 아니면 마약상뿐이다. 난 마약 딜러를 골랐다.

버키는 아주 크게 봐야 155센티미터 정도밖에 되지 않았다. 그는 전 골든 글러브 챔피언이자 JBM의 중간급이었다. 어디서든 그는 처음과 마지막 말만 내뱉었다. 만약 그의 말에 동의하지 않으면 십만 달러 상당의 주렁주렁 달린 보석을 그에게 놓고 나와야 했다. 하지만 무례하게 행동하는 사람에겐 보석도 상관없었다. 방아쇠를 당기는 손가락엔 반지도 끼지 않았으니까.

버키는 웃는 것을 좋아했다. 그는 나의 유머 감각을 즐겼다. 오늘날 생각해보면, 나는 그가 거리의 스트레스와 잔인함으로부터 잠시 휴식을 취하기 위해 우리 집을 찾았다는 생각이 든다. 난 일종의 어릿광대였다. 그는 내가 사람들 앞에서 농담과 개그하는 모습을 좋아했다. 빈정거리는 식의 코미디를 유독 좋아했다. 우연이지만 내 가장 큰 특기이기도 했다.

어느 날 나는 버키의 키에 대해 농담을 하는 실수를 범했다.

"이봐, 버키. 내가 밀어 올려줄까, 아니면 계단을 갖다줄까?"

아무도 킥킥거리지 않았다. 버키는 침착했고, 그것은 끔찍한 징조였다. 방은 조용해졌다. 그가 나에게로 걸어왔다. 턱이 내 가슴에 겨우 닿는 높이였다. 그는 아무 말도 하지 않은 채 가만히 서서 나를 바라보았다. 나는 그에게 허리를 굽혀야 한다는 걸 알았다. 마치 우두머리에게 항복하는 야생의 실버백 고릴라처럼 말이다.

버키가 내 귀에 속삭였다.

"네 놈이 스타라고 해서 내가 다 봐준다는 뜻은 아니야."

비유가 아주 완벽하진 않았지만, 무슨 말을 하려는지 확실했다. 나는 다시는 버키에 대한 농담을 하지 않았다. 메리온 로드는 이제 파티의 중심이었다. 언제든 스무 명 혹은 그 이상 사람들이 음악을 틀어대고, 당구를 치고, 수천 달러어치의 필리 치즈스테이크가 부엌을 어지럽혔다. 뒷마당에선 권투 경기가 있었고, 거실에는 농구 코트가 있었다.

그리고 모든 놀이에 쉴 새 없이 돈을 걸었다. 말할 필요도 없이, 이 환경은 멜라니의 예술적 열망에 도움이 되지 않았다.

"월러드, 음악 소리 좀 줄여줄래?" 그녀가 말하곤 했다.

"미안해, 자기야, 한 시간만. 얘네들에게 본때를 보여줘야지."

이제는 이 집에 멜라니가 머물 수 있다는 것 자체가 내가 보여주는 거대한 사랑의 제스처였다. 말하자면, 나는 한 번도 그녀를 용서한 적이 없었다.

———

모든 게 주말이면 한 번에 터졌다.

금요일 밤과 일요일 아침 사이에 15만 달러의 주인이 바뀌는 것은 드문 일이 아니었다. 내 친구 뱀은 최고의 당구선수였다. 그는 항상 우리의 돈을 쓸어 담았다. 하지만 어느 토요일 밤, 당구대가 내 손에 착착 감겼다. 한 점도 실수가 없었다. 뱅크 샷이며 콤비네이션, 8번 볼의 스핀 샷에 완벽한 사이드 스핀으로 치는 족족 공이 들어갔다. 치는 대로 맞았다. 버키는 결국 3만 달러를 잃었다. 그는 부하 중 하나를 보내 현금을 가져오라고 시키려했지만, 버키의 집은 왕복 45분은 걸리는 사우스웨스트에 있었다. 결국 그는 자동차 열쇠를 당구대 위에 던졌다. "우와! 젠장!" 다들 환호를 터트렸다. 심장이 두근거렸지만 질 순 없었다. 난 그의 커스텀풀백 컨버터블 BMW 325i 열쇠 옆에 내 새로 뽑은 푸르스름한 녹색 벤츠 300 열쇠를 던졌다.

"래크(포켓 당구 게임 개시 때 삼각형으로 세트한 공) 다시 모아." 내가 말했다.

내 초구가 공 네 개를 쳤다. 11번에서 15번 공이었다. 방 안에 순간 정적이 흘렀다. 버키는 첫 번째 샷으로 구석에 있는 쉬운 공 2개를 노리며 7번 공을 쳐 좋은 위치를 가져갔다. 약간 공격적이긴 했지만 코너는 벗어났다. 그다음 4번 공의 밑을 쳤다. 버키도 바보는 아니었다. 당구대를 이리저리 돌아다니는 사이, 나는 속수무책의 심정으로 결코 얻을 수 없는 샷을 위해 커스텀한 당구 큐대에 초크질을 했다.

버키가 8번 공을 쳤다. 뱅크 샷이 코너를 노렸다. 8번 공이 느릿느릿 구멍을 향해 나아갔다. 8번 공이 느리게 움직이며 내 자동차 키를 삼킬 준비를 하고 있었다. 공이 다가가자 모두들 "어우……." 하고 함성을 터트렸다.

그런데 들어가지 않았다! 8번 공은 들어가기 직전 흔들리며 멈춰 섰다. 방 안이 폭발했다. 나는 새 삶을 얻었다. 하지만 진짜는 지금부터였다. 구석에 있는 8번 공을 맞추려면 일단 세 개의 공을 없애야 했다. 만약 하나라도 놓치면 다시 버키의 차례였다. 그는 절대 이 기회를 놓치지 않을 것이었다.

첫 샷이 당구대를 가로지르며 스트레이트로 나아갔다. 방심하지 않고 나는 라인을 본 다음 다음 샷을 집어넣었다. 두 번째 샷은 사이드포켓으로 들어갔다. 세 번째 샷은 코너에 있었다. 큐볼에 스핀을 좀 넣어야 했다(낮게 쳐서 백스핀을 줘야 한다는 뜻이었다.). 그렇지 않으면 코너 포켓에 지 혼자 들어가 버키에게 유리해질 것이다.

난 언제나 당구대 앞에선 오래 생각하지 않는 편이었다. 눈길 한

번에 자세를 잡고 바로 쳤다. 나에게는 우유부단함으로 고통스럽게 할 시간이 없다. 찰리 맥은 늘 이렇게 말했다.

"겁을 먹으면 돈도 못 벌어."

그게 내 인생의 좌우명이 될 것이다. 그날 밤, 얼음처럼 차가운 마음가짐을 먹으니 안 될 일이 없었다. 그리고 나머지도 마찬가지였다. 하나도 빗맞지 않았다. 버키가 할 수 있는 거라곤 큐대에 초크를 묻히며 무기력하게 지켜보는 게 다였다. 결코 돌아오지 않을 차례를 기다리면서 말이다. 나는 당구대를 돌며 8번 공을 찍었고 공손한 자세로 자동차 열쇠 두 개를 거머쥐었다.

버키가 불같이 화를 냈다. 너무 갱스터스러워서 차마 묘사할 수도 없다. 그는 현관문을 홱 열고 집을 뛰쳐나갔다. 택시를 불러야 한다는 것도 아마 그때 깨달았을 것이다.

"이봐, 버키." 내가 그를 뒤쫓아 나가며 불러 세웠다.

"부르지 마. 이 새끼야. 지금은 안 돼." 히치하이킹을 필요로 하는 갱스터처럼 그가 말했다.

"여기, 이거 가져가." 나는 그에게 자동차 열쇠를 건넸다.

"내가 네 놈 차를 왜 가져."

"뭐?" 그가 당황해하며 되물었다.

"넌 내 사람이잖아. 내가 네 차를 왜 가져." 내가 말했다.

"진심이냐?" 그가 나를 이상한 사람 취급하며 물었다.

"버키, 내가 당신을 우리 집에 초대해 놓고 당신 차를 왜 갖겠어. 나도 등신이지만 그렇게 멍청한 놈은 아니지."

나는 열쇠를 그의 손에 쥐어 주었다.

그 순간에는 알아차리지 못했지만, 시간이 흐른 후엔 분명히 알 수 있었다. 내가 한 짓이 버키가 살아남아야 했던 세상에는 절대 존재하지 않았던 화해의 손길이었다는 걸. 버키는 내 마음을 알아차리곤 눈에 띄게 감동받은 눈치였다.

"뭐, 왜 그래, 버키? 뭘 또 그렇게 심각하게……." 내가 얼버무렸다.

그는 마음을 가다듬고, 손에 쥔 열쇠를 흔들며 말했다.

"왜냐면 나였으면 네 놈 차를 가져갔을 테니까."

나는 집으로 돌아섰다. 버키가 차창을 내리며 내게 소리쳤다.

"만약에 누가 너를 엿먹이잖아, 그럼 그 놈은 내가 처리할 거야."

그리고 그건 진심이었다.

———

당시 나는 내 욕망과 별난 태도를 마음의 상처와 연관 짓지 못했었다. 나는 온 테두리까지 새빨간 스포츠카를 뽑았는데도, 그게 의학적 반사작용이라는 인지하지 못했다. 쉐보레 서버번에 커다란 우퍼 스피커 4대를 차에 부착하면서도 이게 내가 느끼는 부적절함, 상실감, 배신감 때문이라곤 생각지 않았다. 그냥 누군가를 태우러 갈 때마다 미리 전화를 하지 않아도 된다는 게 재미있었다. 차에 앉아 볼륨을 7까지 올리면 사람들이 알아서 나왔으니까.

나는 그냥 되는대로 살며 제멋대로 굴었다. 첫 오토바이도 샀다.

파란색 스즈키 카타나 600이었다. 어떻게 타는지도 모르고 굴려서, 사자마자 일주일 만에 갖다 박았다. 완전히 망가진 오토바이를 다시 끌 수가 없어서, 그냥 새로운 오토바이를 샀다. 새빨간 색이었다. JL이 그 오토바이를 해먹었다. 많이 망가지진 않았지만 옆구리에 긁힌 자국이 남았다. JL에게 지지 않고 싶었을까. 이번엔 해리가 해먹었다. 나는 어쩌면 오토바이가 내게 맞지 않을지도 모른다고 생각했다. 그래서 이번엔 청록색 콜벳 스포츠카를 뽑았다.

나는 내 모든 차와 오토바이를 집 앞에 늘어놓고 내가 얼마나 잘 나가는지를 보여줄 겸 아버지를 초대했다. 아버지는 내 차 옆에 2톤짜리 파란색 작업용 승합차를 세웠다. 아버지는 항상 자동차라면 무릇 실용적이어야 한다고 믿었다. 그가 승합차에서 내리는 사이, 나는 당당히 그 앞에 섰다. 우리는 가볍게 껴안았다.

"지난주에 콜벳을 하나 뽑았어요." 내가 말했다.

"이게 다 네 차냐?" 아버지는 나의 새로운 함대를 경멸하듯 바라보며 물었다.

"네." 나는 자랑스럽게 말했다. 내 팔은 공손히 내 곁에 있었지만, 마음속에선 이미 온 바닥을 해치며 비보잉 중이었다.

"아들, 대체 왜 차가 세 대나 필요하지? 엉덩이는 한 짝인데." 아버지가 물었다.

내가 기대하던 반응이 아니었다. 그러나 1988년 그래미상의 최우수 랩 퍼포먼스는 DJ 재지 제프와 프레시 프린스의 〈Parents Just Don't Understand〉가 받았으므로 아버지의 수학적 의견은

묵살 당했다.

멜라니와 나는 더 이상 잠자리를 갖지 않았다. 뭔가가 부서져 있었다. 우리 둘 다 그것이 고쳐지기를 원했을 뿐이지만, 우리는 겨우 스무 살이었다. 우리의 로맨틱한 꿈은 미성숙의 잔인함에서 살아남기에는 너무 연약했다.

나는 LA에 많이 가기 시작했다. 내가 도시의 진동력을 처음 깨달은 순간이었다. 비행기가 LA 국제공항에 착륙하자마자, 내 안의 무언가가 깨어나 정렬했다. 나와 LA 사이에 무언의 조화가 이루어졌다. 지역의 기운이 나를 흥분시켰다. 나는 잠도 적게 잤고 늘 활기찼다. 안색도 활기를 띠었고, 제대로 된 음식도 먹었으며 운동도 하고 싶었다. 그야말로 기운이 넘쳤다. 그 이후로 환경의 중요성에 대해 깨달았다. 살고 있는 도시를 선택하는 것은 인생의 동반자를 선택하는 것만큼 중요하다는 것을 말이다.

그때 타냐 무어를 만났다. 그녀는 LA를 정의하는 햇살과 가능성 그 자체의 사람이었다. 전형적인 서부 해안의 라이더로, 아주 훌륭하고 세련됐지만 거리에선 칼 같았다. 그녀는 어떤 동네는 걸어가고 어떤 동네엔 차를 가져가야 하는지 알았다. 내가 쓴 빨간색 필라델피아 야구 모자를 공항에서부터 벗어야 한다는 것도 알려 주었다. 나는 집으로 가는 비행기가 미시시피 강을 건너면 곧바로 모자부터 다시 썼다.

푸 리처드슨은 캘리포니아대학교 LA 캠퍼스UCLA의 스타 슈팅 가드였다. 백만장자 래퍼 다음으로 흑인 아이가 차지할 수 있는 최고의 위치였다. 그는 남부 필라델피아 중심부에서 태어나고 자랐다. 그리고 그는 자기가 무슨 시장이라도 되는 양 UCLA를 돌아다녔다. 푸는 그 캠퍼스의 모든 것을 알고 있었고, 때마침 필라델피아 친구가 나타나자, 아는 걸 다 털어보였다.

푸는 타냐의 사촌인 티지아와 사귀고 있었다. 티지아는 기본적으로 푸의 삶을 관리해주는 여자 친구였다. 그녀는 그의 음식부터 신문기자 모든 걸 다루었다. 그가 연습할 준비를 할 때면 아예 방을 비워주곤 했다. 그 관계의 사고방식이었다. 그 당시 나에게는 매우 성숙해 보였다. 푸는 스타였지만, 자기 운동화가 어디에 있는지도 몰랐을 것이다. 그의 유일한 일은 농구만 잘 하는 것이었다. 티지아는 다른 모든 일을 도맡았다. 두 사람의 모습을 보며 저들의 모습이 내가 원하는 것이라는 것을 깨달았다. 두 사람은 '푸 리처드슨의 NBA 진출 팀'을 함께 꾸리는 비즈니스 파트너였다(결국 그는 리그에 진출 해 10년이나 선수로 뛰었다).

어느 날 나와 찰리 맥이 UCLA와 스탠퍼드가 경기 중이던 UCLA의 홈구장 폴리 퍼빌리온에 도착했다. 우리는 경기가 끝나고 사물함에 있는 푸를 만났다.

"필라델피아가 이 건물 안에 있다니!" 그는 비명을 질렀다.

필라델피아에 사는 한 남자가 다른 도시에 가서 가장 먼저 알아차리는 것은 헤어스타일이다. 각진 헤어스타일이 필라델피아의 명물이다. 우리가 개발했고, 참 잘도 하고 다녔다.

"이봐. 이발사가 네 머리 하다가 미끄러졌냐." 나는 의무적으로 말했다. 상대의 머리가 어떻든 간에 언제나 인사말처럼 하는 소리였다. 필라델피아 출신이라면, 상대가 지금 어디에 살며 어떻게 머리를 잘랐든, 항상 못나 보인다고 말해야 하는 법이다.

"맞아. 이 동네는 유행을 몰라."

푸가 농담처럼 말하며 자기 옆머리를 쓸었다. 필라델피아 출신이라면 언제나 그렇게 대답해야 한다.

그는 나에게 티지아와 그녀의 사촌 타냐를 소개했다. 너무 한눈에 반한 티가 났나보다. 푸가 수건을 들어 내 입가를 닦아주려고 했던 까닭이다.

"야, 침 흐른다. 네가 밟고 자빠지지만 말아라."

수건을 치우며, 나는 약간 당황했지만 미소와 매력을 가감 없이 발산할 준비가 되어 있었다.

"이 자식이. 더 해봐, 어디." 나는 웃어넘기며 타냐에게 나를 소개하기 위해 몸을 틀었다.

"필라델피아는 물이 다른가 봐요." 타냐가 말했다.

"다들 어떻게 이렇게 멋진 사람들만 있는 걸까요?"

푸가 대화에 끼어 들었다.

"타냐, 내가 장담하는데 이 자식 지금 당장 채가야지, 아니면 달까지 날아갈 거라니까!"

나는 생각했다. 나를 채가? 제대로 채 갔으면 좋겠네.

———

JL은 내 친구들 중 유일하게 내가 우는 것을 본 사람이었다. 어느 날 뉴욕으로 기차를 타고 가던 중, 나는 멜라니에 대한 이야기를 하며 그의 가슴팍에 안겨 흐느꼈다. JL은 감정적인 사람이 아니었고, 나는 참을 수 있는 상태가 아니었다(나중에야 알았지만, 그는 그 순간, 나에게 평생을 바치기로 다짐했다고 했다. JL은 앞으로 나를 보호해 줘야 한다는 걸 그때 알았다고……).

그러던 어느 날 그가 나를 불렀다.

"이봐. 요즘 너 왜 이렇게 자주 싸우고 다녀, 왜 그래?"

말 그대로 주말마다 싸움에 휘말리던 두어 달이었다. 버키가 내 뒤를 봐주어서인지, 찰리 맥이 늘 내 곁에 있어서였는지, 아니면 버키가 격앙된 마음을 만족시킬 수 있는 유일한 약이라 그랬는지 잘 모르겠지만, 나는 나를 곁눈질하는 모든 사람들에게 주먹을 날리고 있었다. 늘 화가 나 있었다. 그래미상과 수백만 달러, 그리고 빨간 스포츠카조차 내 안의 구멍을 메울 수 없었기 때문이다.

돈, 사랑, 그리고 성공. 가지지 못했을 땐 그걸로 절망을 정당화할 수 있다. 만약에 내가 돈이나 사랑, 성공을 가지면 진짜 행복할 텐데! 하지만 그게 아무리 잘못된 생각이라 해도, 일단 심리적으로 그런 마음가짐이 사람에게 희망을 준다. 그런데 여전히 불안하고 불행한 마음으로 부자가 되고, 유명해지고 성공하고 나면, 무서운 생각이 머리에 뿌리를 내린다. 어쩌면 문제는 나일지도 모른다는 생각 말이다. 물론, 나는 그 어리석음을 재빨리 일축했다.

———

음반사는 〈He's The DJ, I'm The Rapper〉의 후속 앨범 작업에 곧바로 착수했다. 총 300만 장이 팔렸고, 랩 부문으로는 처음으로 그래미상을 수상했지만, 새 앨범이 모든 아성을 무너뜨릴 것이라 믿었다.

JL은 우리가 제프의 어머니 집에서 사전 녹음을 하기를 원했다. 내가 자동차, 옷, 집을 산 반면, 제프는 지하실을 드라마 〈스타 트렉〉 수준의 가정용 녹음 스튜디오로 개조했다. JL은 우리가 필라델피아에서 녹음을 끝내고 마지막 녹음 작업만 런던에서 하는 게 가장 비용적인 면에서 효율적이라 생각했다. 자이브 레코드는 녹음 스튜디오를 소유하고 있었고, 우리는 할인된 비용으로 녹음실을 쓸 수 있었다.

하지만 나와 제프는 다른 생각이 있었다. 제프는 바하마의 유명한 녹음 스튜디오인 나소의 컴패스 포인트 스튜디오에 대해 들어본 적이 있었다. 제프는 거기서 녹음을 하고 싶어 했다. 믹 재거, 그레이스 존스, 데이비드 보위, 샤데이, 심지어 아이언 메이든도 컴패스 포인트에서 녹음을 했다고 했다. 우리도 큰 성공을 거두었고 우리만의 멀티플래티넘 앨범이 있으니, 멀티플래티넘 아티스트들이 녹음한 곳에서 우리 음반을 만드는 게 꽤나 그럴듯해 보였다. 제프는 스튜디오에 가서 장비를 구경하고 싶다고 난리였다. 나는 나소에 최근 지어졌다던 거대한 카지노 두 개가 궁금해 미칠 지경이었다.

우리는 흥분했다. JL이 항의했지만, 다수결이 이겼다. 제프네 집 지하실엔 필리버스터가 없었다. 그다음 주 금요일, 우리는 바하마로 떠났다. 다 합쳐서 열 명이었다.

———

나는 바하마에 가본 적이 없었다. 도착하니 날씨는 섭씨 32도로 화창했다. 짐과 장비가 세관에 묶인 바람에 우리는 우선 해변으로 갔다. 해가 질 때까지 럼을 들이마시고 치킨을 뜯은 다음, 카지노로 갔다. 밖에 나오니 해가 떠 있었다. 그렇게 우리의 새 앨범 녹음이 일주일 정도 진행되었다.

우리는 녹음을 위해 6주간의 일정을 잡았고 스튜디오를 통째로 빌렸다. 사용하든 하지 않든 돈을 지불해야 한다는 것을 의미했다. 첫 번째 녹음은 9일째 되는 날 밤 열렸다. 스튜디오는 거의 클럽이라고 봐야 무방할 것이다. 우리가 여자들과 술을 마시고 안주를 먹는 사이 제프가 디제잉을 했다. 이따금 나는 혁신적이거나 창의적인 새 음악을 한다기보다 그저 사람들 앞에서 공연을 펼치기 위해 마이크를 잡았다.

그렇게 첫 녹음을 한 후, JL은 제프와 나를 불러 내 우리가 하루에 1만 달러를 소비하고 있다고 경고했다. 그는 당장 녹음을 하지 않으면 전기 코드를 뽑아버리겠다고 으름장을 놓았다. 나와 제프는 약간 기분이 상했다.

"넌 창의적인 프로세스가 어떻게 진행되는지 몰라."

내가 말했다.

"여기, 사람들, 이 모든 게 우리에겐 영감이란 말이야."

"그래, JL."

제프가 끼어들었다.

"흐름을 깨지 말라고. 우리는 일을 할 테니까, 넌 네 일이나 해."

내가 거들었다. JL은 아주 천천히 고개를 끄덕였다.

"알았어. 무슨 말인지."

한 달간 우리의 과정에만 몇 십만 달러가 들어갔다. 그러나 빨간색 녹음 표시등은 한 번도 켜지지 않았다. 우리는 단 한 곡도 완성하지 못했다. JL이 한 짓은 정당했던 것 같다. 하지만 당시에는 그가 벌인 짓을 도저히 믿을 수가 없었다. 나라면 절대 하지 않을 짓이었다. 하지만 그 당시엔 JL도 나름 절박했을 것이다. 그래서 절박한 조치를 취했던 거라 믿는다.

금요일 밤이었다. 한 20명이 스튜디오에서 빈둥거리고 있었다. LA 팀이 '창의적인 프로세스'를 돕기 위해 비행기를 타고 왔다. 나는 럼 펀치를 다섯 통 정도 비웠고, 치킨과 검은 콩, 밥까지 먹고 난 후였다. 실내가 좀 더워서 그랬을까, 셔츠도 입고 있지 않았다.

나이가 몇 살인지는 중요하지 않다. 항상 등골을 오싹하게 하거나 간이 떨어지는 어린 시절의 장면이 있다. 컴패스 포인트 스튜디오의 현관문이 열리던 그 순간, 나는 사람들 앞에서 재롱을 떨고 있었다. 문이 활짝 열리며 JL이 보였고, 그 뒤로 어렴풋이 아버지가 보였다.

방 안이 얼어붙었다. 아는 사람들은 알았고, 모르는 사람들도 짐작이 가능했다. 아버지는 그 광경을 침착하게 받아들였다. 장남이 셔츠도 입지 않은 채, 술 냄새와 닭고기 냄새가 진동하는 방 안에 있는 모습, 그리고 비키니 차림의 바하마 아가씨들이 방방 뛰어다니며 제멋대로 노는 모습이 펼쳐졌다. 우리는 '일하는 중'이었지만 아버지에게 그곳은 소돔과 고모라였다. 아버지는 한동안 말이 없다가 이윽고 입을 열었다.

"다들 여기서 꺼져. 월과 제프에게 할 말이 있으니."

———

우리는 오후 2시 38분에 필라델피아 국제공항에 착륙했다. 나는 비행 내내 잠을 잤다. 이륙도 착륙도 기억이 안 난다. 실제 의학적 상태인지는 잘 모르겠지만, 내가 당황스러운 혼수상태였다는 것은 꽤 확실했다. JL은 아버지에게 나를 밀고했고, 나는 괴멸 당했다. 하지만 돌아온 지 2주 만에, 우리의 3집 〈And in This Corner〉는 적어도 완성되었다.

컴패스 포인트에서와 같은 비극적인 여파로, 아버지는 우리의 행동에 대해 공격적이지만 설득력 있는 평가를 내리셨다.

"너희는 대부분의 사람들이 감히 꿈도 꿀 수 없는 기회를 망치고 있다. 네 놈들 프로젝트에 자금을 대는 대기업도 있겠다, 스튜디오에 여자까지 아주 좋겠지. 사람들 돈을 허투루 쓸 생각 하지 마라. 망나니짓도 할 수 있는 시기가 있는 거다. 결코 영원하지 않아."

아버지의 바하마식 개입이 우리를 즉각적인 재앙으로부터 구해냈긴 했지만, 첫 번째 도미노는 이미 기울어져 있었다. 남은 예산도 없이, 우리는 재빨리 우리가 생각해 낼 수 있는 가장 좋은 트랙을 찾아냈다. 그러나 이 앨범에 대한 진정한 비전과 연속성은 없었다. 나와 제프는 초점도 없고, 조화도 안 맞았다.

〈And In This Corner⋯〉는 시작부터 파멸이었다.

09.

DESTRUCTION

파괴

우리 모두는
파괴의 과정과
싸워야 한다.

내리막은 가팔랐다. 〈And In This Corner…〉는 1989년 할로 윈에 발매되어 완전히 죽을 쑤었다. 어떻게든 띄워 보겠다는 의지로 우리는 투어를 돌며 앨범에 생명을 불어넣고자 애썼다. 그러나 죽음의 기운은 이미 우리를 감싸고 있었다.

1989년 겨울은 점점 더 참담해졌다. 시작은 레디 록이었다. 여러 곡을 녹음했지만 앨범에 한 곡도 실을 수 없었다. 지금까지 최고의 비트박서였고 라이브 공연에선 늘 가장 큰 환호를 받았다. 그러나 힙합은 변화하고 있었다. 비트박스가 힙합의 변두리로 밀려나고 있었다. 아마 존중받지 못하고 무시당하는 기분을 느꼈을 것이다. 그 결과, 우리의 불화는 분열이 되었고, 분열은 공공연한 갈등이 되었다. 레디 록과 나는 전쟁 직전까지 갔다.

———

레디 록은 비행기, 사운드 체크, 회의 등 모든 일정에 늦게 나타나기 시작했다. 그는 하루 종일 자고 밤새 기분이 언짢았다. 투어 내내, 우리의 논쟁은 빈도수와 강도 양면에서 점점 늘어나고 커졌다. 그의 마음속에는 그와 제프가 주요 멤버였다. 두 사람이 나를 이끈다고 생각했다.

"우리 그룹에선 나하고 제프가 진짜 유능하지. 나머지는 그냥 우리한테 빌붙은 거고."

레디 록은 셀 수 없는 싸움을 벌일 때마다 늘 이렇게 소리쳤다.

캔자스시티에서의 어느 날 밤, 모든 것이 난관에 봉착했다. 우리는 공연에서 레디 록을 중간쯤에서 소개했다. 그가 나와서 15분간 공연을 하고 나와 제프가 공연을 끝내는 레퍼토리였다. 레디 록은 늘 웅장하게 나타났다. 내가 랩을 하다가, 마지막 구절에 "레디 록! 제프 좀 도와줘!"라고 외치곤 했다. 나는 극적으로 옆을 가리켰다. 스포트라이트가 켜지면, 그는 헬리콥터 음향 효과를 입으로 내어 관객들을 깜짝 놀라게 했다. 마이크를 손으로 쥐었다 폈다 하며 헬리콥터가 왼쪽에서 오른쪽으로 지나가는 듯한 소리를 냈다.

그럼 관객들이 환호했다. 그날 밤도 나는 외쳤다. 스포트라이트는 켜졌지만 레디 록은 없었다. 제프는 박자를 맞추기만 했고, 나는 네 마디를 더 한 후에 다시 말했다.

"레디 록 C! 제프 좀 도와줘!"

하지만 레디 록은 나오지 않았다. 제프는 박자를 놓치지 않고 다음 트랙을 시작했고 우리는 아무 일도 없었던 것처럼 쇼를 계속했다.

이 장을 쓰면서 믿을 수 없을 정도로 고통스러운 건, 이런 갈등과 오해에 간단한 해결책이 있었기 때문이다. 하지만 우리의 미성숙은 인간관계의 가장 기본적인 교훈을 얻기 위해 늘 고통스러운 결과를 수반했다. 이제와 생각해보면 나의 가장 친한 친구이자 창의적인 오른손이었던 레디 록이 점점 더 배제되고 소외되다가 종국엔 사진작가들에게 옆으로 빠져 달라는 요청을 받았다고 생각하면 본인은 얼마나 힘들었을까. 너무도 명백하다. 설상가상으로 우리는 대화도

ㅣ나누지 않았다. 하지만 그날 밤, 우리는 너무도 어렸다.

공연이 끝나고 나는 무대 뒤편으로 돌진했다.

"레디 록 이 새끼 도대체 어디 있어?"

나는 소리쳤다. 대기실로 돌진했고, 내 의자에 앉아 선글라스를 낀 채 차분히 도리토스 과자칩을 씹는 그를 발견했다.

"야, 대체 어디 있었어?"

레디 록은 대답하지 않았다. 그는 그냥 거기 앉아서 바삭바삭 과자만 씹고 있었다.

"왜 안 나왔냐고!"

나는 포효했다. 그는 계속 과자만 씹었다. 얼마 후 그가 침을 꿀꺽 삼키며 말했다.

"오늘 밤엔 별로 공연하고 싶지 않아서."

나는 충격을 받고 너무도 화가 났지만 아무 말도 하지 않았다. 우리는 서로를 응시했다. 매초마다 우리의 새로운 현실이 굳어지고 있었다. 내 마음이 완전히 돌아서기까지 10초가량 남아 있었다.

"좋아. 알았어." 나는 돌아서서 걸어 나가며 말했다.

그 후로 다시는 무대 위에 레디 록을 부르지 않았다.

———

다음 날 밤, 제프와 나는 세트를 바꿨다. 레디 록은 무대 한쪽에 서 있었다. 공연에서 그를 부르는 부분이 나왔지만, 우리는 건너뛰고 다음 곡으로 갔다. 댈러스에서도, 휴스턴에서도, 샌안토니오에서도 마찬가지였다. 우리는 더 이상 대화를 하지 않았다. 레디 록은 다른 버스를 타기 시작했고, 우리와 함께 타면, 늘 자기 침대에 머물렀다.

어느 날, 투어가 끝날 무렵, 그의 침대에서 이상한 소리가 들렸다.

"철컥, 철컥. 달칵."

찰리 맥의 침대는 레디 록 바로 위에 있었다. 짜증이 난 찰리는 침대 밖으로 몸을 내밀고 소리의 원인을 찾았다. 그는 레디 록의 침대를 덮은 커튼을 젖혔다.

"야, 너 도대체 뭐하는 거야?" 찰리가 침대에서 뛰어내리며 소리를 질렀다. 레디 록은 반자동 우지 기관총을 청소하고 있었다. 총알은 없었지만, 그는 방아쇠를 당기는 연습을 하고 있었다.

"철컥, 철컥. 달칵."

이제 더 이상 내가 알던 고등학교 시절의 레디 록이 아니었다. 경쾌한 웃음소리, 학교 주변의 길모퉁이에서 배틀을 하며 느꼈던 흥분, 새로운 소리를 개발하고 비틀거리며 웃던 시절은 사라지고 그의 자리엔 내가 더 이상 알아볼 수 없는 이방인이 남겨져 있었다.

내 평생, 내가 사랑하는 사람이 스스로 파괴하는 것을 보는 것만큼 고통스러운 일은 거의 없었다. 아버지는 "살인은 막을 수 있지만 자살은 막을 수 없다."고 말하곤 했다. 레디 록은 그가 좋아하는 일을 하면서 많은 돈을 벌고 있었다. 그는 수천 명의 사람들 앞에서 공연을 하고 세상을 보고 있었다. 그에게는 그를 위해 목숨을 바칠 친구들이 있었다. 하지만 어떤 이유에선지 그의 눈앞에서 펼쳐진 넓고 많은 기회를 알아보지 못 한 채 두 눈을 가리고 망가지고 있었다. 엄청난 기회와 비옥한 땅이 눈앞에 있는데도 그는 발톱을 세우며 사막으로 돌아섰다.

연예계에서 일을 하며 나는 이런 패턴을 계속해서 봐왔다. 나는 수백 개의 일자리를 사람들에게 주었는데, 그들 중 많은 사람들은 결국 가능성에 대한 압박감을 못 견디고 돌아섰다. 위대한 나의 시인 찰리 맥이 한때 말했듯이 말이다.

"압력은 결국 파이프를 터트리지, 친구."

우리 모두는 자연 파괴의 과정과 싸워야 한다. 모든 것은 일시적이다. 우리의 몸은 점점 늙어간다. 가장 친한 친구는 학교를 졸업하고 다른 도시로 이사를 간다. 스테이시 브룩스의 집 앞에 울창하던 나무는 폭풍우에 쓰러진다. 부모님은 언젠가 돌아가신다. 그렇게 모든 게 변한다. 오르락내리락을 반복한다. 우주의 법칙을 거스를 수 있는 자는 없다. 그래서 자기 파괴가 그렇게 끔찍한 일인 것이다. 상태를 일정하게 유지한다는 게 그렇게나 힘든 일이다.

필라델피아로 돌아오자마자 레디 록은 자기 짐을, 나는 내 짐을 찾았다. 우리는 작별인사도 없었고, 눈도 마주치지 않았다. 나는 그가 우드크레스트를 걸어 내려가는 뒷모습을 지켜보았다. 그는 한 번도 뒤돌아보지 않았다.

아버지의 폭력을 견디며 자란 어린 시절 때문에 나는 항상 주변 사람들의 폭력성에 매우 낮은 인내심을 갖고 있었다. 재미있는 건, 다른 사람들의 폭력성을 인지하는 건 너무도 잘하면서 내 안의 폭력성에 대해서는 무지했다. 세 번째 앨범의 첫 싱글 곡은 〈I Think I Can Beat Mike Tyson〉이었다. 나는 그 당시 마이크의 파워를 '자연 파괴'와 '자기 파괴'의 차이를 설명하기 위한 은유로 종종 사용해 왔다.

당신이 한창때 마이크 타이슨에 대항하여 타이틀전을 치렀다고 상상해보라. 다시는 일어서지 못 할까봐 두려워하며 전설적인 트레이너 프레디 로치를 고용하고, 완벽한 식이요법과 완벽한 훈련을 이어나가며 마이크에게 맞설 준비에 최선을 다한다. 흠잡을 데 없이 완벽한 신체적, 정신적 상태로 링에 들어선다. 마이크는 당신을 15초 안에 KO시킨다. 할 수 있는 건 다 했지만 패배. 마이크 타이슨만큼 훌륭한 복서가 아니니까 괜찮다. 견딜 수 있다. 그게 바로 내가 자연 파괴라고 부르는 것이다.

하지만 훈련 중에 게으름을 피우고 제대로 식이요법을 지키지 않았다고 치자. 그리고 마이크에게 15초 만에 KO패를 당했다면 이제 참을 수 없는 패배를 맛봐야 한다. 최선을 다했더라면 과연 결과가 어땠을까 하는 궁금증을 마음 한구석에 품은 채로. 영원히 마이크 타이슨에게 졌을 뿐 아니라 스스로에게도 졌다는 사실을 깨달아야 한다. 그 싸움은 당신 대 마이크의 싸움이 아니라 당신과 마이크 대 당신의 싸움이었다.

그게 내가 〈And In This Corner…〉를 통해 느낀 점이다. 음반 업계는 변덕스럽다. 성공하는 앨범이 있는가 하면 잘 안 되는 것도 있다. 가끔은 히트를 하는 곡도 있지만 아무도 그게 무엇이 될지는 예측할 수 없다. 그리고 생각지도 않았던 곡이 괴물처럼 터질 때도 있다. 우주의 불가피한 썰물과 밀물의 흐름이다. 하지만 만약 당신이 럼 펀치와 치킨에 빠져 30만 달러를 낭비하고 아버지가 따라와 뒷목을 잡고 집으로 끌려와 가장 친한 친구의 지하실에 밀어 넣는다면, 불공정한 싸움이 시작된 것이다. 2 대 1의 싸움이다. 당신과 우주 대 당신의 싸움이 되는 것이다.

우주에 지는 것은 존경할 만한 일이나 스스로에게 지는 것은 비극이다.

———

〈And In This Corner…〉를 제대로 말아먹었다. 우리는 3백만 장, 즉 트리플 플래티넘 판매량과 그래미상 최초로 랩 부문의 상을 받았다. 기대와 투자가 매우 높았다. 그리고 우리는 완전히 추락해 버렸다. 우리는 그 앨범이 실패할 것이라는 것을 알았다. 하지만 다시 투어를 나서기 전까진 제대로 체감을 못했다. 관객은 줄었고, 사람들은 우리를 보고 기뻐하지 않았다. 관객들은 더 이상 내 노래를 따라 부르지 않았다. 공연 티켓 가격이 거의 70퍼센트나 인하되었다. 우리는 그것을 홍보라 여기며 스스로를 자위했다.

돌이켜보면, 곧 다가올 포화를 느낄 수 있었지만 무엇을 해야 할지, 어떻게 막아야 할지를 알 수 없었던 것 같다. 상황이 그보다 더 나빠질 거라고 생각하지 않았다.

이 무렵, 멜라니와 나는 행복으로 가득 찬 로맨스와 희망적인 가능성의 옛 시절에서 벗어나 빠르게 다가오는 분노와 파괴의 날들 사이의 끔찍한 비무장 지대에서 살고 있었다. 한 집에 같이 살긴 했지만 같은 공간에 머무르지 않는 기분이었다. 우리는 서로에게 독설을 날리지도 않지만 친절함도 없는, 무감각한 말들로 가득 찬 집에서 관계가 끝났다는 걸 알면서도 헤어지지 못한 채 끔찍하고 조용하며 사랑 없는 곳에 갇혀 있었다.

———

나와 찰리는 LA에서 점점 더 많은 시간을 보내고 있었다.

우리가 내리는 시간에 맞추어 타냐는 렌터카, 호텔, 레스토랑 예약 등 필요한 모든 것을 가지고 공항에 도착했다. LA 여자들은 항상 조직적이고 사업적인 마인드가 있어 보였다. 그들은 항상 유행에 빠르고 어떤 꿈이나 기회를 추구했다. LA 문화에는 성공을 추구하는 사고방식이 있었다. 타냐는 나에게 아무것도 요구하지 않았다. 그녀는 나를 편안하게 대해주었다.

우리는 거의 1년 동안 서로를 알았지만 키스조차 하지 않았다. 나는 타냐와 LA가 내 생존에 중요한 역할을 할 것이라는 것을 희미하게 느낄 수 있었다. 무의식적으로 등대와 구명보트를 찾은 것처럼, 수평선 위로 몰아치는 폭풍을 대비해서 말이다. 그때 할머니의 말씀이 마음속에 떠올랐다.

"하나만 기억하렴, 사랑둥이. 투어 길에 지나치는 모든 이들에게 친절하렴. 왜냐면 돌아오는 길에 그들을 다시 마주칠 수도 있기 때문이란다."

유명해지는 것은 물질세계의 모든 것을 누리는 것과 같이 재미있기만 하다. 유명하다는 건 모든 걸 다 경험할 수 있다. 그러나 유명세가 사라지는 것만큼 형편없는 것도 없다.

나는 불길한 느낌이 들었다. 일부는 내가 내 손으로 빚은 결과였다. 공연이 끝날 무렵 관객들의 침묵을 느낄 수 있었다. 두 시간이면 곧바로 회신이 오던 비즈니스 상의 전화가 2주 만에 돌아오거나 아예 더 이상 연락을 주지 않는 경우도 허다했다. 그리고 가장 놀라운 건, 신용카드가 바닥을 보이고 있다는 점이었다. 그 모든 왜곡의 한가운데, 내 안의 미묘한 나침반이 계속 해가 지는 서쪽을 가리키고 있었다.

찰리도 느낄 수 있었다. 그는 자신이 할 수 있는 모든 최선을 다하며 기회를 엿보았다. 그는 보다 긍정적인 미래를 발굴하기 위해 최선을 다했다. 찰리는 뻔뻔했다. 그는 나에게 소리칠 수 있는 거리에 있는 모든 사람을 소개시켜 주곤 했다. 심지어 자신이 모르는 사람들에게도 말이다.

"리틀 리처드! 리틀 리처드!"라고 그가 소울 트레인 어워드Soul Train Awards 시상식에서 소리쳤다.

그러고 나서, 잔뜩 흥분해서 나를 재촉했다.

"윌, 리틀 리처드다. 다이애나 로스랑 같이 있잖아. 얼른 가서 사진 찍고 와."

"제기랄, 찰리. 둘이 대화 중이잖아! 그냥 내버려 둬."

나는 몹시 당황하며 말했다.

"사진이 찍혀야 할 거 아냐! 사람들 눈에 띄어야 해."

그는 나를 리틀 리처드와 다이애나 로스에게 끌고 가서 내 음반을 줄줄이 나열했다.

"들어 본 적 있죠? 그래미상도 받았잖아요. 세 사람 다, 일종의 그래미 클럽인거죠!"

찰리 맥은 보통 사람들보다 몸집이 크다. 아마 일반적인 경호원보다도 더 클 것이다. 그래서 일단 사진을 찍거나 대화를 해야겠다고 마음먹으면 그의 앞길을 방해하는 건 아무것도 없었다.

LA는 내 명성의 한계를 드러냈다. 나는 힙합계에서는 대단했지만, 할리우드에서는 아무도 아니었다. 레이커스 경기에서도, 록스베리 호텔에서 나는 특별한 사람이 아니었다. 에디 머피가 입장하며 상황은 정리됐다. 나는 민망하고 창피하고 수치스러웠다.

LA에서 어느 날 밤, 팔라디움에서 EUExperience Unlimited가 콘서트를 했던 날이 기억난다. 그들은 1988년과 1989년, 우리 공연의 오프닝 무대를 맡았고 우리는 리드 싱어인 슈거 베어나 다른 멤버들과 모두 친분을 쌓았다. 그러다가 스파이크 리 감독이 영화 〈스쿨 데이즈〉에 그들의 노래 〈Da Butt〉를 수록하며, EU는 이제 미국에서 가장 인기 있는 그룹이 되었다. 찰리와 나는 할리우드에서 무명인이라는 우울함에 가요계로 잠깐 야간의 휴식을 떠나기로 마음먹었다.

우리는 팔라디움으로 가서 무대 뒤 입구로 올라갔다. 수많은 팬들이 모여 티켓을 두고 왔다며 경비원들에게 애원했지만 현장 수령 매표소의 문은 굳게 닫혀 있었다. 경비원들은 그들을 쳐다보지도 않고 굳은 얼굴로 문을 지키고 있었다. 찰리는 늘 하던 대로 앞으로 나와 나를 소개했다.

"이봐, 나 지금 프레시 프린스와 함께 있어."

"누구?" 경비원이 찰리를 지나 나에게로 눈길을 돌리며 말했다.

나는 늘 가만히 서서 상대가 나를 알아볼 때까지 기다려야 하는 이런 종류의 순간을 싫어한다. 과연 내가 뒷문으로 들어갈 수 있을 만큼 유명한지 그들에게 증명을 해야 하는 시선이 싫다. 그리고 테스트를 통과할 수 없었다. 말아먹은 앨범으로 나는 한없이 흔들리며 추락했다.

"프레시 프린스라고. 프레시 프린스. DJ 재지 제프와 프레시 프린스." 찰리가 힘주어 강조했다.

경호원은 '입장 목록에 당신의 이름은 찾을 수가 없습니다.' 라는 듯 차가운 눈빛으로 나를 바라보았다.

"티켓이 없으면 뒤로 이동하세요."

바로 그때 문이 열리고 EU의 슈거 베어가 고개를 내밀어 주위를 둘러봤다. 그리고 나는 아마추어 같은 실수를 하고 말았다. 그는 마치 무의미하고 빛 한 줄기 없는 심해의 바다를 헤매던 나에게 던져진 동그란 구조 튜브 같았다. 미처 입을 틀어 막기도 전에 나는 불쑥 소리치고 말았다. "이봐! 슈거 베어!"

슈거 베어는 나를 똑바로 쳐다봤다. 나를 알아본 순간이었다. 난 보안요원을 가리키며 눈짓했다. "이 친구한테 비켜달라고 하고 우릴 들여보내줘."라고 말이다.

슈거 베어는 멈춰 서서 경비원을 바라보더니 은근히 고개를 젓는다. 그는 자기가 찾던 사람이 그곳에 있는지 확인하기 위해 사람들을 훑어본 것이다. 그러곤 찾는 사람이 없는지 돌아서서 공연장 인으로 들어가 버렸다.

나는 우아하게 돌아서서 유명세가 사라진 후의 수치심을 견뎠다. 속으로는 화가 치밀었지만, 습관으로 다져진 것처럼 침착함을 유지했다. 나는 내가 어디로 가는지 몰랐지만, 한 블록, 한 블록 걸어갔다. 찰리는 아무 말도 하지 않은 채 내 바로 뒤를 따라왔다. 우리는 잠자코 몇 킬로미터를 걸었다.

도대체 무슨 일이 있었던 걸까? 투어를 마친 후, 제프는 어머니 집의 지하실로 숨어버렸다. 다가오는 우리 커리어의 혹독한 계절을 겨울잠으로 회피해버린 것이다. 그는 아프리카와 호주 투어를 거절했다. 나는 숨어버린 그에게 화가 났다. 비겁하다고 생각했다. 그리고 그것이 나의 가장 폭력적인 방아쇠를 당겼다. 나는 평생 겁쟁이가 되지 않기 위해 싸워왔다. 나는 우리가 우리를 가로막고 있는 장애물과 정면 대결을 해야 한다고 믿었지만, 제프 없인 아무것도 할 수 없었다. 나는 그가 나를 배신했다고 느꼈다.

JL은 나와 찰리가 너무 자주 LA에 머문다고 불평했다.

"시간을 낭비하고 있잖아. 집으로 돌아와야 우리가 작곡과 녹음을 하지."라고 말했다.

멜라니와 나는 거의 말을 하지 않았다. 목요일 밤, 나는 할리우드의 텅 빈 거리를 익명으로 떠돌았다.

찰리 맥은 지난 라운드에 크게 진 파이터의 오래된 트레이너처럼 굴었다. 할리우드가 아니었더라면 내 반바지에 얼음물을 부었을 것이다. 마음이 찢어졌다. 하지만 내게 한 번의 더 라운드가 남아있다는 걸 알고 있었다.

우리는 횡단보도에 다다랐다. 빨간 불이 마치 속삭이듯 나에게 손짓하고 있었다.

'멈춰, 정지하세요. 숨을 쉬세요. 그리고 생각하세요.'

내 분노가 조금씩 가라앉았다. 사색이 격정으로 바뀌고 결단이 섰다.

"이런 일은 다시는 일어나지 않을 거야."라고 내가 말했다.

"약속해."

찰리는 입을 열지 않고 그저 고개를 끄덕였다. 그는 내 안에서 뭔가 심오한 일이 일어나고 있다는 것을 알고 있었다. 그리고 그는 무슨 일이 있어도 나와 함께할 것이었다.

신호등이 바뀌었고 우리는 계속 걸었다.

———

세금을 내지 않았다. 잊은 게 아니라 그냥 세금을 안 냈을 뿐이었다. 1990년 1월, 미국 정부는 내가 충분히 즐겼다고 결정했고 이제 자기 몫을 원했다. 나는 약 3백만 달러의 수입에 대한 국세청 세금을 빚졌다. 백만 달러가 넘어가자 정부는 조금씩 조바심을 냈고, 230만 달러가 넘어가자 고약한 태도로 공격을 해왔다. 그래서 나는 이 문제를 해결하기 위해 늘 그랬던 것처럼 JL에게 넘겨버렸다.

"잠깐만. 세금을 하나도 안 냈다고?"

그가 전화 너머로 물었다. 아마 그대로 의자에 주저앉아버린 게 분명해보였다. 오늘날까지 JL은 내가 만난 사람 중 가장 검소하고, 분별 있고, 재정적으로 책임감이 있는 사람이다. 그는 아무 데도 돈을 쓰지 않는다. 멋진 차도, 보석도, 여행도 하지 않고 침실에 온수욕조도 없다. JL은 제프와 내가 우리의 전리품을 마구 써대는 동안에도 자기가 자란 부모님 집의 침실에서 독립하지 않고 있었다. 자기 어머니의 부엌에서 이 전화를 받고 있었다.

"아니, 안 냈어." 내가 말했다.

"그러니까, 아예? 한 푼도?"

"응. 그러니까 내 말은, 한 푼도."

"니들은 다 멍청이야." JL이 말했다.

"이건 진짜 큰 문제라고. 이해해?"

그 순간에는 알아차리지 못했지만 JL은 계속해서 '너희들'이라고 말하며 두 사람의 어리석음을 지적했다. 나는 나중에 제프도 세금을 내지 않았다는 것을 알았다. 설상가상으로, JL은 우리에게 수수료를 청구하는 데 허술했다. 우리는 우리 몫뿐만이 아니라 JL에게 줘야 할 돈도 다 써버린 셈이었다. 우리는 모두 빈털터리였다.

JL은 곧바로 미팅을 잡고 회계사를 고용해 국세청의 통지서를 보여주었다. 회계법인 겔펀드, 레너트 & 펠드먼을 고용해 우리가 벌어들일 미래의 수익도 감독했다.

우선 차를 모두 팔았다. 내 오토바이, 스테레오는 살 땐 그렇게 비싸더니 되팔 땐 가치가 없었다. 그런 다음 국세청과 변호사, 회계사들이 만장일치로 다음과 같은 결정을 내렸다. 당구대를 포함해 메리온 저택을 팔아야 한다고 말이다.

나는 한때 부유하고 유명했는데, 부유함이 빠지고 유명세도 사라진 셈이다. 나는 빈털터리보다도 상황이 나빠졌다. 내게 구멍이 생겼다. 벽이 무너져 내리고 있었다. 예리코(팔레스타인의 옛 도시로 궁벽한 곳)보다는 소돔과 고모라(악과 타락의 도시)가 훨씬 재미있었다.

────────

누군가 인생에서 넘어지면 이상한 일이 일어난다. 내가 싫어하던 사람들은 자신들이 옳았고 내가 틀렸다는 걸 증명한다. 내가 자만심을 키워 신이 마침내 나를 벌했다는 사실에 사람들은 잔혹한 즐거움을 느끼는 것처럼 보인다. 사람들은 승자와 자신을 동일시한다. 너무 오래 우울해하면 약자가 되고, 그럼 또 사람들은 당신을 응원하고 싶어 한다. 그러나 당신이 너무 오래 잘나갔다면, 머리를 보호할 안전모를 쓰는 편이 낫다.

어느 날 밤, 메리온 로드에 있던 내 당구대에서 마지막 판이 진행되던 가운데, 멜라니가 계단을 내려왔다. 청색 미니스커트에 어울리는 가죽 재킷까지 차려입은 근사한 모습이었다. 발엔 하이힐을 신고 있었다.

"어디 가?" 나는 11번 공을 빗겨치며 물었다.

"밖에." 멜라니가 대답했다.

"밖에 어디?" 내가 다시 물었다. 찰리는 다음 샷을 준비했다. 내가 놓친 100달러를 가져갈 심산이었다.

"나도 몰라. 그냥 외출이야." 그녀는 어깨를 으쓱거렸다.

"나가지 말지. 위층으로 다시 올라가는 게 좋겠는데." 내가 당구대로 라인을 그리며 친구들 앞에서 면을 세웠다.

"웃기지도 않아."라고 그녀가 문 쪽으로 걸음을 옮기면서 말했다.

"저 문을 나서면 후회할 텐데."

우리는 서로를 응시했다. 매초마다 우리의 새로운 현실이 굳어가고 있었다. 멜라니에겐 내 마음이 돌아서기 전에 위층으로 올라갈 시간이 10초 정도 남아 있었다.

"이따 봐. 윌러드." 멜라니는 걸어 나갔다.

———

한 시간 후에, 나는 집에 혼자 있었다. 멜라니와 나는 더 이상 사랑이 없는 비무장지대에 있지 않았다. 행복에 차 있던 옛 시절이 마침내 원망과 분노와 파괴의 시대로 가고 있었다. 멜라니의 택시가 새벽 2시쯤에 도착했다. 나는 집 앞에서 그녀를 기다리고 있었다. 그녀에게 사주었던 옷, 신발, 가방을 한데 모아놓은 상태였다. 뭐든 불에 타는 것들이었다. 물건더미에 라이터 기름을 들이부었다. 우리의 시선이 마주쳤다. 나는 성냥을 그었다. 화르르, 불이 붙었다.

내가 이 장을 쓰는 지금껏, 나는 멜라니와 두 번 다시 만나거나 이야기를 한 적이 없다. 몇 년간은 연락도 여러 번 했었다. 그러나 답장이 없었다. 그녀는 내 인생에서 가장 비참한 순간의 희생자였다. 우리는 어렸고 서로에게 상처를 입혔지만 결코 그런 취급을 당할 이유는 없었다. 어쨌거나 그런 이별을 맞이할 사람은 절대 아니었다.

———

찰리 맥은 필라델피아 역사상 가장 상징적인 DJ 중 한 명인 미미 브라운과 사랑에 빠졌다. 그녀는 우리의 어린 시절 상상 속의 매력적이고 관능적인 목소리였고, 직접 만났을 때도 우리를 실망시키지 않았다. 찰리는 나를 방송국으로 데리고 갈 기회를 잡았다. 찰리는 이제 나의 홍보 담당자와 같았다. 그리고 가요계의 인맥을 하나 움켜잡았다. 바로 미미 브라운이었다.

벌써 2주 사이 미미와의 세 번째 인터뷰였다. 그녀는 〈Rap Digest〉라는 프로그램을 시작했다. 할 이야깃거리도 거의 떨어지고 없었지만 찰리는 이 프로그램이 우리의 동아줄이라고 여겼다.

"미미, 이럴 수가. 사람들이 두 사람의 인터뷰를 너무 좋아해요! 전화 연결이 엄청나다니까! 계속 인터뷰를 해야죠!" 찰리가 열정적으로 얼굴을 붉히며 성토했다.

미미는 'DJ 재지 제프와 프레시 프린스'의 초창기 팬이자 옹호자였다. 그녀는 우리 앨범을 라디오에서 틀어 준 최초의 사람이었고, 힙합을 주간 라디오에 내보낸 필라델피아의 개척자 중 한 명이었다. 그녀는 같은 동향 사람을 잘 대해주었다. 우리가 잘나가든, 못나가든, 음반이 있든 없든, 미미는 항상 똑같았다. 자기의 스튜디오가 집처럼 느껴지기를 바랐고 그곳에서 우리는 언제나 환영이었다.

미미는 훌륭한 인터뷰를 해주었다. 모두에게 성공적이었다. 나는 미미에게 고마움과 존경을 느꼈고 찰리의 노력이 결실을 맺었다. 스튜디오는 양쪽에 유리가 있는 아늑한 방음 공간이었다. 방송국 내부의 사람들이 지나가며 인터뷰를 구경할 수 있었다. 미미와 나의 인터뷰는 늘 매력적이었다. 우리는 웃고, 농담도 많이 주고받았으며 힙합과 R&B의 흥미로운 조화를 보여주었다. 당시에는 혁명적이었다. 청취자들은 우리가 유리창 너머로 제작진과 소통하며 라이브 공연을 하는 것처럼 느꼈다.

어느 날 오후, 나는 라이브로 랩을 하고 있었다, 요즘엔 특별할 게 없는 일이지만 그 당시엔 다들 입을 떡 벌리고 바라보았다. 필라델피아 라디오에 라이브 랩은 처음이었다. 이때는 많은 라디오 방송국이 "랩이 없는 다양한 음악!"이라는 슬로건을 홍보할 때였다.

유리창 너머로 관객들이 점점 더 모여 들며 열광하기 시작했다. 어떤 이들은 새로운 시대의 도래를 직접 목격하고 있다는 걸 깨달았고, 어떤 이들은 미미 브라운의 경력이 곤두박질치고 있다고 생각했을 것이다. 유리창을 바라보며 박자를 두드리고 랩을 하던 도중, 나는 무언가를 깨닫고 멈칫했다. 데이나 굿맨이 나와 시선을 마주치고 있었다. 그는 라디오에 흘러나오는 내 목소리를 듣고 모습을 드러내기로 결심했던 것 같다.

데이나는 무표정한 얼굴로 나를 보며 곁에 서 있던 남자의 귀에 무언가를 속삭였다. 남자가 고개를 끄덕이며 스튜디오 문 쪽으로 움직였다. 나는 계속 공연을 이어나가며 데이나에게서 시선을 떼지 못했다. 찰리에게 신호를 보내려고 했지만, 찰리는 미미에게 푹 빠져 있었다.

문이 열렸다. 그 남자가 부스로 들어가 찰리 옆에 섰다. 찰리의 뒷골목 레이더가 다시 한번 발동되었다. 찰리는 거의 눈에 띄지 않게 멀리 미끄러져 나아갔다. 그는 더 이상 미미를 쳐다보지 않았다. 나는 랩을 끝내고, 관객들은 박수를 치고, 미미와 나는 인터뷰를 계속하기 위해 다시 마주보고 앉았다.

"너는 데이나 굿맨한테 감사나 하고 살아!" 남자가 소리쳤다.

"이봐. 라디오 생방송 중이야. 진정하라고." 찰리가 속삭였다.

"데이나 굿맨한테 감사하면서 살라고!" 남자가 이번엔 더 큰 소리로 외쳤다.

"이봐요. 하고 싶은 말이 있으면 밖에 나가서 실컷 하라고. 여기선 조용히 해야지." 찰리가 남자를 더욱 압박하며 말했다.

그러나 남자는 찰리의 가슴을 손바닥으로 밀어냈다.

"저 새끼한테 전해. 데이나 굿맨한테 감사하며……."

그의 입술이 문장을 채 끝맺기도 전에 찰리가 오른손으로 그의 얼굴을 강타했다. 남자는 곧바로 뒤로 나가떨어졌다. 찰리가 주먹으로 대포를 쐈던 것 같다. 남자는 카세트가 걸려 있던 금속 선반에 머리를 부딪쳤고 카세트는 사방으로 날아갔다. 그가 쓰러졌다. 찰리는 나와 미미를 붙잡고 건물 뒤편 주차장으로 달려갔다.

"찰리, 데이나가 밖에 있었어!" 내가 외쳤다.

"계속 뛰어. 뛰어." 찰리가 외쳤다. 방송국 경비가 미미를 붙잡고 우리는 주차장으로 빠져나갔다. 찰리는 나를 차에 밀어 넣었고 곧바로 주차장을 빠져나왔다.

———

유치장은 처음이었다. 너무 작았고 사람은 너무 많았다. 솔직히 우리 모두 그보단 나은 곳에 있어 마땅하다고 생각했다.

알고보니 펜실베이니아에는 '갑/을 조항'이란 난해한 법률이 있었다. 한 사람이 '갑'의 통제나 직접적인 영향력하에 범죄를 저지를 경우 '갑'이 '을'의 행위에 대해 법적 책임을 져야 한다는 것이다. 남자의 법률팀은 나와 찰리와의 고용관계 때문에 그의 행동에 대해 내가 과실이 있다고 주장했다. 찰리는 남자의 왼쪽 눈을 부러뜨리고 각막을 회복할 수 없을 정도로 손상시켰음에도 불구하고 체포되지 않았다. 분명히 법률팀은 나를 돈주머니라고 생각했고, 논리적으로 찰리보다 나를 재정적 타깃으로 보았던 것 같다.

정말 잘못 본 셈이다. 나는 돈이 한 푼도 없었다. 하지만 나는 가중된 폭행, 음모, 단순한 폭행, 그리고 내가 뻗지도 않은 주먹에 대한 무모한 위험부담에 직면하면서 마침내 밑바닥이 무엇인지를 온전히 이해할 수 있었다. 말 그대로 나는 차가운 돌바닥에 누워 있었다. 내가 가진 모든 것, 내가 만든 모든 것, 내가 사랑했던 여자가 전부 사라졌다. 나는 망가졌다. 어머니 뱃속의 태아처럼 몸을 모로 틀고 누워 어쩌다 여기까지 왔는지를 떠올렸다. 그리고 나는 바보처럼 희망의 원칙에 매달리는 끔찍한 실수를 저질렀다. 이보다 더 나빠질 수는 없을 것 같았다.

나는 월요일 아침에 풀려났다. 나는 곧장 우드크레스트로 가서 어머니를 만났다. 어머니에겐 연락을 하지 못했다. 너무 걱정하시리라 생각했던 것이다. 이상한 것은 우드크레스트 앞에 있는 경찰차를 봤을 때, 그들이 나 때문에 거기에 있었다는 것조차 생각지 못했다는 것이다.

내 어릴 적 친구 중 한 명인 릴 레지가 최근 경찰이 되었다. 경찰이라면 응당 지녀야 할 정의로움이 마음에 가득한 친구였다. 레지는 모두가 사랑했다. 어머니도 레지를 아꼈고 모두들 그를 존경했다. 내가 집에 들어서자 어머니와 레지가 부엌에 앉아 있었다. 나를 보자마자 어머니는 나를 껴안았다.

나는 레지에게 주먹인사를 건넸다. 우리는 서로를 가볍게 껴안고 이야기를 나눴다. 아마 찰리와 내가 유치장에 갇혀 있던 걸 알고 온 모양이었다.

"내가 네 편이라는 거 알지?" 레지가 말했다.

"물론이지, 레지. 나도 알지." 내가 대답했다.

"몇 가지 질문을 할 건데 100퍼센트 솔직하게 대답해야 해."

"혹시 이 사람들 알아……?"

그는 네 명의 이름을 열거했다. 네 명 모두 JBM에서 온 사람들이었다. 지난 2년 동안 내가 차를 빼앗지 않고 함께 도박을 해 온 남자들이다. 심장이 입 밖으로 튀어나올 것만 같았다. 다시 꿀꺽 침을 삼켰다.

"어쩌면 알 수도 있고. 근데 왜?"

"그 사람들을 알아, 몰라?" 어머니는 나를 재촉하며 끼어들었다.

"봐. 난 너를 도우러 온 거야. 너 그 사람들이 뭐하는 사람들인지 알지? 어떤 일을 하는지도?" 나는 고개를 끄덕였다.

"윌, 너 지금 가요계에서 잘 나가잖아. 그놈들은 나쁜 놈들이야. FBI가 주시하고 있었다고. 그리고 이제 체포할거야. 근데 놈들이 자네 집을 드나들고, 네가 그놈들 차를 운전하고 같이 여행 다니는 사진을 확보했대. 그 사람들이랑 돈을 주고받는 게 범죄라는 걸 몰랐어?" 나는 숨을 쉴 수 없었다.

"상황이 정말 좋지 않아."라고 레지는 말했다.

"거리를 둬야 돼. 지금 당장. FBI가 몰아칠 텐데, 그 사람들한테는 거물급 래퍼 하나 감옥에 보내는 건 일도 아니라고."

어머니의 얼굴이 돌처럼 굳었지만 마음속의 화산이 부글부글 끓고 있었다.

"놈들의 일엔 끼어든 적이 없어, 그렇지? 사실대로 말하지 않으면 도와줄 수가 없어. 넌 깨끗하지?"

"응. 당연하지. 그냥 당구 치고 파티나 한 정도라고." 내가 말했다.

"좋아, 하지만 잠시 몸을 낮춰야 해. 필라델피아에 있지 마. 상황이 정말 추해질 테니까."

————

나는 타냐에게 전화를 걸어 그녀와 잠시 함께 있어도 되겠냐고 물었다. 그녀는 당연히 좋아했다. 문제는 내가 비행기표를 살 여유가 없다는 것이었다. 아멕스 카드는 마침내 끝장났다. 말 그대로, 나는 마지막으로 내 운을 시험해봐야겠다고 결심했다.

나는 버키한테 전화를 걸었다. 우리는 로댕 박물관 근처 페어마운트 공원에서 만났다. 그의 검정색 325i 뒤에 차를 세우고 조수석으로 뛰어들었다. 그리고 나는 그에게 연방 수사관들이 주변을 탐색하고 있고, 나는 LA로 갈 것이며 버키도 떠나야 한다고 말했다. 그는 마치 폭주하는 롤러코스터에 올라타 언젠가는 곤두박질칠 끝을 맞이하리라는 걸 아는 사람처럼 껄껄 웃음을 터트렸다. 그는 헤드레스트에 머리를 기대고 두 눈을 감았다. 우리는 곧 침묵에 휩싸였다.

오후 6시쯤이었다. 두 시간 후에 LA로 가는 비행기가 있었다. 돈을 빌리려고 그를 방해해야 하는 것이 싫었다.

"버키, 나 LA에 갈 돈이 좀 필요해." 내가 조용히 입을 열었다.

"LA에서 뭘 어쩌려고." 버키는 눈도 뜨지 않은 채 물었다.

"잘 모르겠어. 그런데 거기가 좋아. 마음에 드는 여자도 있고. 앨범이 망해서……. 연기를 시작해 볼까 해."

"자네는 분명히 그 연기인지 뭔지를 잘할 거야." 그가 웃었다. 마치 나의 가장 웃겼던 순간들을 돌이키는 것 같았다.

"너는 내가 아는 가장 멍청한 검둥이야." 그가 큰 소리로 웃음을 터트렸다.

"얼마나 필요한데?" 그가 물었다.

"많이는 아니고. 거기 가서 아파트를 구할 만큼만."

"지금 가진 게 만 달러밖에 없는데. 자리 잡으려면 그거보단 더 필요할 거 아냐."

"아니야. 그 정도면 충분해."

그의 운전석 바닥 매트 밑에 비밀 공간이 있었다. 그는 만 달러를 움켜쥐고 뒷좌석에 손을 뻗어 종이 가방 안에 돈을 쑤셔 넣고는 내게 건넸다.

그리고 내 눈을 똑바로 바라보았다.

"네가 나보다 더 낫다고 생각해?" 그가 물었다.

"절대 아니지, 버키. 나도 알아." 나는 약간 당황하며 대답했다.

"나도 너랑 똑같아. 우리는 같다고." 그가 잠시 침묵을 지키더니 입을 열었다. "네가 이룬 그 모든 걸, 나도 할 수 있었어. 나는 이렇게 망해버렸지만. 우린 그냥 다른 환경에서 태어난 것뿐이라고."

"그래. 자네 말이 맞아." 내가 대답했다.

"그러니까 잘 살라고." 그가 덧붙였다.

"당연하지. 버키. 이 돈은 금방 갚을게."

그가 껄껄 웃음을 터트렸다. 마치 그 돈 따위는 필요없어지리라는 걸 아는 것 같았다.

"내가 자리만 잡으면 자네도 LA로 와."

버키는 모든 걸 아는 사람처럼 또다시 웃었다.

"당연하지. 나도 곧 갈게."

그는 내게 인사를 하자며 주먹을 내밀었다.

나는 무사히 비행기에 올라탔다.

그리고 사흘 후, 버키는 죽었다.

10.
ALCHEMY
연금술

연금술사의 가장 큰 업적은
불가능한 일을
할 수 있다는 것이다.

타냐는 마리나 델 레이에 있는 아파트를 구했다. 건너 건너 아는 사람에게 집을 구했고, 한 달 월세가 1,300달러밖에 되지 않았다. 금액은 상관없었다. 버키의 갈색 종이 가방에는 7,700달러가 남아 있었다. 그는 집 앞에서 머리에 총을 맞았다. 함정이었다. 레지는 FBI가 따라 붙으면 다들 서로에게 등을 돌린다며 전형적인 각본이라고 했다.

나는 몇 주 동안 아파트를 떠나지 않았다. 두려웠고 또 한편으론 피곤했다. 나는 충격에 빠져 있었다. 내 인생 전체가 무너져 있었다.

나의 우울하고 쇠약해진 상태가 타냐에겐 자비로움을 보여주는 기회가 되었다. 우리는 실제로 터놓고 이야기하진 않았지만 서로가 진지하게 사귀는 사이라는 걸 알고 있었다. 그리고 그녀는 내 영혼을 다시 되살리기 위해 열심히 노력했다. 우리는 매 순간을 함께 보냈다. 타냐는 나를 어루만지고, 위로하고, 아껴 주었고, 나와 함께 울며, 나를 안쓰러워했다.

우리는 그렇게 사랑에 빠졌다. 그녀와 함께 그 아파트에 영원히 숨어 있을 수도 있었다. 그러나 몇 주 만에, 마치 우주의 공간에서 내 귀에는 들리지 않는 주파수의 알람이 음속처럼 강하고 빠르게 땡하고 울린 것처럼, 허니문과도 같았던 우리 사이도 그만큼 재빨리 현실로 돌아왔다. 타냐는 텍사스의 고속도로를 가로지르는 술 취한 트럭 운전사의 기어 변속처럼, 재빠르고 매몰차게 나를 몰아세웠다.

"좋아. 이정도면 충분해. 이제 일상으로 돌아갈 시간이야." 그녀가 말했다.

"뭐?" 현실의 차가운 물이 사랑의 보금자리로 밀려드는 느낌이 들었다.

"뭐라도 해야지. 휴식을 취했고, 아주 좋은 선택이었어. 당신한테 꼭 필요한 거였으니까. 하지만 갈색 종이 백에 든 돈은 벌써 바닥을 보여. 그러니까 뭐라도 해야지?" 그녀가 말했다.

"어떻게 하란 말이야?" 나는 흥분 상태로 외쳤다.

"'뭐라도 해야지'에서 어떤 부분이 이해하기 어려운데?" 타냐는 나와 비슷한 감정을 느끼면서도 차분히 물었다.

"일단 밖으로 나가야지."

"나가서 뭘 어떻게 해? 어디로 가라고?" 내가 소리쳤다.

"젠장, 그건 나도 모르지!" 그녀가 똑같이 외쳤다.

"그게 어디든, 이 집 부엌에선 못 찾지! 일단 나가…… 나도 몰라…… 아시니오를 찾아가던가."

〈아시니오 홀 쇼Arsenio Hall Show〉는 당시 미국의 최고의 토크쇼였다. 모든 사람들이 그 쇼에 출연했다. 아시니오는 마치 연예인들의 파나마 운하 같았다. 성공을 향한 모든 길이 그 프로그램에서 시작되고 이어졌다. 찰리는 몇 달 동안 나를 그곳에 끌고 갔었다.

"연예계를 알려면 여기 있어야지." 그가 말했다.

아시니오와 나는 나와 제프의 그래미 시상식이 한창 진행 중일 때 인연이 되었다. 우리가 그 쇼에 출연했고 아시니오가 나를 좋아했었다.

"그 사람을 찾아가서 뭘 어쩌라고?" 내가 소리쳤다.

"아시니오는 당신을 좋아해! 그냥 쇼에 가서 놀아. 사람들을 만나봐."

"미쳤구나."라고 내가 말했다.

"그러니까, 〈아시니오 홀 쇼〉에 가서 누군가를 만날 수 있도록 얼간이처럼 서 있으라는 거야?"

"그래, 맞아. 그래야 누구라도 만날 수 있지!"

"이런 말도 안 되는 짓을 시키다니. 등신 같은 짓이고, 난 그럴 기분도 아니야."

———

나는 〈아시니오 홀 쇼〉에 오후 4시 30분쯤 도착했다. 5시가 쇼 타임이었다. 그 30분 전은 한창 어울리는 시간이었다. 찰리 맥은 그의 세계에 있었다.

"야, 에디가 오늘 밤 여기 있어! 가서 잡아올게." 찰리가 말했다.

에디 머피는 그날 밤 쇼에 출연하고 있었다. 그는 내가 누군지 알고 있었다. 그는 나를 계속 젊은 프린스라고 불렀다. 아시니오는 마법의 순간들을 위한 피뢰침이었다. 많은 사람들은 이 쇼에서 색소폰을 연주했기 때문에 빌 클린턴이 대통령이 되었다고 주장했다. 마이클 잭슨, 머라이어 캐리, 마일스 데이비스, 마돈나, 심지어 농구 선수 매직 존슨도 에이즈 감염 발표 후 24시간 만에 쇼에 출연했다.

무대 뒤에 서 있을 때, 나는 모든 나무에 잘 익은 열매가 달린 무성한 숲과 같은 가능성의 전류가 고동치고 물러가는 것을 느꼈다. 쇼는 아시니오가 고의적으로 그리고 의도적으로 만들고 주최한 우연한 기회의 섬광이자 연결고리였다. 만약 타냐가 그렇게 말했다면, 나는 그런 바보 같은 짓은 하지 않았을 것이다.

찰리와 나는 몇 달 동안 거의 매일 갔다. 그는 유명한 낯선 사람들에게 다가가 굳이 나를 만나고 싶지 않다는 사람들을 끌고 오는 일을 했다. 나는 정치인, 배우, 뮤지션, 운동선수, 고위급 임원 등 모든 사람들을 만났다.

베니 메디나는 워너브라더스 사의 음반 A&R 중역이었다. 그가 누구인지는 몰랐지만, 분명히 찰리는 그가 끌고 올 만큼 충분히 중요한 사람이라고 생각했다.

"이봐, 윌. 여기는 베니 메디나. 베니, 프레시 프린스입니다. 당신도 알겠지만." 찰리 맥이 말했다.

베니는 내 음악에 대해 모두 알고 있었다. 우리는 힙합과 기술이 음악 산업에 미치는 영향, 그리고 주문형 비디오_VOD의 미래에 대해 이야기했다. 그런데 갑자기 그가 물었다.

"연기는 할 줄 압니까?"

연기? 그러니까 내 주변 사람들에게서 기쁨과 열정을 이끌어내기 위해 연기하는 거 말이야? 내 자신을 숨기기 위한 수단으로 내 생각을 왜곡하는 거 말하는 건가? 존재하지도 않고, 존재한 적도 없고, 존재할 수도 없는 이야기들을 깊이 믿어버리는 그거? 내가 진짜 어떤 사람인지보다 주변 사람들이 원하는 짓을 하는 그 연기?

일반적으로, 만약 누군가가 나에게 무언가를 할 수 있는지 물어본다면, 내 대답은 항상 '그렇다'이다.

"네. 당연하죠. 당연히 연기할 줄 알죠." 나는 너무도 많은 단어를 사용하며 말했다.

"연기 잘하겠네요." 베니가 말했다.

"뮤직비디오로 확인할 수 있겠지. 당신과 이야기 한번 해봐야겠네. 그럼 연락합시다."

나는 연기에 대해 고민해 본 적이 없었다. 필라델피아에서 우리는 항상 광대 같은 놈들이었다. 할리우드의 방식은 최악이었다. 위선의 또 다른 이름이었다. LA에서는 그런 순간이 늘 있는 법이었다. 난 금방 잊어버렸다. 하지만 그 3분간의 짧은 '할리우드식 대화'가 내 인생에서 가장 중요한 대화가 되었다.

———

우주는 논리적이지 않다. 마법과 비슷하다.

인간으로서 경험하는 신체적, 정신적 고통은 비논리적인 우주로부터 질서와 논리를 찾으려는 마음으로 돌아온다. 우리의 정신은 필사적으로 논리를 찾으려 하지만, 논리는 가능성의 법칙으로만 적용되지 않는 법이다. 우주는 마법의 법칙을 따른다.

나는 '할리우드식 대화' 이후 몇 주 만에 디트로이트에 있었다. JL

은 우리가 처한 재정적 궁지에서 벗어나기 위해 몇 개의 공연을 잡아왔다. 조 루이스 아레나의 관객들은 항상 열광적이었고 우리는 그곳에서 공연하는 것을 좋아했다. 우리는 다시 한 호텔방에 머물기 시작했다. 그리고 이상하게도, 이렇게 비좁은 공간에서 우리 모두가 다시 함께 있는 것이 위로가 되었다. 제프는 헤드폰으로 비트를 만들었고, 오말은 TV를 보고 있었고, 찰리는 발톱을 자르고 있었다. 다 같이 있는 데서 발톱을 자르는 게 너무 싫었다. 마치 파편을 피해야 하는 베트남 호치민 거리 같았다. 충격에 강한 고글과 탄도 안전모가 필요했다.

우리 중 누구도 우리가 함께 투어를 하는 것이 이번이 마지막이라는 것을 알지 못했다.

JL이 방으로 불쑥 들어왔다.

"일어나. 퀸시 존스가 너랑 이야기 좀 하고 싶대!"

"퀸시 존스가? 나한테? 왜? 내가 뭘 해야 돼?" 나는 마지막 장의 충격에서 아직도 벗어나지 못한 상태였다.

"베니 메디나라는 사람을 만난 적 있어?" JL이 물었다.

"응, 워너브라더스 사람."

"그 사람이 퀸시와 함께 일한대."라고 JL은 속삭이며 내 앞니에 거의 박치기를 하듯 전화기를 들이댔다.

"내가 뭐랬어." 찰리가 말했다.

"안녕하세요, 존스 씨. 어떻게 지내세요?" 나는 어머니와 아버지, 그리고 외할머니를 자랑스럽게 했을 어조와 말투로 말했다.

"전 좋습니다, 선생님. 감사합니다. 디트로이트입니다. 네, 조 루이스요. 내일 밤 공연입니다."

"이봐, 뭐래? 안 들려!" 찰리 맥이 발톱 깎는 걸 멈추고 말했다.

"쉿!" JL이 소리를 냈다.

"뭘 조용히 하래, JL. 난 다 큰 어른이야."

"야, 다 큰 어른. 입 좀 닥칠래?" 제프가 끼어들었다.

"음, 물론이죠."라고 내가 말했다.

"언제쯤? 아…… 알겠습니다. 음, 그럼요, 당연하죠. 내일 밤까진 공연이 없습니다. 네, 감사합니다. 네, 그럼 그때 뵙겠습니다."

나는 천천히 수화기를 내려놓았다. 모든 크루들이 나를 바라보고 있었다.

"퀸시 존스가 생일 파티에 초대했어." 나는 팀원들에게 말하는 것처럼 스스로에게도 속삭여 보았다.

"공연을 해 달래?" 오말이 물었다.

"아니. 퀸시하고 베니 메디나가 TV 프로그램을 준비한다나 봐."

"파티가 언제인데?" JL이 물었다.

"오늘 밤."

———

퀸시 존스의 파티는 소울 트레인 뮤직 어워드와 같은 날 밤에 열렸다. 공로상을 수상하는 영예를 안았고 생일 겸 애프터 파티가 그의 벨 에어 저택에서 열리고 있었다. JL이 오후 3시에 디트로이트발 비행기를 잡아줘서 해가 질 때쯤 나는 LA에 도착할 수 있었다.

모든 것이 비현실적으로 느껴졌고, 약간 어지럽기도 했다. 혼자 비행기를 타는 게 워낙 드문 일이었고 약간 불편하기도 했다. 405번 도로의 교통체증에 갇혀 나는 생각했다. 대체 어떻게 내가 퀸시 존스의 집으로 차를 몰고 가는 거지?

LA 국제공항에서 퀸시의 집까지는 약 30분 거리였다. 차를 세우자 주차 대행 서비스가 있었다. 퀸시 존스는 자기 집에 발레 파킹 직원이 있었다. 자기 집 진입로에 빨간색 유니폼을 입은 직원이 스무 명쯤 서 있었다. 영국의 궁전 같은 모습이었다. 내가 좋아했던 드라마 〈댈러스〉의 수 앨런 유잉이 타고 다니던 조찬용 말이 바로 앞에 서 있을 것 같은 그런 느낌이 들었다.

내가 도착했을 때 파티는 한창이었다. 스티븐 스필버그부터 테빈 캠벨에 이르기까지 모두가 그곳에 있었다. 스티비 원더와 라이오넬 리치도 내가 도착하던 무렵 함께 입장했다. 내가 견디기엔 너무 벅찼다. 여긴 내가 있을 곳이 아니라는 생각이 들었다. 나약한 내면의 목소리가 도망가라고 외치던 그 순간, 나는 베니 메디나를 발견했다. 내가 아는 유일한 익숙한 얼굴. 또다시 하찮고 비참한 바다에 빠지기 직전이었다.

"이봐, 때맞춰 왔군!"라고 베니가 소리쳤다.

'네, 왔죠. 근데 됐습니다. 그냥 가겠습니다.'라고 말하고 싶었다. 대신 나는 "아, 그 재킷 절대 벗지 마세요. 진짜로요. 그런 재킷은 다신 구할 수 없을 테니까 말입니다."라고 농담을 건넸다. 베니는 명품 베르사체의 피카소 그림 같은 난해한 재킷을 입고 있었다. 그는 웃으며 옷깃을 잡아당겼다.

"오늘 밤 잘만 되면, 자네한테 주지. 이제 퀸시를 만나러 가자고."

'술 한 잔만 먼저 하면 안 될까요? 아니면 치즈나 연어를 얹은 토스트도? 제기랄, 현관 진입로에서 퀸시 존스를 만나자고 재촉하는 거야? 긴장을 풀 시간은 줘야 하는 거 아니냐고.'라고 혼잣말하면서 너무 빠르다고 생각했다.

파티는 퀸시의 집, 2층 높이의 천장이 있는 거대한 거실에서 할리우드의 유명한 사람들과 최고의 전문가들이 모인 자리에서 펼쳐졌다. 퀸시는 왼쪽에 피아노 건반을 수놓은 길고 치렁치렁한 디자이너 재킷을 입은 채 돌아다니고 있었다. 베니와 내가 거실로 들어가 소개를 하기 전에, 나는 퀸시와 눈이 마주쳤다.

"이봐!" 퀸시가 소리쳤다.

"프레시 프린스가 왔습니다, 여러분!"

만약 누군가 실제로 그런 짓을 했다면 정말 그것만큼 창피한 일도 없었을 것이다. 하지만 그건 내게 중요하지 않았다. 왜냐하면 이 파티에서 제일 중요한 사람이 그런 짓을 했으니까. 퀸시는 그런 사람이었다. 그는 사람들을 사랑하고 함께하는 것을 즐겼다. 모든 사람이 그에게는 독특한 예술작품이었다. 그는 유명 인사들을 편애하지 않았다. 대신 진정으로 모든 사람들에게서 뭔가 흥미로운 것들을 찾았다. 퀸시는 방 건너편에서 두 팔을 벌리고 베니와 나를 단번에 껴안았다.

"환영합니다, 환영해요." 퀸시가 말했다.

"감사합니다, 존스 씨. 집이 정말 근사하네요!" 나 역시 곧바로 인사를 건넸다.

"오, 마음에 들어요? 여기가 벨 에어요! 베니가 비벌리 힐스 쇼를 준비하려고 하는데 나는 계속 고집을 부리고 있지. 망할 비벌리 힐스! 벨 에어에 비하면 비벌리 힐스는 공공 주택 단지라고! 아, 베니가 프로그램 이야기는 했습니까?"

"아, 조금요. 자기는 오리건주의 와츠에서 자랐다고 하더군요. 그리고 그는 부유한 일가족과 함께 자랄 수 있었다고……."

"당신은 어디 출신이오?" 퀸시가 물었다.

"필라델피아요." 나는 우리 도시가 더 낫다는 자부심과 자긍심을 뽐내며 말했다.

"아, 필라델피아 너무 좋지!" 그가 내게 몸을 숙이며 속삭였다. "필라델피아에서 아무한테도 말할 수 없는 일이 좀 있었지." 그다음 그는 웃음을 터트리더니 고개를 끄덕였다. 젊은 시절엔 자기도 말할 수 없이 막나가던 시절이 있었다는 것을 암시하는 눈짓이었다.

"좋아, 바로 그거야. 완벽해. 당신 캐릭터는 필라델피아 출신으로 합시다. 필라델피아에서 온 윌! 벨 에어에 온 윌!" 그는 지금 완전히 신이 나 있었다. 퀸시는 약간 정신이 나간 상태 같았다. 그래, 여긴 그의 집이고, 그의 생일파티고 그의 공로상 수상이었으니. 술에 취해 시끄럽게 떠들고 싶다면, 뭐 어떤가. 마음껏 술에 취해 떠들면 그만인데!

"브랜든! 브랜든!"

퀸시는 방 건너편에서 마흔 쯤 된 백인 남자를 소리쳐 불렀다. 그는 몸가짐을 절제하며 단정한 옷차림으로 보였지만, 그가 말을 하면 모두가 충분히 귀를 기울였다. 퀸시가 그의 이름을 외치며 그를 방해하자 주변의 모든 사람들이 놀랐다. 퀸시는 그를 향해 손짓하며 불렀다.

"브랜든! 필라델피아에서 벨 에어로 왔다고!"

브랜든 타티코프는 NBC 방송국의 수장이자 방송사에서 가장 강력한 의사 결정권자였다. 프로그램의 예산과 방송일자를 결정하는 사람이었다. 그는 다음 결정권자인 워런 리틀필드에게 다가갔다.

"다들 와서 프레시 프린스와 인사해!" 퀸시가 말했다.

우리는 모두 악수했다. 그들은 못 미덥다는 시선이었다. 물론 지금은 이해한다. 경영진들은 수십 시간 동안 뒤에서 당신에 대해 대화를 나눌 때 그런 표정을 짓는다. 그래놓고도 주사위를 던질지 결정하지 못하곤 했다.

"좋아, 모두 주목 좀 해줘요!" 퀸시가 고함을 질렀다.

"오디션을 봅시다. 거실 가구 좀 치워봐요!"

나는 주위를 둘러보면서 생각했다. '오, 파티에서 오디션이라니, 정말 멋진 걸! 퀸시가 최고야! 누가 오디션을 보는지 궁금한데?'

"윌에게 모리스 데이가 쓰던 대본 좀 가져다줘요." 퀸시가 말했다.

현실이었다. 퀸시 존스는 내게 현재와 과거의 모든 연예계 최고의 아이콘들 앞에서 즉석 오디션을 해 달라고 부탁했다. 〈코스비 가족〉, 〈치어스〉, 〈골든 걸스〉, 〈LA 로〉, 〈사인필드〉가 방송된 국내 방송사의 최고 스타들도 그 자리에 있었다. 무릎에 힘이 풀렸다. 사람들이 소파를 움직이는 사이 누군가 내게 대본을 건네주었다.

나는 평소보다 조금 더 세게 퀸시의 팔을 잡았다.

"퀸시, 아니, 잠깐만요. 안 돼요, 지금은 못 해요."라고 내가 그의 귀에 속삭였다.

퀸시는 약간 취한 눈빛으로 나를 바라보았다.

"여러분, 자리를 잡고 앉아요!"라고 그가 사람들에게 외쳤다.

"난 윌과 서재에서 잠깐 이야기 좀 하고 올 테니."

———

퀸시 존스는 마법을 이해한다.

그는 우주를 무한한 가능성의 놀이터로 본다. 그는 매 순간, 모든 것, 그리고 주변의 모든 사람들에게서 기적적인 잠재력을 인식한다. 그의 초능력은 피뢰침처럼 우리 모두를 둘러싸고 끊임없이 되풀이되는, 마술적인 섬광들을 포착하고 지휘한다. 완벽하게 자기 자리를 알고 피뢰침이 되는 법을 배운 것이다.

퀸시 존스는 직관적이고 예술적인 폭풍을 쫓는 사람이다. 그는 불가능한 타격 준비를 하고 있는 희미한 불빛을 감지할 수 있었다. 그는 수십 년 동안 음악을 공부하고, 수천 개의 공연을 하고, 장인들에게 배우고, 가장 뛰어난 아티스트들과 예술가들에게 둘러싸여 살았다. 퀸시는 "모든 게 늘 불가능하지만, 가능할 때까지 하자!"라고 말하곤 했다. 그는 환경을 준비하는 법을 배웠고 에너지를 불어넣을 수 있는 사람이었다. 그는 자신을 강렬하고도 음악적 의미의 지휘자라고 생각했다. 그의 주된 일은 우리 모두가 그 기적을 놓치지 않도록 하는 것이었고, 분명히 모두에게 그리고 자신에게 나타나는 미묘한 마법의 기회를 놓치지 않으려 노력했다.

퀸시는 완벽히 이런 사람이었다. 마법은 자각이었다. 그리고 믿음이다. 마법을 믿어야만 했다. 그리고 돌을 움직일 준비가 필요하다. 내면에 있는 나쁜 저항심과 장애물을 미리 근절해야 한다. 그리고 마법의 힘을 믿고 따르는 것이다. 퀸시는 항상 앞을 비추는 축복받은 길 위에 돌을 치워주려 했다. 우주는 당신의 기적을 바란다! 그러니 커다란 바위를 치워라! 퀸시는 우리 모두를 위해, 그러니까 나와 브랜든, 베니 심지어 자기 자신을 위해 가구를 치우고 우리 앞에 놓인 바위를 치운 것이다.

———

퀸시의 서재는 어두운 마호가니 빛깔이었다. 등받이가 높은 안락의자. 페르시아 산인지는 모르겠지만 양탄자도 비싸 보였다. 그 방에서 다른 기억은 거의 나지 않는다. 왜냐하면 나는 스위스 코티지 호텔 욕실의 버터 나이프처럼 여기저기 흩어져 있는 그래미, 토니, 에미, 그리고 아카데미상에 눈이 멀었기 때문이었다. 오프라 윈 프리가 출연했던 영화 〈컬러 퍼플〉의 포스터가 왼쪽 어깨 위에 걸려 있었고, 마이클 잭슨의 최다 판매상 상패가 오른쪽에서 빛나고 있었다. 〈Thriller〉는 48,000,000장이 팔렸다(4천8백만 장이라고 쓸 수도 있었지만, 0이 얼마나 많은지 느꼈으면 싶어 이렇게 적었다). 〈Billie Jean〉 포즈를 취한 마이클 잭슨이 나를 보며 '이제 어떻게 할 거야, 월?'이라고 묻는 것 같았다.

나는 의자에 앉았다. 퀸시는 내 앞에 서 있었다. 예전에도 이런 일이 많았던 모양이다. 이렇게 서서 사람을 바라보는 게 그의 방식이었다. 그는 살아남기 위해 바위를 옮겼다.

"월, 말해봐. 필요한 게 뭔데?" 그가 물었다.

"퀸시, 저, 저는…… 오디션 볼 준비를 안 했어요."라고 나는 더듬거렸다.

"전화를 주셨을 때, 알다시피, 오늘 이런 일을 예상한 게 아니어서요."

"몇 장면만 연기하면 돼. 함께 대본을 맞춰 줄 사람들도 있고. 그냥 자네답게 재미있게 놀기만 하면 돼."

"파티 중간에 오디션을 볼 순 없어요. 준비할 시간이 필요해요."

"좋아. 알아 들었어. 시간이 얼마나 필요한데?" 퀸시가 물었다.

"한, 일주일 정도요. 연기 코치도 찾아야 하고 대본 공부도 해야 하고요. 그냥 읽기만 하는 게 아니라 정말 연기를 할 수 있게요."

퀸시는 내 말을 곰곰이 되짚었다.

"좋아, 그럼 일주일이 필요해?"

"네, 일주일, 일주일이면 돼요!"

"그래, 근데 일주일 후에 무슨 일이 일어날지 알아?" 퀸시가 물었다. 하지만 내가 대답하기 전에, 그는 말했다.

"브랜든 타티코프는 자기 프로그램에 일이 터져서 누군가를 해고하기 위해 캔자스로 날아가겠지. 그럼 그다음 주로 일정을 다시잡을 거야."

"오! 괜찮아요, 괜찮아요! 2주면 더 좋죠." 나는 퀸시의 말뜻을 이해하지 못하고 좋아했다.

"좋아, 2주. 그다음엔 워런 리틀필드가 자기 아이들 초등학교 일정이 생겨서 자리를 비우겠지. 그가 나타나지 않으면 아내가 그를 갈기갈기 찢어버릴 테니까. 그럼 2주를 더 미뤄야할 거야."

"그렇군요." 내가 천천히 그의 말뜻을 이해하며 물었다.

"그럼…… 한 달이요?"

퀸시가 몸을 숙인 채 맑고 날카롭고 술이 완전히 깬 눈동자로 나를 바라보았다.

"그런데 지금 이 순간에, 이 쇼를 끌고 나갈 모든 사람들이 거실에 앉아서 자네만 기다리고 있어. 그리고 자네 인생에 큰 갈림길이 될 결정을 내리겠지."

그의 말을 완전히 이해했다. 나는 마이클 잭슨과 오프라 윈프리를 번갈아 바라보았다. 그들은 나를 똑바로 바라보며 '우리도 알아, 꼬마야. 힘든 일이지.'라고 말하는 듯했다.

"어떻게 할 텐가, 필라델피아의 윌?"

"에잇." 내가 말했다.

"10분만 준비할 시간을 주세요."

———

그 오디션에 대해 별로 기억나는 게 없다. 농담과 웃음, 펀치라인, 애드리브 그리고 퀸시, 브랜든, 베니의 희미한 콜라주 같은 이미지만 남아있다. 20분간의 마법 같은 시간이 흐르고 나는 방 전체를 채울 만큼 박수갈채를 받았다. 심장을 때리는 듯한 박수 소리가 그 순간 내 의식을 뒤흔들었고, 그제야 시간이 다시 흘렀다.

퀸시는 브랜든 타티코프를 공격적으로 가리키며 일어섰다.

"좋았어요?" 퀸시가 외쳤다.

"네, 좋네요."

브랜든이 자기 명함을 조끼에서 꺼내며 차분하게 말했다.

"그런 헛소리말고! 무슨 말인지 아시잖아요! 마음에 드냐고!"

브랜든은 퀸시가 무슨 말을 하는지 정확히 알고 있었다.

"그래요, 퀸시, 아주 좋아요."

브랜든이 단호하고 자신만만하게 말했다.

"좋았어!" 퀸시가 소리치며 손뼉을 쳤다. 퀸시의 파티에 전략적으로 초대된 브랜든 타티코프의 수석 법률 고문으로 밝혀진 다른 남자를 가리켰다.

"당신!"

그가 막 미니 피자를 한 입 베어 물려던 남자에게 말했다.

"브랜든의 변호사, 방금 그가 한 말 들었죠? 당장 계약서를 작성해요!"

'퀸시 존스가 힘이 있긴 있네. 그 사람 변호사도 아닌데! 수요일 밤 9시에 파티에서 다른 사람의 변호사에게 일을 시키다니!'라고 나는 생각했다.

변호사는 브랜든을 바라보더니 잠깐 대화에 끼어들었다.

"퀸시, 들어봐요……."

"분석 마비는 안 돼! (지나친 생각으로 결정을 내리지 못 하는 상태) 지금 당장 계약서부터 작성하자고!" 퀸시가 소리쳤다.

브랜든이 동의하듯 고개를 끄덕였다. 그의 변호사가 이후 두 시간 동안 NBC 사의 리무진에서 계약서 초안을 작성했다. 그다음 퀸시는 공격적인 검지로 잽싸게 움직이며 나를 가리켰다.

"변호사 있어요?"

"네? 아니요, 오늘은 안 데리고 왔죠……."

나는 머뭇거렸다. 퀸시는 다시 몸을 돌리며 완전히 마법의 지휘자처럼 새로운 희생자를 가리켰다.

"켄 허츠한테 전화 걸어. 윌의 새 변호사가 될 거야!"

참고로, 켄 허츠는 첫 딸이 막 태어나서 병원 산부인과 병동에 있었다. 하지만 젊은 변호사이자, 새로운 가족을 맞이한 가장이었으므로, 퀸시 존스로부터 오후 10시에 전화를 받았을 때, 20분 거리의 병원에서 저택까지 18분 만에 달려올 만했다. 그날 밤 나는 켄 허츠를 만났다. 그는 NBC와의 협상에서 나를 위해 일해 주었고, 그 후로도 다른 모든 계약에 동석했다. 그는 오늘날까지도 나의 변호사며, 딸 이름은 다니라고 지었다.

퀸시는 굳이 그렇게 큰 소리로 외칠 필요는 없었다. 그렇게 큰 방도 아니었으므로 우리는 모두 그의 말을 아주 잘 들을 수 있었다. 하지만 어쩌면, 그는 우리에게만 소리친 건 아니었을지도 모르겠다. 바위 너머 동굴에 닿기 위한 울부짖음이었다. 동시에 그는 우주의 마법을 환영하고 있었다. 그는 기적을 놓치지 않으려 커다란 목소리로 외치고 싶었던 건지도 모르겠다.

"분석 마비는 안 돼!"

퀸시는 계속해서 소리쳤다. 거의 두 시간 내내, 50번은 외쳤던 것 같다. 모든 질문에 대한 대답이자, 모든 법적 문제에 대한 해결책이었다. 두 시간 후 퀸시 존스, 브랜든 타티코프, 베니 메디나, 윌 스미스가 가제 〈더 프레시 프린스 오브 벨 에어〉라는 시트콤의 파일럿 에피소드를 촬영하기로 합의할 때까지 말이다.

———

자, 내 삶이 어떻게 뒤집혔는지에 대한 이야기였다. 잠깐 덧붙이고 싶은 이야기가 남아있다. 내가 어떻게 〈더 프레시 프린스 오브 벨 에어〉의 프린스가 되었는지에 대한 뒷이야기이다.

힐리우드 용어로 〈디 프레시 프린스 오브 벨 에어The Fresh Prince of Bel-Air〉의 구상, 캐스팅, 대본집필, 계약, 세트 디자인, 촬영, 편집, 방영 등이 기적의 경계를 맴돌았다. 보통 프로그램 하나가 이렇게 빨리 작업되는 일은 드물다. 하지만 모든 게 완벽했다. 퀸시의 파티가 1990년 3월 14일이었는데, 대본 탈고, 오디션, 최종 캐스팅, 그리고 계약이 4월 말에 완료되었다. 스태프 배치, 세트 디자인, 의상 등 모든 작업이 완료되고 우린 5월 중순, 첫 파일럿 에피소드를 촬영했다. 촬영분은 7월 말 편집을 시작해서, 8월엔 홍보를 돌았고, 1990년 9월 10일 첫 방송이 나갔다.

분석을 통한 마비는 없었다. 그리고 나는 너무도 행복했다. 천성이었다. 연기의 세계는 내 안의 모든 예술적 충동을 분출시켰다. 연기는 내가 상상하는 풍경을 담을 수 있을 만큼 충분히 크게 느껴지는 최초의 캔버스였다. 음악은 기술과 재능의 한계로 좁고 제한적이었다. 음악을 만드는 게 좋은 동네에 사는 기분이었다면, 연기는 무한한 우주를 자유롭게 유영하는 기분이었다. 배우로서, 나는 누구나 될 수 있고, 어디든 갈 수 있고, 무엇이든 할 수 있었다. 세계 챔피언 권투선수, 전투기 조종사, 테니스 코치, 우주를 지키는 히어로, 경찰, 변호사, 사업가, 의사, 애인, 설교사, 지니. 심지어 물고기가 될 수도 있었다. 연기는 이야기꾼, 연기자, 코미디언, 뮤지션, 선생님 등 내가 가진 모든 것을 아우를 수 있었다.

그렇다고 오해는 하지 말자. 나는 음악을 만드는 것도 정말 좋아했지만, 연기는 그야말로 사랑이었다.

어머니는 열렬한 독자였다. 에드가 앨런 포부터 애거사 크리스티를 거쳐 토니 모리슨, 스티븐 킹, 마야 안젤루, 셜록 홈즈, 시드니 포이티어의 자서전까지 어머니는 늘 시간만 있으면 책을 읽었다. 어머니는 종종 영혼에 호소하거나 그냥 내려놓을 수 없는 책에 대한 이야기를 하곤 하셨다. 책은 어머니를 관통했고 어머니의 시각이나 존재 방식을 변화시켰지만, 나는 그런 경험을 해 본 적이 없었다. 나는 실제로 20대가 되어서야 책의 완독이 가능했었다.

브라질 작가 파울로 코엘료의 소설《연금술사》가 내가 처음으로 좋아한 책이었다. 정말 마음에 와 닿았고, 손에서 내려놓을 수가 없었다. 완전히 나를 파고 들었고 내 시각과 사고방식을 변화시킨 책이었다.《연금술사》는 산티아고라는 이름의 어린 안달루시아 양치기 소년의 여행기다. 그는 이집트의 기자의 피라미드에 묻힌 숨겨진 보물에 대한 반복되는 꿈을 꾼다. 그 꿈이 너무나 심오하게 그에게 손짓한다. 그래서 소년은 양 떼를 팔고, 남부 스페인에서의 삶을 포기하고, 마음의 속삭임을 따라 이집트로 출발한다. 파울로 코엘료가 묘사하는 소년의 개인적 전설, 즉 내가 그의 운명이자 달마(達磨)라고 부르는 신성한 소명을 쫓기 위해서였다.

하지만 산티아고의 여행은 쉽지 않다. 나는 그가 위험한 여정 위에서 사랑과 미움을 받고 도움과 방해를 받을 때마다 환호하고 두려워하고 한탄했다. 할리우드 간판 아래 어딘가에 묻혀 있는 나의 숨겨진 보물을 찾는 나 역시 산티아고인 것 같았다. 〈연금술사〉는 아마도 내가 읽은 책 중 가장 영향력 있는 책일 것이다. 내 꿈에 힘을 실어주고 내 고통을 입증해 준 책이다. 산티아고가 보물을 찾을 수 있다면, 나도 할 수 있다.

연금술사는 영적 화학자며, 변성의 달인이다. 연금술사의 가장 큰 업적은 불가능한 일을 할 수 있다는 것이다. 그들은 납을 금으로 바꿀 수 있었다. 생명이 주는 모든 것을 가져다가 금으로 바꾸는 능력이라는 개념이 내 마음속에서 떠올랐다.

외할머니는 웰치스 포도주스 마지막 반 잔에 파인애플 주스 한 잔과 섞고, 쿨 에이드 가루를 몇 봉지 섞은 후에 레몬 몇 조각과 먹다 남은 오렌지의 나머지 반쪽을 다져 넣은 다음 캐나다 드라이 진저에일을 함께 섞고 얼렸다. 그럼 지금까지 먹어본 적 없는 세상에서 가장 맛있는 아이스크림이 되었다. 냉장고를 한 다섯 번 정도 열고 닫고, 간식이 하나도 없다고 투덜거려야만 비로소 얻을 수 있는 특별한 간식이었다.

퀸시 존스는 연금술사다. 그는 내 마음을 불태웠다. 나는 그와 같은 사람을 만난 적이 없었다. 나도 연금술사가 되고 싶었다. 나는 삶이 내게 주는 모든 것을 금으로 바꿀 수 있기를 원했다.

우주는 내게 두 번째 기회를 주었고, 나는 주님께 세 번째 기회는 필요 하지 않을 것이라 굳게 맹세했다.

11.

ADAPTATION
적응

삶의 변화에
적응하지 못하면,
지금 또한 즐길 수 없다.

JL은 LA에 오기를 거부했다.

TV와 관련된 일이 그에겐 온통 당혹스러웠다. 모든 것이 너무 빨리 일어났고, 그의 전문 분야 밖이었다. 내가 퀸시 존스의 생일파티에 갔다가 다음 날 TV 프로그램에 캐스팅되는 건 그에겐 계획도, 전략도 없었다. 게다가 우리에겐 여전히 DJ 재지 제프와 프레시 프린스라는 재정적, 창조적 붕괴에서 회복해야 할 과제가 있었다. 하지만 난 JL이 LA로 이주를 했으면 싶었다.

타냐와 나는 NBC 방송국까지 걸어서 갈 수 있는 버뱅크에 새 아파트를 얻었다. 내 커리어는 온전히 TV 방송에 집중되어 있었다. 그리고 이 파일럿 에피소드를 제대로 만드는 중이었다.

"녹음실에 들어가서 네가 잘하는 일을 해야지." JL은 애원했다.

"JL, 장담하건대 우리의 미래는 여기야! 우리 음악은 끝났어."

"글쎄. 그건 사실이 아니야. 물론 네가 날 필요로 하면 그게 무엇이든 필라델피아에서 일할게."

"넌 이해 못하겠지만 여기로 와야 해. 여기 사람들은 정식으로 미팅을 잡지 않아. 무슨 생일 파티나 식당 같은 데서 결정을 내려버린다고."

JL은 이 세상 누구보다 나를 잘 안다. 그는 나를 나로부터 보호해야 할 충동적인 예술가로 보았다(그건 지금도 마찬가지다). 그는 스스로를 윌이 우리 모두를 벼랑에서 내몰지 않도록 보호하는 마지막 검문소쯤으로 여겼다. JL은 우리의 재기를 위태롭게 하는 불확실성과 변화의 격변을 참을 수 없었다.

오말은 즉시 이사했고 찰리는 LA로 왔다.

만약 내가 제프를 LA로 오게 설득할 수 있다면 JL은 우리 모두가 여기 있다는 것을 알게 될 것이다. 그래서 나는 제프에게도 말하지 않고, NBC의 프로듀서를 찾아가 제프의 캐릭터를 제안했다. 그들에게 제프가 내 음악 파트너며 나보다 힙합계에서 더 큰 스타라고 말했다. 만약 사람들이 제프의 출연 소식을 듣게 된다면 팬들은 더 열광할 것이라고 말이다.

분명, 방송국 입장에서는 연기 경험이 없는 또 다른 필라델피아 촌뜨기를 황금 시간대의 시트콤에 추가하는 것에 대해 걱정했다. 하지만 프레시 프린스로서 내가 부릴 수 있는 또 하나의 플렉스였다. 결국 프로듀서들 역시 마지못해 첫 시즌의 4분의 1에 해당하는 6개의 에피소드로 그를 시험하는 데에 동의했다.

잔뜩 신이 난 나는 제프에게 전화를 걸어 소식을 전했다.

"아, 고마워. 근데 난 TV 연기 같은 건 잘 모르겠다. 넌 잘하겠지만 난 그냥 음악을 하고 싶어."

나는 당황하여 멍해졌다.

"제프. LA에서도 음악은 할 수 있어. 여기도 녹음실 스튜디오가 있거든. 우리 동네에 주류 가게랑 교회가 있는 것처럼 말이야. 게다가 출연료가 회당 만 달러야. 쉽게 버는 돈이라고."

침묵이 흘렀다.

"제프?"

"그냥 모르겠네……. LA 같은 건 나랑 안 어울려. 난 필라델피아 사람이라고."

나는 "도대체 무슨 소리야? 넌 빈털터리야. 어머니 집 지하실로 돌아왔잖아. 선택의 여지가 없다고."라며 당장 소리를 지르고 싶었다.

하지만 대신, 나는 "알았어. 나중에 전화할게." 라고만 말했다.

———

변화는 무서울 수 있지만, 완전히 피할 수 없다. 일시성은 우리가 진정으로 의지할 수 있는 유일한 것이다. 만약 끊임없이 요동치는 삶의 변화에 적응하기를 꺼리거나 아예 적응할 수 없다면, 지금 여기 있는 것 또한 즐길 수 없다. 때때로, 사람들은 받은 패를 쓰는 대신 그들이 갖고 싶은 패를 쓰려고 한다. 적응하고 즉흥적으로 대처하는 능력은 틀림없이 가장 중요한 인간의 능력이다.

가령, 어렸을 때 겪은 친구들의 괴롭힘과 자신을 보호하기 위해 길렀던 바로 그 분노와 공격적인 성격을 떨치지 않으면 지금 당신이 가진 모든 관계를 파괴할 수도 있다. 어떤 것들은 우리 삶 속에서 일정 기간 동안 아주 유용하게, 꼭 필요한 것인 경우도 있다. 하지만 때맞춰 놓아주지 않으면 그것 때문에 목숨을 잃을 때가 올 것이다.

간단히 말해서, 우리가 적응하지 못하면, 우리는 멸종한다. 나는 JL과 제프가 필라델피아에 머물기로 한 선택을 사형선고로 보았다. 하지만 나는 내가 그들의 몰락을 두고보지만은 않으리라는 것도 알고 있었다.

〈더 프레시 프린스 오브 벨 에어〉는 처음부터 어려운 시도였다. 이 정도 규모의 쇼는 보통 9개월 전에 청신호가 켜졌을 것이다. 짧아질 대로 짧아져 거의 불가능에 가까운 촬영 일정 때문에 전체 제작의 대부분이 실시간으로 결정을 내렸다. JL이 없는 동안 베니 메디나는 내 매니저가 되었다. 곧 그는 윌 스미스의 모든 연락책이 되었다. 베니는 자신이 무엇을 하고 있는지 알고 있었고, 일을 처리하는 방법도 알고 있었다. 하지만 JL과 제프 없이 LA에 머무는 게 난 가슴 아팠다.

나는 어떻게든 두 사람을 여기로 데려오고 싶었다. 그래서 나는 마지막 승부수를 던졌다. 나는 JL에게 그가 매달 1주일을 LA에서 보낸다면 또 다른 앨범을 녹음하겠다고 말했다. 그 당시 나는 음악을 미래의 중요한 부분으로 보지 않았다. 하지만 굳이 그에게 그런 말을 하진 않았다. 단지 LA에서 그가 필요했을 뿐이었다.

다음으로 나는 제프를 설득해야 했다.

"이봐, 그럼 세 편만 출연해 봐. 연기가 싫으면 딱 세 편만 하고 그만 둬. 마음에 들면 자리를 잡고. 그렇게 되면 내가 제작진에게 가서 연장을 해 달라고 할게. 게다가 녹음도 여기서 할 수 있잖아! 최악이래 봤자 6만 달러를 버는 것밖에 더 있어?"

나는 그 논쟁의 어느 부분이 제프를 납득시켰는지 완전히 확신하지는 못했지만, 신경 쓰지 않았다. 제프도 LA로 왔다. 추가로 숨거진 이야기를 풀자면, 제프는 우리 프로에서 가장 사랑받는 캐릭터 중 하나가 되었고, 자기 자신도 좋아했다. 대표적으로 웃긴 장면은 필 삼촌이 그를 집 밖으로 내쫓은 장면이었다. 사실 파일럿 에피소드를 촬영하는 동안, 아무도 이 장면이 인기를 끌지 몰랐다. 그래서 우리는 제프가 집 밖으로 날아가는 장면을 딱 한 장만 찍었다. 벨 에어 저택의 내부와 외관은 서로 다른 두 장소며, 우리는 외부에서 하루만 촬영을 했다. 그래서 우리는 제프가 날아가는 장면을 늘 똑같은 컷으로 넣을 수밖에 없었다. 따라서 제프가 갈색과 흰색 아즈텍 무늬의 셔츠를 입고 나오는 장면을 볼 때마다, 시청자들은 그가 곧 쫓겨나리란 것을 알았다.

〈더 프레시 프린스 오브 벨 에어〉는 1990년 9월 10일에 첫 방송이 되었고, 같은 시즌에 나온 드라마 중 가장 높은 평가를 받은 첫 시즌이 되면서 곧바로 성공을 거두었다. 다음 시즌 제작이 거의 확정되는 분위기였다.

기회는 점점 많아졌지만, 그럼에도 불구하고 JL은 여전히 회의적이었다. 심지어 1년 후, 수천만 명이 보는 시트콤이 되었음에도, JL은 여전히 필라델피아의 어머니 집에 살고 있었다. 그의 표현을 빌리자면, 내가 국세청에 단 한 푼도 지불하지 못하고, DJ 재지 제프와 프레시 프린스의 앨범이 망하고, 태평스럽게 LA로 옮겨가 TV 스타가 되어 버린 게 불과 1년밖에 되지 않았기 때문이라고 했다.

내 입장에서 보자면 그가 여전히 내 전화를 받았다는 것이 놀랍다는 생각이 든다. 하지만 그가 부인하고 있었음에도 불구하고, 한 가지는 분명했다. 우리 방송은 분명 흥행에 성공했고 사람들의 반응도 뜨거웠으며 이제 다시 공격을 할 차례였다.

나는 내가 얻어낸 축복받은 새로운 삶이 여전히 고팠고, 더 집중하고 싶었고 몹시 신났다. 하지만 내 개인적, 직업적 충돌과 상처는 내게 혹독한 교훈을 가르쳐주었다. 영원한 건 없다는 것이었다. 모든 것이 오르내린다. 여름이 아무리 더워도 겨울이 아무리 추워도 피할 수 없다. 나는 다시는 잠들지 않겠다고 나 자신에게 약속했다. 좋은 시기에 멈추지 않고 나는 다음의 씨앗을 심고 배양할 것이다. 그리고 만약 내가 진정으로 현명하고 산업의 흐름에 적응했다면, 나는 다음 수확을, 너무 늦기 전에 거둘 차례였다. 내 음악 커리어가 찌는 듯이 뜨거웠다가 얼음처럼 차가웠던 것처럼, 언젠가 TV에서도 같은 일이 일어날 것이라는 것을 알고 있었다. 계속해서 불타오르고 싶었지만 어느 날, 나도 모르게 다시 차가워질지도 모른다는 것을 알고 있었다. 그래서 나는 스스로에게 물었다. 이제 TV를 점령했으니 다음은 무엇이 되어야 할까? 답은 하나, 바로 영화였다.

하지만 이와 더불어 더 깊고, 더 문제가 있는 결론이 생겼다. 사랑과 인간관계 또한 만인의 법칙에 적용을 받는다는 것이다. 나는 절대 사랑에 빠져 한눈을 팔지 않으리라 다짐했다. 내 사랑은 무참히 밟혔고, 그런 일은 또다시 일어날 거라 확신했다. 나는 봄철의 행복한 만남, 뜨거운 여름의 태풍, 우울한 가을, 그리고 얼음장 같은 겨울이 있을 줄 알았다. 나는 이 잔인한 우주적 확실성에 대한 나의 유일한 감정적 방어는 파괴의 순환을 능가하는 것이라고 결심했다.

마음속으로, 나는 타잔처럼 되어야 한다는 것을 알았다. 포도나무 넝쿨을 잡은 채로 다음 넝쿨을 잡아야 떨어지지 않을 것이다. 만약 새로운 넝쿨이 눈앞에 있다면, 동시에 죽어가는 넝쿨을 놓을 수 있다면 나는 겨울의 추위와 냉혹한 요소를 피할 수 있을 것이다. 그리고 봄철 환희의 파동을 무한히 유지할 수 있을 것이라 믿었다.

———

시트콤은 논쟁의 가장 독립적이며 여지가 없이 가장 위대한 직업이다. 시트콤 한 편을 만들기 위해선 일주일에 5일을 일해야 했다. 월요일엔 회의였다. 배우, 프로듀서, 작가들이 테이블에 둘러앉아 큰 소리로 대본 리딩을 했다. 모든 사람들이 메모를 했고, 하룻밤 사이에 작가들은 새로운 초안을 전달했다. 화요일과 수요일은 리허설이었다. 배우들이 대본 속 단어 하나에 모두 생기를 불어넣으려고 애쓰는 시간이었다. 이게 바로 시트콤을 최고의 작업으로 만든 부분이다. 우리는 서로 웃고, 농담하고, 놀고, 창조하고, 토론하고, 성장하고, 사랑받으며 돈을 벌었다.

매일의 마지막, 우리는 작가들 앞에서 대본을 훑었다. 그리고 우리가 생각해 낸 것들을 그들에게 보여주곤 했다. 그럼 화요일과 수요일 밤, 작가들이 대본을 수정하고 개선했다. 목요일은 기술 작업 리허설이었다. 조명, 소리, 카메라, 모든 장면의 움직임을 파악했다. 그리고 대망의 금요일, 스튜디오에 방청객이 찾아와 녹화를 시작했다.

〈더 프레시 프린스 오브 벨 에어〉의 금요일 밤은 마치 도시에서 가장 인기 있는 클럽에 있는 것 같았다. 마이크를 잡은 최고의 코미디언들, 가장 멋진 할리우드 스타들, 프로 운동선수들, 뮤지션들, 당대 가장 인기 있는 사람들이 우리 세트장으로 찾아왔다. 그리고 우리는 우리만의 독특한 경쟁 우위가 있었다. 우리 출연진들은 모두 노래하고 춤을 출 수 있었다. 그래서 장면 사이에 알폰소는 마이클 잭슨을 연기했고, 조셉 마셀은 모호하고 재미있는 영국 쇼의 노래를 따라 불렀고, 제임스 에이버리는 예전에 유행하던 댄스를 선보였으며, 자넷 허버트 휘튼은 앨빈 에일리 아카데미의 댄서이자 줄리아드 출신 배우이자 가수였으며, 심지어 열한 살이었던 타티아나 역시 함께 스며들었다. 그러고도 스튜디오의 관객들을 웃기기에 충분하지 않았던 것처럼, 우리는 마지막 한 방을 던졌다. 바로 DJ 재지 제프와 프레시 프린스였다. 우리는 매주 금요일 밤 라이브 공연을 했다. 씬 중간의 공연은 우리가 카메라에 담았던 것만큼이나 상징적인 공연으로 자리 잡혔다.

이곳이 천국이었다. 새로운 가족과 새로운 집, 그리고 새로운 삶이었다.

———

'윌 스미스의 사업 수당을 받아야겠는데.'

악명 높은 LA 갱단으로부터 JL이 받은 메시지였다. LA 갱단은 삭

발, 폭력적인 갈취, 그리고 보호 명목으로 수수료를 받는 것으로 유명했다. JL은 반응을 하지 않기로 결정했다. 우리도 나름 폭력과 협박에 익숙한 사람들이었다. 우리에게도 요청만 하면 LA로 와서 문제를 해결해 줄 필라델피아 사람들이 좀 있었다.

하지만 LA는 달랐다. 우리를 불확실하게 만드는 뻔뻔함과 만연함이 있었다. 필라델피아에서는 위험한 지역을 쉽게 알아채고 피할 수 있었다. 쓰레기차가 쓰레기를 수거하지 않았거나, 인도에 차가 주차되어 있거나, 가족들이 사는 집 근처에 버려진 건물이 있다면 그 근처에서는 조심해야 한다는 걸 알 수 있었다. 물론 공공 주택의 경우에도 어떤 건물이 공공 주택인지 파악이 가능했다. 하지만 LA에서는, 최악의 이웃들도 푸른 잔디와 야자수를 갖고 있었다. 백주 대낮에도 자동차 강도가 흔했다. 우리는 어디로 운전해야 할지 무엇을 입어야 할지 알 수가 없었다. 모든 것이 위험할 정도로 혼란스럽게 느껴졌다. 우리 중 누구도 필라델피아에서 총을 소지하지 않았지만 LA에서는 우리 모두 총을 소지했다.

JL은 어느덧 다섯 번째 메시지를 받았다.

'윌 스미스의 사업 수당을 받아야겠는데. 이번엔 답장을 해야 할 거야.'

우리도 이들에 대한 이야기를 들었다. 그는 사람들에게 돈을 갈취했다. 자기 업계에서 내로라하는 무장 깡패를 데리고 와서 억지로 서명을 받아낸다고 했다. 우리도 LA는 처음이었고, 문제를 일으키고 싶지 않았다. 하지만 문제가 우리를 찾는다면, 우리도 어쩔 도리가 없었다. JL은 전화를 받기로 결정했다.

"JL입니다. 무슨 일입니까?"

"참 연락하기 힘든 분이네."라고 남자가 말했다.

"윌 스미스 사업에 우리도 같이 합시다."

JL은 그의 답변을 기다리며 잠시 말이 없었다. 그러다가 "좋습니다. 그렇게 합시다."라고 대답했다.

"좋아, 말이 잘 통하네……."라고 남자가 말했다.

"하지만 우리도 파트너가 있는데 최종 결정은 그 사람이 내리니까 그쪽하고 이야기를 해 봐요."JL이 덧붙였다.

"알겠소. 자리를 만들어 보시오."

"물론 지금 당장 가능합니다. 제 파트너는 연방수사국에서 일하거든요."JL이 정말 이대로 말했다.

"내가 전화를 넣어놓겠습니다. 당신하고 그쪽에서 어떤 거래를 하든 난 찬성입니다."

그대로 전화가 끊겼고 우리는 그에게서 다시는 연락을 받지 못했다.

———

위협과 폭력은 별개의 것이다. 하지만 당신이 폭력적인 환경에서 자라게 되면, 당신 마음은 모든 곳의 위협을 인식하는데 적응하게 된다. 단 한 번의 추락도 받아들일 수 없다는 생각이 든다. 그리고 인식한 위협과 실제 폭력에 똑같이 대응한다. 두 가지가 서로 완전히 다르다고 해도 말이다. 그리고 이와 관련된 옛말이 있다. '여섯에게 끌려다니느니, 차라리 열둘의 심판을 받으리라.'

수요일이었다. 촬영장에서 애를 먹으면서 한 씬을 풀어나가려 애썼다. 우리 모두 느끼고 있었다. 대본이 진정성도 없고 재미도 없었다. 그래서 나는 스스로 장면을 바꿨다. 제작자들이 모두 내려와 내가 일방적으로 바꾼 장면을 보고는 즉시 방송국 지도부에 전화를 걸었다. 촬영을 중단하고 사무실로 곧장 소환했다.

베니 메디나, JL, 나, 그리고 베니 메디나의 방송 파트너 제프 폴락이 임원실의 긴급회의에 소환되었다. 소파 두 개가 서로를 마주 보고 그 사이에 나무 커피 테이블이, 한쪽 끝에는 커다란 유리 책상이 있었다.

임원은 책상에 기대어 소파를 마주보고 서 있었다. 자세만 봐도 그가 책임자고 화가 났음을 알 수 있었다. 우리는 그의 앞에 앉았다. JL과 베니가 한쪽 소파에 앉았고, 나와 제프 폴락은 다른 쪽 소파에 앉았다.

격식도 없고, 인사도 없이, 우리 쪽 이야기는 듣지도 않았다.

"그래서, 대가리가 벌써 컸어, 어?" 임원이 내게 물었다.

나는 그의 질문을 완벽히 이해할 수가 없어 대답하지 않았다. 그가 소파를 빙글빙글 돌기 시작했다. 마치 영화 〈뉴 잭 시티〉에서 갱단 두목이었던 웨슬리 스나입스가 카터가 어떻게 잠입했는지 설명을 요구하던 장면과 흡사했다.

"방송국 시트콤 대본을 네가 원하는 대로 바꿔버리시겠다?"

그 순간, 그는 내 뒤에 서 있었다. 나는 JL과 눈이 마주치면서 '이 새끼가 나한테 덤벼들려고 하는 거야?'라고 생각했다.

JL도 나를 바라보았다. 마치 이렇게 말하는 것 같았다. '내가 놈을 주시할게, 움찔거리기만 해도 내가 뒤를 봐줄게.'

"수억 달러가 들어간 데다가 파트너들에 수많은 베테랑이 있는데…… 넌 니가 뭐라도 된다고 대본을 바꾼 거지?"

그 순간 그는 건너편 소파 뒤에 서서 JL 뒤를 빙글빙글 돌았다. 나 역시 JL에게 똑같은 눈초리를 보냈다. '움찔거리기만 해도 내가 뒤를 봐줄게.'

임원은 이제 다시 내 뒤로 돌아왔다. 우리 중 유일한 백인이었던 제프 폴락이 입을 뗐다.

"지금 상황의 총체성과 복잡성에 대해 잘 알고 계시는지 모르겠습니다만……."

"잠깐만, 제프. 내가 알아야 하는 건 다 알고 있다고 생각되는데." 임원이 말하며 내 오른쪽 어깨 너머를 서성였다. 그의 목소리가 조금씩 높아지고 있었다.

"이런 일은 수천 번이고 있었어. 그리고 내가 원하면 너네 정도는 다 잘라버릴 수도……."

JL 앞에 있는 커피 테이블 위에는 2.5킬로그램짜리 스노우볼이 있었다. JL이 몰래 그것을 잡아 무릎 위에 올려놓았다. 우리의 두 눈이 천천히 신호를 보내며 깜박였다. 이번에는 '네가 하고 싶은 대로 해, 친구.'라며 다른 신호를 보내고 있었다.

　나는 순식간에 소파 주위를 날아올라 방송국 임원과 얼굴을 마주했다.

　"그래서 네가 하고 싶은 게 뭔데?"

　JL이 스노우볼을 휘두르며 날아오르는 모습을 바라보며 나는 피식 웃었다.

　"잠깐만, 여러분. 진정해." 베니 메디나가 애원했다.

　JL은 "뒤로 물러서, 제프."라고 말했다. 제프는 우리와 함께 온 이후로 JL의 말투와 에너지에 혼란스러워 하고 있었다. 자기가 한 일이라곤 그저 자리에서 일어난 게 전부였으니까. 하지만 JL의 손엔 2.5킬로그램짜리 스노우볼이 들려 있었다. 그래서 제프는 그저 시키는 대로 재빨리 물러섰다.

　"누구한테 하는 소리냐고. 이 새끼야." 나는 상대에게 으르렁거렸다. 돌이켜보면, 그 남자가 두 눈을 완전히 내리깔며 대체 무슨 일이 일어났는지 파악도 못했다는 느낌이 든다. 그는 아마 평생을 누군가에게 '년'이라는 욕도 들어본 적도 없고, 이런 식으로 반항을 맞이한 적도 없었을 것이다.

　"네가 누구한테 덤빈 건지는 알아?" 나는 완전히 정신을 놓아버렸다. 뭐라고 대답하고 싶은 눈치였으나, '그래서 네가 하고 싶은 게 뭔데, 이 년아.'라는 세련된 말투를 나름 풀어내려 애쓰는 모양이었다.

　"윌, 음……. 우리가 시작을 잘못 풀어낸 것 같은데." 그가 왼손을 허리춤에 내리며 상냥한 말투로 고쳐 말했다.

"그렇지! 서서 우리한테 있는 대로 소리를 질러댔지. 나한테 말할 땐 의자에 앉아서 말하는 거야."

"그건 그런데, 윌. 내가 최근에 허리 수술을 받아서 의사가 꼭 서 있으라고······." 그가 누그러진 목소리로 중얼거렸다.

"나한테 나불거리고 싶으면 의자에 앉으라고." 내가 이를 악다물었다.

"윌, 의사가······."

"제발. 의자에. 좀 앉으시라고!"

그는 조심스럽게 커다란 유리 책상 가장자리로 가서, 천천히 몸을 가누기 위해 손을 얹었다. 그리고 있는 대로 얼굴을 찡그리며 책상 가장자리에 천천히 몸을 구겼다.

베니도 기다릴 만큼 기다렸다. "이만합시다. 이야기는 이쯤 하고, 자네들도 먼저 가." 그가 말했다.

"JL, 스노우볼 내려놔."

제프가 임원 앞에 서서 JL과 내게 먼저 나가보라는 제스처를 취했다. 우리는 방을 나서며 제프가 속삭이는 소리를 분명 들었다.

"죄송합니다."

———

"방금 그게 대체 뭐 하는 짓이야!!!!!"

제프 폴락이 주차장에서 목청껏 소리를 지르고 있다. 제프가 언성을 높인 것은 이때가 유일했다.

"그 새끼가 나한테 달려들 것 같았다고요." 나는 침착하게 변명했다.

"머리를 쥐어뜯는다."라는 표현을 익히 들어봤지만, 실제로 보긴 처음이었다. 제프는 진짜로 자기 머리카락을 두 주먹 가득 쥐고 정말 두피에서 뜯어낼 것처럼 잡아당기고 있었다.

"예순네 살에 허리도 안 좋은 방송국 임원이 당신한테 달려들려고 했다는 거지, 지금?"

나와 JL은 서로를 쳐다보았다. 사무실에서는 확실했지만, 주차장에 서서 들으니 법정에선 먹히지 않을 변명 같다는 느낌이 든다.

"그럼, 왜 일어서서 우리 뒤를 뱅뱅 돌았대요? 마치 무슨 일이라도 낼 것처럼 말입니다." 나는 최후의 자기변론으로 물었다.

"대체. 뭘. 하려고. 그랬냐고? 얼마 전에 엄청 큰 디스크 수술을 받았다잖아!"

"알았어요, 여러분. 잠깐만요." 베니가 차분히 말했다. "일단 퀸시한테 전화를 좀 걸어야겠어."

나는 내가 먼저 퀸시에게 전화를 걸려고 서둘렀다.

"퀸시는 통화 중이에요, 윌. 다시 연락 드리라고 해도 될까요?"

안 돼. 지금 당장 NBC 전화는 끊고 내 얘기부터 들어보라고 해.

"그럼요, 전해주세요. 감사합니다." 속마음 대신 이렇게 말했다.

내 인생 최악의 30분 후, 퀸시가 다시 연락을 해왔다.

"제가 다 망친 것 같아요." 내가 속삭였다.

"괜찮아. 이 업계 사람들은 늘 그렇게 서로 욕해." 퀸시가 말했다.

"그냥 다른 사람한테 손찌검은 하지 말라고. 내가 이야기해 봤는데, 다 괜찮아. 세트장에선 무슨 일이 있었던 건가?"

"제가 대본에서 대사 몇 개를 바꿨어요. 왜냐하면 대사가 진짜 거지 같았거든요. 필라델피아 출신에 대한 농담이 들어갔는데 제 생각에 그 대사는 진짜 별로……."

"아, 결국 의견 차이였구만……." 퀸시는 말했다.

"LA에서는 그렇게 부르는 것 같네요."라고 내가 말했다.

"지금 대본이 있나?" 퀸시가 물었다.

"네, 하나 있어요."

"좋아. 표지에 뭐라고 쓰여 있지?"

"으음……." 나는 혼란스러움을 감추며 말했다.

"〈더 프레시 프린스 오브 벨 에어〉라고요?"

"맞아. 그리고 프레시 프린스는 누구지?" 퀸시가 외쳤다.

"저요."

"그래, 그거야! 너보다 무슨 말을 더 잘해야 하는지 아무도 모른 다고. 만약 제작진이 당신이 할 일을 다 할 수 있었으면 자네를 왜 고용했겠어. 하고 싶은 말이 있으면 해야 돼. 그것 때문에 문제가 생기면, 나한테 넘겨."

나는 겨우 스물두 살이었고, 퀸시 존스는 내가 TV 쇼에서 하고 싶은 말을 할 수 있는 힘을 주었다. 그는 프로듀서, 작가, 경영진, 광고주, 모든 사람에 맞설 내 편이 되어준 것이다.

나한테 판돈을 다 건 셈이었다.

"네." 내가 대답했다.

———

JL과 나는 스노우볼 상황을 완전히 잘못 읽은 데에 큰 충격을 받았다. 우리는 폭력적인 가정과 동네, 그리고 폭력적인 음악계에서 왔다. 임원진이 폭력적으로 변할 수도 있다고 생각한 것도 그리 큰 무리는 아니었다. 우리는 궁지에 몰리고 연약하다고 느꼈다. JL과 나는 그 임원이 나를 칠 것이라고 100퍼센트 확신했었다.

과거의 렌즈를 통해 현재를 보다 보면 관점은 상당히 왜곡될 수 있다. 스노우볼을 손에서 내려놓는 방법을 배우는 것 자체가 우리에겐 매우 어려운 심리적 재활이었다.

———

JL과의 합의에 따라 나와 제프는 4집 앨범 〈Homebase〉 작업에 들어갔다. 하지만 우리는 지금 TV에 출연 중이었다. 물론 본질적으로는 음악 작업을 위한 부업에 불과했다. 예전엔 하루 종일 음악 작업만 할 수 있었다. 언제든 시간을 내서 곡을 생각하고, 적어놓고, 녹음할 수 있었다. 하지만 이젠 구체적이고 제한된 시간 내에 아주 집중하고 날카롭게 음악을 해야 했다. 아버지의 말을 인용하자면 "일을 할 땐 헛소리 따위 할 시간이 없어."였다. 그 결과 〈And In This Corner…〉와는 반대로, 〈Homebase〉는 예산의 4분의 1만 쓰고 3집에 비해 절반의 시간이 들어갔는 데도 곡은 두 배나 많이 실렸다. 심지어 결과물도 훨씬 좋았다.

성공의 또 다른 부수적인 성과가 있다면 히트곡이 필요하다는 압박감에서 벗어났다는 것이다. 만약 앨범이 망해도 괜찮았다. 우리 임대료와 세금은 출연료로 감당이 가능했다. 우리는 다시 재미있어졌다. 나와 제프는 곧 원래의 모습을 되찾았고, 우리는 다시 근사해졌다. 모든 게 제자리를 찾아가고 있었다.

이번 앨범을 준비하며 달라진 점이 하나 더 있었다. 새로운 앨범을 위해 새로운 프로듀서와 피쳐링 보컬에도 마음을 열게 되었다는 점이다. 나는 시카고에서 일하면서 〈Hula and Fingers〉라는 젊은 자이브 레코드 프로듀서들과 함께 앨범의 보컬작업을 마쳤다. 제프는 뉴욕에서 최종 믹싱을 하고 있었고, 나는 시카고의 오헤어 국제공항에서 LA 국제공항으로 가는 오후 6시 비행기를 탈 예정이었다. 전날 밤 〈Homebase〉 완곡 녹음을 축하하며 '홀라 앤 핑거스'와 열심히 파티도 마친 후였다. 나는 클럽에서 밤새 소리를 지르며 놀았다. 공항으로 가는 길에, 나는 비행기 안에서 들을 수 있도록 작업해 놓은 CD 두 장을 가지러 스튜디오에 들렀다. 홀라는 나에게 CD를 주었고, 나는 그것을 가방에 넣으며 돌아섰다.

근데 핑거스가 나를 불렀다.

274 ADAPTATION

"우리가 작업하던 곡이 하나 더 있는데, 제프도 괜찮다고 하더라고요. 일단 드릴 테니까 들어보시고 빨리 결정해서 말씀해주세요."

나는 이미 지친 상태였고 목소리도 잔뜩 쉬어버린 데다가, LA로 돌아갈 준비도 끝낸 상태였다. 게다가 앨범도 이미 완성 단계였다. 핑거스는 〈무제(無題)〉라는 글씨가 적힌 CD를 내밀었다. 〈무제〉라는 단어를 보는 것만으로도 화가 났다. 완전히 새로운 곡을 또 써야할 지도 모른다는 생각조차 내 속을 뒤집어 놓았다. 난 정말 다 쏟아내 더 이상 작업하고 싶은 마음이 없었다.

"이봐, 핑거스. 수고 많았어, 진짜 고마워. 근데 나는 정말 피곤해. 그러니까 내 목소리 좀 들어봐. 내가 작업이 더 필요하다고 생각했으면, 이렇게 놓았겠어? 또다시 작업을 시키고 싶으면 네가 아니라 신이 CD를 줘야 할 거야."

둘은 웃음을 터트렸고 나는 예의상 CD를 가져갔다. 비행기 시간을 한 시간 반 남겨놓고 공항에 도착했다. 하지만 나를 기다리던 건 LA행 1024편이 90분 연착되었다는 안내방송이었다.

제기랄, 왜 항상 집에 가고 싶은 마음이 크면 클수록 비행기는 늘 연착되는 것일까? 나는 조용한 모퉁이를 찾아 헤드폰을 쓰고 〈무제〉를 듣기로 결심했다. 트랙은 핑거스의 목소리와 함께 관중들의 환호와 함께 열광적인 드럼 비트로 시작되었다.

드러-엄, 주세요.
아아아아, 그래!

그리곤 허스키한 여자 보컬 목소리가 들린다.

서머, 서머, 서머타임.
편안히 앉아서 느긋하게 쉴 시간.

"오, 이런."

공항 라운지에 앉아 있던 내 모습은 아마 어딘가 고장난 사람처럼 보였을 테다. 트랙 비트가 제대로 터질 때 뮤지션들이 짓는 그런 느낌 충만한 표정으로 노래를 들었다. 머리가 어깨에서 떨어질 듯 고개를 까딱거렸다.

나는 재빨리 가방에서 공책을 꺼냈다. 그리고 그다음 두 시간은 음악 신에게 몸을 맡긴 것이나 다름없었다. 나는 〈Summer Time〉을 쓴 게 아니라고 느꼈다. 나의 마음은 필라델피아에서의 여름의 행복 속으로 빠져들었다. 어린 시절의 여름을 추억하며 둥둥 마음이 떠올랐고, 내 손은 내 머리를 따라가려 애쓰고 있었다. 〈Summer Time〉은 내가 처음부터 끝까지 단 한 단어도 고치거나 바꾸지 않은 유일한 곡이다. 마지막 절에 나오는 가사는 정말 처음 머릿속에 떠오른 그대로다. 순수한 의식의 흐름이었다. 나는 나중에서야, 그날 밤 오헤어 국제공항에서의 내 경험을 통칭하는 용어를 배웠다. 심지법 혹은 자동 작문이란 단어로, 누군가가 의식적으로 글을 쓰려 노력하지 않아도 계속해서 무언가를 쓰는 심령 능력이라 할 수 있겠다.

"…… 1024편의 탑승을 시작합니다."

"젠장."

난 이 노래가 끝내준다는 걸 알았다. 그리고 오늘 녹음하지 않으면 앨범에 수록되지 못하리란 것도 알았다. 머릿속에서 퀸시의 목소리가 들렸다. '어떻게 할 거야, 필라델피아?'

"될 대로 되라."

나는 차로 돌아가 스튜디오로 돌아왔다. 내 목소리는 형편없었다. 원래의 내 목소리보다 음색과 톤이 높고 템포는 빠르며 웃음기도 너무 짙었다. 어떻게든 녹음을 해보려고 목소리를 쥐어 짤 때마다 점점 더 갈라지곤 했다. '홀라 앤 펑거스'는 계속해서 나를 다독였다.

"걱정 말고 원래 하던 대로 하시고 목소리만 좀 낮게 깔아 봐요. 라킴처럼……."

바로 내가 필요로 하는 방향이었다. 라킴은 내가 가장 좋아하는 래퍼였다. 그래서 나는 자리를 잡고 내가 갖고 싶은 방식보다는 내가 디렉팅 받은 방식대로 나가보자, 결심했다.

내 목소리로 부른 〈Summer Time〉은 힙합계에 충격을 주었다. 이 곡은 1991년 5월 20일에 발매되었고, 한 달 만에 R&B/힙합 차트에서 1위, 빌보드 핫 100 차트에서 4위를 기록했다. 뮤직비디오는 나와 제프의 진짜 가족, 친구들과 함께 필라델피아에서 찍었다.

〈Homebase〉는 두 달 만에 플래티넘 음반이 되었고, 아메리칸 뮤직 어워드를 수상했고 우리에게 두 번째 그래미상을 주었다.

한편, 나의 또 다른 커리어는······.

나는 대사를 강박적으로 외웠다. 시트콤 초창기에는 실패가 너무 두려워서 대본 전체를 통으로 외웠다. 내 대사뿐만 아니라 모든 사람의 대사를 달달 외웠고, 그것만이 근심을 줄여 주었다. 만약 이게 실패한다면, 그건 분명 내가 아니라 다른 사람의 잘못이었다.

어쩌면 너무 노력을 했던 걸까. 과도한 대사 암기 때문일까. 나는 나도 모르게 무의식적으로 카메라 프레임 속에서도 상대방의 모든 대사를 입으로 따라했다. 다행히도, 사람들은 TV를 볼 때, 말을 하고 있는 사람에게 온 시선을 집중한다. 이 현상을 심리학에서는 '부주의 맹시inattentional blindness 라고 부른다. 〈스미스소니언 매거진Smithsonian magazine〉의 대니얼 시몬스는 이렇게 표현한다.

"이런 형태의 맹시는 눈의 한계가 아니라 마음의 한계에 달려 있다. 우리는 의식적으로 시각 내의 작은 부분 집합만을 본다. 우리의 관심이 한 가지에 집중되면, 우리는 주변의 예상치 못한 다른 것들, 즉 우리가 보고 싶어 할 만한 것들도 알아차리지 못한다."

완벽한 예시가 시즌 1, 에피소드 5편인 '홈보이, 스위트 홈보이'이다. 돈 치들이 필라델피아에서 온 내 친구 아이스 트레이 역을 맡았다. 자세히 보면, 나는 돈의 대사를 전부 입으로 따라한다. 하지만 내가 아무리 바보처럼 입을 움직여도 보는 사람은 눈치채지 못한다. 시청자들의 관심은 말하는 배우에게 집중되기 때문이다. 이게 바로 무주의 맹시다. 얼마든지 그 편을 찾아 바보처럼 구는 나를 찾아봐도 좋다.

그 창피한 이야기를 직접 할 사람으로 카린이 뽑혔다. 물론 나는 부인했다. 하지만 고통스러운 증거를 찾자마자 나는 소름이 돋았다. 오늘날까지도 차마 나는 내 두 눈으로 그 에피소드를 볼 수가 없다.

세계적인 수준의 무대 훈련을 받은 배우들 사이에 멍청한 래퍼가 모든 대사를 따라 치고 있다니. 그리고 그 시트콤이 그 멍청이의 이름을 걸고 만들어지고 있다니. 습관을 고치는 데 2주가 걸렸다. 어떤 장면에서는 내가 아랫입술을 꾹 깨물고 있다. 하지만 어찌되었든 고칠 순 있었다.

———

내 인생에서 제임스 에이버리보다 더 감동시키고 싶은 사람은 거의 없었다. 제임스는 내 나이보다도 더 오래 연기를 해 왔고, 그는 극적인 존재 자체가 나에겐 귀감이었다. 나는 정말로 간절히 그에게 좋은 배우라는 인정을 받고 싶었다. 하지만 제임스 에이버리에게 감명을 준 것은 아무것도 없었다. 그는 내게 아버지나 다름없는 역할이었고, 실제로도 내게 거의 그런 존재가 되었다. 그는 내게 배우로서 "내가 가진 모든 것을 마스터하라."고 주문했고 늘 내 등을 떠밀었다.

그는 내게 "눈을 감고도 농담을 할 수 있어야지."라고 말하곤 했다. "천부적인 재능이고 보기에도 즐거워. 하지만 자네 안에는 더 많은 재능이 있어."라고 내 가슴을 강하게 누르며 조언을 해주었다.

"물론 자네는 아직 상상도 못할 거야. 그리고 손을 뻗지 않으면 절대 찾을 수 없지. 하지만 재능과 기술엔 차이가 분명히 있어. 재능은 타고나는 거야. 기술은 땀과 연습과 헌신을 통해서만 얻을 수 있어. 그러니 연마하라고."

내 연기 커리어에서 가장 자랑스러운 장면 중 하나가 〈더 프레시 프린스 오브 벨 에어〉의 가장 유명한 에피소드 〈파파의 새로운 변명 Papa's Got a Brand New Excuse〉편에 실려 있다. 벤 베린이 연기했던 윌의 친아버지 루가 아들을 찾아와 그와 시간을 보낸다. 윌은 아버지가 돌아와 기뻐하지만, 필 삼촌은 회의적이었다. 그리고 윌과 필 삼촌 사이에 갈등의 도화선이 된다. 대형 트럭 운전사인 윌의 아버지가 윌에게 여름을 함께 여행하며 보내자고 한다. 윌은 신이 나서 필 삼촌의 충고를 무시하기로 결심한다. 이 에피소드의 클라이맥스는 윌의 아버지가 핑계를 대며 아들과의 여행을 취소하고 다시 사라져버린 후, 윌을 위로하는 필 삼촌에게 윌이 못된 막말을 내뱉는 장면이다.

이 장면이 전체 시리즈 중 가장 힘들고 극적인 장면이었다. 다른 사람도 아닌 바로 내가 대 배우 제임스 에이버리와 일대일로 붙는 장면이 탄생한 것이다. 명배우들은 다른 명배우들과 한 장면에서 정면승부를 펼칠 수 있는 기회를 즐긴다. 하지만 나는 제대로 된 배우가 아니었다. 거인의 그림자에 겁먹은 어린 소년이였다. 이런 종류의 장면을 찍기 위해 몇 주에 걸친 준비를 한다. 모두들 기대한다. 그러나 이런 기대감은 수면, 식욕, 기억력, 신경에 지장을 준다. 촬영장의 극적인 장면은 마치 권투경기처럼 긴장감을 불러온다. 출연진과 제작진이 모두 모여 어떻게 두 사람이 피 튀기는 연기를 보여줄지 기대하며 집중한다. 하지만 녹화 세트장을 찾은 방청객들은 이런 사실은 모른 채, 그저 충격에 빠지고 놀랄 뿐이다.

금요일 밤이었다. 관객들은 자리를 잡았고 에피소드는 잘 진행되고 있었다. 그리고 마지막 장면만 남았다.

나는 밤낮으로 공부했다. 준비가 된 것 같았다. 하지만 첫 번째 테이크를 찍자마자 나는 얼어붙었다. 머리가 하얘져서 두 번째 대사를 놓쳤다. 나는 너무 빨리 대사를 뱉거나 더듬었다. 불안한 마음으로 너무 열심히 노력하고 있었다. 감독은 관객들에게 다음 대사를 섣불리 공개하지 않으려 재빨리 '컷'을 외쳤다. 하지만 내 정신은 이미 흔들릴 대로 흔들린 상태였다.

"아오, 젠장!"

나는 목청껏 소리쳤다.

"아오, XX!"

목의 핏줄이 있는 대로 섰고, 주먹에 절로 힘이 실렸다.

"이봐!" 제임스가 소리치며 나를 다시 집중시켰다.

"진정해." 그가 속삭였다. 그리고 검지와 중지를 모아 자신의 눈을 가리키며 자기에게 집중하라는 신호를 보냈다. 그리고 내 귀에 그가 속삭였다.

"나를 이용하란 말이야. 내 눈을 보고 나한테 말을 해."

나는 그의 시선에 빠져들었다. 영문도 모른 채 그의 파워에 이끌렸다. 그는 내가 충분히 감정을 잡았다고 느낄 때까지 시선을 떼지 않았다. 제임스는 감독의 신호를 기다리지 않고 무대 위에서 직접 '액션'을 외쳤다.

다음 테이크는 실제 에피소드에 등장한 대본이다.

필 삼촌   미안하다. 내가 해 줄 일이 있으면……
윌   있잖아요? 아무것도 하지 않아도 돼요. 삼촌. 내가 무슨 다섯 살짜리 어린 애도 아니고요. 매일 밤 어머니한테 "아빠는 언제 와요?" 하고 울 나이도 아니잖아요? 내가 언제 아버지가 필요하대요? 그냥 나한테 처음으로 농구를 가르쳐 준 사람이고요, 나도 가르쳐준대로 그냥 배운 것뿐이에요.
그래도 농구는 꽤 잘 하잖아요, 그렇죠? 삼촌? 여자랑 처음 데이트 할 때도 아버지 없이 잘했어요. 운전하는 법도 혼자 배웠고, 면도하는 법도 혼자 배웠고, 싸우는 법도 혼자 배웠다고요. 아버지 없이도 열네 번째 생일 날을 근사하게 보냈다고요. 근데 아버지란 사람은 나한테 편지 한 통을 안 보냈어요!
[아무도 없는 현관문을 향해 소리 지른다] 지옥에나 가라 그래요! 나는 아버지 필요 없으니까. 어릴 때도 필요 없었고 이제 그 사람은 아예 안 보고 살 거니까.

필 삼촌   윌…….

윌   아니요, 삼촌. 그거 알아요? 나는 그 사람 없이 대학도 졸업할 거고요. 그 사람 없이도 좋은 직장을 얻을 수 있어요. 나는 진짜 예쁜 여자랑 결혼도 할 거고, 애도 진짜 많이 낳을 거예요. 그래서 그 사람보다 훨씬 더 좋은 아버지가 될 거라고요. 그리고 진짜 그 사람은 내 인생에 필요 없어요. 왜냐면 우리 아버지란 사람은 나한테 어떻게 자식들을 사랑하는 지 가르쳐 준 적이 단 한 번도 없으니까.

그리고 잠시 후, 윌은 아이처럼 엉엉 울며 말했다.

"대체 아버지는 왜 나를 원하지 않을까요?"

그럼 필 삼촌은 윌을 품에 가득 안아준다. 아버지와 아들이 서로를 안아주는 모습처럼 비춰지며 장면은 천천히 암전된다. 나를 안아주던 제임스 에이버리가 내 귀에 속삭였다.

"자, 그게 바로 진짜 연기야."

12.

DESIRE

욕망

원하는 것이 무엇인지를
정확히 알아야
삶에 방향을 제시할 수 있다.

그는 무엇을 원하는가?

배우로서 이 질문은 연기를 위해 준비하고 있는 인물에 대한 가장 중요한 질문이다. 그가 원하고 극적으로 추구하고자 하는 건 캐릭터가 보이는 행동의 가장 본질적인 기둥이 된다. 만약 누군가 왜 이런 행동을 하는지 이해하고 싶다면, 단지 "그가 무엇을 원했는가?"에 대한 질문을 던져보면 쉽다. 배우로서 가장 중요한 점은 등장인물의 마음속에서 서로 얽히고 때로는 충돌하는 욕망의 체계를 파헤쳐 심리적 추진력을 만들어내는 것이다. 연기는 처음부터 자신을 위한 새로운 개성을 키우는 것과 같다.

일단 캐릭터의 중심 동기에 대한 기초적인 이해가 이루어지면, 진정한 연기의 재미는 두 번째 질문에서 시작된다. 그렇다면 그는 왜 그것을 원하는가? 이 질문에 대한 대답은 나중을 위한 것이다. 욕망과 장애물 사이의 전쟁은 극적인 스토리텔링의 핵심이자 영혼이다. 때로 이런 장애물은 내면에서 오는 경우도 있다. 이때 재미가 한층 깊어진다. 영화계에선 위대한 캐릭터 여정의 구조를 설명할 수 있는 좋은 말이 있다. 분명 누군가는 무언가를 간절히 원하고, 어떤 역경을 무릅쓰고라도 그것을 추구한다는 것이다. 어떤 영화를 좋아했던, 어떤 캐릭터를 응원했든 간에, 그게 가능했던 이유는 보는 우리가 캐릭터에게서 공감할 만한 무언가를 그가 원했기 때문이다. 캐릭터는 그것을 이루기 위해 목숨을 걸고 노력했다.

영화에 대한 진실은 삶을 관통하는 진실과 같다. 당신이 원하는 것을 말해주면, 나는 당신이 어떤 사람인지를 표현한다.

―――――

"뭐 하는 거야, 친구?" 어느 날 갑자기 JL이 내게 물었다.

"무슨 뜻이야?"

"내 말은, 요즘 우리 말이야. 사람도 너무 많고 일도 너무 많아. 계속 이렇게 일할 수 없어. 만약 내가 네 일을 계속 도와줘야 한다면 적어도 내가 뭘 하는지는 정확히 알아야겠어."

"다 잘 되고 있잖아. 이 정도면 잘 굴러가는데, 모르겠어?"

"아니야. 나도 잘 굴러간다는 건 알아. 내 말은 너무 여기저기 산재되어 있어서 초점이 없다는 거야." JL이 고집을 이어나갔다.

"지난번처럼 일을 망칠 수도 있다고. 단지 날갯짓만 해서는 될 수 없어. 난 목표가 무엇인지 확실히 하고 싶어."

나는 그의 질문을 정말 이해하지 못했다. 내 생각에는, 그는 그냥 겁에 질려 있었다. 과도한 정리 집착은 아닐까 생각했다. JL은 미니멀리스트였고, 거의 금욕주의자였다. 옷도 거의 없었고, 침실은 항상 흠잡을 데 없는 상태로 유지되었으며, 그의 삶 모든 것에는 장소와 목적이 있었다. 그리고 모든 것이 깔끔하게 정리되지 않았을 때, 그는 상당히 혼란스러워 했으며, 궁극적으로는 깔끔하지 않은 상황 자체를 못 견뎌했다. 나는 그에게 안정적이고 간단한 답을 주고자 노력했다.

"목표는 파산하지 않는 거지." 나는 말했다.

"즐겁게 놀고, 여행하고, 우리가 원하는 대로 살아야지. 국세청이 더 이상 우리 뒤를 캐지 않는 것도 중요하고."

"그럼 정확히 말해서 목표는 다섯 가지네. 그게 내 문제야. 네가 꾸는 꿈은 뭔데? 우리는 뭘 만들어 나가려고 하는 건데? 넌 원하는 게 뭐야?" JL이 단호한 말투로 나를 압박했다.

원하는 것. 나는 살면서 이때까지 한 번도 내 입으로 이 말을 해본 적이 없다. 머릿속으로는 몇 번이나 말했지만 실제로 목소리를 내어 말해본 적이 없었다. 어머니는 어린 시절 내내 나와 형제들이 담긴 가족사진을 50장 정도 펼쳐 놓으셨다. 그리곤 내 앞에 당당하게 서서 뭐가 다른지 물어보시곤 하셨다. 나는 사건을 해결할 단서를 찾으려는 형사처럼 사진들을 샅샅이 뒤졌다. 그리고 몇 분 후, 포기할 수밖에 없었다.

"잘 모르겠어요, 어머니."라고 내가 말했다.

"너희 형제자매를 보렴. 어떤 사진에서는 옆을 보고 있거나, 얼굴을 찡그리고 있거나 다른 사람 뒤에 가려져 있을 때도 있지. 근데 너를 봐. 카메라를 똑바로 보지 않은 사진이 단 한 장도 없잖니."

나는 항상 카메라를 감지해 왔다. 나는 공연을 좋아한다. 나는 카메라를 좋아하고, 더 중요한 것은 나를 좋아한다는 것이다. 나는 내가 기억하는 한 비밀의 꿈을 가지고 있었다. 꿈도 꾸기가 편치 않았다. 난 이렇게 큰 꿈을 꿀 자격이 없었으니까. 하지만 나 혼자 남는 가장 조용한 순간이면, 나에겐 한결같은 욕심이 있었다. 할리우드로 향하는 표지판을 꿈꾸며 언제나 감상에 젖곤 했었다.

나는 에디 머피가 하던 일을 하고 싶었다. 〈스타워즈〉를 처음 봤을 때 어떤 느낌이었는지 사람들에게 느끼게 해주고 싶었다. 나는 〈스타워즈〉 속 에디 머피가 되고 싶었다. 그래서 처음으로 JL에게 큰 소리로 말했다.

"나는 세계에서 가장 유명한 영화배우가 되고 싶어."

JL은 겉으로는 거의 반응하지 않는 사람이다. 그는 대부분 포커 페이스를 유지한다. 그에게 가령 'JL, 네 어머니가 통화 중이셔.', 'JL, 오븐이 폭발해서 아기 침대가 전부 불타고 있어.' 아니면 '난 세상에서 가장 유명한 영화배우가 되고 싶어.'라고 말하든 그의 표정은 늘 그대로다. 그는 결코 속마음을 드러내지 않는다. 그래서인지 그에게 사소한 힌트라도 얻고 싶어 항상 몸을 가까이 숙이게 된다.

나는 열심히 몸을 숙였다.

"좋아, 그게 목표지."라고 JL은 말했다.

———

유명 기업인이자 컨설턴트인 스티븐 코비는《성공하는 사람들의 7가지 습관》이라는 책에서 인간에게는 두 가지 문제만이 존재한다고 말한다. 첫 번째는 무엇을 원하는지 알고 있으면서도 그것을 얻는 방법을 알지 못하는 것, 그리고 두 번째로 무엇을 원하는지 아예 모르는 것이다.

명확한 목적은 성공의 강력한 초석이다. 원하는 것이 무엇인지를 정확히 알아야 삶에 방향을 제시할 수 있다. 모든 말, 모든 행동,

모든 연관성을 정확하게 선택하고 활용하여 당신이 원하는 결과를 이끌어낼 수 있다. 무엇을 먹고 언제 자고, 어디를 가고, 누구와 이야기를 나누는지, 누구와 대화를 하고 싶은지, 누구와 친구가 되고 싶은지 등 이런 모든 것들이 내가 원하는 가장 커다란 야망을 향해 나아가는 길이 되는 것이다.

JL은 목표가 있을 때 마음을 가다듬고 변화를 받아들인다. 그는 내가 만난 그 누구보다 뛰어나다. 우리의 대화 이후로 몇 달 동안 JL은 일단 할리우드의 모든 각본을 읽었다. 오래된 것들, 새로운 것들, 나쁜 것들, 좋은 것들, 이미 개봉된 성공적인 영화들, 결코 개봉되지 않은 실패한 영화들, 히트하고 실패하는 것들, 그리고 그 사이의 모든 것들까지. 그는 아마 백 편가량의 시나리오를 읽었던 것 같다. 그리고 각각의 장단점에 대해 토론했다.

우리는 우리의 목표가 있었고, 우리가 물었던 첫 번째 질문은 무엇이 누군가를 단순한 연기자가 아닌 스타로 만드는가 하는 것이었다. 유명한 배우는 용기, 독창성, 역경을 이겨내는 성공 등 인류의 최고를 구현하고 묘사하는 호감 가는 캐릭터를 연기하는 경향이 있다. 나는 실제 삶보다 영화에서 더 나은 사람이 되겠다는 생각이 좋았다. 사람들을 보호할 수도 있고, 나쁜 것들을 죽일 수도 있고, 날 수도 있고, 모든 여자들이 나를 좋아할 수도 있었다. 그래야만 한다고 대본이 제시하지 않은가. 나는 무엇이 훌륭한 영화배우의 캐릭터를 만들어내는가에 대한 방법도 생각해보았다. 나는 이것을 스타덤의 세 가지라고 불렀다. 일단 싸움에 능해야 하고, 위트가 있어야 하며 마지막으로 성적인 매력이 있어야 한다.

세 가지 특징의 기저엔 인간의 가장 깊은 동경이 있다. 싸움은 안전을, 그리고 육체적 생존을 나타낸다. 재치가 넘친다는 것은 기쁨, 행복, 그리고 모든 부정적인 것에서 해방되는 것과 같다. 그리고 성적인 매력은 사랑의 약속과 같다. 그리고 이러한 자질들을 포괄하여, 가장 유명한 스타 배우가 가장 유명한 영화를 만드는 법이었다. 결국 스타는 자기 자리를 알아서 만들어나간다.

다음 질문은 유명한 영화의 주요 요소는 무엇인가였다. JL은 패턴이 있는지 알아보기 위해 역대 최고 수익을 올린 영화 열 편을 골랐다. 답은 아주 명확했다. 역대 상위 열 편 모두 특수 효과를 포함하고 있었다. 그리고 열 편 중에 아홉 편은 특수효과와 특수 생명체가 나왔다. 열 편 중 여덟 편에서 특수효과, 생명체, 그리고 로맨스가 포함되었다(우리는 궁극적으로 열 편의 영화가 사실 전부 사랑에 관한 영화라는 것을 알게 되었다. 하지만 우리는 그 당시에 그것을 알아차리지 못했다).

우리는 우리가 무엇을 찾고 있는지 알고 있었다. 이제, 우리는 그 시나리오를 가지고 있는 사람을 찾아서, 그게 누구든 나를 써달라고 설득해야만 했다.

문제는 전 세계적으로 흥행하는 영화에는 제작과 홍보에 가장 비용이 많이 든다는 것이었다. 다시 말해, 신인인 나를 쓰기엔 위험성이 너무 크다는 것을 의미했다. 영화에 참여하는 모든 사람들의 경력이 뛰어났다. 반면 나는 너무 어리고, 무명이고, 연기 경험도 부족했고, 흑인이었다. 과연 어떤 스튜디오가 나의 매력, 잘생긴 외모, 겸손함에 1억 5천만 달러의 제작 예산과 1억 5천만 달러의 홍보 예산을 걸 수 있었을까.

———

타냐는 대마초를 피우곤 했다. 내 생각엔 아버지의 알코올중독 때문에 내가 모든 물질에 좀 예민함을 갖는 것 같다. 타냐가 무엇을 피우든 개의치 않았지만, 이젠 내 목표가 너무 명확해졌다. 내 여자 친구가 대마초를 피우는 게 나에겐 어떤 도움도 될 것 같지 않았다. 나는 가족을 가질 준비가 되어 있었고 새로운 삶을 시작할 준비도 되어 있었다. 그래서 타냐에게 금연을 권유했다. 물론 내 요구는 잘 받아들여지지 않았다.

"자기는 너무 고지식해." 타냐가 말했다.

"그냥 대마초야. 화장실 바닥에서 코카인을 흡입하는 것도 아닌데."

"마약은 마약이지." 나는 좀 심각한 투로 말했다.

"아니, 대마초가 무슨 마약이야." 그녀가 분개했다.

"그렇게 심각할 일이야?"

"아니, 심각한 거야." 내가 대답했다.

"그럼 이렇게 하자. 30일만 딱 끊어봐. 자기가 중독되지 않았다는 걸 증명해. 그럼 그때 다시 이야기해보자."

그녀는 잠시 생각했다. 분명 할 수 있었을 것이라는 느낌을 받았지만, 딱딱하게 몰아세운 내 말투 때문인지 마음속에 뿌리 깊은 반항심이 생긴 것 같았다. 그녀는 나를 사랑했고, 나를 기쁘게 해주고 싶었지만, 내가 자신을 통제하도록 보고만 있을 생각은 없었다.

타냐는 여전히 서서 팔짱을 단단히 끼고 고개를 약간 기울인 채로 말이 없었다. 그녀가 중대한 결정을 내릴 때면 늘 보이는 모습이었다. 그러다가 조용히, 그녀는 대답했다. "싫어."

당신이 원하는 것을 알게 되면, 원하지 않는 것도 명확해진다. 그리고 고통스러운 결정도 쉽지는 않지만 간단해진다.

"그럼 어쩔 수 없지."

———

혹시 알래스카 연어의 이동에 관한 〈내셔널지오그래픽National Geographic〉 다큐멘터리를 본 적이 있는가? 배고픈 불곰들이 강 한가운데 서서 물 밖으로 연어가 튀어 오르기만을 기다리는 다큐멘터리 말이다.

〈더 프레시 프린스 오브 벨 에어〉의 캐스팅 사무실 밖에서 알폰소 리베이로와 나는 바로 그 불곰처럼 늘 기다리곤 했다. 할리우드의 모든 흑인 여배우들이 우리의 사무실을 다녀갔다. 1990년 어느날, 알폰소와 나는 함께 앉아 점심을 먹고 있었다. 당시 알폰소는 무언가에 대한 철학적인 태도를 취하고 있었다. 매우 열정적이고 완고한 자세로, 그는 목청 좋게 자기 이야기를 하며 오른쪽 손을 세워 왼쪽 손바닥을 열심히 두드렸다. 그런 자세로 말하면 자신이 말하는 모든 게 사실인 냥 느껴지는 모양이었다. 그때 그녀가 걸어 들어왔다. 씹고 있던 치킨이 목에 턱 하고 걸렸다.

"대체 누구야?" 나는 쉬지 않고 떠들어대는 알폰소에게 속삭였다. "LA 출신이 아닌 거 같은데." (동부 사람은 동부 사람을 잘 알아본다.)

그녀는 화가 머리끝까지 난 모양이었다. 캐스팅 담당자가 그녀에게 시트콤 속 윌의 여자 친구 역할을 하기엔 키가 너무 작다고 말한 모양이다. 할리우드의 그런 면이 싫었다. 풍부한 재능이나 예술적 조예보다 키가 더 중요한 요소가 되다니.

나는 이 모든 것을 의식하지 않고 강물에 발을 들여놓았다.

"안녕, 자기?" 정말 잘못된 단어로 말을 걸었다.

"뭐래, 진짜. 저리 가세요." 그녀는 내게 저리 가라는 손짓을 하며 사라졌다.

그날 처음으로 제이다 핀켓을 보았다. 그리고 나는 첫눈에 반해버렸다.

———

알폰소는 제이다가 〈코스비 가족〉의 스핀오프 시트콤인 〈A Different World〉에 출연했다는 것을 알게 되었다. 그는 시트콤 작가 한 명을 알고 있었고, 곧 제이다의 촬영날짜도 알려주었다. 정말 완벽했다. 우리는 금요일 녹화지만 〈A Different World〉은 목요일 녹화였다. 나와 알폰소는 리허설을 마치자마자 달려갈 수 있었다.

이맘때쯤 〈더 프레시 프린스 오브 벨 에어〉의 인기는 하늘을 찌르고 있었다. 나와 알폰소 역시 할리우드에서 정말 핫한 사람들이었다. 우리 계획은 함께 〈A Different World〉 세트장에 가서 방청객 사이에 앉는 것이었다. 프레시 프린스가 방청석에 앉아 있다면 그것만큼 보여주기 좋은 것도 없었다. 물론 관객들의 반응은 폭발하겠지. 제이다 역시 자기 씬을 찍을 때면 넘치는 환호성을 들을 수 있을 것이다. 그리고 관객석을 돌아보면 그 환호가 나 때문이라는 걸 알 수 있겠지.

결국 나는 24캐럿짜리 헤링본 금 목걸이를 가슴에 달고 가기로 결정했다. '프레시 프린스'라는 이름 중에서도 'T'와 'F' 그리고 'P'는 최고급 VVS 1등급 다이아몬드를 박은 목걸이였다. 휘황찬란한 다이아몬드가 반짝이는 목걸이를 목에 건 채, 묘기를 부릴 준비를 단단히 한 셈이었다. 모든 게 순조로웠다. 나와 알폰소가 세트장에 들어가면 사람들이 환호성을 내지른다. 나는 제이다를 볼 수 없어도, 그녀는 분명 내가 그곳에 있다는 걸 알 것이다. 나는 사람들을 달랬다.

"여러분, 조용히 해야죠. 이제 촬영을 할 거잖아요."

나는 느긋한 태도로 속삭이며 관객석 맨 앞줄에 앉았다. 제이다는 씬 중간쯤 등장했지만 동부 연안의 우아함이 온통 깃들어 있었다. 억양과 태도, 머리스타일과 몸짓 전부. 마치 집에 온 것처럼 자연스럽고 편안해보였다.

녹화 사이에 알폰소는 그의 친구이자 작가였던 올랜도 존스를 발견했다. 그는 맨 앞줄 중앙에서 몸이 까무잡잡한 멋진 여자와 이야기를 나누고 있었다. 그녀도 LA 출신은 아닌 게 분명해 보였다. 이곳의 웅장함이 다소 불편해 보였던 까닭이다. 나는 그들에게 다가가 올랜도에게 인사를 건네고 그 여자에게 내 소개를 했다.

그녀의 이름은 셰리 잠피노로 뉴욕 출신이라고 했다. 진짜 뉴욕은 아니고 뉴욕주 시라쿠스쯤이라고 했다. 차라리 캐나다와 가까운 곳이었다.

"자, 이렇게 합시다." 내가 말했다.

"오늘 처음 만난 사이니까 이번엔 넘어갈게요. 하지만 다음 번에 누군가 당신에게 어디 출신이냐고 묻거든 절대 '뉴욕'이라곤 하지 말아요. 특히 당신 스스로 스키넥터디 출신이라는 걸 잘 알잖아요."

만약 그녀가 물을 마시고 있었다면 아마 그대로 내 얼굴에 뿜었을 것이다. 그녀는 내가 자신의 은밀한 비밀을 이렇게 대놓고 말했다는 게 참을 수 없이 웃겼던 것 같다. 곧 벨이 울리며 관객들에게 녹화 시작을 알렸지만, 그녀는 그때도 정신없이 웃고 있었다. 조금 진정할 필요성이 있었다. 하지만 난 절대 그녀를 진정시킬 생각이 없었다. 그녀에게 몸을 숙여 속삭였다.

"오해의 소지가 너무 다분하고 진실을 완전히 감추는 거잖아요. 만약 누군가 뉴욕 출신이라고 말하면 사람들은 브롱크스, 브루클린, 아니면 스태튼 아일랜드를 떠올리겠죠. 사람들은 당신이 진짜

쿨하다고 생각할 텐데, 당신이 스키넥터디 출신이라는 걸 알면 어떻게 되겠습니까?"

이쯤 되자, 그녀는 거의 숨을 못 쉴 정도로 웃어대고 있었다. 내게 제발 조용히 하라고 애원을 할 정도였지만, 그럴 일은 없었다.

"그냥 하는 소리예요. 돌아다니면서 사람들한테 거짓말은 하지 말라는 거죠. 스키넥터디는 뉴욕이 아니잖아요. 그냥 여기 앉아서…… 캐나다를 대표하시는 건 어때요. 단풍잎이 그려진 스웨터를 입고 사람들한테 메이플 시럽도 나눠주면서……."

다행히도 씬이 끝나고 그녀는 자유롭게 큰 소리로 웃을 수 있었다. 화장이 번지고 두 눈이 붉어졌다. 농담을 좋아하는 코미디언이라면 누구든 듣고 싶어 하는 말, 칭찬의 극치를 건넸다.

"당신 진짜 바보 같아요."

그날 밤 나는 제이다를 만나지 못했다. 셰리와 나는 녹화가 끝나기도 전에 함께 떠났다. 우리는 저녁 식사 내내 웃었고, 가을 내내 웃었고, 석 달 후 결혼했다.

———

윌러드 캐럴 스미스 3세는 1992년 11월 11일에 태어났다. 태어날 때부터 우리는 그를 '트레이'라고 불렀다. 그가 세 번째 윌러드 스미스였기 때문이었다.

처음 의사가 너를 내 품에 넘겨준 순간

나는 알았지, 내 목숨을 바쳐서라도 꼭 너를 지키리라는 걸.

과연 내가 그럴만한 사람인가?

비록 내 마음속에 너무 많은

의문이 남았지만.

잘못에 맞서 옳음을 택하고 당당히 서 있을 수 있을까, 하는.

병원에서 퇴원하던 날, 집까지 한 시간이 걸렸어.

사람들이 너무도 빨리 달리더라. 그게 너무 화가 났단다.

널 안전하게 집으로 데려와, 네 요람에 뉘이고.

그날 밤 나는 한숨도 잘 수가 없었어.

내 침대를 조용히 빠져나와 네 요람 곁에 서서,

너의 부드러운 머리칼을 만지고 너의 따뜻한 심장을 느꼈어.

왜냐하면 너를 내 삶보다 더 사랑했으니까.

그리고 무릎을 꿇고, 주님께 빌었지.

제발 내가 좋은 아빠가 되게 해 달라고.

네게 줄 수 있는 모든 사랑과 지식과 규칙을 알려 달라고.

그리고 빌었단다. 너에게 내 모든 삶을 바치겠노라.

- ⟨JUST THE TWO OF US⟩

트레이의 출생과 아버지로서의 내 다짐을 대중에게 표현한 것으로 널리 알려진 노래다. 하지만 그 첫날밤은 노래가 암시하는 것보다 훨씬 더 감정적으로 떠들썩했다. 셰리는 잠들어 있었고 우리는 트레이를 위한 작은 요람을 옆 침실에 두고 있었다. 나는 아이를 계속 쳐다보았다. 나는 겁이 났다.

평생을 원했던 모습이었다. 아들, 아내, 가족과 함께 있었다. 이젠 내 차례였다. 내 몸은 이 작은 인간의 삶에 대한 과도한 책임감에 압도되어 떨리고 있었다. 나는 무릎을 꿇고 걷잡을 수 없이 흐느껴 울며 신에게 기도했다.

"제발, 내가 제대로 할 수 있도록 도와주세요. 좋은 아빠가 될 수 있도록 도와주세요."

어린 시절 내 마음은 드론처럼 빙글빙글 돌았다. 아버지에 대한 나쁜 소리를 너무 많이 했는데, 자 이제 내 차례가 되었다. 내가 과연 내 아들을 위해 벽을 쌓으라는 소리를 해 줄 수 있을 만큼 똑똑할까? 언제나 식탁에 음식을 차려줄 수 있을까? 과연 내가 아들을 죽이러 찾아온 남자를 막아설 만큼 강한가?

새벽 3시, 나는 여전히 무릎을 꿇고 있었다. 난 그저 어린 소년일 뿐이었다. 난 그토록 아버지를 원한 적이 없었다. 그런데 그 순간 마음속 깊은 곳에서 무언가 결심이 섰다. 결단이고 철두철미한 확신이었다. 나는 눈물을 닦고 일어서서, 트레이의 머리를 부드럽게 쓰다듬어 보았다. 나는 알 수 있었다. 내게는 오직 두 가지의 가능성만이 있었다. 첫째, 이 세상에 다신 없을 최고의 아버지가 되던가, 둘째, 이대로 죽어버리던가.

난 살면서 아팠던 순간이 손에 꼽힌다. 난 절대 아픈 사람이 아니다. 금요일 밤, 〈더 프레시 프린스 오브 벨 에어〉를 녹화하는 날이었다. 하루 종일 속이 뒤집혔다. 움직일 수도 없었다. 아마 식중독이었던 것 같다. 방청객 앞에서 에너지를 모두 발산하기 위해 하루 종일 힘을 아끼며 사전 녹화와 리허설 내내 대기실에 머물렀다. 셰리가 나를 돌보려고 촬영장에 왔다. 그녀는 우리가 왜 녹화를 하루 미룰 수 없는지 이해할 수 없다고 했다.

"내가 만약 일정을 미루면 누가 나를 대우해 주겠어?"

나는 메스꺼운 속을 달래며 말했다. 아프거나, 다치거나, 힘든 상황에서도 열심히 일하는 건 내게 명예로운 일이었다. 나는 내 경쟁자가 고꾸라지는 상황에서도 열심히 나아가고 싶었다. 나는 아내에게 무적임을 알리고 싶었다. 여성들 그리고 유럽인들은 언제나 이런 태도에 고개를 저으며 부정적인 반응을 보인다. 하지만 원시시대부터 그랬다. 타고난 싸움꾼을 어찌 대우하지 않을 수 있겠는가.

금요일 밤은 우리에게 중요한 행사였다. JL은 스폰서, 임원, 그리고 깊은 인상을 남기고 싶은 이 업계의 사람이라면 누구나 초대했다. 우리는 그들의 가족들까지 신경 썼다. 자녀와 배우자까지 초대해 즐거운 시간을 보내면 그들은 우리와의 사업 가능성을 더 높게 보았다. 그리고 〈더 프레시 프린스 오브 벨 에어〉의 금요일 녹화만큼 즐거운 시간은 찾아보기 힘들었다. 이토록 중요한 밤이었는데 나는 죽어가고 있었다. 도저히 즐길 엄두가 나질 않았다.

셰리가 상황을 통제했다. 이토록 빛이 되어준 적이 없었다. 그녀는 대기실 밖으로 미팅 장소를 옮겨 무대 위에 공간을 마련했다. 여분의 음식을 준비하고 나머지 배우들에게 잡담 시간을 좀 줄여 달라 부탁했다. 남편을 위해서 뿐만 아니라 자기가 나서서 일을 해치우는 게 좋았다. 셰리는 부부에서 부부로, 가족에서 가족으로 자리를 옮기며 사람들과 흥미로운 대화를 나누었다. 아이들에겐 무대 주변을 보여주었고, 임원의 부인들과는 전화번호를 교환했으며 모든 사람들이 즐길 수 있게 만들어 주었다. 셰리가 상황을 진두지휘하고 나는 딱 10분만 나타나 자리에 머물다가 계약을 맺고 녹화를 시작했다.

셰리는 마치 내가 상상만 하던 완벽한 아내이자 여주인공 같았다. 푸 리처드슨과 함께했던 티지아처럼 셰리와 나는 '세계에서 가장 유명한 영화배우가 될 윌'을 만드는 사업의 완벽한 한 팀이었다.

우리는 곧 NBC가 있는 버뱅크에서 9분 거리에 있는 톨루카 호수에 있는 타운하우스를 구입했다. 〈더 프레시 프린스 오브 벨 에어〉 촬영을 하는 동네였다. 집과 직장이 가까워 많은 시간을 보낼 수 있을 것 같았다. 아주 중요한 지점을 확보했다. 필라델피아 팀 전체가 본부로 쓰고 있는 부에나 비스타 아파트에서 불과 7분 거리였고, 언덕을 넘으면 할리우드가 17분 거리였다. 곧 개봉할 영화 홍보로도 완벽한 곳이었다.

어느 토요일 오후, 월요일 사전 미팅 전 대본을 읽고 있었다. 셰리는 부엌에서 요리를 하고 있었다. 요리는 그녀에게 창의적인 영감을 불러일으키는 작업 중 하나였다.

나는 그녀 안에 있는 예술적인 면을 사랑했다. 그녀는 뉴욕 패션기술대학교Fashion Institute of Technology, FIT에 다녔다. 셰리는 옷을 만들 수 있었고, 그림을 그릴 수 있었다. 나는 처음으로 누군가가 자신의 작품을 집에 걸어놓는 것을 보았다. 난 그게 그렇게 멋진 일인줄 처음 알았다. 그녀는 무술가이기도 했다. 아버지는 태권도 9단의 명수이자 강사였고, 셰리 역시 필요할 경우 스스로를 보호할 수 있는 사람이었다.

셰리는 강한 양육 본능을 가지고 있었다. 아버지는 이탈리아인이었고, 할머니는 전업주부셨다. 이탈리아계 가족들은 스키넥터디에서 슈퍼마켓을 운영하고 계셨다. 그래서 늘 음식이 많았고, 식사 시간은 가족들이 함께하는 중요한 시간이었다. 그러다가 부모님이 이혼을 하시며 어머니는 다시 일을 하기 시작했고, 부엌은 곧 셰리의 영역이 되었다. 셰리는 요리하고 사람들을 먹이는 것을 좋아했다. 그녀는 내가 만난 사람 중 유일하게 외할머니처럼 자투리 재료로 맛있는 파티를 열 수 있는 사람이었다. 우리는 매주 〈더 프레시 프린스 오브 벨 에어〉가 방송되는 날이면 파티를 열곤 했다. 셰리는 본능적으로 요리를 하고 집을 따뜻하게 하고 사람들을 초대했다. 집에는 항상 적어도 다섯 명의 필라델피아 친구들이 있었다. 다들 부엌을 유심히 바라보며 셰리가 우리에 넣어줄 맛있는 음식을 호시탐탐 노렸다.

행복한 삶에 대한 셰리의 비전은 즐겁고 조화로운 양육, 즉 사람들을 돌보는 가정주부였다. 그녀는 어머니와 아내로 소박한 삶을 살 수 있어서 행복했다. 그러나 나는 세상을 정복하고 싶었다. 내 사랑의 정의는 보호와 제공, 가족의 신체적, 재정적 미래를 보장하는 것이었다. 나는 "육교 밑에 텐트를 치고 먹는 밥이 어떻게 맛이 있겠어."라고 믿는 쪽이었다.

———————

전화벨이 울렸을 때 오말은 차고에 작은 휴대용 스튜디오를 세우고 있었다.

"윌, JL인데." 오말이 소리쳤다.

나는 뛰어와 전화를 받았다.

"어떻게 지내, JL?"

"집에 있는지 확인하려고 건 거야. 내가 할 말이 있어, 급해."

"왜? 무슨 일인데?" 나는 다급하게 말했다.

"만나서 할 이야기야. 지금 가는 길이야."

그리고 전화는 끊어졌다.

나는 당장 숨이 넘어가게 급한 것처럼 전화해 놓고 정작 전화를 받으면 무슨 일인지는 말도 안 해주는 식의 통화가 정말 싫다. 다행스럽게도, 내가 9분 정도만 기다리면 되었다. JL이 차에 타는데 2분, 부에나 비스타 아파트에서 우리 집까지는 7분 거리였다.

9분 후에 JL이 차를 세웠다. 자기가 직접 운전했다는 건 적어도 의학적 문제는 아니란 뜻이니까, 조금 불안해 보이긴 하지만 겁에 질린 건 아니었다. 도리어 약간 웃고 있었지만 어딘가 쓸쓸해보였다. 분명 전화로 그냥 이야기를 해줬어도 될 것 같았다.

"대체 뭔데, JL?"

우리는 필라델피아에서 주로 나누는 주먹 인사 반, 포옹 반을 나눴다. JL은 상대의 주먹을 쥐고, 살짝 껴안는 것 같으면서도 동시에 가슴을 팔로 감싸 자기만의 공간을 남겨두는 방식을 선호했다.

그가 바로 이야기를 털어냈다.

"좋아. 〈가방 속의 여덟 머리〉라는 갱 영화를 준비하는 제작사가 있는데, 네 출연료로 천만 달러를 불렀어."

"이런, 대박이잖아!"

나는 두 팔로 머리를 감싸 쥐며 외쳤다. 그리고 JL에게 하이파이브를 건넸지만 상대는 어쩐지 성의가 없었다. 그는 내 손을 꼭 부여잡으며 말했다.

"난 네가 그 영화는 안 했으면 좋겠어."

"잠깐만……. 뭐라고?"

"그 역할은 안 했으면 좋겠어. 너랑 안 맞아."

여전히 그의 손을 잡은 채로 나는 그의 팔을 어깨에서 뜯어내 때리고 싶었다. 대신, 나는 침착하게 말했다.

"나는 환장하게 잘 맞을 것 같은데, JL."

"아니야. 안 어울려. 시나리오를 다섯 번이나 읽어봤어. 계속 어떻게든 맞춰 보려고 노력도 했어. 근데 아니야. 내 선에서 거절하고 너한테 말을 안 할까, 했는데……. 어찌 됐든 네가 결정해야 할 문제니까. 벌써 몇 년이나 네 곁에서 일했고, 네가 어떤 결정을 내리든 나는 따를 거야. 그런데 이번엔 반대야. 진정으로 세계 최고의 영화배우가 되고 싶다면 이 영화는 찍지 마."

"인마. 근데 출연료가 어마어마하잖아."

"톰 크루즈라면 이 역할은 하지 않을 거야."

우리는 결국 〈가방 속의 여덟 머리〉를 고사했다. JL은 매니저로서 15퍼센트의 수수료를 받았다. 〈가방 속의 여덟 머리〉를 거절하라는 조언은 곧 그도 150만 달러를 스스로 포기하는 셈이었다. 그는 나와 함께 위험을 무릅쓰고 있었다. 왜냐하면 그는 비전을 믿었기 때문이다. 그는 나를 믿었기 때문이다.

———

그로부터 한 달쯤 후에 JL이 또다시 나를 급하게 찾았다. 이번엔 예의바르게 전화로 무슨 일이 있었는지 설명해주었다.

"작품을 하나 찾았어." 그가 흥분해서 말했다.

나는 시나리오 작가 존 궤어의 퓰리처상 결선 진출작인 〈5번가의 폴 포이티어Six Degrees of Separation〉에서 조연 역할을 제안받았다.

"우리가 딱 원하던 역할이야."라고 JL은 말했다.

"사람들은 아직 너를 배우로서 진지하게 받아들이지 않아. 우리는 틀에 박힌 역할을 피해야 돼. 너를 보면서 래퍼를 떠올리는 게 아니라 영화배우를 떠올려야 해."

"게다가 출연진이 어마어마해. 스톡카드 채닝, 도널드 서덜랜드, 이안 맥켈런까지 삼중으로 보호받을 수도 있어. 완벽한 정극이야. 이 정도 수준의 배우로 사람들이 널 봤으면 좋겠어. 사람들을 놀라게 하고 관심도 끌어야 돼. 게다가 네 캐릭터가 쓰는 단어 하나하나가 놀라울 정도야. 내가 지금까지 읽은 시나리오 중 최고야. 이 영화는 네 역이 다 했다고 봐. 이건 진짜 스타를 만드는 작품이라고."

"야, JL. 너 진짜 신난 것 같은데."

"정말로, 이거야." 그가 주먹으로 자기 손바닥을 내리치며 외쳤다.

"좋아! 얼마나 준대?"

"어, 이번 건은 좀 다른데……"

"이해해, JL. 그냥 얼만데?" 내가 물었다.

나는 〈5번가의 폴 포이티어〉를 30만 달러 출연료에 승낙했다.

———

JL은 자기 역할을 다했다. 그는 세계적인 예술가들이 힘을 실어주는 제대로 된 작품을 발견해 나에게 넘겨주었다. 이제 모든 건 내 손에 달려 있었다.

본격적으로 나에게 미션이 생겼다. 정말 이 역할을 제대로 해야했다. 나는 즉시 JL과 함께 런던으로 날아가 스톡카드 채닝의 웨스트엔드 연극을 관람했다. 그리고 촬영 일정이 잡히자 셰리, 트레이, 그리고 나는 뉴욕으로 이사했다.

〈5번가의 폴 포이티어〉는 뉴욕의 부촌 어퍼 이스트사이드에 사는 부유한 백인 부부에 관한 이야기다. 최근 자녀들을 모두 내보내고 둘만 남은 노부부로, 두 사람은 유명한 미술품을 수집하는 데 하루를 보낸다. 그러던 어느 날 밤, 어느 흑인 청년이 그들의 집 현관에 나타난다. 그는 길거리에서 강도를 만나 칼에 찔린 상태였다. 청년은 자신을 노부부의 자녀들과 같은 하버드 동문이며 배우 시드니 포이티어의 아들이라고 소개한다. 노부부는 청년을 데려가 거둔다. 그러나 이야기가 진행되는 사이 내가 맡은 역할이었던 폴은 사기꾼이었음이 밝혀진다. 하지만 사기를 당했음에도 불구하고, 스톡카드 채닝이 연기한 루이자 키트리지와 폴은 이상하게도 서로에게 빠져들기 시작한다.

이 캐릭터는 나와는 확연히 달랐고, 그의 인생 경험이 너무 낯설어 메소드 연기를 해야겠다는 충동이 느껴졌다. 나는 시나리오 전체를 말 그대로 암기했다. 촬영하는 동안 한 줄도 놓치지 않겠다고 다짐했다. 준비 기간 동안, 나는 일주일 중 4, 5일을 캐릭터 그 자체로 살았다. 나는 보석가게나 빵집에 가서 폴이 좋아하는 것과 싫어하는 것을 구별하려고 노력했다. 나는 폴이 생각하는 것처럼 생각할 뿐만 아니라, 무의식적으로도 폴의 생각을 따르려고 노력하며 실제 삶과 실제 상황에서도 폴이 되려고 노력했다.

처음에는 재미있었다……. 하지만 천천히, 그리고 눈에 띄지 않게, 나는 내가 좋아하는 것과 싫어하는 것을 잃었고, 내 말투와 억양을 잃었다. 윌 스미스를 잃은 것이다. 셰리 또한 내게 "사람을 왜 그렇게 쳐다봐?"라던가 "그런 식으로 말 하지 마."와 같은 말을 하기 시작했다. 나는 전혀 의식하지 못했다. 나는 그녀가 무슨 말을 하는지 알 수가 없었다. 마음속으로 폴과 나 사이를 왔다 갔다 하고 있었지만 윌 스미스는 조용히 자리를 떠났고, 셰리는 갑자기 낯선 사람과 함께 살고 있었다.

우리는 보통 사람의 성격은 고정적이고 견고하다고 생각하는 경향이 있다. 우리가 좋아하는 것, 싫어하는 것, 가치관, 국적, 정치적 관계, 종교적 신념, 매너리즘, 성적 취향 등이 확고하다고 생각한다. 하지만 우리가 생각하는 대부분의 것들은 학습된 습관과 패턴이며 상당히 유연하다. 그리고 배우는 의식의 저 끝까지 모험하며 때로는 집으로 돌아가기 위해 뿌렸던 빵 부스러기를 잃을 때도 있다. 영화에서 우리가 연기하는 캐릭터들이 실제 삶에서 연기하는 인물과 별반 다르지 않다는 걸 깨닫는다. 윌 스미스는 폴보다 진짜라고 누가 말할 수 있겠는가. 둘 다 친구, 사랑하는 사람들, 그리고 외부 세계에 의해 정제된 인물이며 스스로를 만들어내고 그 모습에 맞춰 연습하고 드러내는 인격일 뿐인데. 그러므로 당신이 자기 자신이라고 생각하는 것은 사실 깨지기 쉬운 것이다.

셰리와 나는 결혼 후 처음 몇 달간은 갓난아기와 함께 지냈다. 셰리에게는 이런 모습이 너무 낯설고 불안했을 것이다. 그녀는 '윌 스미스'라는 남자와 결혼했는데 어느 날 '폴 포이티어'라는 남자와 살고 있었으니까. 설상가상으로, 촬영 중 나는 스톡카드 채닝과 사랑에 빠져 있었다. 윌이 아니라 폴이 그랬다. 그리고 폴을 끊어낼 수가 없었다.

영화 촬영이 끝난 후, 셰리와 나는 트레이를 데리고 LA로 돌아왔다. 우리의 결혼 생활은 순조롭지 못했다. 스톡카드 채닝이 미치도록 보고 싶고, 그녀와 이야기를 나누고 싶었다. 나는 그녀를 딱 한 번 마주친 적이 있었고, 나는 아무 말도 하지 못했다. 하지만 그녀는 내 증상을 완벽히 파악한 것 같았다. 그 짧은 대화에 스톡카드는 내게 셰리나 트레이를 오십 번쯤은 말했던 것 같다.

다행히도 다시 프레시 프린스로 돌아갈 시간이었다.

———

"너 도대체 뭐하는 거야?" 알폰소가 불쑥 외쳤다.

"무슨 소리야, 알폰소?" 내가 물었다.

"그거! 지금 그거. 왜 그런 식으로 말하냐고!"

"내가 어떻게 말한다는 거야?" 폴이 물었다.

"지금 그거!" 카린이 끼어들었다.

"윌, 억양에 [h]가 섞인 바람소리가 들어가잖아. '무슨 소리야.' 라고 할 때 말이야."

알폰소가 짜증스럽게 말했다. 나는 프레시 프린스와 연락이 끊겼다. 나는 그가 어떻게 걷고 말을 했는지, 어떤 조단을 더 좋아하는지 기억할 수 없었다. 시즌 4 초반 10개의 에피소드에 걸쳐 계속 그랬다. 나는 유머 감각, 타이밍, 스웨그, 카리스마, 즉흥적인 애드리브를 잃은 것이다.

출연진과 제작진 모두 공포에 질렸다. 이번 시즌은 알폰소가 진정으로 빛났다. 처음 몇 편의 에피소드에서 작가들은 내가 아닌 칼튼 위주로 이야기를 진행했다. 알폰소가 나서서 웃긴 부분의 비중을 늘렸다. 아무도 무슨 일이 일어나고 있는지 파악할 수 없었다. 그 누구도 프레시 프린스의 세트장에서 나와 〈5번가의 폴 포이티어〉 속 위험한 심리의 세계를 연관짓지 못했던 것이다.

나는 목숨을 구하기 위해 농담을 할 수 없었다. 그보다 더욱 무서운 건 다른 모든 사람들이 다 보는 것을 나는 볼 수 없었다는 것이다. 만약 여러 사람들이 '당신에게 취했어.' 라고 말하면 어쩔 도리 없이 자리에 앉아야 한다. 그런 이유로 나는 즉시 필라델피아의 내 친구들 대여섯 명을 데려온 다음 작가와 제작진, 촬영진에 둘러싼 채 윌에 대한 역할을 배워 나갔다.

효과가 있었다. 시즌 중반 무렵, 뭔가 딱 들어맞았다. 나는 카린과 함께하는 씬이었다. 내가 카린에게 힐러리 선생님과 데이트를 하라고 설득하는 중이었다. 문제는 카린의 왼쪽 콧구멍 옆에 있는 점이었다. 힐러리에게 그건 아주 큰 결격사유였다. 나는 그녀에게 제발 기회를 한 번만 달라고 애원했다. 희극적인 영감이 되살아나는 순간, 나는 애드리브를 날렸다.

"그냥 사소한 짐, 아니 점 하나잖아요."

청중들이 함성을 질렀고, 나는 돌아왔다. 그리고 메소드 연기는 영원히 사라졌다.

———

결혼 생활이 나빠진 데에 내 책임이 없다고 말하려는 건 아니지만, 분명 결혼 초기 몇 달간 내가 영화 속 '폴'의 성격이 되어버린 것이 나와 셰리 사이에 단절을 초래했다고 믿는다.

1993년 말, 〈5번가의 폴 포이티어〉가 널리 호평을 받았다. 스톡카드 채닝은 그녀의 연기로 오스카상 후보에 올랐고, 비평가들은 폴 역으로 나를 캐스팅한 반전에 대해 극찬했다. JL이 옳았다. 내 이름이 할리우드에서 심상치 않은 배우로 거론되기 시작했다.

목표를 달성하려면 엄격한 조직과 확고한 규율이 필요하다. 나는 구조와 질서에 더 관심을 기울이기 시작했다. 하지만 셰리는 예술가였다. 그녀는 요리법이 아닌 느낌으로 요리했다. 그녀는 훨씬 더 유연하고 직관적이며 덜 체계적이었고 그게 내 신경을 건드렸다.

금요일 밤이었다. 녹화가 있는 날, 내 헤어 디자이너가 교통사고를 당했다. 다치지는 않았지만 머리를 만져주기엔 힘들 것 같았다.

나는 다급하게 다른 헤어 디자이너를 찾았다. 필라델피아 출신 슬라이스라는 이름의 남자였다. 나는 급하게 그에게 전화를 걸었다.

"슬라이스?"

"무슨 일이야, 윌?"

"일이 터졌어. 네 손길이 필요해."

그 당시, 나의 헤어스타일은 정말 인기가 최고였다. 〈더 프레시 프린스 오브 벨 에어〉의 내 머리를 자를 수 있다는 건 할리우드의 젊은 헤어 디자이너에겐 말 그대로 도전일 뿐 아니라 엄청난 기회였다.

"월, 나도 그러고 싶지만 샌디에이고에 출장을 가야돼. 클라이언트가 현금을 쳤어. 그래서 주말 동안 애들을 데리고……."

"샌디에이고? 차로 두 시간 거리잖아. 여기 와서 쉽게 벌어가."

"아, 나도 그러고 싶지. 여기서 편하게……. 나도 샌디에이고까지 뭐하러 힘들게 운전해서 가겠어. 애들까지 데리고……. 근데 애들 어머니도 좀 쉬어야 하고……."

"그 사람이 얼마를 준대? 아니, 얼마든 상관없어. 내가 두 배를 줄게. 와서 내 머리부터 해 줘."

샌디에이고 손님은 오백 불을 불렀다고 했다. 나는 그에게 지금 세트장으로 오면 천 불을 주겠다고 약속했다. 문제는 현금이 없었다는 것이다. 그래서 셰리에게 전화를 걸었다.

"셰리. 지금 얼마나 갖고 있어?"

"한 이천 불? 왜?" 셰리가 물었다.

"좋아. 한 시간쯤 후에 슬라이스라는 남자를 보낼 테니까 천 불만 줘."

"알았어." 셰리가 말했다.

"사랑해, 이따 전화할게."

얼마 후 슬라이스가 출장을 와서 내 머리를 완벽하게 다듬어 주었다. 그의 이름에 걸맞은 완벽한 머리였다. 나는 그에게 집 주소를 알려주고 촬영에 들어갔다.

다음 주, 내 헤어 디자이너가 여전히 돌아올 수 없는 상태여서 나는 다시 슬라이스에게 연락을 했다.

"잘 지냈어? 나 윌인데."

"아." 그가 차갑게 대꾸했다.

"한 번 더 와줬으면 좋겠어, 머리말이야."

"그건 힘들 것 같은데." 그의 목소리가 심상찮았다.

"왜 그래? 무슨 일 있어?"

"그런 식으로 해놓고 나를 또 불러?"

"내가 뭘 어쨌는데?" 나는 약간 당황해서 되물었다.

"진짜 그렇게 살지 마라. 추잡하게."

그리고 전화가 뚝 끊어졌다.

나는 지난번 대화 내용을 다시 곱씹었다. 내가 알기로는 모든 것이 완벽했다. 당황한 마음에 셰리에게 전화를 걸었다.

"셰리, 난데. 지난주에 슬라이스하고 무슨 일 있었어?"

"음? 아." 그녀가 기억났다는 듯 말했다.

"내가 생각했던 것보다 현금이 없더라고."

"그래? 그래서 얼마나 줬는데?" 내가 물었다.

"사백 불. 지갑에 딱 천 불밖에 없더라고."

"내가 천 불을 주라고 말했잖아."라고 내가 화를 못 참고 외쳤다.

당시에는 국세청 문제로 인해 신용카드가 없었고 나는 모든 업무를 현금으로 거래했다. 그날은 금요일 밤이었다. ATM기가 설치되기 전이었으므로 월요일 오전 9시가 되어서야 현금을 더 찾을 수 있었다.

"그게 내가 가진 전부였어."라고 그녀가 쏘아붙였다.

"슬라이스가 주말 동안 애들을 데리고 있었는데. 내가 천 불을 약속해서 다른 일도 포기하고 온 거라고."

"글쎄, 이번 주말에 데리고 있어야 할 아기는 나한테도 있어. 현금을 다 줄 수가 없었다고. 내가 뭘 어떻게 해줬으면 좋겠는데?"

"나는 당신이 시킨 일이나 제대로 했으면 좋겠어. 주라는 돈도 안 주고 나한테 연락도 안 했어? 내 체면이 뭐가 되냐고!"

"월, 난 당신 심부름꾼이 아니야……."

"아무도 당신이 심부름꾼이라고 한 적 없고."

"과민 반응이야. 알아서 잘 살겠지."

이 순간이 내 인생에서 가장 화가 났던 열 번의 순간 중 하나다. 일반적으로 나는 말에 신중을 기하는 사람이지만, 이 순간은 그럴 수가 없었다.

"언젠간 당신도 값어치 있는 짓을 좀 하겠지."

그렇게 말하며 나는 수화기를 꽝 하고 내려놓았다.

만약 신께서 '내 인생의 한 문장만 없던 일로 해주시겠다, 내 입으로 내뱉지 않게 해주겠다, 그 문장을 상대의 기억에서 지워 주겠다.' 하시면 나는 결단코 그 말을 지울 것이다.

그렇게 우리 결혼이 깨지고 있었다. 결코 돌이킬 수 없었다. 셰리와 나는 그 후 빠르게 사이가 나빠졌다. 우리는 사소한 모든 것에 대해 싸웠다. 어떻게 냄비를 닦는지도 비난했던 기억이 난다. 서로 말도 없이 며칠을 보냈고, 심지어 사람들이 오면 우리가 서로에 대해 싫어하는 것을 줄줄이 늘어놓는 것도 서슴지 않았다. 그리고 승자는 손님들을 가장 웃게할 수 있는 사람이었다.

셰리는 트레이를 데리고 고향으로 돌아갔다. 우리의 결혼 생활은 그녀에게 점점 더 견디기 어려워지고 있었다. 셰리가 앞으로 어떻게 하고 싶은지 결정하는 데 몇 주가 걸렸다.

———

더 베이크드 포테이토는 스튜디오 시티 지역의 작은 라운지였다. 티샤 캠벨과 두안 마틴, 나의 절친한 두 친구가 나를 그곳에 초대했다. 그들은 이상하게도 내가 나타나야 한다고 고집을 부렸다. 딱히 라운지를 좋아하는 편은 아니었는데 친구들은 내가 오면 정말 좋아할 거라 장담했다. 저녁 8시가 조금 넘은 무렵, 나는 문을 열고 들어가 친구들의 테이블로 다가갔다. 두안과 티샤, 그리고 제이다 피켓이 있었다. 그렇게 나는 라운지를 좋아하는 사람이 되었다.

두안은 항상 계약을 하고 있었다. 무언가를 인수하거나 밴드를 관리하면서 동시에 공연장을 구매하는 사람이었다. 그리고 티샤는 중매쟁이었다. 그녀는 셰리와 내 사이가 좋지 않다는 것을 알고 있었고, 내가 제이다 외엔 다른 사람이 없다는 걸 확실히 하고 싶어 했다. 두 사람은 일부러 제이다와 나에게 소개시켜주는 자리를 마련했다는 것도 알리지 않았다.

지난해 LA 시내에서 제이다를 몇 번 만난 적은 있었다. 별로 기억에 남을 것도 아니고, 캐주얼하게 인사를 건네는 정도였다. 그녀는 여전히 내게는 놀라울 정도로 아름다웠다. 여전히 멋진 사람이었고, 에너지로 가득 차 있었다. 하지만 뭔가 달랐다. 조금 더 깊이감이 느껴졌고, 내가 인식한 것보다 훨씬 깊고 심오한 무언가가 느껴졌다. 어쩌면 내가 나이가 들었기 때문일 수도 있고, 아버지가 되었기 때문일 수도 있고, 더 개방적이었을 수도 있고, 고통을 인식했을 수도 있지만, 어쨌거나 나는 그녀를 다르게 느꼈다. 그녀는 겨우 스물두 살이었지만, 두 눈은 수세기를 살아온 사람의 연륜이 느껴졌다. 나이를 훨씬 넘어서는 비밀과 투쟁을 알고 있는 것 같았다.

우리는 모든 것에 대해 이야기했다. 나를 만나고 그녀는 기분 좋게, 투팍부터 남아프리카공화국의 인종차별 정책, 대학 농구부터 힌두교의 가네샤, 그리고 동양의 신비주의까지 모든 주제에 대해 이야기를 나누었다. 마치 우리 둘만 있는 조용한 곳으로 떠난 기분이었다. 우리는 모든 질문에 상대가 답을 줄 수 있다는 데에 상당한 만족감을 느꼈다. 꼭 답을 해야 한다는 부담감도 없었다. 함께 하는 것만이 답이었다.

몇 시간이 몇 분처럼 흘렀다. 나는 우리 두 사람의 결합된 에너지가 얼마나 잠재적인 힘을 가지는지 알 수 있었다. 도시들과 제국들이 마음속에서 건설되고 있었다. 웃고, 곰곰이 생각하고, 토론하면서 말이다. 그녀는 몸은 아주 작았지만 정신은 아주 강했다. 자신만만하고 견고하며 흔들림 없이 피라미드를 지탱하고 있는 10톤짜리 주춧돌과 같은 사람이었다.

제이다는 나중이 되어서야 '저 남자가 너의 남편이다.'라고 감상에 젖지도 않고 단지 사실을 전달하는 분명한 목소리를 들었다고 했다. 얼마간은 그 예언을 부정했다. 나는 결혼도 한 상태였고 우리 둘이 딱히 감정을 가지고 만난 것도 아니었기 때문이다. 우리는 예의 차려 인사를 나누고 각자의 길로 돌아섰다. 한참이나 작별 인사를 나누었다. 둘 다 떠나고 싶지 않았다. 나는 그녀를 차까지 바래다 주고 그녀가 차를 타고 떠나는 모습까지 지켜보았다. 그날 밤, 나는 멍하니 남겨져 기쁜 마음과 현실 사이를 방황했다. 나는 내 꿈의 무게를 견딜 만큼 강한 왕비를 맞이했다.

———

며칠 후 셰리는 친정에서 지내다 집으로 돌아왔고, 우리는 우리가 가장 좋아하는 레스토랑인 팜에서 만나기로 했다. 도시에서 제일 최상급의 커다란 바닷가재 요리를 먹을 수 있는 곳이었다. 우리는 언제나 하나를 주문했다. 둘이 나눠 먹기 딱 좋은 양이었다. 나는 우리가 가장 좋아하는 식사를 하면서 포크가 엇부딪치는 사이, 떨어져 있던 시간과 상처받은 마음을 다시 기워나가길 바랐던 것 같다.

내가 먼저 도착하고 얼마 후 그녀가 레스토랑으로 걸어 들어왔다. 언제나처럼 아름다웠다. 우리는 서로를 안아주고 자리에 앉았다. 우리는 트레이와 스키넥터디 그리고 친정아버지의 새로운 태권도장에 대해 이야기했다. 모든 것이 완벽하게 즐거웠는데, 갑자기 머리가 띵하고 울렸다. 입에서 이상하고 건조한 금속 맛이 났다. 나는 어떻게든 숨을 쉬려고 노력했다.

"괜찮아?"

셰리가 걱정스러운 표정을 지으며 물었다. 현기증이 몰려오고 숨이 가쁘고, 식은 땀이 줄줄 흐르기 시작했다.

"아, 괜찮아. 화장실만 금방 다녀올게." 나는 거짓말을 했다.

나는 화장실로 달려가 변기 칸으로 숨어 들었다. 나는 뚜껑을 내리고 앉아 숨을 골랐다. 대체 무슨 일이지? 나는 갑자기 울음을 터트렸다. 20분간 가만히 앉아 히스테리하게 흐느끼고 웃으며 오락가락 정신을 놓았다. 내가 지금 신경 쇠약을 겪는 건가?

그리고 서서히 감정적 진실이 생생하게 3차원적인 선명함으로 다가왔다. 나는 제이다 핀켓이 내가 꿈꾸던 여자라는 것을 확실히 알고 있었다. 그러나 나는 내 삶을 신 앞에서 셰리에게 바쳤다. 그리고 내가 한 맹세를 절대 어길 수 없었다. 내 눈물은 이 가혹한 현실의 벽 때문이었다. 그리고 웃음은 부조리를 저주하기 위함이었다.

얼마 지나지 않아 신경증이 가라앉았다. 나는 눈물을 닦고, 셰리 스미스와 여생을 보낼 만반의 준비를 하고 화장실을 나왔다.

DEVOTION
헌신

그 무엇도 우리를
한곳에 머물게 할 수 없다.
그게 바로 헌신의 핵심이다.

이혼 서류를 받는 건 정말 짜증나는 일이다. 그건 마치 당신은 사랑받지 못한 쓰레기라고 공개적으로 선언하는 것과 같았다. 그리고 아무리 사이가 안 좋았더라도, 이혼 서류를 받고 나면 늘 심장이 덜컥 내려앉을 수밖에 없다.

LA 우편 시스템의 요행으로, 나는 발렌타인데이인 2월 14일에 서류를 받았다. 그렇게 셰리와의 관계가 끝났다. 이런 일이 일어나다니 믿을 수가 없었다. 내 인생에서 가장 힘들었던 순간이 부모님의 별거였다면, 내 이혼은 훨씬 더 심했다. 나는 그 순환을 반복하고 있었다. 내가 눈이 멀었다. 나는 나를 부정했고, 나에게 화가 났다. 그리고 나는 내 아들에게 지울 수 없는 슬픔을 안겨 준 셈이다.

셰리는 내가 자신을 사랑한 것이 아니라 이상향의 아내를 사랑했다고 믿었다.

"당신은 누구라도 상관없었을 거야." 언젠가 그녀가 말했다.

셰리는 '윌 스미스의 완벽한 삶에 필요한 체크리스트'에 포함된 여자로, 자신은 견본에 불과하다고 했다. 셰리와 나는 최근에 엔시노에 새로 단장한 집을 샀다. 셰리는 이미 트레이를 데리고 그 집으로 이사한 후였다. 나는 그녀가 내 인생을 망치고, 내 가족을 망치고 있다고 느꼈다. 나는 이런 일이 다시는 일어나지 않으리라 묵묵히 나 자신에게 약속했다. 서른도 안 된 나이에 이미 내 가족은 파괴되고 있었다. 나는 죽어가고 있는 기분이 들었다.

퀸시한테 전화했다.

"이봐, 윌, 무슨 일이야?" 그는 말했다.

"셰리가 이혼 서류를 접수했어요."

"이런, 어떻게 지내?" 그가 물었다.

"마음이 아프네요. 난 이혼하고 싶지 않았다고요……."

"나도 겪어봤지." 퀸시가 말을 가로막았다.

"조언 몇 마디 해주지."

나는 멈칫하며 귀를 기울였다. 그 순간처럼 좋은 말이 필요했던 적이 없었다.

"그 여자한테 재산 절반을 주고 그냥 새로운 마음으로 살아."

"뭐라고?"

"내 이혼은 전부 어느 날 갑자기 벌어졌지. 누군가 나와 함께 있고 싶지 않은 것처럼 행동하면, 그냥 재산 절반을 넘겨주고 문 닫고 나와. 그리고 지금은 당장 믿지 못할 몇 가지를 더 말해주지."

그는 목소리를 낮추었다. 마치 영화 〈매트릭스〉의 모피어스가 빨간 알약을 다룰 수 있는지 확인하려는 것 같았다.

"어쨌거나 크리스마스가 되면 함께할 거야."라고 그가 말했다.

"근데 자네가 누군가와의 사이에 아이가 생기면, 꼼짝도 못하게 되는 거지."

퀸시는 벌써 세 번의 이혼 경력이 있었다.

"봐, 길 건너편에 전 부인이 살아. 한 블록 떨어진 곳에 또 다른 전처가 살고, 각각 세 집에 내 아이들이 살아. 우린 아직도 가족이야! 애들은 어머니, 아빠가 이혼을 하면 아빠하고도 멀어진다고 생각해. 근데 그렇지 않거든. 게다가 자네는 광고며 지면이며 계속해서 얼굴을 비춰야 할 텐데……. 그러니까 그 여자한테 절반을 주고 자네 인생을 살아. 어쨌거나 내년이면 그 돈은 다 벌 테니까 수표나 써주고 이겨내."

결코 내가 듣고 싶었던 이야기가 아니었다. 나는 그가 나에게 관계를 되돌릴 방법을 말해주길 원했다. 어떻게 하면 아내가 약속을 지킬 수 있을까. 나는 두 가지 방법밖에 없다고 생각했다. 임무를 완수하거나 아니면 죽음뿐. 다 그만두라는 세 번째 선택은 대체 어디서 나온 걸까?

게다가 〈스릴러〉로 번 돈의 절반은 너무 많았다.

———

이혼이 선택사항이라고 생각했다면 나는 결코 결혼하지 않았을 것이다. 만약 그만두는 것이 가능하다면 모두가 그것을 선택할 것이다. 새벽 5시에 뛰는 것 말고 다른 선택지가 없다면 누가 새벽 5시 넘어 조깅을 나가겠는가? 그만두는 것이 선택사항에 포함된다면 어려운 일은 끝낼 수 없다. 불완전한 마음을 이기고 성취를 거머쥘 수 있는 유일한 방법은 다른 모든 선택들을 제거하는 것이다. 내게 있어 성공적인 상호작용의 핵심은 서로를 바라보는 것이다. 그리고 우리는 우리가 어렵거나 불가능한 것을 시도하려 한다는 것을 알고 있다. 우리는 서로의 눈을 바라보며 악수를 한다. 그리고 죽기 전에 우리는 그만두지 않기로 맹세한다.

그게 우리가 한 결혼이라고 생각했다. 이건 나에게 아주 간단한 생각이었다. 결혼 서약을 보면 '죽음이 우리를 갈라놓을 때까지'라고 했다. 주님도 내 의견에 동의하셨다. 서약은 파트너에게 하는 것이 아니다. 서약은 자신의 가장 나약한 부분에 하는 것이다. 그게 선택이 될 수 있다면 어떻게 그만두지 않을 수가 있겠는가.

죽기 아니면 끝까지 해내기라는 말뜻은 곧 그 목표를 이루지 않으면 죽음만 남는다는 뜻이다. 당신의 마음은 힘든 일이나 고통으로부터 당신을 보호하려고 노력한다. 여기서 문제는, 당신의 모든 꿈이 고통과 어려움의 이면에 있다는 것이다. 그래서 쾌락과 편안함 그리고 쉬운 길을 찾으려는 마음은 무심코 꿈을 더럽힌다. 마음은 꿈에 대한 장벽이 되고, 내부의 적이 되어버린다.

우리가 결혼식에서 서약을 하는 이유는 우리가 지옥을 걷게 될 거라는 걸 알기 때문이다. 쉬운 일을 하겠다고 맹세할 필요는 없다. 누가 결혼식에서 사랑에 대한 맹세가 아니라, 크렘 브륄레 디저트 한 접시를 티끌 하나도 남기지 않고 먹겠다거나, 내일 아침 조깅을 건너뛰고 늦잠을 자겠노라 빌겠는가. 이루기가 그토록 쉽다면 우리는 서약을 할 필요가 없을 것이다. '죽음이 우리를 갈라놓을 때까지, 아프거나 건강하거나'라는 결혼식의 서약이 그렇게 극단적인 이유는 삶이 너무 극단적이기 때문이다. 그 무엇도 우리를 한곳에 머물게 할 수 없다. 그게 바로 헌신의 핵심이다. 나는 이혼에 반대하지도 않고, 전투에서 항복하는 것에 반대하지도 않는다. 하지만 전투를 해야 한다면 갑옷을 입고 있을 때나, 처음으로 무서운 순간이 오거나, 첫 희생자가 내가 될 때 끝이 나서는 안 된다. 내 경험으로 미루어 보면, 대부분의 사람들은 너무 쉽게 이혼을 하곤 한다. 그러나 교훈을 얻기도 전에 이혼을 하면 다음 관계에서도 똑같이 갈등을 헤쳐 나갈 수 없다.

———

나는 아직도 내가 무슨 생각을 하고 있었는지 완전히 모르겠다. 고통이었을 수도 있고, 혼수상태였을 수도 있다. 어쩌면 내가 전혀 생각을 안 하고 있었는지도 모르겠다. 아니 도리어 내가 분명히 알고 있었기 때문에, 생각할 필요가 없었을지도 모르겠다. 안개 사이로 북극성이 보였다. 2월 19일, 이혼 서류를 받은 지 5일 만에, 나는 제이다에게 전화했다. 나는 몇 달 동안 그녀를 보거나 그녀의 소식을 듣지 못했다. 연결음은 마치 영원히 울릴 것만 같았다.

상대가 전화를 받았다.

"여보세요?"

"안녕, 제이다. 나 윌이에요."

"오!" 그녀가 나를 반겼다. 그녀의 목소리는 지난번 라운지에서 만났던 마법을 여전히 메아리처럼 울리는 것 같았다.

"어떻게 지내요?"

"잘 지내요. 당신과 이야기를 하니까 좀 낫네요."

나중에 생각해 보면 나는 그녀에게 조금 더 많은 상황이나 경고를 줄 수 있었을지도 모르겠다.

"저기, 혹시 지금 만나는 사람 있어요?" 내가 물었다.

제이다는 머뭇거렸다. 당황한 것 같기도 했고, 또 한편으론 혼란스러운 것 같기도 했다.

"음, 아니요. 왜요?"

"잘 됐네요. 그럼 나랑 만나보는 건 어때요?"

"음……. 그래요……. 알았어요."

제이다가 대답했다. 마치 뭔가 꿍꿍이가 있는 것처럼 느껴지는 목소리였다. 하지만 지금은 질문을 할 시간이 없었다.

"좋아요. 지금 촬영 중이라 나중에 다시 연락할게요. 괜찮죠?"

"네."

그때 나는 제이다가 볼티모어에 있다는 사실을 몰랐다. 그녀는 할리우드에 너무 낙담하고 환멸을 느껴 집으로 돌아간 상태였다. 메릴랜드에 있는 20세기 초에 지어진 아름다운 5에이커 농장을 구입하고 수리를 시작한 시점이었다. 그녀는 자신을 위해 소박하고 조용한 삶을 살기로 결심했었다.

내 전화를 받고 나서, 그녀는 바로 공항으로 가서 LA로 날아왔다. 아마 제이다는 메릴랜드 농장에서 단 하룻밤도 보내지 못했을 것이다.

나는 결코 전생이라는 것을 믿지 않았다. 종종 사람들이 "우리는 전생에 서로 알고 지냈음에 틀림없다."고 하는 말을 듣기도 했지만 나는 그 말이 퍽 진부하다고 생각했다. 하지만 제이다와 함께한 두 달 만에 나는 불신론자에서 불가지론자가 되었다.

우리는 너무나 자연스럽게 어울렸고, 우리의 에너지는 새로운 연인보다는 오래된 친구처럼 느껴질 정도로 급격히 조화를 이루었다. 우리는 무언의 언어를 가지고 있었고, 우리가 집중하는 모든 것들이 번창했다.

셰리와의 이혼이 완벽하게 정리되지 않았기 때문에, 제이다와 나는 우리의 관계를 비밀로 하는 것이 현명하다고 생각했다. 우리 둘 다 꽤 유명해지고 있었고, 남들 시선에 썩 좋아 보이지 않았을 거라고 느꼈다. 처음 서너 달은 격렬한 로맨스를 불태웠다. 우리는 브라질 카부, 카리브해의 개인 섬, 아스펜, 마우이 섬의 외딴 별장과 같은 이국적인 비밀 휴양지를 돌아다녔고, 민간 항공을 이용했다. 우리는 호텔 체크인도 가명으로 했다.

하지만 우리의 마음과 영혼은 그때도 그랬고 지금도 여전히 강렬했다. 지금 이 문장을 쓰는 와중에도, 만약 나와 제이다가 대화를 시작하면 최소 두 시간은 이야기를 나눠야 한다. 그리고 하루에도 대여섯 시간씩 계속해서 수다를 떠는 것도 드문 일이 아니다. 서로의 경험을 통해 우리는 우주의 신비를 고민하고 억누를 수 없는 황

홀경을 느낀다. 우리 둘의 의견이 절대로 합의를 이룰 수 없을 때가
있어도, 우리는 매사 열정적인 소통을 통해 성장하고 배울 수 있는
기회를 소중히 여기며, 즐기는 법을 터득했다.

———

따르르르릉.

"여보세요?"

"우리 사랑둥이."

"할머니! 잘 지내고 계세요?" 내가 물었다.

"오, 물론. 잘 지내다마다. 혹시 나한테 하고 싶은 말이 있진 않
니?" 할머니가 물었다. 할머니의 속뜻을 전혀 짐작할 수 없었다. 보
통 우리가 나누던 대화와는 조금 달랐다. 분명 할머니의 말엔 의도
가 있어 보였다.

"음, 잘 모르겠는데요." 나는 내가 했을 법한 모든 일을 훑어보면
서 조심스럽게 말했다.

"제가 드릴 말씀이 있던가요?"

"글쎄다, 누가 그러던데. 네가 오래 만난 새 여자 친구가 있다고."

내 여동생 엘렌이 말했나보다.

"글쎄요, 아니, 그건 그런데, 근데요⋯⋯."

"이제 우리 사이에도 비밀이 생긴 게야?"라고 할머니가 내 모든
방어를 녹이며 물었다.

"아뇨, 그게 아니라⋯⋯."

"누군가 나한테 배우를 만난다고 하던데."

"할머니, 그 누군가가 엘렌이잖아요. 그런 시시콜콜한 이야기해 줄 사람이 걔밖에 더 있어요?"

내 여동생 엘렌은 언제나 모든 사람의 모든 근황을 다 알고 있었다. 게다가 엘렌은 우연히도 제이다가 출연한 〈와일드 블랙〉의 열렬한 팬이었다. 내가 제이다를 만나고 있다는 걸 가족에게 숨긴다는 사실을 견딜 수 없어 소문을 낸 게 분명했다.

"비밀을 만든 게 아니라고요⋯⋯."

"좋다. 그럼 비행기표를 보내주면 내가 알아서 그 애를 만나보마. 내일이다."

"알았어요, 할머니. 사랑해요, 내일 봬요."

"나도 사랑한다, 얘야."

전화가 끊어졌다.

할머니는 다음 날 아침 일찍 LA에 도착해서 바로 우리 집으로 오셨다. 나는 LA에서 북서쪽으로 한 시간 정도 떨어진 교외인 웨스트레이크 빌리지에 새 집을 구입했다. 우리는 함께 아침을 먹었다. 할머니는 그 집을 좋아했다. 무엇보다도 할머니는 단지 내가 괜찮은지 확인하고 싶어 한다는 것을 알 수 있었다.

제이다는 그날 일을 하고 있었다. 제이다는 촬영이 끝나면 집으로 달려가 씻고, 단장을 하고, 할머니를 만나기 위해 우리 집으로 올 예정이었다. 그리고 할머니를 만날 생각에 매우 신이 나 있었다.

할머니는 영화 팬이 아니었고, 심지어 제이다 핀켓이 누구인지도 알지 못했다. 그래서 나는 제이다의 가장 인기 있는 영화 중 하나를 할머니에게 보여주기로 결심했다.

오후 3시, 제이다는 스튜디오 시티에 있는 그녀의 집에서 나에게 전화를 걸었다. 그녀의 집에서 우리 집까지 정확히 44분 거리였다.

"자기, 이제 출발하는 거야?" 내가 물었다.

"음. 한 15분쯤 후에." 제이다가 대답했다.

"알았어. 그럼 이따가 봐, 사랑해."

제이다의 가장 최근작은 〈제이슨가의 초상Jason's Lyric〉이었다. 이 영화는 제이다가 연기한 리릭과 제이슨의 아름다운 사랑 이야기였다. 〈제이슨가의 초상〉은 상영 63분 후, 아프리카계 미국 영화에서 가장 상징적인 애정씬이 나온다. 그래서 제이다가 15분 후 출발한다고 했을 때, 우리 집까지 44분이 걸린다는 생각을 하며 나는 〈제이슨가의 초상〉을 틀어 할머니에게 보여드리기 시작했다.

정확히 63분 후에, 제이다는 우리 집 안방으로 걸어 들어왔다. 할머니는 당신이 부를 수 있는 모든 종류의 예수님을 불러댔다. 때마침 영화 속 장면에서 리릭과 제이슨이 양말도 신지 않은 채 풀밭에서 엉덩이를 보여주고 있었다.

제이다는 얼어붙었다. 그녀는 너무 당황한 채로 할머니, 스크린, 나, 다시 스크린, 할머니, 나를 쳐다봤다.

"할머니, 제 새 여자 친구 제이다예요."

나는 너무 웃겨서 견딜 수가 없었다. 할머니는 소파에 다시 앉아 팔짱을 끼고 말씀하셨다.

"내가 어렸을 때 사람들은 영화를 만들기 위해 옷을 벗을 필요가 없었다."

제이다는 불안한 미소를 머금고 어색하게 할머니를 껴안았다.

"윌. 우리 다른 방에서 이야기 좀 할 수 있을까?"

제이다가 침착하게 말했다.

"금방 돌아올게요, 할머니."라고 내가 말했다.

제이다와 나는 침실로 들어갔다.

"대체, 지금, 뭐 하는 짓이야?" 그녀가 소리를 잔뜩 낮추며 한 음절씩 외쳐댔다.

"자기야, 진짜 재미있을 거야."

"뭐?"

"자기, 그냥 장난이야, 괜찮아. 우린 결혼할 거고, 아이도 가질 거고, 얼마나 재밌겠어. 몇 년 후에도 오늘 이야기만 하면 웃겨 죽을 걸. 우리 할머니와 첫 만남이 이랬다고 말이야. 이렇게 자기랑 할머니가 만나다니! 진짜 너무 웃길……."

"하나도 안 웃겨."

"좋아, 오늘은 아니겠지만……."

"아니! 절대! 이걸 지금 장난이라고 한 거야?"

"인생은 추억이 전부야."라고 내가 말했다.

"지금은 화가 나지만, 금방 괜찮아질 거야. 진짜 장담하는데 정말 천재적이라니까. 우리한테 완벽해. 언젠간 웃고 또 웃고, 또 웃게 될 거라고."

할머니는 결과적으로 제이다를 사랑했다. 두 사람은 아름다운 관계를 가졌다. 수년간의 기쁨과 가족 간의 웃음으로, 그리고 두 사람의 유대감은 소중했다. 모든 상호작용에 따라 점점 더 깊어지고 넓어졌다. 그리고 두 사람의 첫 만남을 그렇게 조작해서 두 사람 사이에 더 깊은 유대감을 위한 초석을 내가 마련했다고 나는 열렬히 믿는다.

———

제이다는 투팍 샤커와 함께 자랐다. 두 사람은 가장 친한 친구였다. 우리가 막 만나기 시작하면서 나는 두 사람의 우정 때문에 괴로웠다. 그는 전설의 투팍이었고, 나는 나였다. 그에겐 두려움이 없는 열정과 전투적인 도덕성, 자신이 옳다고 믿는 것을 위해 기꺼이 싸우고 죽을 의지로 가득한 매력이 있었다. 투팍을 보면 내 동생 해리가 떠올랐다. 투팍을 보고 있으면 나는 또다시 겁쟁이가 되는 것 같았다. 전설과도 같은 존재인 그를 보며, 아무것도 아닌 내가 비참해 질투심이 치밀었다. 나는 제이다가 나를 투팍처럼 우러러 봐주길 바랐다.

그래서 나와 제이다가 서로에게 헌신하고, 우리 사이에 집중하며 투팍을 덜 만나라고 요구했다. 이런 나의 미성숙한 마음은 그것을 일종의 비뚤어진 승리라고 보았다. 제이다는 내게 귀감이요, 정점이요, 여왕 중의 여왕이었다. 그녀가 투팍 대신 나를 선택했다면, 내가 겁쟁이가 될 리가 없었다. 나는 이보다 더 타당하다고 느낀 적이 없다. 나는 투팍과 함께 여러 번 같은 공간에 있었어도, 그와는 결코 대화하지 않았다. 제이다가 그를 너무도 아꼈기 때문에, 나는 그와 친구가 될 수 없었다. 내가 너무 어렸다.

———

"윌, 마틴 로렌스가 전화 대기 중이예요."

나는 마틴을 만난 적이 없었다. 나는 그가 어떻게 내 번호를 얻었는지 전혀 몰랐다. 하지만 나는 내 마음속의 타오르는 질투심을 예리하게 알고 있었다. 그는 희극 천재다. 마틴은 사람들의 챔피언이었다. 그는 자기 이름을 딴 폭스 방송국의 쇼인 〈마틴〉의 스타였다. 흑인 사회에서 그는 내가 항상 동경하던 방식으로 사랑과 존경을 받았다.

우리는 그 당시 TV에서 가장 큰 흑인 배우였다. 〈더 프레시 프린스 오브 벨 에어〉는 더 높은 평가를 받았지만 마틴의 코미디 스타일은 의심의 여지가 없었다. 그는 TV에서 가장 재미있는 사람이었다. 나는 그를 매일같이 연구했다. 그의 신체적 매너리즘, 목소리 사용, 장면 구조 등 마음속으로 그가 나보다 선천적으로 더 재미있다는 것을 알았고 난 그것이 싫었다.

"마티마아아아르!"

"빅 윌-리이이이!"

첫 전화통화에서 6초 만에 누군가를 영원히 사랑할 수 있을지 모르겠다. 하지만 어떤 이유에서인지, 우리는 서로의 이름을 말하는 것을 듣는 것만으로도 웃음을 멈출 수 없었다. 거의 30년 동안, 우리는 서로에게 똑같이 인사를 했고, 매번 웃었다.

"마티마아아아르!"

"빅 윌-리이이이!"

그는 나를 자신의 비벌리 힐스 저택 저녁 식사에 초대했다. 마틴도 워싱턴 외곽의 동부에서 태어나고 자랐다. 그의 집에 들어서자마자 집에 온 듯한 느낌을 받았다. 그의 여동생은 내 여자 형제들과 똑같았고, 그의 남동생은 내 남동생과 똑같았다. 그의 친구들은 제프, JL, 오말 그리고 찰리 맥과 똑같았다. 우리는 처음부터 서로를 완벽히 이해했다.

"진짜 마음에 드는 시나리오를 받았어." 마틴이 말했다.

"돈 심슨하고 제리 브룩하이가 제작하는데 타이틀이 〈나쁜 녀석들〉이래. 나는 원래 에디 머피와 함께 작업하려고 했지만, 내 여동생이 그러더군. '빌어먹을, 아니야! 윌과 함께해야 해.'라고 말이야. 그래서 생각해봤지. 지금까지 우리가 따로 어떤 프로그램을 이끌었는지 봐봐. 우리가 함께 일하면 무슨 일이 벌어질지 상상이 돼?"

"그렇지." 내가 대답했다.

"엄청나기야 하겠지. 무슨 내용인데?"

"마이애미의 두 경찰 이야기야. 살인사건을 해결하기 위해 다른

사람인 척도 하고. 경찰 하나는 유부남에 애도 있는 가정적인 남자
야. 다른 하나는 완전 바람둥이고. 대본을 읽어보고 원하는 역할을
고를 수도 있어. 대사나 장면이 구체적으로 정해진 건 아닌데, 함께
들어가면 정말 제대로 해볼 수 있어."

"당장 읽어볼게. 하지만 이 영화가 아니어도 언젠간 꼭 같이 일해
보자."

"할리우드처럼 말하지 마. 윌리, 이 영화 할 거야, 말 거야?"

둘 다 웃음을 터트렸다.

"아, 그럼 난 읽어보지 않아도 되겠네, 어?" 내가 말했다.

"대사가 엉망이야. 우리 둘이 달라붙어서 뜯어 고치자고. 내 말
들어봐. TV에서 제일 유명한 흑인 배우 둘이 할리우드 대작을 찍는
거야. 사람들이 정신을 놓고 열광할 거라고. 어서, 빅 윌리! 배를 놓
치지 말란 말이야!"

———

돈 심슨과 제리 브룩하이머는 원래 존 로비츠와 다나 카비를 염
두에 두고 있었다. 하지만 할리우드가 그렇듯, 일이 진행되면서 계
약이 결렬되었고 마틴은 각본을 맡을 수 있었다. 아무도 나를
100퍼센트 확신하지 않았다. 스튜디오도, 제작자도, 사실 마틴조차
도. 그는 사람들에게 나 없이는 살 수 없다고 말할 지경에 이르렀다.
나는 그를 경쟁자로 보았지만, 어느새 그는 내가 할리우드에서 가

졌던 가장 훌륭한 친구이자 동료 중 한 명이 되었다.

불확실성은 가라앉고 계약이 체결되었다. 곧 우리는 〈나쁜 녀석들〉을 위한 회의를 시작했다. 감독에게도 이 작품이 입봉이었다. 미트 로프의 뮤직비디오를 연출하여 MTV의 여러 상 후보에 지명된 뮤직비디오 감독 출신인 그는 5만 달러 예산으로, 별 다른 특수 효과 없이 비행기 추락 장면을 촬영할 수 있는 사람이었다. 그는 뮤직비디오에서 실제 비행기를 추락시키고 그 장면을 찍었다. 감독의 시각적 대담성, 영화적 독창성, 그리고 재정적인 마법으로 모두 만장일치로 마이클 베이를 선택했다.

대본 리딩이 시작되었다. 모든 사람들이 창조적인 가능성의 잠재력을 느낄 수 있었지만, 각본에는 불꽃이 튀지 않았다. 다나 카비와 존 로비츠에겐 완벽했을지 모르지만 마틴과 나에겐 투박하고, 억지스럽고, 비현실적으로 들렸다. 리딩이 끝나고 돈 심슨은 보란 듯이 각본을 말아 쓰레기통으로 걸어가, 대본을 내리꽂았다. 그리고 출연진과 제작진, 제작사, 감독에게 이렇게 말했다.

"이런 거지 같은 대본으론 한 장면도 찍을 수 없지." 그리고 그는 걸어 나갔다.

영화 촬영 3주 전, 할리우드의 거물급 제작자가 각본을 쓰레기통에 던져 버린 것은 두 명의 젊은 배우와 영화를 만든 적이 없는 감독에게 불안감을 줄 수 있다고 생각할 수도 있다. 그러나 정반대의 일이 일어났다. 마이클은 뮤직비디오를 만드는 데 익숙했다. 그는 오히려 불리한 상황일수록 편안했다. 언제나 충분한 예산도, 충분한 시간도 없었고, 항상 즉흥적으로 촬영하는데 익숙했다. 마틴과 나는 TV 출신이다. 우리는 어쨌든 우리가 말하는 모든 것을 꾸며내는 데 익숙했다. 우리는 녹화 5분 전에 쪽대본을 얻는 것에 익숙했다. 우리는 앞다투어 애드리브를 날리고 불가능한 것을 가능하게 만드는 데 익숙했다. 어떤 면에서는 돈 심슨이 각본을 버려주어 우리를 자유롭게 했다.

그것은 도전이기도 했고 도발이기도 했다. 우리 모두는 우리 공동의 자원을 결합했다. 돈과 제리는 할리우드의 중견 작가들을 붙잡았고, 마틴과 나는 TV와 스탠드 업 코미디 팀에서 최고의 친구들을 데려왔다. 마이클 베이는 달리기와 총격전에 능숙한 제작진을 확보했다. 우리는 낮엔 촬영을 하고, 밤엔 다음 날의 대본을 함께 쓰곤 했다.

마틴과 나 사이에 케미스트리가 너무 좋아서 마이클은 결국 구체적인 내용에 대해 더 이상 신경을 쓰지 않게 되었다. 얼마 후, 그는 단순히 마틴과 내가 뭔가 대단한 것을 가지고 나타날 것이라고 믿었다. 어느 날 촬영장에서, 마틴과 내가 한 장면에서 정확히 무엇을 말하고 싶은지 알아내기 위해 오랜 시간을 보내는 동안, 모든 사람들이 둘러앉아 우리를 기다리고 있었다.

마이클이 소리쳤다.

"난 당신들이 뭐라고 하든 상관없어. 난 카메라로 말하면 돼."

〈나쁜 녀석들〉의 전체 촬영은 다소 정신없이 진행되었다. 어떻게든 직감에 따라 되는 대로 되라는 방식으로 촬영했다. 신나고 교육적이었다. 분석을 통해 마비될 시간이 없었다. 우리는 빨리 결정하고 녹화하고 다음 장면으로 넘어가야 했다.

어느 날, 마이클 베이와 나는 가장 큰 분쟁 중 하나를 겪었다. 이 영화를 찍으며 나는 처음으로 몸무게를 늘리고 근육을 만들었다. 다리 위를 걸어가며 차를 쫓는 유명한 씬이었다. 마이클은 나에게 셔츠를 벗고 그 장면을 찍으라고 요구했다.

"마이크, 잠깐만요. 그거 너무 진부하지 않아요?" 내가 말했다.

"진부하다고? 진심이야? 여긴 마이애미라고. 그리고 넌 나쁜 경찰이고. 당장 그 셔츠나 벗어!"

나는 아직 새로 만든 몸에 자신이 없었다. 셔츠도 입지 않고 하루 종일 서 있을 생각을 하니 덜컥 겁이 났다.

"마이크, 영화에서 그런 장면 나올 때마다 얼마나 보기 싫은데요. 셔츠도 안 입은 사내놈들이 버려진 교회에 자연스럽게 들어가서 갑자기 빛을 받으면 비둘기가 날아가는 거요."

"아냐, 당신은 틀렸어. 틀렸어. 틀렸다고!" 마이클이 소리 질렀다.

"셔츠 벗으라고, 이 친구야! 그냥 벗어. 날 믿고 내가 하라는 대로만 해. 내가 너를 슈퍼히어로로 만들어 줄 테니까!"

"별 거 아니잖아요. 그럼 타이트한 티셔츠를 입을 게요." 내가 대꾸했다.

"어차피 영화 내내 쫄티만 입고 나오잖아! 이 장면으로 터트려야 한다고!"

우리는 결국 타협점을 찾았다. 셔츠는 입지만 단추는 풀어야 했다. 내 생각엔 완전히 벌거벗은 게 아니니 나약해 보이진 않으리라 믿었고, 마이클은 내가 달릴 때 셔츠가 망토처럼 펄럭일 거라는 걸 알았다.

준비가 끝났다. 나는 아무도 모르게 UCLA의 육상 코치와 훈련했다. 어린 시절 내내, 나는 배우들이 뛰는 장면을 싫어했다. 나는 〈록키 3〉에 나오는 실베스터 스탤론과 함께 있던 칼 웨더스 빼고는 진짜 달리기를 잘하는 배우를 본 적이 없다. 그리고 나는 처음으로 달리는 장면에선 꼭 육상선수 칼 루이스처럼 보이겠다고 내 자신에게 약속했다. 나는 4개월간 열심히 훈련 받았다. 난 준비가 되어 있었다.

첫 테이크 준비가 끝났고, 마이클은 "액션!"을 외쳤다. 포드 브롱코 자동차가 마이애미 인도교를 가로질러 돌진하고, 멀리서 올림픽 단거리 선수처럼 보이는 마이크 라우리역의 내가 프레임 안으로 달려 들어왔다. 200야드를 질주하며 최고 속도로 달리고 있었다. 팔꿈치는 뒤로, 무릎은 높이 들고 손에 총을 든 채 셔츠가 바람에 나부꼈다.

"컷!"

마이클 베이는 아버지가 숨겨놓은 플레이보이 잡지를 찾아낸 열두 살짜리 소년처럼 배시시 웃으며 달려왔다. 나는 숨이 찼다. 내가 가진 모든 걸 다 쏟아낸 직후였다. 무릎 위에 손을 올리고 숨을 고르려고 몸을 구부렸다. 감독이 다가오자, 나는 천천히 일어서며 물었다.

"어땠어요?"

그는 내 맨가슴을 때리고는 있는 대로 목청껏 외쳤다.

"내가 방금 너를 영화배우로 만들었다고!"

———

이혼 과정은 길고 어리석고 불필요하게 지루했다. 나는 퀸시 존 스의 충고를 받아들이지 않았다. 나는 내가 가진 모든 돈과 결정, 그리고 결단력을 가지고 흥정했다. 사랑이 소송에 얼마나 빠르고 괴상하게 녹아드는지 놀랍다. 하지만 힘든 4개월 후에, 최종 서류는 서명만을 남겨놓았다.

셰리와 나는 소송 내내 대화를 많이 하지 않았다. 그래서 그녀가 대화를 요청했을 때, 나는 사실 조금 놀랐다.

"지난 몇 달 동안 치료를 받고 있었어. 나는 우리 모두에게 이 모든 것을 덜 고통스럽게 만드는 방법을 찾으려고 노력했어. 그리고 내 자신을 정말 정직하게 바라볼 수 있게 된 것 같아." 셰리는 말했다.

"으응." 나는 다음 이야기를 기다리며 대꾸했다.

"내가 우리 결혼을 지속하기 위해 최선을 다하지 않았다는 걸 깨달았어. 우리 두 사람 다 이혼 서류가 준비되었다는 건 알지만, 우리 사이엔 애가 있잖아. 난 우리가 아이에게 빚을 진 거라고 생각해. 부모로서 가족을 깨트려선 안 되잖아."

믿을 수 없었다. 난 어떻게 해야 할까? 제이다와 나는 사랑에 빠졌다. 하지만 우리 가족을 지킬 기회가 있다면 어떻게 거절할 수 있을까?

나는 셰리에게 생각할 시간이 필요하다고 말했다.

그리고 즉시 제이다에게 전화했다. 난 그녀에게 모든 걸 털어놓았다. 제이다는 아무 말도 하지 않았다. 나는 그녀가 울고 있다는 것을 알 수 있었다. 코를 훌쩍이며 눈물을 억지로 참는 소리를 들으니 더욱 마음이 아팠다. 그녀는 호흡을 누그러뜨리고 목소리를 가다듬었다. 그리고 입을 열었다.

"셰리의 말이 맞아. 누군가와 아이를 낳으면 그 아이를 위해서라도 행복한 가정을 만들기 위해 책임을 져야 해. 나도 편모 가정에서 자랐어. 당신을 사랑해. 그리고 너무 절망스러워. 하지만 난 절대 트레이에게 그런 짓은 하고 싶지 않아. 자기랑 셰리가 한 번 더 노력해야 한다고 생각해."

나는 제이다의 양보에 감동받았다. 자기가 옳다고 느끼는 일 때문에 자기 욕심을 버리다니. 눈물과 가슴 아픈 슬픔 속에서 그녀는 애정 어린 결심을 내렸다.

나는 결국 펜을 들고, 이혼 서류에 서명했다.

14.

BOOM

인기

내가 영화로 유명해지자
근본적인 무언가가
바뀌었다.

나와 제이다는 완전히 기절했다. 지난 2주가 내 커리어의 가장 큰 고비였다. 16시간 근무로, 주말은 없고, 15일 연속으로 일했다. 나는 기진맥진했다.

전화벨이 울린 것은 새벽 3시였다. 밤중에 걸려오는 전화는 항상 형편없다. 누군가 감옥에 있든지, 병원에 있든지, 아니면 더 안 좋은 소식을 전하든지 하기 때문이다.

"네."

나는 흐릿하고, 허스키한 목소리를 쥐어짜며 희망에 찬 속삭임으로 말했다.

"야. 숫자 봤나?"

마치 정오의 축구장에서 외치는 듯한 목소리였다.

"예? 아, 아버지. 뭐라고요?"

"숫자를 봤냐고!" 아버지가 재차 외쳤다.

〈인디펜던스 데이〉가 막 개봉한 날이었다. 필라델피아는 오전 6시였고, 영화는 모든 박스오피스 기록을 깼다. 세계적인 기록이었다.

"아버지, 여기는 아직 새벽 3시밖에 안 됐어요……."

"이 엄청난 숫자를 봤냐고!"

아버지는 질문에 답을 얻으려고 무척 열심인 것 같았다.

"아뇨, 아버지, 아직 못 봤었어요. JL이 이따가……."

"내가 말한 거 잊지 마라! 운 같은 건 없어. 네 운명은 네가 만드는 거야, 내가 그렇게 말한 거 기억하냐?

"예, 기억나요. 근데 우리가……."

"내가 너에게 말해준 거 기억하지? 세상에 행운 같은 건 없는 거야. 네 손으로 만드는 거라고. 내가 말한 거 기억하지?"

"당연하죠. 아버지가 항상 그렇게 말씀하시잖아요, 근데……."

"내가 너에게 말해줬다는 거 기억하지. 세상에 운 같은 건 없어! 행운은 준비된 사람이 기회를 만났을 때 잡는 거야. 내가 말한 거 안 잊었지?"

"예, 아버지. 당연하죠."

"근데 그게 헛소리였네! 너는 내가 아는 사람 중에 제일 운이 좋아!"

이 새벽의 대화가 아버지와 내가 나눈 웃음 중 가장 크게 터진 웃음이었다. 우리는 낄낄거리며 웃다가 다시 진정되었다가, 또다시 갑자기 웃음을 터트렸다. 수년간의 불화를 모두 무마할 수는 없었지만 우리 사이의 골이 조금은 정화된 기분이었다. 우리는 거의 십 분을 아무런 말도 못하고 그저 웃기만 했다.

비록 우리가 이야기한 적은 없지만, 〈인디펜던스 데이〉는 그에게 중요한 승리를 의미했고, 검증이었다. 아버지가 자신에 대해 스스로에게 말해 왔던 어떤 이야기에 느낌표를 붙였던 모양이다. 아버지의 마음속에 무언가가 완성되었다는 기분이 들었던 것 같다.

얼마 지나지 않아 아버지는 얼음가게를 팔았다. 마침내 아버지 인생의 가게가 문을 닫았다.

그리고 아버지는 그맘때쯤부터 스스로를 '프린스 킹'이라고 부르기 시작하셨다.

내 커리어의 다음 10년은 연예계의 절대적이고, 순수하고 흠잡을 데 없는 레이스였다. 〈나쁜 녀석들〉, 〈인디펜던스 데이〉, 〈맨 인 블랙〉, 〈에너미 오브 스테이트〉, 〈와일드 와일드 웨스트〉, 〈알리〉, 〈맨 인 블랙 II〉, 〈나쁜 녀석들 II〉, 〈아이, 로봇〉, 〈샤크〉, 〈히치〉, 〈행복을 찾아서〉, 〈나는 전설이다〉까지 나는 전 세계 박스오피스에서 8백만 달러 이상의 수익을 올렸다.

아카데미상 후보에도 두 번 올랐다. 〈알리〉와 〈행복을 찾아서〉 남우주연상 부분이었다.

〈Men in Black〉, 〈Gettin' Jiggy Wit It〉, 〈Just the Two of Us〉, 〈Miami〉 그리고 〈Wild Wild West〉는 3천만 장 이상의 음반이 팔렸다. 물론 〈더 프레시 프린스 오브 벨 에어〉의 주제곡은 포함시키지도 않은 수치다. 마지막 앨범은 역사상 가장 많이 팔린 힙합 곡이었다.

너무 잘나가고 있었다. 그리고 〈인디펜던스 데이〉가 막 개봉한 시점이었다. 〈더 프레시 프린스 오브 벨 에어〉는 시즌 6를 준비 중이었다. 그리고 그때쯤 국세청에 지불해야 할 세금도 거의 막바지에 다다랐었다. 다시 말해 진짜로 돈을 벌어들이게 되었다는 뜻이다.

〈나쁜 녀석들〉은 1995년에 극장에 개봉했고 탄탄한 성공을 거두었다. 산산조각 낸 정도는 아니지만 전 세계가 흔들리고 있었다. 나는 멀대같이 키와 귀만 크고 호리호리한 바보 같은 아이로 자랐었다. 그런데 〈나쁜 녀석들〉 첫 개봉 주말, 아무도 모르게 영화관을 찾아 셔츠를 다 젖힌 채 달리는 장면을 보고 있었다. 그때 한 흑인 여자가 "어머, 뭘 좀 봐……."하고 스크린을 보며 입맛을 다셨다.

나는 함께 소리를 치고 싶었다. '내가 바로 저 사람이에요, 아가씨!' 여자가 내 남자다움에 반응을 보이는 것을 본 것은 이번이 처음이었다. 인생의 이 시점까지, 나는 여성을 유혹하기 위해 코미디를 사용했었다. 근데 이제야 처음으로 사람들이 나를 봐주기 시작한 것이다.

〈더 프레시 프린스 오브 벨 에어〉는 시즌 6를 기획하며 1995년 여름, 〈인디펜던스 데이〉 계약서에 사인했다. 당시 여섯 번째 시즌이 우리의 최종 계약이었다. 내가 7번째 시즌을 해야 할지 의문이 생겼다.

시트콤의 시청률이 전반적으로 조금씩 떨어지고 있었다. 줄거리가 점점 더 고리타분해지고 있어서 신선함을 유지하는 것이 어려웠다. 하지만 우리 모두는 이전 시즌보다 더 많은 돈을 벌고 있었다.

ABC 방송국에서 방영한 〈해피 데이스〉 시트콤에 이런 에피소드가 한 편 있다. 주인공 폰지는 늘 입고 다니는 가죽 재킷을 입고 수상 스키를 타다가, 상어 위에 뛰어내린다. TV 시트콤 업계에서 '상어에게 뛰어내린다jumping the shark'라는 표현은 시청률 하락세로 프로그램이 전성기를 넘긴 순간 종영을 알리는 은어다. 프로그램이 어떤 면에서 신선했고 특별했는지 말하기가 어려운 때가 찾아와도 제작진은 그것을 체감하지 못할 때가 있다. 언제나 새로운 마법을 다시 일으킬 수 있다고 믿는 것이다.

나는 절대 다음 작품을 정하지 않고 종영하는 악순환의 고리에 걸리지 않으리라는 내 자신과의 약속을 성공적으로 이어나가는 중이었다. 시트콤은 다음 시즌을 쉽게 이어나갈 수 있었다. 내겐 가족과 다름없는 사람들이었고 이들을 진심으로 아꼈다. 하지만 영화계 커리어도 포기할 수 없었다. 나는 선택의 기로에 서 있었다.

1970년대 히트 시트콤 〈굿 타임스〉에서 제임스 에반스 역을 맡았던 전설적인 배우 존 아모스가 세 편의 에피소드에 출연하게 되었다. 〈굿 타임스〉에서의 캐릭터는 너무도 유명했지만 계약 분쟁으로 인해 잔인한 죽음을 끝으로 하차한 인물이었다. 시트콤은 시즌 중반 조기 종영되었다. 마지막 에피소드도, 작별 인사도, 기억에 남을 만한 아름다운 장면도 없이 허무하게 끝났다. 존 아모스는 내가 시즌 7을 생각하고 있다는 소릴 들었다. 어느 날, 리허설 사이에 그가 나를 주차장으로 불러 함께 걷자고 했다.

"내가 출연한 촬영장 중에 가장 분위기가 좋네. 다들 서로를 진심으로 아낀다는 게 느껴져." 그가 말했다.

"네, 선생님. 저희 모두 진짜 캐릭터처럼 푹 빠져서 삽니다." 내가 대답했다.

"내가 선을 좀 넘었다고 생각할지도 모르겠지만." 존이 말을 이었다.

"방송국 놈들이나 프로듀서, 광고주 모두 연기자에 대해선 신경 쓰지 않아. 그런 사람들이 프로그램에 바친 노력과 열정을 망치게 하지 마. 이 사람들이 품위 있게 쇼를 떠날 수 있게 하는 것도 자네 책임이니까."

어렸을 적 〈굿 타임즈〉에서 제임스 에반스의 죽음으로 인해 괴로워했던 게 기억났다. 어린아이였으니 존엄성이라는 단어는 몰랐지만 돌이켜보면 나도 모르게 무례하다는 느낌이 들었다. 팬으로서, 나는 그 이야기에 모욕과 폭력을 느꼈다. 존은 가차 없이 사라졌고, 거의 20년 후에 그 사람 자신이 내 마음을 이해한다는 듯 조언해주었다. 그가 설명한 모든 것에 품위라곤 없었다. 존이 자신의 동료들을 실망시켰다는 고통이 느껴졌다.

그다음 주에 나는 출연진을 모았다. 나는 모두에게 시즌 6가 우리의 마지막 시즌이 될 것이며 각자 필요한 계획이나 준비를 시작하며 올 한 해를 보내자고 했다. 우리 모두 우아하고 품격 있게 헤어지자는 약속도 건넸다.

마지막 회는 1996년 5월 20일에 방송되었다. 한 시간짜리 피날레였다. 마지막 촬영을 한 일주일은 내 커리어에서 가장 감정적인 한 주였다. 우리는 웃고, 울고, 추억하고, 서로에게 아낌없이 사랑을 표현했다. 그리고 우리는 작별을 고했다. 나는 내 가족들을 품위 있게 보냈다.

———

실생활에서, 나는 전 부인에게도 양육비를 보냈고, 내 양육비도 지불했다. 전자는 정상이다. 그러나 나는 내 몫의 양육비를 어머니에게 지불했다.

해리는 햄프턴 대학교의 회계학을 졸업하고 모든 가족들의 투자를 맡았다. 동생이 가족들에게 부동산을 추천했고, 첫 번째로 어머니의 꿈인 집을 찾아드렸다. 어머니는 펜실베이니아 브린 모어의 한 농장을 찾았고 어머니는 곧바로 이사하셨다. 1997년 크리스마스 아침, 우리 모두 놀랄 수밖에 없었다.

우드크레스트에서 옛 상자들을 뒤적이는 과정에서 어머니는 아버지의 이혼 서류를 발견했다. 접수하지 않은 서류였다. 거의 20년 전 두 분은 모든 이혼 절차를 거치고도 어떤 이유에서였는지 최종 서류에 서명하지 못했다. 엄밀히 말해 어머니는 당신이 실제로 이혼을 한 상태는 아니라는 것을 깨닫지 못했다. 그래서 마침내 서류에 서명하고 법원에 접수했다.

나는 〈와일드 와일드 웨스트〉 촬영을 하는 중이었다. 그때 아버지로부터 긴급한 전화를 받았다. 어머니 없는 의무적이고 즉각적인 가족회의를 열 테니 당장 참석하라는 요구였다. 카우보이 가죽바지 의상도 벗지 못 한 채, 나는 두 동생과 함께 달려갔다.

"너희들 중 어머니와 얘기한 사람이 있니?" 아버지가 물었다.

"우리는 항상 이야기를 하죠. 무슨 일 있나요?" 내가 말했다.

"네 어머니가 이혼 서류를 보냈는데, 너희 모두 내가 이혼 서류를 어떻게 해야 한다고 생각하는지 알고 싶구나."

문맥에 대한 설명을 조금 더 하자면, 우리 부모님은 20년 동안 별거하셨다. 지난 10년간 두 분이 나눈 대화가 세 마디나 될까. 그 중에 두 마디는 책에 담을 수도 없다. 심지어 아버지에게는 새 가족 도 있었다. 그러므로 아버지의 사랑받는 자녀로서, 우리는 아버지 가 무슨 말씀을 하시는지 이해할 수 없었다. 우리는 아버지 앞에선 약간의 연기를 하는 경향이 있었다. 그러나 엘렌은 굳이 대화에 참 여할 생각도 없었고, 해리는 아버지의 말씀 하나하나를 물고 뜯고 싶어 했다. 그리고 나는 가운데서 중재자 역할을 맡았다. 대체로 내 가 먼저 입을 떼곤 했다.

"정확히 무슨 말씀이세요, 아빠?" 나는 내가 이해할 수 없는 무언 가가 일어나고 있다는 것을 깨닫고, 조금 부드럽게 그리고 애정을 담아 물었다.

아버지에게 되물으면 마치 내 말투와 취지가 오해의 근원인 것 처럼 아버지는 약간 목청이 커지고 공격적으로 변한다.

"네 어머니가 이혼 서류를 보냈는데, 너희 모두 내가 이혼 서류를 어떻게 해야 한다고 생각하는지 알고 싶다고."

즉시, 우리 사이에 균열이 일어났다.

엘렌은 이렇게 말했다. "이런 이야기할 시간 없어요. 나중에 이야 기해요."

대화 참여 인원이 급격히 줄어들었다. 남은 사상자들도 고통받 고 있었다. 내가 나서서 빨리 해결해버리는 게 나았다.

"아빠, 말씀은 알아들었는데요, 아빠와 어머니는 거의 20년간 대 화도 하지 않으시잖아요. 그러니까 제 생각엔……."

"나는 저 서류를 대체 어떻게 했으면 좋겠냐고 물어보는 거다."

이제 해리가 화를 낼 차례였다.

"사인을 하시면 되죠!"

"아, 그냥 서명이나 하라고?"

솔직히 나도 더 이상 이야기할 의지를 잃어가고 있었다.

"아빠, 이해가 안 돼요. 아버지와 어머니는……."

"아, 그럼 너도 내가 그냥 사인을 해야 한다고 생각하니?" 아버지
가 말했다.

"글쎄요……. 그렇죠?" 내가 말했다.

"그러니까 그냥 그렇게 끝내버리라는 게냐?"

오늘날까지 나는 아버지가 무슨 생각을 하고 있었는지 전혀 모
르겠다. 어쩌면 서명을 하면 정말 끝이라는 생각이 들어 견딜 수 없
었는지도 모르겠다.

어머니의 이혼 서류 제출은 펜실베이니아 연방의 전폭적인 영향
력을 촉발시켰다. 아버지는 우리를 돌봤지만, 공식적으로 양육비를
지불한 적이 없었다. 서류를 1차로 검토하자마자 드러난 사실이었
다. 어머니는 아버지가 14만 불에 가까운 이자와 벌금을 내야 한다
는 것을 알게 되었다. 그리고 어머니는 돈 한 푼이라도 빠짐없이 원
했다. 펜실베이니아 법에 따르면, 만약 아버지가 거절하거나 지불
할 여유가 없다면, 그는 체포되고, 감옥에 갇히고, 전 재산은 압류당
할 수 있다.

"어머니, 그러지 마요."라고 내가 간청했다.

"아니, 그는 나에게 빚을 졌고, 난 받아야겠다."

"어머니, 아버지가 14만 불이 어딨어요……."

"글쎄다, 그건 네 아버지가 해결할 일이지." 어머니는 냉정했다.

"아, 어머니. 어머니에게는 이제 새 집도 있고 다 안정되었잖아요. 우리 쉽게 가요."

"오, 정말 쉽게 갈 거야. 내 돈을 주지 않으면 감옥에 가야지."

어머니는 꿈쩍도 하지 않으셨다. 아버지의 부당함을 너무 오랜 세월 견디며 앙금이 남은 모양이었다.

"아버지 도와줄 생각은 하지도 마, 윌!" 어머니가 〈컬러 퍼플〉의 셀리처럼 나를 가리키며 말했다.

"내게 갚을 돈은 네 아버지가 알아서 해결해야지."

진퇴양난이었다. 아버지에겐 14만 불이 없었고, 어머니는 어떤 양보도 하지 않으려 했다. 그렇다고 내가 아버지를 감옥에 보낼 순 없었다. 나는 비밀리에 뒷거래를 하기로 했다. 아버지 계좌에 14만 불을 송금하고 아버지는 즉시 전액을 수표로 끊어 펜실베이니아 연방법원에 보냈다. 법원은 어머니에게 양육비를 돌려주었다.

이 일로 나는 펜실베이니아 역사상 처음으로 내 양육비를 스스로 지불하게 되었다. 어머니는 결국 내가 아버지의 빚을 갚았다는 것을 알게 되었고, 크게 화를 내셨다. 그리고 즉시 14만 불 수표를 써서 내게 돌려주셨다. 펜실베이니아 역사상 처음으로 어머니는 스스로 받은 양육비를 돌려준 사람이 되었다.

플래닛 할리우드는 1996년 5월 호주 시드니에서 처음 문을 열었다. 할리우드의 별칭 틴셀타운의 역사를 기념하는 테마 레스토랑이었다. 이 프로젝트의 창립 멤버 중 세계에서 가장 유명한 영화배우이자 할리우드 3대 배우, 바로 아놀드 슈워제네거, 실베스터 스탤론, 그리고 브루스 윌리스였다. 나도 성대한 오픈 행사에 초대를 받았다. 그래서 모든 일정을 취소하고 나를 이끈 세 명의 동방박사에게 날아갔다.

"여러분, 레스토랑 오픈 축하드립니다······."

세 사람은 나의 젊은 열정을 정중히 인정하며 바라보았다.

거리낌 없이, 나는 말을 걸었다. "간단하게 질문 하나만 할게요. 저도 세 분처럼 되고 싶거든요. 세상에서 제일 유명한 영화배우요. 누구든 세상에서 제일 유명한 아이콘 세 명을 꼽으라면 세 분을 고르잖아요."

모두들 낄낄 웃었다. 대담하게 물어봐서 정직한 대답을 얻을 자격을 받았던 것 같다. 그들은 모두 서로를 쳐다보았다. 내심 눈빛을 교환하며, 비언어적인 태도로 세상에서 제일 유명한 영화배우의 몸짓으로, 아놀드에게 대답을 넘겼다.

"미국 내에서만 흥행한다고 세계적인 배우가 될 순 없지. 지구상의 모든 사람들이 당신을 알아야 진짜 영화배우가 되는 거야. 전 세계를 돌며 사람들하고 악수도 하고 갓난아기한테 뽀뽀도 해줘야 진

짜 스타야. '세상에서 제일 유명한 스타'에 출마한 정치인이라는 생
각이 들어야지 진짜야."

브루스와 실베스터 역시 동의했다. "감사합니다."라고 내가 말
했다.

"방해를 하려던 건 아니었어요. 다시 대화하게 비켜드릴게요."

아놀드는 나에게 열쇠를 주었고 그 열쇠는 20년간 나의 비밀 무
기가 되었다.

나에게 아주 일리가 있는 말이었다. 영화사들은 세계 모든 나라
의 영화 포스터를 붙이기 위해 1억 5천만 달러 이상을 쓴다. 내게
막대한 재정을 투자하는 것이다. 생각해 보니 나는 영화 홍보를 한
적이 없었다. 그들은 1억 5천만 달러로 나를 홍보하는 데 사용했다.
영화가 아니라 내가 홍보해야 할 상품이 되어버린 것이다. 나는 내
미래에 대한 투자를 해 준 영화사에 감사했다.

나는 다른 배우들이 투어, 언론, 홍보를 얼마나 싫어하는지 알아
채기 시작했다. 내 생각엔 완전히 미친 짓처럼 보였다. JL과 나는 수
치를 조사했다. 예를 들어, 우리는 스페인에서 천만 달러밖에 벌지
못하는 영화가 스페인에 가서 시사회를 하고, 하루 동안 언론 홍보
를 뛰고, 이벤트를 몇 개 열었을 때 흥행수익이 1,500만 달러에서
2,500만 달러로 상승했다는 걸 깨달았다. 만약 30개국에 걸쳐 그
수를 곱하면 실제 전 세계에서 벌어들일 수익이 2억 5천만 달러에
서 5억 달러로 올라간다.

총 수입의 일부는 내게 돌아온다. 말할 것도 없이 나는 특정 국가

에서 더 유명한 영화배우가 되었다. 그건 다른 배우보다 내가 받을 출연료가 더 높아졌다는 걸 의미했다. 왜냐하면 내가 글로벌한 홍보를 통해 두 배 혹은 세 배의 수익을 낼 수 있다는 것을 영화사에서도 알고 있었기 때문이었다.

그때부터 나는 〈더 프레시 프린스 오브 벨 에어〉를 주중에 촬영하고, 촬영장을 떠나 곧바로 공항으로 가서 밤 비행기를 타고 날아가 인터뷰를 하고, 시사회에 참석하고, 사인회를 하고 다시 공항으로 돌아와 비행기에서 다음 대본을 외우고 일요일 밤, 공항에 내렸다. 그리고 월요일 아침 다시 촬영을 준비하는 생활을 했다.

나는 스타덤의 성배를 받았다. 나는 다른 사람들에겐 어떤 무기가 있는지, 어떤 비밀을 쥐고 있는지 알아보기 위해 경쟁 분야들을 훑었다. 그리고 당연히 톰 크루즈가 무리의 우두머리였다. 나는 조용히 톰의 모든 글로벌 홍보 활동을 찾아보기 시작했다. 내 영화를 홍보하러 다른 나라에 가면, 나는 그 국가 영화사에 톰의 홍보 일정을 알려달라고 부탁하곤 했다. 그리고 톰 크루즈가 모든 나라에서 쓴 시간보다 두 시간을 더 일해야겠다고 다짐했다.

불행하게도 톰 크루즈는 사이보그이거나 6명의 복제인간이 있는 것 같았다. 그는 파리, 런던, 도쿄에서 4시간 30분간 레드카펫에 머물렀다. 베를린에선 아무도 사인을 원하지 않을 때까지 말 그대로 모두에게 사인을 해주었다. 톰 크루즈의 글로벌 프로모션은 할리우드에서 최고였다. 내가 어떻게 그를 이길 수 있을까? 그가 가지고 있지 않은 것은 무엇일까? 그리고 나는 깨달았다. 그건 음악이었다.

나는 영화를 보기 위해 입장하지 못한 팬들을 위해 무대를 설치하고 영화 시사회장 밖에서 라이브로 콘서트를 하기 시작했다. 런던의 피카딜리 서커스에는 한때 만 명의 사람들이 거리를 가득 메웠다. 너무 난폭해서 결국은 경찰이 출동해 폐쇄해야만 했다. 베를린에서도 마찬가지였다. 모스크바의 붉은 광장에서는 그 당시 열렸던 시사회 중 가장 큰 규모였다. 톰 크루즈는 못하는 행사였다. 아놀드, 브루스, 실베스터도 마찬가지였다. 나는 연예 뉴스 코너를 벗어나 헤드라인 뉴스로 진출했다. 그리고 영화가 오락에서 뉴스로 옮겨가면, 그것은 더 이상 영화가 아니라 문화적인 현상이 된다.

〈인디펜던스 데이〉의 특수 효과는 그 당시까지 그 어느 누구도 본 적이 없는 것이었다. 영화의 홍보 활동은 단지 백악관 상공을 맴돌며 단 한 번의 레이저 타격으로 백악관을 폭파시키는 장면을 보여주는 게 전부였다. 그래도 사람들은 미친 듯이 열광했다.

〈인디펜던스 데이〉는 미국에서 3억6백만 달러를 벌어들였다. 영화사는 수지타산을 맞추었다. 그 후 세계적인 홍보가 시작되었다. 독일이 7천200만 달러, 영국 5천800만 달러, 프랑스 4천만 달러, 이탈리아 2천300만 달러, 그리고 일본에서 9천300만 달러를 벌어들였다. 한 달 만에, 영화는 역대 두 번째로 많은 수익을 올려, 당시로서는 전례가 없던 8억1천7백만 달러를 벌어들였다. 예산은 7천5백만 달러가 전부였다.

우리는 공식을 찾았다. 〈인디펜던스 데이〉는 특수 효과, 외계 생물, 그리고 사랑 이야기가 있었다. 거기에 세계적인 홍보를 때렸으니, 극장가를 초토화시키며 세계 영화계를 점령했다. 가난했던 내가 부자가 되었고, 연기 경험 없던 내가 세계에서 가장 높은 수익을 올린 영화에 출연하게 되었다. 그때 나는 겨우 스물일곱 살이었다.

나는 무적이라 느꼈지만, 전에도 그런 느낌을 받은 적이 있었다. 나는 바람을 등지고 있는 것이 어떤 것인지 알고 있었다. 하지만 이번에는 내 발이 액셀러레이터에 닿아 있었고, 바퀴가 떨어질 때까지 멈추지 않았다. 전속 질주였다.

————

제이다는 사랑과 가족이 쉬운 노력이 될 것이라는 환상을 가지고 있지 않았다. 이것은 그녀가 전통적인 결혼식을 싫어하는 또 다른 이유였다. 그녀는 고전적인 결혼식의 허풍과 화려함이 사실은 결함이 있다는 반증이라 생각했고, 중대함에 대한 잘못된 인식을 심어준다고 믿었다. 그녀는 "제대로 된 결혼식은 마라톤 정도는 돼야지. 우리가 진짜로 마라톤을 뛰는 거야. 그리고 우리가 둘 다 결승점에 도달해야만 결혼할 권리를 얻는 거지. 마라톤에 성공한 사람만이 생존자가 되는 거야."라고 말했다.

내가 그녀의 요점을 이해하면서도, 나는 정말 낭만적이지 않은 헛소리라고 생각했다.

어느 날, 제이다의 어머니 개미로부터 급한 전화를 받았다. 장모님은 울먹이고 계셨다.

"윌. 꼭 제이다와 결혼을 해야 하네." 어머님이 간절하게 말씀하셨다. "너희가 계획하는 쓸데없는 소리는 나도 들었다. 그래도 결혼식은 해야 돼. 보통 사람들처럼 말이야. 평범한 사람들처럼 식장에서, 목사님도 모시고, 케이크도 자르고."

"장모님, 저도 그렇게 생각해요."라고 내가 말했다.

"벌써 청혼도 했다고요. 설마 제가 저희 할머니한테 애만 낳고 결혼은 하지 않을 거라고 말할 수 있을 거라고 생각하세요?"

"윌, 그 애는 내 하나뿐인 딸이야. 제발 그 애를 설득해주게. 두 사람이 결혼하는 걸 봐야겠어! 온 가족이 자네를 도와줄 테니까."

"네, 믿어주세요. 혹시 제이다와 이야기는 나눠보았나요?"

"당연하지. 그런데 내 이야기는 들으려고 하지도 않아."

"알겠습니다. 그래도 같이 해결할 수 있어요."

제이다는 최선을 다해 자신의 입장을 고수했지만, 결혼 압력이 너무 심해졌다. 임신 중기에 접어 들며 몸이 피곤하고 불편해지니 더 이상 말싸움을 할 힘도 없었다. 자신이 어머니의 마음을 아프게 하고 있다는 생각이 들면서 더 이상 견딜 수도 없었고, 물론 나도 그런 말을 하진 않았지만, 내심 내가 결혼식을 원한다는 것도 알고 있었다. 그래서 그녀는 새해 전날 볼티모어에서 결혼식을 하는 데에 동의하고 말았다. 장모님이 모든 것을 처리해야 했다. 제이다는 식장에 나타나서, 통로를 걸어가며 케이크를 먹고, "새해 복 많이 받으세요!"라고 외치고 나가기로 동의했다.

장모님은 너무 기뻐하셨다. 오늘날까지도 제이다는 우리의 결혼식을 '개미의 결혼식'이라고 부른다.

정말 아름다웠었다. 도시 바로 외곽의 역사적인 성이었다. 식은 아주 조촐하게 올렸다. 제이다가 원하던 것만큼 규모가 작지는 않았고, 백여 명의 친구와 가족들이 모였다. 정부의 권한을 받은 목사님도 한 분 모셨다. 결혼식 자체가 즐겁고 마음이 따뜻해지는 축제였다. 제이다가 몇 년간 했던 수많은 타협 중 첫 번째였다. 제이다는 너무도 고통스럽게 자신의 가치를 부정했다.

하지만 어쨌거나 제이다는 '윌'이 모는 기차에 탔고 하차는 없었다.

———

모든 형태의 명성이 동등하게 만들어지는 것은 아니다.

유행 음악은 빠르고, 흐름을 알며, 즉각적이다. 금방 뜨고 금방 사라져버린다. 하지만 마음을 감동시키는 음악은 영원하다. 특히 누군가의 삶과 음악이 하나가 되면 그 유대감은 깨뜨릴 수 없다. 파티 음악을 만들면, 명성은 재미와 동의어가 된다. 내가 파티의 중심이 된다. 아마 인기 있는 뮤지션들이 종종 섹스, 마약, 그리고 술에 빠지는 것도 그런 이유일 것이다. 만약 당신이 요란한 성생활과 마약, 또는 술에 중독되어 있다면 아마 그것과 어울리는 음악을 원할 것이다.

그러나 TV 유명세는 조금 다르다. TV를 볼 때 사람들은 거실이

나 침실, 부엌에 있는 것에 익숙해져 있다. 속옷 차림으로 당신을 보는 것에 익숙하다. 시청자들은 당신을 친구처럼 생각한다. 음악으로 유명해지면 사람들은 소리를 지르고 환호한다. 하지만 멀리 떨어져 있는 것에 익숙하다. 만약 가수 비욘세나 칸예가 사인을 해주지 않아도 '뭐, 당연히 안 해주겠지. 비욘세랑 칸예잖아'라고 생각한다. 그러나 TV를 통해 유명해지면 사람들은 우정을 기대한다. TV 팬들은 연예인의 거부감에 훨씬 더 큰 모욕을 느낀다.

하지만 영화로 탄 유명세는 완전히 다른 야수다. 커다란 은막위에 투사된 것을 높이 평가하는 무언가가 있다. 유명한 영화는 거의 숭배에 가깝다. 영화로 유명세를 타는 순간 사람들이 멀어진다. 영화배우에겐 존경심이 실린다. 음악으로 유명했을 땐 사람들이 나를 '프레시 프린스'라고 불렀다. TV에 내가 알려지자 사람들은 "이봐, 윌!" 하고 나를 불렀다. 하지만 〈인디펜던스 데이〉가 개봉한 월요일 아침, 박스오피스 기록을 세우고 나니 사람들이 나를 "스미스 씨."라고 부르기 시작했다.

영화로 쌓은 스타덤은 내 관계에도 영향을 미쳤다. 음악으로 유명했을 때는 가족과 친구들이 재미있게 즐겼다. 내가 TV에 나와 유명해지자, 우리 사이는 미묘하게 멀어졌지만, 〈더 프레시 프린스 오브 벨 에어〉가 방영되는 금요일 밤이면 너무 가족적인 느낌에 다시 가까워지고 늘 그랬던 것처럼 유대감도 생겼다. 그러나 내가 영화로 유명해지자 근본적인 무언가가 바뀌었다. 내가 평생 알고 지내던 몇몇 친구들과 가족들은 두 가지로 나뉘었다. 우리가 처음 만난 사이인 것처럼 나에게 예의를 차리고, 나를 대하는 태도에 사랑은 없었다. 아니면 내가 영화배우가 아니라고 고집을 부리며 일부러 더 무례하게 굴었다.

———

"또 하나가 들어왔어."라고 JL은 말했다.

뉴욕에서 녹음을 하고 있었다. JL이 스튜디오에 찾아와 녹음을 중단시켰다. 처음 있는 일이었다.

"난 정말 좋아."라고 그는 말했다.

"훌륭한 대본에, 훌륭한 감독에, 스티븐 스필버그가 기획을 해. 모든 걸 다 갖추었어. 근데 중요한 문제가 하나 있어……. 미리 말해 주면 재미가 없으니까, 일단 시나리오부터 읽어보고 바로 전화 줘."

또 다른 공상과학 영화 시나리오였다. 지구상에 외계인 활동을 허가, 감시, 관리하는 비밀 기관에 대한 이야기였다. 배리 소넨필드 감독이 내 이름을 지목했다고 했다. 오디션이 아니라 캐스팅이었다.

그날 밤 시나리오를 읽었다. 모든 것이 훌륭해 보였다. 코미디, 생명체, 우주. 하지만 JL도 같은 고민을 했었다. 잇달아 외계인 영화를 해야 한다는 부담감이었다. 나는 이 영화가 〈인디펜던스 데이〉와 너무 비슷할까봐 걱정했다. 그리고 〈인디펜던스 데이〉가 큰 성공을 거두었기 때문에, 같은 외계인 장르를 선택하는 게 너무 비슷한 캐릭터에 비슷한 연기로 자기복제할까 고민이 되었다. 그리고 〈나쁜 녀석들〉은 경찰 영화였고, 〈인디펜던스 데이〉는 외계인 영화였다. 새로운 시나리오는 경찰과 외계인이 나오는 영화였다.

나는 JL에게 출연을 고사해야겠다고 했다. 우리는 주말을 보내고 월요일에 통보했다.

———

"스티븐 스필버그에게 전화 왔어요, 윌."

나는 하드 록과 힙합 대세들이 가득한 스튜디오에서 녹음을 하고 있었다.

그 순간만큼 내 자아가 비대해진 적이 없다.

"아, 너희는 스티븐 스필버그한테 전화 받아본 적 없어?" 내가 으스댔다.

스튜디오에서 전화기까지 10미터쯤 떨어져 있었다. 나는 전화를 받으러 갔다. 너무 초조하고 재빠른 걸음이었다.

"안녕하세요, 스필버그 감독님." 나는 내가 낼 수 있는 가장 얌전한 말투로 전화를 받았다. 방금 그의 영화를 거절했던 까닭에 더 이상 이 인맥을 놓치고 싶지 않았다.

"이봐, 윌. 스티븐이라고 부르라고. 잘 지내나?"

"잘 지냅니다, 스필버그 선생님. 물어봐 주셔서 감사합니다."

"아직 고맙긴 이르고. 지금 어디 있나?"

"뉴욕입니다." 내가 대답했다.

"좋아, 완벽하군. 직접 만날 수 있겠어." 그가 말했다.

"무슨 일이세요?"

"글쎄, 자네가 내 영화를 거절했다는 이야기를 듣고 자네와 그 이야기를 좀 해보고 싶어서." 그가 온화한 말투로 말했다. 우리는 웃음을 터트렸다. 껄껄 터트리는 그의 웃음에 '이 새끼, 너 내가 〈죠스Jaws〉를 만든 건 알지?'와 같은 농담이 서려 있었다.

"아니, 그런 게 아니고요. 아시잖아요."라고 나는 묻지도 않은 변명을 했다.

"자네에게 몇 가지 이미지를 보여주고 이야기를 좀 하고 싶은데. 햄튼으로 올 수 있겠나?"

"네, 물론이죠. 언제가 좋을까요?"

"오늘은 어때?"

도대체 이 사람들은 왜 "지금 당장, 오늘, 분석 마비는 없어." 따위를 좋아할까.

"헬리콥터를 보내주지. 한 시간 안으로 와서, 세 시간 후에 보내줄게. 어떤가?"

이런 경험은 이전에도 있었다.

"네, 스필버그 감독님. 알겠습니다." 내가 대답했다.

———

한 시간도 채 지나지 않아 나는 스티븐 스필버그의 햄튼 사유지에 도착했다. 그곳에서 그는 자신이 스티븐 스필버그라는 것을 깨닫지 못한 듯 청바지와 낡은 티셔츠를 캐주얼하게 입고 있었다.

그의 집은 케이프 코드(매사추세츠의 유명 휴양지) 스타일의 영화 박물관이었다. 고전 영화의 원본 포스터, 할리우드 거물들과 함께 찍은 사진, 영화에 사용된 E.T.의 실제 모델이 있는 사무실, 〈죠스〉속 상어의 기계화 도면 콘셉트 청사진까지 있었다.

어디를 둘러봐도 영화라는 업적이 보였지만 스티븐은 자랑하는 기색이 없어 놀랐다. 역대 10대 영화 중 4편을 만든 위대한 감독 스티븐 스필버그가 함께 있었다. 그러나 무엇보다 눈에 띄는 건 영화에 대한 어린아이 같은 즐거움이었다. 그는 내게 〈맨 인 블랙〉의 비전을 보여주려고 눈에 띄게 초조해하며 흥분감을 감추지 못했다.

우리는 그의 서재에 앉았다. 그는 집에서 만든 탄산 레모네이드를 건넸다.

"그래서 내 외계인 영화에 출연하고 싶지 않은 이유가?"

"아. 출연하고 싶지 않은 게 아니라요. 대본은 너무 마음에 듭니다. 저를 우선순위로 생각해주셔서 정말, 정말 감사했습니다."

내 조급함이 느껴졌던 것 같다.

"그럼 뭐가 문제인지 말만 해요. 우리가 고칠 수 있는지 봅시다."

나는 〈나쁜 녀석들〉과 〈인디펜던스 데이〉에 대한 내 생각과 걱정, 유사점, 반복성 그리고 외계인 전문 배우로 전락하는 것에 대한 두려움을 모두 털어놓았다.

그는 열심히 귀를 기울였다. 돌이켜보면 정말 명감독다운 능력이었다. 그는 평생을 배우, 촬영 감독, 작가, 스튜디오 임원진, 제작자의 이야기를 듣고 문제를 결정하고, 모든 사람의 총명함을 하나의 창작물로 통합할 수 있는 해결책을 찾으며 보낸다.

그는 나의 의구심을 곰곰이 생각하면서 오랫동안 말이 없다가 마침내 입을 열었다.

"좋아요, 윌, 완전히 이해해."

"아. 감사합니다. 정말 기뻡니다. 왜냐하면 아시다시피 제가 선생님을 정말 존경하거든요. 결정하는 데 정말 뇌가 고통스러웠어요."

우리가 웃음을 터트렸다.

"그럼 자네 뇌를 쓰지 말고, 내 뇌를 쓰게."

그는 농담처럼 말했지만 마치 자유의 종소리처럼 내 마음속에 울려 퍼졌다. 단단했던 결심에 금이 쫙 그어졌다.

〈인디애나 존스〉, 〈쥬라기 공원〉, 〈미지와의 조우〉. 〈죠스〉, 〈컬러 퍼플〉, 〈쉰들러 리스트〉, 〈라이언 일병 구하기〉, 그리고 〈이티〉까지. 우리 중 한 사람이 영화에 대한 결정을 내려야 한다면 과연 누가 해야 옳을까?

우리는 오후의 나머지 시간을 함께 보냈다. 나는 배리 소넨펠드 감독을 만났다. 우리는 차를 몰고 햄튼을 돌아다녔고, 두 남자의 아이들이 다니는 학교에도 갔다. 우리는 스필버그의 기획과 콘셉트 선택, 시나리오 개발, 스토리와 캐릭터에 대한 그의 의견, 히트 영화를 만드는 것, 배우와 영화배우의 차이점에 대해 이야기했다. 배리는 아마도 지구상에서 가장 웃긴 사람일 것이다. 그의 유머 감각은 내가 아는 누구 못지않게 날카롭고 꼼꼼하다. 우리는 극과 극이지만, 우리의 희극적인 조화는 완벽하게 어우러졌다. 우리는 서로를 웃게 했다. 배가 찢어질 만큼 웃겼다.

그들은 내게 볼 영화 목록과 읽어볼 책을 추천해 주었고, 그 작품들이 이후 커리어에서 어떤 영화를 선택하고 만들지에 대한 중심적인 틀을 심어주었다. 그 책은 조지프 캠벨의 신화이자 영웅의 여정이 그려진 《천의 얼굴을 가진 영웅》이었다.

———————

1949년에 출판된 《천의 얼굴을 가진 영웅》은 내 인생의 두 번째 책이 되었다. 이 책에 내 영화 인생의 전부를 걸었다고 해도 과언이 아니었다. 조지프 캠벨의 작품 속엔 세계의 신화와 민담, 그리고 고전적인 스토리텔링이 내재된 이야기 구조가 드러난다. 이런 형식과 서사는 모든 문화와 시대에 걸쳐서 나타나 왔다. 캠벨은 이러한 아이디어와 원형, 패턴, 그리고 주제가 우리의 이야기에 보편적으로 내재되어 있는 이유는, 그것들이 인간의 경험에 보편적으로 내재되어 있기 때문이라고 이론화한다.

인간의 마음은 이야기를 전달하는 기계다. 내러티브의 창작은 우리에게 단단히 연결되어 있다. 우리가 '기억'과 '상상'이라고 부르는 것은 본질적으로 우리 자신을 보호하고 번영을 돕기 위한 생존 메커니즘으로 우리 마음속에 있는 이야기일 뿐이다. 조너선 갓셜의

《스토리텔링 애니멀》이 바로 이것이다. 우리의 마음은 추상화를 싫어한다. 태초부터 인간은 삶의 신비를 이해하기 위해 인물과 이야기를 이용해왔다. 우리는 무언가의 의미를 만들기 위해 우리의 삶을 가져다 쓴다. 우리가 우리의 경험을 우리의 존재에 목적의식을 주는 이야기로 형성할 수 없다면 그것은 일종의 정신 질환이 된다.

캠벨은 단일 신화 또는 영웅의 여정이라고 부르는 열일곱 단계를 만들었다. 그리고 크리스토퍼 보글러가 조지프 캠벨의 작품을 해석하여 《신화, 영웅 그리고 글쓰기》라는 열두 개의 무대로 다듬었다. 크리스토퍼의 책은 전 세계적으로 번역되어 할리우드의 표준이자 고전적인 각본 교과서가 되었다.

영웅의 여정의 기본적인 서사는 다음과 같다. 영웅은 모험의 부름을 받는다. 위험과 경이로움의 세계로 떠나야 하는 어떤 의무가 그의 삶에 일어난다. 영웅은 일련의 도전, 시험 그리고 시련에 직면한다. 여정 중 영웅은 동맹과 적을 마주친다. 그리고 모든 것의 '최고의 시련'이라 부를 절정에 이른다. 만약 영웅이 자신의 내적 상처(트라우마)와 외부의 장애물을 극복하고 죽음에 가까운 시련에서 살아남을 수 있을 만큼 충분한 현명함과 강함을 증명하면 보물을 얻게 된다. 캠벨은 이를 '불로장생의 영약elixir'이라 불렀다. 보기 드문 지혜와 통찰력이다. 이제 영웅은 인간의 삶을 가치 있게 만드는 요긴한 보상을 가지고 귀향한다. 다른 사람들이 길을 찾을 수 있도록 도울 수 있는 경지에 오른 것이다.

어떤 이야기들은 우리 안에서 나오지만, 우리는 그것을 이해하지도 느끼지도 못한다. 그러면 우리에게는 아무 의미도 없다. 하지만 어떤 이야기들은 우리에게 스며든다. 우리의 방어막을 지나 우리 내면의 비밀 공간으로 스며들어 뇌를 우회하고 신체적인 반응을 이끌어낸다. 눈물, 소름, 웃음, 감동과 같은 감정들은 우리를 빛나게 하고, 황홀한 쾌락을 만들어내고, 영감을 준다. 읽는 이로 하여금 열심히 고군분투하게 만든다. 위대한 이야기는 진실을 밝히고, 궁극적으로는 계속해서 영화를 보고, 또 보고, 또 보고 싶게 만든다.

이런 영웅의 여정에 부합하는 할리우드 블록버스터의 목록은 거의 셀 수 없이 많다. 영웅의 여정은 매혹적인 인물들을 창조하고, 언어, 나이, 인종, 종교, 문화, 국적, 교육, 경제적 지위를 초월하는 영화들에 초점을 맞추는 나의 로드맵이 되었다. 조지프 캠벨과 크리스토퍼 보글러는 보편적인 투쟁, 변화, 부활의 이야기 요소를 글로 나타냈다. 내게 두 사람의 책은 영화의 보물이자 전 인류의 소원을 들어주는 열쇠였다. 영화배우는 인간의 잔인성에 맞서 생사를 건 싸움의 전사다.

이것은 애벌레가 나비가 되는 길이다. 그리스도, 부처, 모하메드, 모세, 아르주나의 이야기다. 무하마드 알리가 된 캐시우스 클레이의 이야기다. 만물의 변형이며《연금술사》속 산티아고의 이야기다.

———

〈맨 인 블랙〉은 모든 항목에 포함되었다. 괴생명체가 나오는 특수 효과 영화, 브로맨스(사랑 이야기), 그리고 완벽한 영웅의 여정이었다. 이 영화는 '윌 스미스의 영화 성공 공식' 효과에 중요한 시험대가 될 것이었다.

〈맨 인 블랙〉은 1997년 7월 2일에 개봉될 예정이었다. 바로 1년 전 주말, 〈인디펜던스 데이〉가 개봉되었다. 할리우드에서는 모든 주말이 다르다. 7월 4일 독립기념일(인디펜던스 데이)은 가장 인기 있는 연휴 기간이다. 모든 제작사에선 이 기간에 성패를 좌우할 가장 기대작을 개봉했다. 여름휴가 기간이므로 매일이 금요일 같았다. 다시 말해, 주말 박스오피스의 숫자가 다른 주말 대비 200퍼센트에서 300퍼센트 혹은 400퍼센트까지도 뛸 수 있다는 뜻이었다. 영화사가 개봉 날짜를 그 시기에 계획한다는 건, 배우에게 돈을 건다는 의미였다. 나는 공개적으로 그 압박감에 기대야겠다고 결심했다. 나는 모든 언론 인터뷰에서 7월 4일 주말을 '빅 윌리 위크Bic Willy Week'라 부르기 시작했다.

슬로건이 먹혀들었다. 모든 헤드라인에 슬로건이 나왔다.

〈맨 인 블랙〉의 개봉은 전대미문이었다. 박스오피스 대 나의 싸움이었다. 우리는 모든 준비를 마쳤고, '빅 윌리'는 천둥과 함께 오고 있었다.

———

오말은 우리 크루 중 가장 어렸다. 우리 그룹의 댄서로 데뷔했지만, 나와 제프의 공연이 점점 줄어들면서, 나는 그를 '프레시 프린스'의 의상 컨설턴트로 고용했다. 오말은 스타일 감각이 뛰어났고 나의 전반적인 패션 취향을 확립하는 데 도움을 주었다.

하지만 그는 조용히 그리고 은밀하게 자신의 커리어를 계획했다. JL과 나의 관심이 점점 더 TV와 영화 쪽으로 이동하면서 그는 내 음악 제작과 관리를 맡고 싶어 했다. 오말은 뉴욕에 기반을 둔 신진 음악 프로듀서인 트랙마스터즈에게 구애를 펼쳤다. 그들은 나스, LL 쿨 J, 폭시 브라운과 함께 일했다. 그들은 내가 음악계로 돌아갈 수 있는 비전을 가지고 있었다.

오말은 '막내 오말'에서 벗어나고 싶어 했다. 무언가가 끓어오르는 욕심으로 자신의 한 방이 큰 기여가 되길 바랐다.

"월, 정말이라니까. 프레시 프린스의 주제곡이 어떻게 그렇게 인기가 있었겠어. 〈맨 인 블랙〉과 곡 하나를 내야 돼. 날 믿어봐. 지금이 시기야. 요즘 음악은 다 너무 어두워. 우리가 유행 판도를 바꿔버릴 수도 있다니까."

당신이 유명해지면, 모든 사람들이 자기 아이디어를 들려주고 싶어 난리가 난다. 모두가 새로운 비즈니스, 데모 테이프 아니면 더 좋은 업무 환경을 제시하고 싶어 한다. 친구나 가족들은 자기가 그럴 자격이 있다고 생각해 더욱 적극적으로 달려들고 당신은 꼭 들어줘야 할 것만 같은 의무감을 느낀다. 그래서 나는 오말의 말을 참을성 있게 들어주었다.

그러고 나서 그는 패트리스 러셴의 〈Forget Me Nots〉를 샘플링하는 아이디어를 들려주었다. 가이드 가수가 "자 이제 맨 인 블랙이 나가신다." 하고 후렴구를 부른다. 나는 클래식한 음악가처럼 잔뜩 구겨진 얼굴로 오말에게 고개를 돌렸다.

우리는 트랙마스터즈와 함께 녹음실로 뛰어 들어갔다. 프로듀서가 드럼과 관현악을 현대화했다. 정말 굉장했다. 나는 〈맨 인 블랙〉에 가사를 쓰고 녹음했다. 1차로 녹음한 트랙 믹스를 들으며 나는 오말에게 "너 방금 새 직업을 얻은 것 같아."라고 말했다.

오말은 이후 제이든과 저스틴 비버와 함께 부른 〈베스트 키드〉의 주제곡 〈Never Say Never〉를 기획했다. 최고의 영화이자 최고의 곡이었다.

음반과 영화의 결합은 언제나 흥행과 유행을 선도한다. 휘트니 휴스턴의 〈보디가드〉와 〈I Will Always Love You〉, 프린스의 〈Purple Rain〉, 〈록키〉의 〈Eye of the Tiger〉, 〈토요일 밤의 열기〉의 〈자유의 댄스〉, 〈그리스〉까지. 무슨 뜻인지 이해 되지 않은가. 이야기와 사운드트랙의 연금술은 주말 박스오피스의 모든 수익을 빨아들이는 영원한 토네이도와 같다.

영화, 노래, 뮤직비디오 사이의 공생 관계는 완벽한 홍보의 토네이도였다. 노래는 기본적으로 영화를 위한 대대적인 라디오 홍보 역할을 한다. 뮤직비디오는 영화의 예고편으로 기능한다. 영화는 노래와 비디오를 요청하는 팬들에게 앨범을 사라고 종용한다.

우리는 모든 준비를 마쳤다. 이제 남은 거라곤 7월 4일을 기다리는 것뿐이었다. 과연 '빅 윌리 위크'가 될 것인가.

15.

INFERNO
지옥

인정을 받기 위해
일을 하는 한,
지옥일 뿐이다.

소년과 그의 아버지는 부당하게 투옥되어 있었다. 아버지는 탈출을 위해 밀납과 깃털로 만들어진 두 개의 날개를 조작했다. 아버지는 아들에게 달아나기 전에 엄중히 경고하였다.

"밀랍이 녹을 것이니, 태양에 너무 가까이 가지 말아라. 그리고 깃털이 바다에 젖을 것이니, 너무 낮게 날지 말아라."

그러나 아들 이카로스는 그 어떤 것도 듣지 못했다. 그는 두터운 돌담 너머로, 탑들을 지나 자유로웠다. 광활한 창공으로 솟아올랐고, 점점 더 높이 올라갔다. 행복, 도취, 비행의 짜릿함은 태양이 점점 가까워지고, 타는 듯한 열기에 눈이 멀어도 여전히 그를 점점 더 높이 날게 했다. 그의 섬세한 밀랍 날개는 녹기 시작하고, 분해되어 바다로 떨어진다. 이카로스는 처음에는 천천히, 눈에 띄지 않게 고도를 잃기 시작하다가 떨어진다. 바다가 보이고, 해가 지고, 재난이 그를 닥친다. 이카로스는 화상을 입고, 추락하다가 목숨을 잃는다.

문제는 나 역시 태양 가까이 날아가는 것이 아주 편했다. 단지 내 주변의 다른 모든 사람들이 나의 날개였다.

윌 스미스는 영화 산업 전문가들을 대상으로 한 조사에서 할리우드에서 가장 돈을 잘 버는 스타로 선정되었다. 별점은 영화를 위한 자금 유치 능력, 흥행, 다양한 관객 인구 통계와 다른 요소들에 호소하는 능력으로 순위가 매겨졌다. 윌 스미스는 10점 만점을 받은 유일한 사람이었다.
– 로이터 통신

영화의 재정적 성공을 보장한다는 면에서 1,400명 이상의 배우들 중…… 윌 스미스가 1위를 차지했다. [후보에는 조니 뎁, 브래드 피트, 리어나도 디캐프리오, 앤젤리나 졸리, 톰 행크스, 덴젤 워싱턴, 메릴 스트립, 잭 니콜슨, 톰 크루즈, 맷 데이먼 등이 있었다.]

– 포브스지

"윌 스미스가 독립기념일 주간의 최종 승자였다."라고 전 세계 마케팅 및 배급을 전문으로 하는 컬럼비아 픽처스의 제프 블레이크 사장은 말했다.

– 뉴욕 타임스

'빅 윌리 위크'는 난리가 났다. 〈맨 인 블랙〉은 미국에서만 처음 3일 동안 5천1백만 달러의 오픈 수익을 벌어들였다. 전 세계 40개국 이상에서 1위를 차지했고, 궁극적으로는 국내에서 2억 5천만 달러, 전 세계적으로는 거의 6억 달러에 육박한 흥행 수익을 얻었다. 사운드트랙은 5백만 장 이상이 팔렸다. 그 여파를 이어나가기 위해, 우리는 전 세계적으로 1,200만 개 이상이 팔린 〈Big Willie Style〉이라는 앨범을 바로 출시했다.

공식적으로 나는 의심할 여지없이 세계 최고의 영화배우였다.

그녀가 뭔가 달라졌다.

난 설명조차 하지 못하겠지만 나는 결코 예전과 같지 않았다. 우리에게 딸이 생겼다는 것을 알고는 있었지만, 나는 그게 내게 어떤 의미이고 어떤 작용을 하는지 전혀 알 수 없었다.

나는 두 아들을 얻으며 여러 가지 공포와 혼란에 빠져 있었다. 트레이는 응급 제왕절개 수술로 태어났고 즉시 신생아 중환자실로 급히 이송되었다. 트레이의 첫 번째 인상은 두개골의 정중앙에 삽입된 링거 튜브였다. 제이든이 태어났을 때, 제이다는 괴로워하고 있었고, 나는 아내에게 온전히 관심을 기울였을 뿐, 아들을 낳는 데는 관심이 없었다. 출생에 대한 나의 기억은 두려움으로 가득 차 있었다. 그래서 이번에는 산부인과 병동의 베테랑으로서, 처음 느꼈던 두려움과 공포증으로부터 자유로워진 나는 완전한 관심을 맹세했다. 나는 모든 단계를 참석하고 참여하기를 원했다.

윌로우 카밀 레인 스미스는 2000년 핼로윈에 태어났다. 출산 예정일은 트레이의 생일인 11월 11일이었지만, 뱃속에서도 아이는 아무도 자신의 생일을 함께하지 않는다는 것을 알고 있었던 모양인지 극적인 모습으로 2주 일찍 태어났다.

내가 처음으로 아이를 안아봤다. 너무 작았다. 딸의 온몸이 내 한 손에 꼭 맞았고, 딸의 팔다리는 내 손바닥 가장자리에 매달려 있었다. 딸의 아름다운 에메랄드빛 눈은 나를 잘 볼 수는 없었지만, 마음속으로 내가 자기 사람이라는 것을 알고 있는 것 같았다.

———

윌로우가 태어난 후 우리 가족의 역학관계에서 이상한 일이 일어났다. 그때까지 우리는 허약한 균형을 유지하고 있었다. 셰리와 나 사이에 아이가 하나 있었고, 제이다와 나 사이에 아이가 하나 있었다. 우리는 모두 단일한 가족에 대한 의식을 기르기 위해 매우 열심히 노력했다. 처음에는 힘들었으나, 제이다와 셰리는 제이든과 트레이에게 서로가 완전한 형제라는 생각을 할 수 있게 만들었다. 심지어 제이다는 '새 어머니'라는 단어도 거절했고, 오늘날까지도 트레이는 그녀를 '보니스 어머니'라고 부른다.

제이든이 태어났을 때, 우리는 트레이가 모든 과정에 참여하도록 확실히 하려고 노력했다. 우리는 제이든의 출생을 통한 변화를 돕기 위해 전문가와 이야기를 나누었다. 심리 전문가는 그 당시 여섯 살이었던 트레이에게 새 아기의 이름을 짓는 데 참여시키라고 제안했다. 그녀는 트레이가 작명 과정의 일부가 되면 그는 새 아기를 자신의 동생으로 생각할 것이라고 우리에게 가르쳤다. 이름을 고르면 소유감과 연결감이 생긴다고 말이다.

제이다와 나는 트레이를 참여시키기 위해 흥분해서 집에 왔다. 트레이는 자기 방에서 마리오 카트 게임을 하고 있었다. 그는 비디오 게임에 중독된 사춘기 전 남자아이의 전형적인 시선으로 게임에만 집중하고 있었다.

"트레이!" 나는 신이 나서 말했다.

"아빠!" 트레이는 TV에서 눈을 떼지 않고 말했다.

"너를 위한 깜짝 선물이 있다! 동생의 이름을 고르는 것을 도와줄래?"

"좋아요."라고 그 작은 원시인은 반 혼수상태에 빠져 대꾸했다.

"트레이, 게임 좀 잠깐 멈춰 봐."라고 제이다는 말했다.

"알았어." 트레이가 말했다.

"트레이, 잠깐만. 이건 중요한 일이야. 네가 동생의 이름을 골라볼……."

"루이지!"라고 아이가 게임에 빠져 소리쳤다.

제이다와 나는 뜨악한 표정으로 서로를 바라보았다. 우리 둘 다 똑같은 생각을 하고 있었다. 흑인 중에 루이지라는 이름을 쓰는 남자가 있던가?

제이다가 끼어들었다.

"트레이, 그게 네가 좋아하는 유일한 이름이야?" 그녀가 상냥한 어머니의 목소리로 말했다.

트레이는 거부감을 느낀 듯, 즉시 게임을 멈췄다.

"하지만 내가 동생 이름을 선택할 수 있다고 말했잖아!"

"음, 그래, 트레이." 나는 내가 할 수 있는 한 최고의 가짜 목소리를 내면서 말했다.

"하지만 우리는 단지 네가 다른 이름을 생각해 본 적은 있는지

물어보는 거야. 왜냐하면 동생이 루이지처럼 생기지 않을 수도 있
으니까……."

"난 루이지가 좋아! 내가 제일 좋아하는 이름이란 말이야!" 트레
이가 외쳤다.

"알았어, 알았어." 제이다가 침착하게 대답했다.

———

"기꺼이 그 여자 멱살을 잡아야겠어!"

"내가 지금 전화 중이야, 윌. 좀 진정해." 제이다가 미친 듯이 전
화를 걸며 말했다. 나는 화가 나서 침실을 서성거리면서 새 아들을
루이지 스미스라고 소개하는 상상을 하고 있다. 한 시간에 400달러
하는 정신과 의사가 아이 이름을 동생이 지어야 한다는 터무니없는
말을 지어냈다.

"애 이름 때문에 이탈리아 팔레르모로 이사를 가게 생겼다고!"

의사는 연거푸 사과를 하며 새로운 해결책을 제시했다. 트레이
에게 빨리 강아지를 한 마리 사주라는 것이었다. 그녀는 만약 '루이
지'가 트레이가 가장 좋아하는 이름이라면, 그는 동생이 태어날 때
까지 기다리지 않고 강아지 이름을 '루이지'라고 짓고 싶어할 것이
라 했다. 하지만 이번엔 좀 더 효과적으로 아이를 다루며 동생의 이
름을 다시 지을 수 있을 거라고 우리를 달랬다.

우리는 즉시 달려 나가 아름답고, 솜털이 있는 회색의 라사압소

강아지를 한 마리 데려왔다.

"트레이, 또 다른 깜짝 선물이 있어!" 내가 말했다.

"우와!" 트레이는 강아지를 껴안기 위해 뛰어오며 환호했다.

"강아지 이름을 뭐라고 짓고 싶니?" 제이다는 조심스럽게 속삭였다.

그리고 아니나 다를까 트레이는 "루이지!"라고 소리친다.

제이다는 성공적으로 1단계를 완료했다. 이제 내 차례였다.

"하지만 트레이, 동생은 강아지와 같은 이름을 가질 수 없지."라고 내가 말했다.

제이다는 내 말투가 아이에게 선택지를 줄 수 있다는 듯 불편한 기색으로 툭툭 내 어깨를 건드렸다.

"그럼 강아지 이름을 루이지라고 할래!" 트레이가 힘주어 말했다.

2단계, 못 박기. 이제 세 번째이자 가장 중요한 단계다.

"그럼 동생은 다른 이름을 골라야겠네."라고 내가 말했다.

"아빠한테 좋은 생각이 있어. 우리 모두 이름을 정하자. 아빠도 제이다도 고르고, 너도 고르는 거야! 그리고 네 동생에게 이름 세 개를 전부 붙이자."

트레이는 학교에서 크리스토퍼라는 이름의 새로운 친구를 막 사귀었다. 그래서 자비로운 창조자의 은혜로 트레이는 소리쳤다. "크리스토퍼! 내 동생 이름은 크리스토퍼로 할래."

"좋아!" 제이다가 주먹을 불끈 쥐며 외쳤다.

결국, 나는 제이든을 골랐다. 트레이는 크리스토퍼를, 제이다는

사이어를 골랐다. 제이든, 크리스토퍼, 사이어 스미스. 여담으로 JL
은 제이든이 열다섯 살이 될 때까지 '루이지'외에 다른 이름으로는
부르지를 않았다.

————

월로우의 탄생은 불안정하게 균형 잡힌 우리에게 혼합 가족의 규
모를 보여주었고, 갑자기 처음으로 나의 '새' 가족과 '옛' 가족에 대
한 경계가 지어졌다. 언론도 사람들도 윌 스미스의 가족을 언급할
때면 셰리와 트레이를 제외한 나, 제이다, 제이든, 월로우의 사진을
종종 사용하곤 했다. 언론은 핵가족의 대칭성과 관습성을 선호했다.
나의 세계적인 명성에 열기가 끓어오르면서, 대중들의 철저한
조사라는 가마솥도 끓어올랐다. 우리 가족은 이미 연약한 밀랍 날
개를 누그러뜨리기 시작했다. 셰리와 트레이는 스포트라이트를 피
하기 시작했지만, 내가 사는 곳엔 집중포화를 맞았다. 나는 두 사람
의 회피를 감정적으로 받아들였다. 내 영화 시사회에 가고 싶지 않
다는 가족의 뜻을 이해하지 못했고, 우리 가족은 나와 함께 레드카
펫을 밟아야 하며 그게 우리 가족의 방식이라고 생각했다.
"나는 우리 아들이 평범한 삶을 살기를 바라." 어느 날 셰리가 말
했다.
"나는 아이가 학교에 가길 원해. 나는 아이가 교회에 가길 원해.
나는 아이가 친한 친구를 사귀기를 원한다고……."

"그건 트레이의 삶이 아니야!" 내가 말했다.

"당신 인생이 아니야, 윌. 그건 트레이의 인생이야. 그게 어머니와 아빠가 있는 이유야. 나는 트레이가 안정되지 못한 채 이 도시 저 도시로 옮겨다니는 걸 원하지 않아."

"내 아들은 나와 함께 있어야 해. 내가 그 애 아빠이고 부모니까, 내가 이사를 하면 아이도 이사를 해야지."

"그럼 학교는 어떡해, 윌?" 셰리가 물었다.

"타티아나는 〈더 프레시 프린스 오브 벨 에어〉 촬영을 하면서 가정교사를 고용했고 하버드에 합격했어. 물론 트레이도 교육을 받아야 하지만, 아이들이 교육을 받는 곳이 학교만 있는 건 아니야."

"윌, 촬영장에서의 당신을 나도 봤어. 당신은 아이에게 관심을 기울이지도 않을 거야. 당신이 고용한 가정교사나 유모한테 맡기겠지. LA에서도 영화를 만들 수 있잖아. LA에 머물면서 아들을 키우는 것에 대해 생각해 본 적이 있어?"

내가 이 책을 쓰면서 겪는 감정이 있다. 오늘날, 나는 많은 질문에 대한 올바른 답을 알고 있다는 것이다. 하지만 어제의 혼란 속에서, 나는 불필요한 혼란을 너무 많이 일으켰다.

내가 했어야 할 말은 이렇다.

"우선, 난 당신을 사랑해. 우리 두 사람이 상상했던 삶이 아니라는 것을 알아. 하지만 이게 우리 삶이야. 무서운 거 알아. 하지만 난 당신과 트레이를 위해 평생을 바칠 거야. 이제, 우리 가족을 위해서 나는 자주 움직이고 세계를 돌아다녀야 해. 물론 나도 당신이 염려하는 것을 알아. 일반적인 지혜를 거스르는 것은 무서운 일이지. 미지의 위험하고 험난한 길을 따라 가자고 부탁하는 거 알아. 아이들을 학교에 보내지 않거나, 한 달 후에 어떤 도시에 머무를지 모른다는 게 무서운 일이라는 것도 맞아. 지금 내가 모든 해답을 가지고 있다고 말하는 것은 아니지만, 만약 당신이 나와 함께 이 여정에 동참해 준다면, 나는 우리 가족이 잘 될 때까지 목숨도 바칠 수 있어."

자, 내가 실제로 한 말은 이렇다.

"좋아. 그럼 가진 걸 다 팔고, 당신 손으로 벌어서 먹고 살아."

———

우리 가족의 부동산을 책임지는 해리는 내 '사우스포크'를 발견한 혐의로 비난을 받았다. 그는 LA에서 북서쪽으로 45분 떨어진 256에이커의 목장을 발견했다.

아름다운 호수, 마구간, 하이킹 코스, 광활한 떡갈나무, 동식물, 들판에 다섯 채의 집이 있었다. 멋진 암사슴이 가자마자 현관 앞을 지나갔다. 너무 마음에 들었다. 내게는 완벽한 아내와 세 명의 아름다운 아이들이 있었고, 나는 의심할 여지없이 세계에서 가장 유명한 영화배우였다. 내 평생의 꿈이 꿈결처럼 펼쳐졌다. 집에 '여왕의 호숫가 저택'이라는 이름이 있었다.

제이다는 말을 사랑했다. 나는 기대감에 떨었다. 나는 그녀가 '수엘렌'처럼 말을 타고 아침을 먹으러 오는 것을 볼 수 있었다. 이 땅을 매입한다는 건 제이다에 대한 나의 사랑을 제대로 보여주는 역할을 할 것이다. 이 땅에서 우리는 희망의 씨앗을 키우고 꽃피는 열망을 보호할 것이다. 그 땅에 있는 호수를 보자마자, 나는 그것이 정말 여왕의 호수와 찰떡이라고 생각했다.

그러나 제이다는 그 부지를 원하지 않았다. 게다가, 그녀는 내가 매년 6개월씩 일을 하면서 그녀에게 집의 모든 책임을 떠안길 것이라는 것을 알고 있었다. 제이다는 그냥 다 싫어했다.

그로부터 얼마 후, 태어나 처음으로 인도를 방문했었다. 해리와 나는 타지마할 앞에 서서 미적 디테일과 아름다움, 그뿐 아니라 건축 뒤에 숨겨진 애정에 대해 경탄했었다. 많은 사람들이 모르지만 타지마할은 사실 한 여성을 위해 설계되고 건설되고 유지되고 있는 하나의 무덤이다. 인도 무굴의 샤 자한 황제의 가장 사랑하는 아내인 뭄타즈 마할의 죽음으로 너무 괴로워하여 타지마할 건설을 의뢰했다. 그는 3천만에서 2백만 루피, 요즘 물가로 거의 10억 달러를 썼고, 세계에서 가장 위대한 2만여 명의 장인을 고용했다. 모든 게 잃어버린 사랑에 걸맞은 무덤을 만들기 위함이었다.

나는 샤 자한 황제에게 마음이 갔다. 나는 내 주변의 모든 것이 그 누구도 본 것 중 가장 웅장하기를 원했다. 불타는 열정으로 내 창조적인 충동은 내가 만지는 모든 것들의 가장 훌륭한 표현을 만들어 내야 했다. 그건 영화, 음악, 가족, 아이들, 사업, 그리고 결혼도 마찬가지였다.

나는 스미스 가족의 꿈에 고무되고 사로잡혔다. 그리고 '여왕의 호숫가 저택'은 필수였다.

"월, 난 그 집 싫어. 나는 원하지 않아. 너무 크고, 너무 비싸. 당신은 여기 있지도 않는데, 너무 많은 사람들, 너무 많은 공간, 너무 많은 소음까지. 안 돼!"

"자기야. 약속할게. 당신은 내가 보고 있는 것을 못 보는 거야. 지금 당장만 봐서 그래. 내 머릿속에 들어 있는 걸 보여주고 싶어."

"난 당신이 무슨 소리를 하는지 모르겠고 난 싫어. 난 정말 원하지 않아."

이것은 제이다의 두 번째 대다협이었고, 끊임없이 달려가는 '월'이라는 기차의 다음 정거장이었다.

이제 와서 보니 뭐가 옳았는지가 보인다. 젊은 남성 독자들에게 말하자면 '싫다'는 말은 정말 싫다는 뜻이다. 힘들게 번 돈을 아내가 원하지도 않는 '가족의 집'에 쓴다는 것엔 장점이 하나도 없다. 불화를 계약금으로 지불하고 수년간 불행의 저당물을 갚는 꼴이다.

아니, 더 나쁜 결과도 올 수 있다.

─────

제이다와 내가 가졌던 가장 큰 논쟁들 중 하나는 우선순위에 대한 상담 시간에 있었다. 제이다와 나는 종이 한 장과 펜을 받았고, 인생에 가장 중요한 것부터 순서대로 우리의 우선순위를 나열하라고 했다. 제이다와 나는 열심히 적었고, 몇 분 후에 우리는 서로의 종이를 바꿨다.

놀랍게도 우리 둘 다 각각 우선순위를 네 개밖에 쓰지 않았다. 제이다의 목록을 읽으면서 내 얼굴에 혼란스러운 표정이 번졌다. 그리고 그녀가 내 것을 읽을 때, 그녀의 눈엔 눈물이 핑 돌았다. 우리가 함께 지낸 25년 동안, 나는 그녀가 그 순간보다 더 다쳤다고 느껴본 적이 없다. 제이다는 자신의 우선순위를 다음과 같이 나열했다. 첫째, 아이들, 둘째, 윌, 셋째, 나, 넷째, 가족과 친구들이었다. 반면 나는 이렇게 썼다. 첫째, 나, 둘째, 제이다, 셋째, 아이들, 넷째, 내 커리어였다.

상담사는 우리에게 이것이 서로를 더 잘 알 수 있는 기회라고 상기시켜 주었다. 그는 우리가 서로에 대한 판단을 유보하고 탐사와 발견의 과정에 열려 있어야 한다고 말했다. 그러고 나서 그는 우리 중 누가 먼저 대답하고 싶은지 물었다.

"자기, 뭔가 고민하고 있는 게 보이는데. 내가 쓴 글 중에 신경 쓰이는 게 뭐야?" 내가 먼저 물었다.

제이다는 차마 입을 떼지 못했다.

"당신이 우리 아이들보다 자신을 위한다는 것을 믿을 수 없어."라고 그녀가 떨리는 목소리로 말했다.

"무슨 뜻이야? 나도 당신만큼 우리 아이들을 사랑해. 난 사실 당신이 자기 자신을 세 번째에 뒀다는 데 놀랐어. 그건 말이 안 돼. 이건 비행기 탈 때랑 똑같아. 다른 사람들을 도우려고 하기 전에 나부터 마스크를 써야 돼. 나를 먼저 돌봐야 모두를 돌볼 수 있다고."

"이제야 이해되는 게 많네." 제이다가 말했다.

"잘못 생각하고 있는 것 같아, 자기."

"아, 아니, 나는 당신이 이 종이에 쓴 그대로 받아들이고 있어."

"제이다, 내가 말하고 싶은 것은 만약 당신이 운동도 안 하고 제대로 먹지도 않으면, 당신이 정신적, 감정적으로 스스로를 우선순위에 놓지 않으면 좋은 어머니가 될 수 없었을 거라는 거야. 당신은 당신을 돌봄으로써 우리 아이들도 돌본 거라고."

회복하고 내 뜻을 분명히 하려고 했지만, 그녀의 심장은 산산조각이 났다. 아내는 눈물도 닦지 않았다.

———

나는 수년 동안 많은 예술가, 음악가, 혁신가, 운동선수, 사상가, 시인, 기업가, 모든 계층의 큰 꿈을 꾸는 사람들과 이야기를 나누었다. 그리고 항상 일어나는 비밀스러운 대화가 있다. 어떻게 하면 우리의 비전을 완전히 추구하며 동시에 사랑, 번창하는 가족, 그리고 충실한 관계를 발전시킬 수 있을까? 그리고 여기 몽상가들을 사랑하는 모든 사람들을 위한 냉혹한 현실이 있다. 모든 건 내 꿈이 먼저라는 것이다.

내 꿈의 성취는 생존이 되었다. 어두운 밤에, 내 꿈은 내 생명을 구했다. 그것은 내 빛이었고, 내 음식이었다. 밝은 날에 대한 나의 환영이 나를 지탱해 주었다. 그게 내 목적이었다. 나는 내 희망을 더 나은 삶, 즉 기쁨, 성취, 안정, 안전으로 가는 티켓으로 보았다. 나는 내 꿈의 실현을 사랑과 행복으로 가는 유일한 길이라고 보았다. 실패는 죽음과 같다. 이 산 정상에 오르면 다시는 무서워하지 않을 것이란 믿음이 내겐 있었다. 성공만 하면 다시는 슬프지 않을 것이다. 다시는 학대나 무시, 사랑받지 못하는 나를 버릴 수 있을 것이다. 이 산의 정상에 서서 난 모든 걸 살 수 있다. 내가 정상에 오르기 위해 떠나거나 잃고 싶지 않은 것은 없다. 그리고 나의 진보를 방해하거나 방해하는 자는 나의 적이다.

하지만 여기 이분법이 있다. 아내는 나의 비전이고, 가족은 나의 비전이다. 내가 그린 그림은 우리 모두의 기쁨, 성취, 번영을 담고 있다. 그것도 나의 비전이다. 하지만 이기적인 것은 아니다. 왜냐하면 나는 내 주변의 모든 사람들을 위해서 내 꿈을 펼쳤기 때문이다.

16.
PURPOSE
목적

목적은 삶의 피할 수 없는
고통을 해석하여,
그것들을 의미 있고
가치 있게 만든다.

"안 돼! 절대 안 돼. 절대 안 돼. 절대, 그럴 일 없어. 아니야."

JL은 마이클 만 감독이 곧 무하마드 알리의 전기 영화를 만들며 나를 원한다고 했을 때, 내 반응은 그랬다. 등골이 오싹했다. 알리는 지구상에서 가장 인정받고 사랑받는 사람 중 하나였으며 살아있는 전설이었다. 나는 그의 삶과 유산에 대한 영화적 묘사를 망치는 사람이 되고 싶지 않았다.

게다가 모든 것이 잘 되어가고 있었다. 나는 이미 논란의 여지가 없는, 무패의 할리우드 박스오피스 헤비웨이트 챔피언이었는데, 왜 도박을 하겠는가? 왜 내 타이틀을 걸고? 알리를 묘사하는 데 있어서의 어려움 정도는 어리석음에 가까웠다. 리스크가 너무 컸다. 결과는 전 세계적 실패 아니면 누구나 알아볼 당혹감으로 비극적 엔딩을 맞는 것이다. 간단히 말해 승산이 마음에 들지 않았다.

싸우는 법을 배워야 할 뿐만 아니라, 역사상 가장 위대한 전사처럼 싸우는 법을 배워야 했다. 위대한 전사들은 알리처럼 싸울 수 없다. 나는 전에 권투 시합을 해본 적이 없었다. 그는 100킬로그램이 넘었고, 나는 겨우 85킬로그램이었다. 그의 목소리는 특유의 억양과 말투가 있었다. 누구도 알리처럼 말할 수 없었다. 전 세계 사람들은 이 혁명적인 사회 정의의 아이콘에 대한 좋은 기억을 가지고 있다. 무하마드 알리의 영화는 그저 자전적 영화로 그치지 않을 것이다. 고전적이며 시대를 정의하는 이미지로 권투팬과 팬이 아닌 대중들의 마음에도 파고들었다. 모두가 무하마드 알리를 알고 있지 않은가.

"이건 아니야, 느낌이 안 좋아."

"나는 네가 마이클 만을 만나야 한다고 생각해."JL은 말했다.

"난 만나고 싶지 않아. 한 시간 동안 설명을 듣고 싫다고 거절도 해야 한다고. 난 마이클 만이랑 영화를 찍어보고 싶단 말이야. 단지 이 작품이 아닐 뿐이지."

JL은 "일단 한번 만나봐라."고 마치 내 거절을 듣지 못한 것처럼 거듭 말했다.

나는 잠시 멈춰 서서 내 입장을 분명히 하려고 했다.

"절대 안 돼. 절대로. 안 할 거야. 그럴 일은 없어."

우리는 전화를 끊고, 나는 안전하고 위험과 도전을 회피하는 소박한 삶을 찾아갔다. 그리고 한 일주일 후에 JL이 다시 전화를 했다.

나는 지난 수십 년 동안 북미 어딘가에서 JL과 전화통화를 2만 번 정도 했는데, 평균 통화가 7분에서 12분 정도 지속되었다. 대략 계산을 해 보면 우리의 총 통화시간이 약 17만 1천 분 정도라고 봐야 할 것이다. 즉 평생에 걸쳐 그와 118일을 통화했다는 뜻이다. 다시 말해, 딱 한 번의 통화였다면 우리는 전화를 받고 '새해 복 많이 받으라'는 인사에서 시작해 통화가 끝날 때쯤엔 '부활절 계획'을 물어볼 거란 뜻이다. 즉 우리는 전화로 출생, 결혼, 영화, 아이들, 사고, 음악, 돈, 죽음, 헛소리, 스포츠 등 모든 것에 대해 얘기했다. 하지만 이 26초짜리 통화는 분명 라시터의 톱 5 안에 들어 있다. 평소와 같은 무미건조한 목소리로 그는 말했다.

"무하마드 알리가 너랑 개인적으로 만나서 이야기를 하고 싶대."

우리 중에는 그들이 누구인지, 그들이 어떤 행동을 했는지 알고 있는 몇몇 유명인들이 있다. 간디, 테레사 수녀, 마틴 루터 킹 주니어, 넬슨 만델라, 막 싹트기 시작한 시민운동가 말랄라 유사프자이와 그레타 툰베리 같은 이들이 그렇다. 각자는 자신의 신성한 의무를 받아들이고 옳은 것을 위해 기꺼이 고통받고 다른 사람들을 이롭게 하려고 한다. 그들의 신념에는 도취적인 힘이 있다. 이들은 차분하고, 결단력 있고, 심지어 갈등과 최악의 폭풍 속에서도 사랑을 전파한다. 그들 곁에 있는 것만으로도 더 높은 목적을 향한 우리의 마음을 고무시킨다. 우리는 그들을 따르고, 그들을 섬기고, 그들과 함께 싸우고 싶어 한다.

무하마드 알리는 그의 명성과 부와 운동 능력의 전성기에 베트남 전쟁에 반대하기 위해 모든 것을 포기했다. 그는 양심적 병역거부자로서 종교적 이유로 미군 입대를 거부했고, 1967년 알리는 병역기피 혐의로 유죄판결을 받고 징역 5년을 선고받았다. 그의 여권은 압수되었고, 그는 무거운 벌금을 물었고, 3년간의 권투 금지 징계를 받았다.

난 군대에 가지 않을 겁니다. 난 깃발을 불태우지 않을 거요. 난 캐나다로 도망가지 않을 겁니다. 나는 여기 남을 겁니다. 날 감옥에 보내고 싶다고? 좋습니다, 그렇게 하시오. 나는 400년이라도 감옥에 있을 수 있습니다. 그렇게 네 번, 다섯 번이라도 투옥될 겁니다. 나는 다른 가난한 사람들을 죽이러 가는 긴 여정을 떠나지 않을 겁니다. 죽더라도 여기서 지금 당신들과 싸우며 죽을 겁니다. 당신은 내 적이오. 중국인도, 베트콩도, 일본인도 아닌 당신이. 당신들은 내 자유를 억압하고 내 정의를 억압하고 내 평등을 억압하오. 과연 내가 그대들을 대변하여 싸울 거라 믿습니까? 여러분은 여기 내 나라에서도 나의 권리와 종교적 신념을 위해 나를 옹호해주지 않습니다. 그대들은 내 집에서도 나를 위하지 않습니다.

———

나는 챔피언과 그의 아내 로니, 그의 딸 라일라와 메이 메이를 라스베이거스에서 만났다. 알리는 치킨 누들 수프를 앞에 두고 있었다. 영화에서 그를 묘사할 의도는 없었지만, 나는 그의 머리 모양, 숟가락을 입에 넣는 입술, 오른손으로 음식을 먹으면서 균형을 잡고 있는 그의 왼손, 그리고 그의 놀라운 신체 움직임의 유동성을 주시하지 않을 수 없었다. 그는 나를 올려다보았다. 우리의 우상인 알리가 나를 보았다. 그의 윗니가 아랫입술을 꾹 깨물고 나를 바라보았다.

그는 나를 껴안으며 내 이두박근과 복근을 확인하고 내 손의 뼈 구조를 느끼기 시작했다. 그는 권투장갑을 낀 것처럼 두 손을 들었다.

"잽 한 번 날려봐요." 무하마드 알리가 말했다.

"아, 아직 훈련을 시작 안 했는데요, 챔피언……."

"날려요! 이제 입을 털지 말고, 주먹을 털라고. 한번 봅시다." 세상에서 제일 위대한 파이터가 주장했다.

나는 권투를 하거나 펀치를 날리는 방법에 대해 아무것도 몰랐다. 나는 그때 왼손잡이였다. 하지만 나는 손을 뻗어 세상에서 가장 슬픈 오른손 잽을 날려 알리의 손을 두드렸다. 그리고 알리는 고통으로 비명을 지르며 두 배로 날뛰고 자신의 손을 움켜쥐고 있는 나에게 겁을 주었다.

"다들 봤어?" 그가 나를 가리키며 말했다.

"저 놈이 방금 날 때렸어! 난 내 일에만 신경을 쓰고 있었는데 그가 나를 때렸어! 넌 오늘 밤 감옥에 갈 거야!"

방 안에 또 한 번 즐거운 웃음소리가 터져 나왔다. 그러고 나서 알리는 로니에게 "잘생긴 내 역할을 하기 충분하구만."이라고 말했다.

———

우리는 몇 시간 동안 이야기했다.

"다이어트를 하고 있어요. 로니는 내가 너무 뚱뚱해졌다고 생각해." 알리가 말했다.

나는 우스꽝스럽게 알리의 배를 응시했다.

"예, 뱃살이 좀 나오셨네요." 내가 대꾸했다.

그가 자기 배에 두 손을 얹고 내려다보며 뱃살을 잡아 흔들었다.

"그렇지. 어린 딸들이 뛰어 놀만큼 충분하지."

나는 우리의 유머 감각이 얼마나 비슷한지를 생각했다. 우리의 농담은 유동적이고 편안했다. 그에게는 내 자신의 농담과 조화를 이루는 아이 같은 깊은 핵심이 있었다. 투명한 사람이었다. 알리는 어린 시절, 싸우는 법을 배웠을 때 인생이 어떻게 바뀌었는지, 어떻게 올림픽에서 우승했는지, 여자들과의 어려움, 아버지와의 긴장된 관계에 대해 말했다. 나는 내심 그를 얼마나 이해했는지에 충격을 받았다. 내 안의 배우가 생각했다. 그를 연기할 수 있을 것 같았다.

"나는 아무도 이 영화를 찍지 않았으면 했어요. 몇 년 동안 사람들에게 안 된다고 했지. 하지만 당신이 내 이야기를 세상에 알려준다면 그야말로 영광일 거요." 알리가 말했다.

———

마이클 만은 〈히트〉, 〈라스트 모히칸〉, 〈인사이더〉, 〈맨헌터〉, 〈마이애미 바이스〉의 감독으로 내가 가장 좋아하는 영화 제작자 중 한 명이다. 미팅은 LA의 그가 개조한 작은 창고 겸 사무실에서 가졌다. 사무실엔 80평짜리 공간에 무하마드 알리의 모든 게 전시되어 있었다. 수천 장의 사진, 책, 기념품, 잡지 기사, 켜켜이 쌓인 서류철, TV 비디오들, 인터뷰, 반복되어 재생되는 알리의 주먹, 가방과 운동

기구, 손에 감은 붕대, 장갑, 그리고 줄넘기들이 완벽하게 세팅되어 불이 들어온 중앙의 권투 링을 둘러싸고 있었다.

세부 사항의 수준은 놀라울 정도였다. 내가 도착했을 때, 마이클은 나이든 이탈리아 남자와 한창 대화를 나누고 있었다. 네 개의 검은색 가죽 재킷이 그들 앞에 있는 마네킹에 걸려 있었다. 그들은 약간의 논쟁을 벌이고 있었다. 마이클은 60년대 후반의 알리 사진에서 보았던 것과 똑같은 재킷을 원했다. 75세의 이탈리아 남자는 원래 재킷을 만든 재단사였다. 그는 마이클의 승인을 받지 못한 네 가지 버전의 재킷을 보냈고, 그래서 마이클은 그 문제를 논의하기 위해 시카고에서 그 남자를 데리고 온 것이었다. 그 재단사는 1960년대 사진과 재킷 사이를 왔다 갔다 하면서 자신의 작품의 정확성을 맹렬히 옹호하고 있다. 물론 네 벌 다, 내 눈엔 완벽히 똑같아 보였다.

"외람된 말씀이지만, 마이클. 내가 원래 재킷을 만들었다고요. 그리고 내가 내 손으로 이 네 벌을 똑같이 복제했잖아요. 모든 것이 40년 전과 똑같다고요." 재단사가 말했다.

"뭔가 이상해요. 달라요." 마이클이 대꾸했다.

토론이 격화되면서 갑자기 마이클이 무언가를 깨달았다.

"문제가 뭔지 알았어요." 그가 사진에서 알리의 목걸이를 가리키며 유레카를 외쳤다.

"목 칼라의 박음질이 한 줄인데, 봐요. 여긴 이중으로 박음질이 되어 있잖아요."

재단사는 눈을 가늘게 뜨고 마이클이 옳다는 것을 깨닫는다. 그러고 나서 그는 1970년대 중반, 실이 바뀌었고, 이중 봉합 기술을 사용하는 것을 멈췄다는 것을 기억한다. 그는 마이클과 악수를 하고 제대로 재킷을 만들겠다고 다짐한다.

밝혀진 바와 같이, 마이클 만은 석학 수준의 연구원이다. 이렇게 철저한 영화 과학자를 만나 본 적이 없다. 우리는 마이클의 책상에 앉았다.

"나는 1963년 말콤 엑스를 만난 적이 있지요."라고 마이클은 말했다. "나는 알리보다 한 살 어려요. 그래서 전반적으로 알리가 화를 내던 부분에 나도 화가 났어요. 나는 그를 우상화하려는 게 아니에요. 그건 그의 인간성을 떨어뜨릴 겁니다. 이건 권투에 대한 이야기가 아니라 정치, 전쟁, 종교, 반항에 대한 이야기가 될 겁니다. 나는 그가 가진 내면과 관점에 대한 이야기를 만들고 싶어요. 가장 불운했던 순간 그의 허탈함을 그릴 겁니다."

"전 어떻게 해야 무하마드 알리가 될 수 있을지 전혀 감이 안 잡힙니다."라고 나는 인정했다.

"뭐, 다행스럽게도, 그건 걱정할 필요가 없어요."라고 마이클은 말했다. "나는 당신을 알리로 만들 훈련과정을 세워놨어요. 그냥 계획표만 따르세요."

마이클은 모든 연구 끝에, 세계적인 수준의 교사, 전문가, 트레이너로 구성된 팀을 만들 것이라고 설명했다. 그는 내 스케줄을 책임지고, 실제 알리와 함께 했던 사람들을 붙여주겠다고 했다. 내 옷을 직접 골라 입히고, 출연진을 캐스팅하고 심지어 내가 들을 음악도 골라주었다. 내가 해야 할 일은 그저 집중해서 쏟아붓는 것뿐이었다. 나는 그 방법이 마음에 들었다. 한 명의 확고한 지휘관을 데리고, 몇 가지 명확한 순서대로 섞고, 기강을 더하고, 완전히 섞기만 하면 됐다. 당연히 할 수 있었다.

"하지만 쉽지 않을 거예요."라고 마이클은 말했다. "당신이 가진 모든 것을 빼앗을 겁니다. 그리고 어쩌면 조금 더요. 혹시 권투 경험이 있나요?"

"아니요. 한 번도 해본 적 없습니다."

마이클은 당황하지 않았다. 그 끔찍한 폭로에 조금이나마 영감을 받은 것처럼 곧바로 책상 위에 있는 전화기를 향해 손을 뻗었다.

"밖에 대럴 있어?" 그는 대럴이 아직 여기 있다는 걸 잘 아는 사람처럼 물었다.

"좋아. 들어오라고 해."

———

대럴 포스터는 내가 살면서 만난 사람 중 가장 힘든 사람이었다. 워싱턴 DC의 거리에서 태어나고 자란 대럴은 폭력과 학대로 얼룩진 끔찍한 어린 시절에서 살아남았다.

"내가 죽지도, 감옥에 들어가지도 않은 게 정말 기적이지."라고 그는 말하곤 했다.

"복싱이 아니었으면…… 이 장갑이 내 목숨을 구했어."

대럴은 운동 신동이었다. 그는 열 살 때 복싱을 시작했고, 몇 년 안에 그는 체급에서 국내 최고의 아마추어 복서가 되었다. 열세 살에, 그는 아마추어 권투선수들을 위한 슈퍼볼과 맞먹는 골든 글러브를 수상했다. 그는 무패였다. 그는 대학 장학금을 받았다. 그의 코치들은 심지어 올림픽을 주시하고 있었다.

열일곱 살 때, 대럴 포스터는 심판의 종료 신호 이후 링 위에서 한 남자를 거의 죽기 직전까지 때렸다. 이렇게 자신의 삶을 빚졌던 스포츠를 잃었고 그는 영구 제명되었다.

대럴은 트레이너가 되었다. 거기서도 그는 뛰어났다. 그는 사상 최고의 복싱 선수들 중의 하나인 슈거 레이 레너드와 함께 성장하여 그가 올림픽 금메달을 따고 5개의 다른 체급에서 세계 챔피언이 되는 도움을 주는 훈련 파트너였다. 슈거 레이가 은퇴하자, 대럴은 할리우드로 건너가 영화 트레이닝을 시작했다. 1999년 영화 〈플레이 투 더 본〉에서는 우디 해럴슨과 안토니오 반데라스의 트레이닝을 도왔다. 2000년, 마이클 만이 윌 스미스를 무하마드 알리로 바꾸는 힘든 작업을 도와줄 사람이 필요했을 때, 대럴은 최고의 선택이 되었다.

대럴이 방으로 들어왔다. 180센티미터에 86킬로그램의 그는 왼쪽 팔에 오메가가 새겨져 있었다. 그는 유서 깊은 오메가 사이 파이Omega Psi Phi(1911년 하워드대학교에서 시작된 아프리칸 아메리칸 흑인 협회) 협회 회원이었다. 그들은 더할 나위 없이 튼튼했다. 그의 자세는 군인처럼 딱딱했고 위아래로 곧고, 고개를 높이 들고, 어깨를 뒤로 하고 있다. 그의 손은 마치 장군처럼 만약을 위해 늘 절반쯤 구부러져 있었고 존재감이 강렬했다.

그는 이미 나를 아래위로 훑어보고 납득할 수 없다는 듯 그가 손을 내밀어 나를 맞이했다. 악수가 아니라 주먹이었다. 주먹 인사를 나누었다.

"키가 몇이오?" 대럴이 물었다.

"189센티미터요."

"지금 몸무게는?"

"아마 85킬로그램 정도……."

"아, 모자라네."

그는 마치 혼잣말을 하듯 중얼거리며 권투 링으로 향했다.

"신발 벗고 올라와 봐요."

대럴은 이미 링에 올라서서 나를 기다리고 있었다. 마이클 만이 비디오카메라를 잡고 있다. 대럴은 포커스 미트를 끼우고 깍지를 끼고 주먹을 두드린다.

대럴은 내가 세계에서 가장 유명한 영화배우라는 것을 조금도 개의치 않았다.

마이클 만이 14온스짜리 장갑을 끼는 것을 도와주었고, 나는 링 안으로 들어갔다.

"지구상 사람들의 99퍼센트는 오른손잡이다."라고 대럴은 필요 이상으로 큰 목소리로 말했다.

"한 대 맞고 길거리에 드러눕는 놈들은 다시 말해 대부분 상대의 오른손에 당한다는 뜻이다. 보통 오른손으로 펀치를 날리려면 오른발도 한 발짝 뒤를 디딘다. 그래야 펀치를 날릴 때 힘을 실을 수 있다. 그래서 길거리에 검둥이들이 다 그렇게 비스듬한 자세로 서 있는 거지. 또 상대가 무게 중심을 어디로 옮기는지를 주시해. 그래야 펀치가 어느 방향에서 날아오는지 알 수 있으니까. 사람의 두개골은 가장 단단한 뼈다. 따라서 상대가 오른손으로 펀치를 날리면 나의 왼쪽 귀를 내 어깨 너머까지 넘긴다는 생각으로 고개를 힘껏 돌려. 그래야 상대의 손이 내 머리뼈에 부러진다. 그리고 곧바로 오른손을 뻗어 상대를 반격하는 거다."

약 30분 동안, 우리는 그 순서를 반복했다. 대럴은 우리가 거리에 있는 것처럼 행동했다. 그는 오른발을 뒤로 젖히고, 팔을 어깨 위로 휘둘러 주먹을 날렸다. 나는 시간을 재며 두개골의 왼쪽 '내 두개골에서 가장 단단한 뼈'로 가렸다. 그리고 오른손을 그의 권투장갑 정가운데에 꽂았다.

"다 익혔군." 대럴이 말했다.

"알리가 이렇게 펀치를 날리나요?" 내가 물었다.

"알리 생각은 하지 말고. 먼저 싸우는 법을 배워야지."

그의 말이 뭔가 내 마음속 깊이 울렸다. 그는 내게 진짜 싸우는 법을 가르쳐 줄 작정이었다. 나를 물리적으로 방어할 수 있다는 생각은 존경심을 유발했고 대럴의 지도력에 항복했다.

마이클과 대럴은 조용히 눈짓을 주고 받았다. 두 사람은 이미 충분히 봤다. 이제 나 없이 내 이야기를 할 시간이었다. 대럴이 권투장갑을 벗으며 링 밖으로 나갔다.

"내일 봅시다." 대럴이 말했다.

"내일은 뭘 합니까?" 내가 물었다.

"일단 5시에 조깅부터. 이제 겨우 일 년밖에 안 남았으니 당장 시작해야지."

———

대럴의 훈련 스타일은 완전 몰입이다. 그는 자기가 하지 않으면서 상대에게 훈련만 시키는 스타일이 아니다. 1년이 넘게 그는 모든 달리기를 함께했고, 함께 줄넘기를 넘었고, 함께 무게를 들고, 함께 모든 스파링을 연습했다. 내가 먹을 때 먹고, 내가 잘 때 자고, 내가 일할 때 일을 했다. 그는 종종 에드거 게스트의 시 〈눈으로 보는 설교The Sermons We See〉를 인용하곤 했다.

설교를 듣느니 차라리 보겠다.
그냥 길을 알려주느니 차라리 한 사람과 함께 걷는 게 낫겠다.
눈은 귀보다 더 나은 학생이며 눈은 귀보다 더 의욕적이다.
훌륭한 조언은 혼란스럽지만, 훌륭한 예는 언제나 명확하다······.

대럴은 '배우 금지' 규칙을 가지고 있었다. 그는 진정한 복싱 캠프를 차렸다. 이 영화의 모든 복싱 배역은 복싱 배우들이 맡았다.

"우리는 여기서 할리우드 헛소리는 하지 않는다. 여기는 진정한 복싱 캠프니까."라고 대럴은 말했다.

"타이틀전을 준비하고 있는 거니까. 영화 따위 집어치워라."

모두 우리가 무하마드 알리를 위해 이 일을 하고 있다는 것을 알고 있었다. 모든 복서들이 그에게 빚을 졌고 그에게 헌신적이었다. 영화에는 전에 경험하지 못한 에너지가 있었다. 그 영화의 목적은 우리 모두를 하나로 만들고 짜릿한 효과를 가져왔다.

그 첫 주는 잔인했다. 나는 막 30분간의 풋워크 훈련을 끝내고, 기진맥진해서 링에 누웠다.

대럴은 체육관 건너편에서 나를 보고는 벌컥 화를 냈다.

"이봐! 당장 일어나!"

그가 링으로 넘어왔다. 나는 이미 서 있었다.

"캔버스에 등을 대고 편안해하지 마. 훈련에 맞서야지."라고 그는 말했다.

훈련에 맞서 싸우는 것이 대럴의 핵심이었다. "당신은 모든 것을 한 가지 방식으로 해."라고 그는 말하곤 했다. 대럴은 내가 쓰러질 경우를 대비해서 캔버스에 등을 대고 있는 것을 원하지 않았다. 그는 내가 권투 링에 누워 있는 것을 발견했을 때, 내가 완전한 외톨이처럼 느끼기를 원했다.

그는 이렇게 생각했다. 꿈은 규율 위에 세워지고, 규율은 습관 위에 세워지고, 습관은 훈련 위에 세워진다고. 그리고 훈련은 매 순간, 그리고 인생의 모든 상황에서 일어난다. 설거지를 하는 방법, 차를 운전하는 방법, 학교나 직장에서 보고서를 제출하는 방법으로. 우리는 항상 최선을 다하거나 하지 않는다. 만약 행동이 훈련되고 연습되지 않았다면, 정작 필요한 순간 할 수 없다.

대럴은 "훈련은 극단적인 상황에 대한 반응을 습관화하는 것을 목적으로 한다"고 말했다.

"상황이 극한으로 치달으면 생각을 할 수 없다. 생각할 필요 없이 반사적인 반응을 습관화해야 한다. 킬러의 본능을 놓치지 마라."

———————

소니 리스턴 그리고 조 프레이저와의 경기가 영화 초반에 등장해서, 마이클 벤트와 제임스 토니가 내가 훈련받은 첫 번째 파이터였다. 대럴과 나는 처음 3개월은 발놀림, 자세, 심장 박동, 그리고 고전적인 알리 잽을 개발하는 데 보냈다. 알리가 '뱀 핥기'라고 불리는 것은 코브라의 공격을 모방했기 때문이다. 마이클 만은 '새로운 신경 세포 집중'을 위해 뇌 과학자를 데려왔다. 과학자는 알리의 발놀림과 잽을 연구하여 20분간 반복할 수 있는 패턴을 만들었다. 나는 칠흑같이 어두운 방에 앉아서 하루에 두 번씩 뇌리에 박힐 때까지 계속 반복된 움직임을 바라보곤 했다.

처음 몇 달 동안 훈련은 거울 앞, 비어 있는 체육관, 그리고 외딴 장소에서 했다. 우리는 전투화를 신고 콜로라도의 눈밭에서 고도를 달렸다. 숨이 턱턱 막혔다. 대럴도 같이 달렸는데 그는 상쾌한 낮잠에서 막 깬 사람처럼 개운해 보였다. 결국 무릎을 꿇었다. 대럴은 눈더미에 누워 갖는 나의 짧은 휴식은 별로 신경 쓰지 않았다.

"이름을 써봐."라고 대럴은 말했다.

"뭐라고요?"

나는 산소 한 모금을 얻으려고 안간힘을 쓰며 말했다.

"알리의 이름을 써보라고."

나는 몸을 숙이고 천천히 쓰기 시작했다.

A-L-I.

대럴은 휴대폰을 꺼내 사진을 찍었다.

"왜 우리가 고통받고 있는지 기억할 필요가 있다."고 그가 달리기 시작하면서 말했다.

그룹 트레이닝이 시작되면서, 더 이상 훈련은 대럴과 나만이 아니었다. 처음으로 나는 노련한 복싱 챔피언들로부터 장갑을 끼고 링을 가로질러 갔다.

대럴은 내 장갑을 묶으면서 속삭였다. "이 사람들은 배우가 아니야. 이들은 본능적인 싸움꾼들이지. 손은 알아차리기도 전에 날아올 거야. 권투의 첫 번째 규칙은 항상 자신을 보호하는 거야."

거울 속에서, 나는 무하마드 알리처럼 보이기 시작했다. 나는 지금 100킬로그램의 근육에 한 번에 최대 165킬로그램 무게를 걸고 벤치 프레스를 하고 있었다. 하지만 다른 선수가 링에 들어서자마자, 두려움이 먼저 올라왔다. 펀치를 날리는 자세를 유지하는 것이 어려웠고 나는 허리를 너무 뒤로 젖히기 시작했다.

"척추를 구부리지 마! 몸을 숙여." 대럴은 링 밖에서 소리친다.

그러나 마이클 벤트는 내가 조금이라도 그에게 기대는 걸 허용하지 않았다. 마이클 벤트의 오른손이 곧장 날아왔다. 하지만 너무 늦었다. 내 자세 때문에 머리는 뒤로 튕겨지지 않고 대신 척추가 충격을 받았다. 허리 위쪽에서 양쪽 팔 아래 팔꿈치까지 전기 충격이 가해졌다.

처음으로 진짜 타격을 받았다. 이 방에 있는 모든 사람들이 지금 승패가 갈렸다는 것을 알고 있었다. 싸우거나 도망가야 하는 순간이었다. 모두가 침묵했다. 대럴은 침착하게 링에 올라서서 나를 구석에 앉혔다.

"괜찮아?" 그는 내가 형편없다는 것을 잘 알면서 말했다.

마이클 벤트가 대럴의 어깨 너머로 나타났다. "세상에. 괜찮아?" 라고 그가 나지막한 브루클린 억양으로 말했다. 그때 나는 딱 하나만 생각했다. 내 자동차 열쇠가 어디 있더라.

내 삶을 돌이켜보면, 재미있는 이야기, 아름다운 경험, 비극적인 상실, 위대한 승리들 같은 내 삶의 궤적을 완전히 바꾼 선택들이 몇 개의 중요한 순간들에 결정되었다는 생각이 든다. 마이클 벤트와 함께 했던 링 위에서 스위치가 뒤집혔고, 이 스위치를 다시 끄기 위해 10년이 걸렸다. 내 안의 전사가 내 인생의 모든 것을 지휘했다.

나는 의자에서 일어나 벤트를 보며 말했다.

"진짜 쎈 펀치였어. 다시 해보자고."

1년간의 훈련과 5개월간의 〈알리〉 촬영은 내 커리어에서 가장 힘들고, 정신적, 육체적, 감정적 시험이었지만, 가장 변화무쌍한 시험이기도 했다.

〈알리〉의 촬영은 7개 도시와 2개 대륙에 걸쳐 있었다. LA에서 시작해서 시카고에서 2주간 촬영을 했고, 뉴욕과 마이애미에서 촬영을 했다. 그리고 다시 집으로 돌아간 때였디. 우리는 아프리카로 가고 있었다. 내가 가본 적이 없는 곳이었다.

알리의 마지막 장면은 모잠비크에서 촬영되었다. 마이클 만은 순수주의자였다, 그는 진짜 정글 속의 혈투가 열린 콩고에서 촬영을 하고 싶었다. 하지만 맹렬한 내전으로 촬영은 모잠비크의 수도 마푸토에서 해야 했다.

마이클은 제이미 폭스, 제프리 라이트, 노나 게이, 미켈티 윌리엄슨, 론 실버, 마리오 반 피블스, 존 보이트, 마이클 미셀과 나, JL, 찰리 그리고 내 모든 팀원들까지 모든 출연진이 함께 비행하고 도착하는 기분을 느끼길 원했다. 마이클은 알리와 그의 동료들이 겪었던 것과 비슷한 감정적 경험을 조정하려고 노력하고 있었다. 이것은 그의 영화적 천재성의 한 부분이었다.

그리고 그의 작전은 성공하였다. 아프리카에서의 첫 경험의 힘을 과대평가하기는 어렵다. 비행기에서 두 발짝 떨어졌는데 벌써 눈물이 났다. 그 기원을 알아낸 것이 내 세포인지 아니면 내 영혼인지는 잘 모르겠지만, 본능적이고 압도적이었다. 우리는 모잠비크의 마푸토 공항 바로 바깥에 있는 조용한 장소를 발견했다. 우리는 모두 웅크리고, 손을 잡고, 무릎을 꿇고, 땅에 입을 맞추었다. 공항 직원 중 한 명이 울타리 반대편에서 소리쳤다.

"귀국을 환영합니다, 형제 여러분!"

———

"넬슨 만델라가 우리를 저녁 식사에 초대했어."라고 JL은 무미건조한 목소리로 말했다. 나는 대답조차 할 수 없었다.

"현재 부인은 모잠비크의 전 영부인 그라사 마셸이야."라고 그는 마치 위키피디아에서 읽은 것처럼 말했다.

"이 근처에 집이 있대."

"JL. 그런 말을 할 때는 감정을 좀 넣어봐."

내가 말했다. 나는 이 영화를 통해 세상이 다르게 움직이는 것을 느꼈다. 알리의 이름만으로도 내가 경험해 보지 못한 문이 열렸다. 우리가 접근하는 모든 사람들의 호의를 불러일으켰다. 그의 유산은 협상, 허가, 장소, 캐스팅 등 알리에게 조금이라도 도움을 주고 싶어 하는 사람들에 의해 모든 제작에 기름을 부었다. 우리가 그의 이야기를 찍기 위해 요청하는 무엇이든, 대답은 항상 "알겠습니다."였다. 그건 그의 명성이나 타이틀 때문만은 아니었다. 성공이나 돈에 대한 것도 아니었다. 긍정적인 반응은 그의 정직했던 삶과 방식에 대한 사람들의 인식과 존경 덕분이었다. 극심한 부당함, 심오한 편견, 그리고 재정적인 파괴에도 불구하고, 그는 결코 자신의 원칙, 신념으로부터 흔들리지 않았다. 무하마드 알리는 역사상 가장 위대한 투사였지만 항상 "나의 종교는 사랑이다."라고 말하곤 했다.

모두가 그를 기리는 한 부분이 되고 싶어 했다. 나는 명성의 매력을 경험했다. 유명한 연예인의 매력, 돈의 매력은 이미 익히 알고 있었다. 하지만 알리를 촬영하며 나는 처음으로 받은 목적의 힘과 광채를 배웠다.

———

넬슨 만델라는 남아프리카 공화국의 아파르트헤이트 정권에 반대했다는 이유로 부당하게 투옥되어 27년을 보냈다. 그는 석회 채석장에서 힘든 노동으로 인해 눈이 상했다. 아파르트헤이트 체제가 붕괴되자, 그는 빅터 버스터 교도소Victor Verster Prison에서 풀려났고 그 후 남아프리카 공화국 대통령으로 선출되었다.

그의 첫 번째 공식 업무 중 하나는 진실과 화해 위원회 청문회를 소집하는 것이었는데, 그곳에서 인종차별과 잔인성의 극악무도한 시스템의 설계자들과 가해자들이 재판에 회부되었다. 그리고 논란의 여지가 있고 특별한 행동으로, 넬슨 만델라는 그들의 잔혹행위를 고백하는 사람들에게 용서와 사면을 제공했다. 그러나 그는 2012년에 쓴 바와 같이 이러한 입장으로 인해 많은 비난을 받았다.

결국, 화해는 영적인 과정이며, 단지 법적 결과 이상의 것을 요구한다. 화해는 사람들의 가슴과 마음속에서 일어나야 한다.

저녁 식사 날이 왔다. 20명의 출연진과 제작진이 마푸토에 있는 만델라의 집으로 향했다. 찰리 맥과 JL이 내 옆에 있을 때, 나는 다시 한번 눈시울을 붉혔다.

"이 사람아, 뭘 울고 그래." 찰리 맥이 말했다.

"네가 있어야 할 자린데."

"헬로, 윌리!" 만델라는 나를 품에 안으며 기분 좋게 말했다. "이리 와서 나랑 같이 앉읍시다."

만델라는 내 손을 잡고 그의 집 주변을 안내해 주었다. 아마 10분은 그의 손을 잡고 있었던 것 같다. 내가 자란 곳에선 남자들이 서로의 손을 잡지 않았다. 정말 압도적인 애정의 표시였다.

나는 그를 모두에게 소개했고, 그는 다시 그의 아내와 가족을 소개했다. 그는 식탁 상석에 앉아 나를 오른쪽에 앉혔다 우리는 모두 먹고 말하고 웃었고, 그는 우리가 알리를 기린 것에 대해 칭찬했다. 그러고 나서, 식사가 끝나자 만델라는 아파르트헤이트의 공포와 로벤섬에서 열여덟 해 동안 감옥살이를 한 것에 대해 생생하게 이야기하기 시작했다.

"수감자로서 우리는 한 달에 한 번 전 세계에서 온 영화를 봤는데, 나는 특히 미국 영화를 좋아했소. 시드니 포이티어 주연의 〈밤의 열기 속에서In the Heat of the Night〉라는 영화가 있었지. 근데 영화 중간에 이상한 결함이 있었소. 정말 흥미로웠어. 각도와 연결부분을 자세히 살펴보며 무슨 장면이 편집되었을까 알아내려고 했소. 몇 주가 걸렸지만, 마침내 흑인인 시드니 포이티어가 백인의 뺨을 때렸다는 소식을 들었소. 뭔가 기운이 솟았지. 만약 미국 영화에서 흑인들이 백인 남성들과 동등한 위치에 서 있다면, 평등은 곧 시간문제일 뿐이라고. 그 영화는 내게 힘을 주었고, 영감을 주었지." (흑인이 백인의 뺨을 때리는 장면은 당시로서는 파격적이었다.)

그러고는 잠시 말을 멈춘 채 내 눈을 똑바로 쳐다보며 말했다.

"당신이 하는 일의 힘을 과소평가하지 마시오."

———

저녁 식사 후에 출연진과 제작진은 주변을 돌아다니며 구경했다. 밤이 깊어가고 있었다. 만델라와 나는 조용한 시간을 나누고 있다. 그는 차분히 앉아있었다. 나는 그를 자꾸만 훔쳐보았다. 매주 일요일 교회에서 할머니가 보여주시던 작은 미소와 무아지경 같은 얼굴, 입 꼬리가 부드럽게 솟아오른 무적의 평온함이 드러나 있었다.

나는 그 사실을 알고 가슴이 뛰었다. 그는 곧 내 시선을 느끼고 나에게 주의를 돌렸다. 나는 농담처럼, 하지만 진지하게 물었다.

"그 표정은 무슨 뜻인가요?"

그는 마치 내가 실수로 좋은 질문을 했는지, 아니면 내가 진지하게 묻고 대답을 들을 준비가 되었는지를 알아보려는 듯이 나를 들여다보았다.

"만약 자네가 나와 함께 시간을 보내게 된다면, 그때 보여주지." 만델라가 말했다.

———

만약 자네가 나와 함께 시간을 보내게 된다면, 그때 보여주지.

우리가 알리의 마지막 장면인 정글 속의 결투에서 알리 대 포먼의 경기 장면을 준비하는 사이에도 만델라의 말이 여전히 내 마음속에 자리잡고 있었다. 알리의 경기 중에서도 가장 어려운 경기였고 영화에 담기에도 어려웠다. 장면을 촬영하는 데 2주가 걸렸다. 감독은 경기장 전체를 새롭게 단장했고 관중석에는 2만 명 이상의 엑스트라를 두었다. 조명과 습도로 인해 링 안은 40도를 육박했다. 촬영 전, 나는 5킬로그램 이상을 감량해야 했다. 몇 달 동안 즐겨 먹던 닭가슴살, 브로콜리, 현미의 양을 두 배로 늘려야 한다는 뜻이었다.

어느 주말, 마푸토 외곽에서 우리가 빌린 집에 모두가 앉아 있었다. 나는 대럴, 그리고 다른 선수들과 1년 넘게 훈련해왔고, 모든 것은 이 마지막 촬영으로 마무리 될 예정이었다.

아프리카 경험은 여행의 정점이었다. 내 친구들이었던 빌랄 살람, 데이브 헤인즈, 그리고 마이크 소치오가 날아와 당시 내게 절실히 필요로 했던 새로운 에너지를 불어 넣어주었다. 하지만 모두가 이것을 일반적인 영화 촬영으로 생각하는 동안, 대럴은 그것을 복싱 캠프라고 보았다.

빌랄은 훈련과 촬영 중에 결국 거의 45킬로그램을 감량했다. 데이브 헤인즈는 할리우드 용어로 내 대역이었다. 다시 말해, 그가 내 자리에 서야 한다는 것을 의미했다. 그래서 제작진이 조명과 카메라를 맞추고 모든 준비를 마칠 수 있었다. 데이브는 마이클 만 감독에게도 깊은 인상을 주어, 영화에서 알리의 동생 라만의 역할을 연기할 수 있었다. 스파링 도중 실수로 데이브에게 강한 펀치를 날리기도 했다.

마이크는 〈더 프레시 프린스 오브 벨 에어〉의 작가였다. 우리는 아프리카 여행을 비디오로 찍어 둘 요량으로 그를 고용했다. 그는 일반인 자격으로 여기 있었으므로, 어쩌면 당연하게도 초코바를 먹었다. 대럴이 그 사실을 알고 폭발했다.

"윌이 링 위에 올라가서 100킬로그램짜리 선수를 이겨야 하는 일생의 도전을 해야 되는데, 우리 모두 윌이 고통을 감내하기 때문에 돈을 벌고 있는데, 감히 맛있는 걸 먹겠다고? 빌어먹을 초코바를 네 놈 엉덩이에 박아줄까! 네 놈이 할 수 있는 건 윌을 도와주거나 윌을 다치게 하는 거, 그게 다야. 그리고 도와주겠다고 약속하지 않으려면 지금 당장 짐을 싸!"

대럴과 JL은 완벽하게 조화를 이뤘다. JL은 이 노력의 중요성을 알고 있었다. 그는 수년 동안 그러한 질서를 위해 싸워왔다. 찰리의 아버지는 권투 선수였고 찰리는 평생 권투 체육관 주변에서 함께 지냈다. 찰리는 챔피언의 우승을 위해 다 같이 지원해 주어야 한다는 생각을 이해했다(찰리와 데이브는 나를 챔피언이라고 부르기 시작했다). 오말은 아무도 믿지 않았다. 그래서 그는 대럴이 방어 훈련에 참여할 때를 제일 좋아했다.

이 복싱 캠프와 챔피언을 지원해주자는 정신력이 우리 그룹의 새로운 법이 되었다. 모든 사람들이 아침에 일어나 함께 조깅을 하고 체육관에서 운동을 하고 제대로 된 식사를 하고, 시나리오를 읽고 공부하고 새로운 아이디어를 제시해야 했다. 모든 사람들이 절제된 생활을 해야 했고 따르지 못할 것 같으면 집으로 돌아가야 했다. 무하마드 알리의 이야기를 제대로 담아야 한다는 임무가 그의 완벽함을 넘어 우리 그룹 내에 새로운 존재 방식을 확립했다.

———

당시 모잠비크의 기반시설은 〈알리〉만 한 큰 규모의 영화를 계속해서 제작할 수 있는 시설이 갖춰져 있지 않았다. 우리는 캐스팅과 스태프들을 수용하기 위해 호텔과 거주지를 재건하고 새롭게 단장해야 했다. 대부분의 인력과 자원은 인근 남아프리카공화국에서 가져와야 했다. 이것은 미묘한 긴장감을 조성했다. 100퍼센트 모잠비크의 흑인 스태프를 지원 받은 대부분이 아프리카계 미국인으로 구성된 출연진과 제작진, 그리고 남아프리카공화국의 백인 제작진 사이에서 인종적, 민족주의적 갈등이 첫날부터 끓어오르고 있었다.

그러나 아프리카계 미국인 출연진과 모잠비크 사람들 사이에는 즉각적인 동지애가 있었다. 제이미 폭스는 거의 현지인이 되었다. 그는 매일 밤 밖에 나갔고, 제프리 라이트는 항상 사랑에 빠져 누군가를 촬영장에 데리고 왔다.

우리 모두는 호르혜 마시엘이라는 젊은 제작 보조를 좋아하게 되었다. 그는 20대 초반이었고, 결코 잊지 못할 사람 중 하나였다. 모두가 그를 좋아했고, 그로 인해 그는 모잠비크 스태프의 실질적인 지도자가 되었다.

어느 날, 호르혜는 찰리 맥을 찾아가 남아프리카공화국의 백인 스태프 중 한 명이 젊은 모잠비크 스태프를 폭행했다고 알렸다. 남아프리카공화국 스태프는 화장실을 청소하고 관리하는 책임을 지고 있었는데, 모잠비크 소년이 화장실 변기에 소변을 조금 흘렸다는 것이다. 이에 남아공 스태프는 그 소년을 쫓아가 목덜미를 잡고 화장실로 데려간 뒤 얼굴을 변기에 문대 소변을 닦았다고 했다.

찰리는 화가 나서 내 트레일러로 달려왔다.

"지금 당장 나와 함께 가자, 빌어먹을 놈들!"

사건에 대한 소식이 촬영장에 돌았고, 화장실 주변엔 사람들이 모여 있었다. 현장에 도착해보니 우리가 열 명, 왼쪽으로 모잠비크 스태프가 열다섯 명, 오른쪽으로는 남아프리카공화국의 백인 스태프가 서른 명 정도 있었다. 찰리 맥은 바로 가운데로 걸어갔다.

"누가 그랬어?" 그가 물었다.

호르헤는 한 스태프를 가리켰다. 우리가 돌아서서 그를 마주보 았다.

"당신이 이 애의 머리를 변기에 밀어 넣었다고?" 찰리가 물었다.

"당신과 상관없잖아." 그 남자는 말했다.

"오, 당연히 나하고도 관련이 있지. 내 머리도 변기통에 박혀봤으 면 싶어서." 찰리가 남자에게 지나치게 가까이 다가가며 말했다.

가까이 있는 것이 불편하다고 느낀 남자는 두 걸음 뒤로 물러나 고, 찰리는 세 걸음 앞으로 나아갔다. 우리는 남아프리카공화국 스 태프들과 시선을 주고받으며 마음을 다잡았다. 싸움이 일어나면 누 구와 붙을지를 각자 고르는 순간이었다.

"변기통에 머리를 넣으려면 어떻게 해야 하나?"

다른 스태프들이 상황을 완화시키려고 시도했다.

"우리 조금만 진정을 하고……." 하지만 그런 소리는 찰리를 더욱 화나게 할 뿐이다.

바로 그때, 마이클 만이 걸어왔다. 그는 그 사건이 발생한다는 소 식을 들었다. 그는 아마도 모잠비크 전체에서 이 싸움을 꺼뜨릴 유 일한 사람이었을 것이다. 마이클이 나를 가리킨 다음 남아프리카공 화국 스태프의 리더를 가리켰다.

"당신, 그리고 당신. 내 사무실로 오세요. 그리고 나머지는 이제 그만 자리로."

"그 사람을 해고해요. 지금 당장." 내가 말했다.

"그렇게 쉬운 일이 아닙니다. 외람된 말씀이지만 이 일은 당신이 신경 쓸 일이 아닙니다. 내부적으로 처리하겠습니다." 따라 들어온 남아프리카공화국 스태프 리더가 말했다.

"어디서든 당신이 원하는 대로 처리할 수 있죠. 하지만 인종차별주의자 친구가 떠나면 되는 거 아닙니까. 해고해요. 여기서 일할 수 없습니다."라고 내가 말했다.

"나도 동의해요. 그런 행동은 내 촬영장에서는 용납되지 않습니다." 마이클이 말했다.

"세상의 모든 대립이 인종에 대한 유치한 관념에만 국한되는 건 아니거든요."

"그러니까 상대가 백인이었어도 똑같이 했을 거란 말입니까?"

"내 말은 당신들은 여기서 일어나는 일의 복잡성을 이해 못한다는 겁니다."

"좋아요. 그럼 이건 어때요? 저 사람은 그냥 쓰레기라서 해고된 겁니다."

"그 사람을 해고하면 우리 전부 그만두겠습니다." 그가 말했다.

그가 말한 '전부'는 약 100명의 남아공 백인 스태프들이었다. 그들이 떠나면 우리 제작도 차질을 빚을 수밖에 없다. 수천만 달러가 낭비될 것이다. 잠재적인 위협이었다. 심장이 두근거리고 마음이

가라앉질 않았다. 나는 무하마드 알리에게 그의 이야기를 세상에 알리겠다고 약속했었다. 만약 스태프들이 그만두면 영화 자체가 무산될 수도 있었다.

그리고 하늘에서 내려온 왼쪽 펀치가 내 머리를 강타했다. 이건 알리에 대한 이야기다. 이게 핵심이다. 무하마드 알리는 바로 이런 목적을 위해 모든 것을 포기했다. 영화 따위가 뭐라고. 알리라면 결코 열일곱 살짜리 소년의 머리가 변기에 처박히는 영화에는 출연하고 싶지 않았을 것이다.

나는 아주 확고했다.

"그러면 당신들 모두 그만둬. 미국에서 스태프를 실어 나르는 데 내 모든 돈을 쏟아붓지 뭐. 무하마드 알리의 영화에서 사람의 머리가 변기통에 처박히는 꼴은 절대 없어. 당장 나가." 내가 말했다. 그렇게 나는 마이클의 사무실을 떠났다.

마이클은 온전히 내 편이었다. 결국, 스태프의 약 20퍼센트만이 떠났다. 마이클과 나는 결국 초과분을 나누었다. 우리 사이에는 몇 백만 달러였지만 별 것 아닌 것처럼 느껴졌다. 나는 목적의 힘을 이해할 수 있었다. 목적과 욕망은 비슷해 보이지만 서로 정말 다른, 때로는 아예 상반되는 힘을 갖고 있었다.

욕망은 개인적이고, 좁고, 뾰족하며, 자기 보호, 자기만족, 그리고 단기적인 이득과 쾌락을 지향하는 경향이 있다. 목적은 타인의 이익을 포괄하는 보다 광범위하고 장기적인 비전이다. 즉, 자신의 외적인 것과 기꺼이 싸워야 하는 어떤 것을 위함이다. 인생을 살며 나는 욕망에 의해 행동하면서도 그게 목적이라며 나 자신을 속였다.

욕망은 당신이 원하는 것이고, 목적은 당신이 있는 그대로의 꽃을 피우는 것이다. 욕망은 시간이 지남에 따라 약해지는 경향이 있는 반면, 목적은 당신이 욕망에 더 많이 기댈수록 더 강해진다. 욕망은 만족할 수 없기 때문에 고갈될 수 있다. 목적은 힘을 실어준다. 욕망은 더 강력한 엔진이나, 목적은 삶의 피할 수 없는 고통을 상황별로 해석하고 그것들을 의미 있고 가치 있게 만드는 방법을 가지고 있다. 빅터 프랭클의 말처럼 어떤 면에서 고통은 희생과 의미가 같아지는 순간, 멈춘다.

숭고한 목표는 긍정적인 감정을 불러일으킨다. 우리가 심오하고 가치 있는 목표라고 믿는 것을 추구할 때, 그것은 우리 자신과 다른 사람들의 가장 좋은 부분을 자극한다.

———

나는 쉽게 후회하는 사람이 아니다. 하지만 넬슨 만델라는 그의 여생 동안 매년 내게 그와 함께 시간을 보내자고 메시지를 보냈다.

'난 늙은이요, 지체하지 마시오.'

하지만 마음속 깊은 곳에서 가끔은 내가 그럴 가치가 없다고 느꼈다. 세상은 넬슨 만델라를 필요로 한다. 내가 그 남자의 시간을 1초라도 뺏을 수 있을까. 나는 만델라를 살면서 자선 행사나 시상식 같은 곳에서 한 번에 5분 혹은 10분씩 여러 번이나 만났다.

2013년 12월 5일, 나는 호주 시드니에서 홍보 투어를 하고 있었다. TV를 보고 있는데 남아프리카공화국의 제이콥 주마 대통령이 화면에 나타났다.

"남아프리카 공화국 국민 여러분. 우리에게 민주주의 국가를 건국하신 초대 대통령, 우리가 사랑했던 넬슨 만델라가 우리 곁을 떠났습니다."

넬슨 만델라는 현지 시간으로 오후 9시 직전에 남아프리카 공화국의 요하네스버그에서 사망했다. 그는 가족과 가장 가까운 친구들에게 둘러싸여 있었다. 그는 95세였다. 만델라는 가버렸다. 내 인생에서 가장 위대한 후회의 순간 중 하나였다.

어떻게 내가 그의 제안을 받아들이지 않을 수 있었을까? 몇 년간, 나는 그 질문에 대해 깊이 고찰했다. 그는 나를 애정 어린 태도로 존중해주었다. 그는 내 안에 내가 아직 보지 못한 것을 보았다. 나는 무의식적으로 나에 대한 그의 인상에 부응하지 못할까봐 그와의 시간을 피했다. 어쩌면 그가 내게 뭔가를 해달라고 부탁하거나, 내가 바꿀 수 없거나 원하지 않는 내 삶에 대해 무언가를 바꾸라고 간섭할 것이라고 생각했을지도 모르겠다.

만델라는 내가 특별하다고 생각했다. 나는 그가 틀렸다는 것을 증명하고 싶지 않았다. 그 이후로 그는 내 꿈속에서 여러 번 나타났고, 항상 나를 알아보는 듯한 미소를 짓고 있었다. 그의 에너지가 내게 말을 거는 것 같았다.

'자네가 준비만 되면 난 여전히 여기 있네.'라고…….

17.
PERFECTION
완벽

완성된 그림은 너무도 완벽했다.
내가 꿈꿔왔던 그 어떤 것도
뛰어넘는 것이었다.

아래의 표는 할리우드 역사상 거의 틀림없이 가장 위대한 개인의 흥행기록표다.

년도	타이틀	오픈 성적	국내 성적(USD)	국제 성적(USD)
2002	〈맨 인 블랙 Ⅱ〉	1위	190,418,803	441,767,803
2003	〈나쁜 녀석들 Ⅱ〉	1위	138,540,870	273,271,982
2004	〈아이, 로봇〉	1위	161,412,000	348,629,585
2004	〈샤크〉	1위	161,412,000	371,741,123
2005	〈히치〉	1위	177,784, 257	366,784,257
2006	〈행복을 찾아서〉	1위	162,586,036	307,311,093
2007	〈나는 전설이다〉	1위	256,393,010	585,532,684
2008	〈핸콕〉	1위	227,946, 274	624,234,272

나는 내 인생을 복싱 캠프처럼 운영했다. 대럴은 나의 트레이너일 뿐만 아니라 나의 멘토이자 보호자가 되었다. 〈알리〉는 나의 첫 아카데미상 후보였으며 복싱 캠프 생활 방식이 옳았음을 검증해주었다.

그 후 10년 동안 대럴은 내 곁을 떠나지 않았다. 그는 나를 밀어주고, 동기부여를 해주고, 영화 전성기 내내 심리적인 공간을 지켜줬다. 게다가 그는 누구라도 위협이 될 수 있다는 듯 나를 경호했다.

이렇게 전력질주 하는 동안 우리 팀은 불타올랐다. 아무도 우리처럼 움직이지 못했다. 할리우드 사람들은 어떻게 우리가 생산적이고 지속적으로 성공했는지 알아내려고 노력했다. 모두가 복싱 캠프의 철학을 받아들였다. 우리는 우리의 삶을 건설하고, 완벽을 위해 노력하고 있었다. 우리는 서로 주변의 모든 사람들에게 탁월함을 요구했다. 법인 문제부터 가족들과 친구들을 관리해주는 사람들도 있었다. 미아 피츠는 재산 관리, 폰 보들리는 크레에이티브 디렉터, 주디 머독은 메이크업 아티스트, 피어스 오스틴은 헤어 스타일리스트, 로버트 마타는 의상을 맡았다. 모든 스태프들이 고군분투했다. 그렇지 않으면 이 자리까지 올 수 없었다.

나는 몽상가이자 건축가다. 나는 웅대한 비전을 그려내고, 세상에 그것들을 현실로 만들기 위한 시스템을 만든다. 그것이 내 사랑을 표현하는 언어다. 나는 내가 사랑하는 사람들이 그들 자신을 위해 특별한 삶을 건설할 수 있도록 돕고 싶다. 하지만 그것은 그들이 기꺼이 분투하고 희생할 것을 요구하고, 가장 중요한 것은, 그들이 나를 믿어야 한다는 것이다. 만약 그렇지 않다면, 그건 내 사랑을 거부했다는 뜻으로 간주한다.

팀원은 자신들을 내게 올라타거나 죽음뿐이라며 자신들을 무기징역수라고 부르기 시작했다. 주변 사람들의 질을 높이는 것보다 더 높은 완벽함을 만드는 것은 불가능하다.

———

이상하고 혼란스러운 성공의 역설이 있다. 아무것도 없을 때, 당신은 목표를 달성하기 위해 뼈를 깎는 두려움과 고통을 겪는다. 하지만 당신이 모든 것을 가지면, 당신은 모든 것을 잃는 잔인하고 반복되는 악몽을 겪는다.

내게는 아내도 있었고, 가족도 있었고, 재산도 있었다. 나는 세계 최고의 영화배우였지만, 언제부턴가 미묘한 증상을 느꼈다. 가난의 사고방식이었다. 나는 그 어느 때보다 더 불안하고 두려웠다. 모든 것이 너무 연약해 보였다. 한 편의 부상, 한 편의 스캔들, 혹은 한 편의 실패작 때문에 필라델피아로 돌아가야 하는 상황이 벌어질지도 모른다고 생각했다. 1929년의 대공황이 다시 일어난다면? 욕망의 목적을 달성하지 못한 것에 대한 두려움보다 더 나쁜 두려움이 하나 있다. 그것은 바로 잃는 것에 대한 두려움이었다.

그리고 주말 개봉은 최악이었다. 완전 지옥이었다. 마치 대통령 선거의 밤과 같았다. 결과가 아무리 좋아 보이거나 자신만만해도, 어떤 일이든 일어날 수 있다는 것을 알고 있다. 목요일 밤에 중서부에서 눈보라가 몰아쳐 개봉 주말 박스오피스의 12퍼센트가 문을 닫았다. 그리고 장르에 따라 시스켈과 에버트(미국 유명 영화 평론가)가 영화에 혹평을 했다면? 예상 관객의 6퍼센트 마저 사라진다.

개봉 성적은 보통 영화배우때문에, 마지막 수익은 영화의 작품성으로 결정된다는 말이 있다. 결국 다른 많은 요소들이 관련되어 있고, 영화가 개봉되지 않으면 많은 사람들이 해고되지만 포스터에 있는 얼굴이 가장 큰 타격을 받는다. 이전 영화가 얼마나 잘되었는지는 중요하지 않다. 만약 이번 영화가 성공을 하지 못하면, 커리어도 끝난다. 호숫가 저택에서 짐을 빼야 한다는 의미다.

———————

나는 눈물을 흘렸다. 할리우드 역사상 가장 큰 연승이었다. 나는 일주일에 70시간에서 80시간을 일했고, 휴일, 주말, 심지어 휴가조차 앞당겼다. 나는 대부분의 사람들이 크리스마스 휴가가 끝나면 더 무겁고 건강하지 못한 상태로 돌아온다는 것을 알아챘다. 그래서 연말 휴일은 내게 선두 자리를 넓힐 수 있는 기회가 되었다.

나는 지난해보다 더 좋은 모습으로 매년 새해에 돌아올 것을 강조했다. 나는 운동을 하고 때로는 개인적인 규율을 위해 크리스마스 만찬을 삼가곤 했다. 대럴은 나의 긴축정책을 사랑하고 칭찬했다. "네가 먹지 않으면, 나도 먹지 않을 거다."라고 그가 말했을 것이다. 나는 공부와 글쓰기, 책을 읽거나 대본을 다시 쓰거나, 다른 사람들이 즐기는 명절에 홍보를 하며 시간을 보내곤 했다.

나는 호화로운 크리스마스와 신년 파티를 열기로 결심했다. 모두에게 좋은 일이라 믿었다. 제이다와 아이들은 일주일 동안 산에서 즐거운 시간을 보내며 친구, 사촌, 가족과 함께 보낼 것이다. 나는 내가 지불한 아름다운 스키 여행지에 내 사업 동료들도 유인했다. 다시 말해 동료의 가족을 위한 비용까지도 지불했다는 뜻이었다. 그리고 나는 가족들과 멀리 떨어진 곳에 팀을 배치하여 매일 회의를 열고 올해와 경쟁에 뛰어들 수 있었다.

나는 모든 것을 이겨내고 있었다. 내 인생의 다른 모든 것이 완벽하고, 내 주변의 모든 사람들이 행복했어야 했다. 하지만 그렇지 않았다.

우리의 관계에서, 아침은 제이다와 나의 유대, 형성, 연결의 시간이었다. 우리는 해가 뜨기 전에 일어나서 몇 시간 동안 이야기를 나누곤 했다. 우리는 밤에 꾸었던 꿈, 계시들, 새로운 아이디어들을 공유했다. 우리는 아이들과 우리 가족의 모든 문제들에 대해 토론했다.

하지만 그즈음 나는 무언가가 변하고 있다는 것을 알 수 있었다. 제이다는 거의 매일 울음을 터뜨리고 있었다. 이제 아침이면, 그녀는 흐느껴 울면서 일어나곤 했다. 최대 45일 연속으로 울었던 적도 있었다.

―――――

"그렇다면, 윌, 당신의 눈부신 성공은 무엇 덕분인가요?"

"글쎄요, 제가 가진 재능은 꽤 평균이라고 생각합니다. 남들보다 뛰어난 것은 굽히거나 포기하지 않고 매일 하는 훈련과 직업적 윤리죠. 다른 사람들이 먹는 동안, 저는 일을 합니다. 상대방이 자고 있는 동안에도 저는 일을 하고 있죠. 다른 사람이 사랑을 나누는 동안…… 음…… 저도 사랑을 나누긴 하겠지만, 아무튼 전 정말 열심히 하고 있습니다."

기자들은 이런 반응을 좋아했고, 내가 농담을 하고 있는 동안 수

학의 현실은 매우 간단했다. 만약 내가 다른 사람들보다 한 시간 일찍 일어나서 시작할 수 있고, 다른 사람들보다 한 시간 늦게 남아 점심시간을 보낼 수 있다면, 나는 매주 15시간을 더 벌게 될 것이다. 1년 동안 생산 시간이 다른 사람보다 780시간 더 늘어난다. 이는 한 달과 맞먹었다. 한 달만 시간을 주면 아무도 날 잡지 못할 거다. 그리고 만약 그들이 주말과 휴가를 즐기며 휴식과 아름다움을 취하고 회복하고, 일과 삶의 균형을 유지하면 그들은 항상 내 뒤꽁무니만 쫓을 것이다.

―――――

아버지는 내가 일곱 살 때 나에게 체스 두는 법을 가르쳐 주셨다. 여름이면 우리는 거의 매일 밤, 체스를 두곤 했다. 아버지는 체스판을 집 뒷마당에 세워 놓고 게임과 그릴 사이를 왔다 갔다 하곤 했다. 그는 가끔 옆집 존 아저씨와 체스를 두곤 했는데, 나와 게임을 할 때랑 별반 다르지 않았다. 아버지는 아이들에게 편하게 대한다는 생각을 믿지 않으셨다. 아버지는 아이들에게 거짓 승리를 주는 것은 아이들의 성장과 발달, 심지어 세상에서 살아남는 능력에도 나쁜 영향을 미친다고 생각했다. 그는 내가 열세 살이 될 때까지, 몇 달씩, 잔혹한 체크메이트에 이은 또 다른 체크메이트로 나를 연달아 때려눕혔다.

그 순간을 절대 잊지 못할 것이다. 아버지가 나에게 체스의 기본을 알려주셨다. 나는 수년간 그렇게 체스를 시작하는 수와 다음 움직임을 충실히 따랐다. 하지만 언젠가부터 혼자서 응용하면서 체스를 익혔다. 아버지는 익숙하지 않은 방법이었다. 경기는 초반에서 중반으로 침착하게 진행되었다. 내 입지는 강했다. 아버지도 알고 계셨다. 아버지의 손도 대지 못한 담배가 재떨이에서 타고 있었다. 완전한 침묵이었다. 모든 수에 집중했다.

아버지는 끊임없는 공격형이었지만 오늘 밤은 아니었다. 먼저 아버지는 '비숍bishop'을 뒤로 보내고, 자신의 왕을 지키기 위해 '나이트knight'를 급히 제자리로 돌려보냈다. 내 차례였다. 그리고 나는 눈에 보였다. 하지만 아버지는 못 보는 수였다. 나는 얼어붙었다.

나는 체스판을 사이에 두고 앉아 두근거리는 가슴으로 몇 분간 가만히 있었다. 차마 아버지에게 체크메이트를 할 수 없었다.

"아, 이런." 아버지가 말씀하셨다. 아버지도 본 게 분명했다. 아버지는 내 눈을 똑바로 바라보신다. 그는 내가 망설이는 것이 내가 그것을 보지 못해서가 아니라는 것을 안다. 그는 내가 그것을 만드는 것이 두렵기 때문이라는 것을 안다.

"어서 움직여." 아버지가 말했다.

나는 '나이트'를 집어 들어 조심스럽게 최종 위치에 세웠다. 체스 말 바닥에 붙은 펠트 천은 부드럽게 나아가 단두대 역할을 했다.

"그게 뭐지?" 아버지가 물었다.

나는 차마 마지막 말을 할 수 없었다.

"음, 체크……?" 내가 말했다.

"제대로 말해라. 그게 뭐지?"

"체크메이트?"

"왜 물음표로 끝나지? 제대로 말해!"

"체크메이트요."

"좋아. 좋은 경기였다."

아버지는 내게 악수를 건네고 담배와 술을 집어 든 다음 집 안으로 들어가셨다.

우리는 다시는 체스를 두지 않았다. 몇 년 동안, 나는 그가 패배자였기 때문이라고 생각했다. 하지만 내가 그를 더 잘 이해하게 되면서, 나는 그가 아버지와 체스를 두었던 나의 마지막 기억이 완벽해지기를 원한다는 것을 보았다. 그는 내 마음이 승리에 취해 온전히 맛보기를 원하셨다. 아버지의 훈련법은 완벽했다. 신화적인 통과의례였고, 그는 더 이상 더럽히고 싶어 하지 않았다.

———————

"이 세상 어떤 것도 내 것이 아니야. 이렇게 살고 싶지는 않아. 나는 작은 농장과 조용한 삶을 원했어."라고 제이다는 말했다.

"알았어. 하지만 우린 여기 있잖아. 그럼 어떻게 고칠까? 자기는 뭐든 할 수 있어. 어떻게 하고 싶어?"내가 물었다.

제이다는 그녀의 10대 시절 내내 메탈 음악을 좋아했다. 그녀는 내가 아는 사람 중에 가장 다방면의 귀를 가지고 있었다. 그녀는 항상 밴드를 꿈꿔왔지만, 헤비메탈 밴드를 결성한다고 발표했을 때는 솔직히 놀라웠다.

제이다는 뛰어난 시인이자 사상가다. 그녀가 쓴 가사의 깊이는 항상 나를 사로잡고 감동시켰다. 나는 그녀를 사랑하고 지지하려고 노력했다. 그래서 나는 조용히 그녀의 여정을 따라가고 있었다. 그리고 그녀는 내게 클라리사 핀콜라 에스테스의《늑대와 함께 달리는 여인들Women Who Run with the Wolves》이라는 책을 건네주고 그 책 속의 '늑대 여자La Loba, The Wolf Woman'라는 단편을 표시해주었다.

늑대여자의 유일한 작업은 뼈를 모으는 것이다. 그녀는 특히 세상에 없어질 위험에 처한 것을 수집하여 보존한다. [⋯] 그녀는 해골 전체를 조립했다. 그녀는 [⋯] 그 위로 팔을 들고 노래를 부른다. [⋯] 사막의 깊은 바닥이 흔들리고, 그녀가 노래를 하면 늑대는 눈을 뜨고, 뛰어오르고, 도망간다. [⋯] 늑대는 갑자기 수평선을 향해 자유로이 달려가는 웃어넘기는 여자로 변신했다.

모래 밑에 놓여 있는 해체된 뼈대다. 파괴할 수 없는 생명력인 뼈를 찾는 것이 우리의 작업이다. [⋯] 그것은 기적의 이야기다. [⋯] 만약 우리가 이 노래를 부른다면, 우리는 야생 영혼의 심령술사를 불러내어 그녀를 다시 생명체로 만들 수 있을 것이다.

병들거나 회복이 필요한 것에 대해 영혼의 숨결을 불어넣고, 가장 깊은 사랑과 느낌의 기분으로 내려가 영혼의 말을 한다. [···] 이것은 뼈에 사무치는 노래다. 우리는 연인으로부터 이 위대한 사랑의 감정을 이끌어내려는 실수를 범할 수 없다. 이 여성이 찬송가를 찾아 노래하는 노력은 고독한 작업이며, 정신 사막에서 행해지는 작업이기 때문이다.

늑대여자가 자신의 죽은 부분을 되살리기 위해 모은 뼈를 보며 노래를 불러야 한다는 생각은 나에게 매우 특이한 느낌으로 다가왔다. 만약 여자의 한 부분을 죽이면 여자는 아예 목숨을 잃는다. 늑대여자는 산산조각 난 여성의 해체된 해골을 모아 그것을 다시 살리기 위한 노래를 시작한다. 제이다는 우리 가족을 부양하기 위해 자신의 일부를 죽였다. 그리고 그녀의 밴드인 '위키드 위즈덤Wicked Wisdom'은 이제 제이다의 늑대여자를 풀어 자기 전체를 부활시키는 방법이었다. 하지만 나는 그녀의 헤비메탈 축제인 오즈페스트를 위한 준비가 되어 있지 않았다.

———

"할 수 있어요, 아빠."

제이든은 내가 각본을 읽을 때 나와 함께 침대에 누워 내가 다음에 살 새로운 세상에 대해 결정하곤 했다. 그는 내가 그에게 이야기하는 것을 좋아하는 만큼 그 이야기를 듣는 것을 좋아했다. 그는 내가 춤을 추는 동안 나를 응시하며 캐릭터를 사이즈에 맞게 입어보곤 했다.

"할 수 있어?" 내가 말했다.

"아까 그 남자와 통화하는 거 들었어요."

'그 남자'는 이탈리아 감독 가브리엘 무치노였다. 〈행복을 찾아서〉라는 영화를 감독하기 위해 제작사에서 고용했다. 가브리엘은 영어를 할 줄 몰랐다. 처음 만났을 땐 통역사가 필요했다. 할리우드의 주요 감독들이 거론됐지만 최종적으론 가브리엘이 선택되었다.

JL은 크리스 가드너라는 사람에 대한 꽤 괜찮은 시나리오를 읽었다. 그는 노숙자로, 샌프란시스코 거리에서 그의 어린 아들과 함께 살다가 성공적인 주식 중개인이 되었다. 그 각본은 놀라웠다. 완벽한 영웅의 여정이었다.

우리는 최고의 감독들을 선택할 수 있었지만 나는 가브리엘 무치노 감독의 〈라스트 키스〉가 너무 좋았다. 그래서 JL에게 미팅을 잡아달라고 요청했다. 나는 그가 궁극적으로 이 영화를 감독하지 않을 것이라고 꽤 확신했지만, 나는 오래전에 탐험의 힘과 중요성을 배웠다. 세계적인 예술가들과의 미팅은 표준 절차가 되었다.

회의는 끔찍했다. 가브리엘은 통역가와 동석하고 싶지 않았다. 그는 영어로 말하려고 노력했지만, 영어로는 의사소통이 불가능했다. JL과 나는 이탈리어를 쓰지 않았다. 왜냐하면 우리는 이탈리아어를 아예 할 줄 몰랐으니까. 하지만 가브리엘의 예술적 열정은 두

가지 판도를 바꾸며 절정을 이뤘다. 하나는 1950년에 가장 뛰어난 외국어 영화로 아카데미상을 받은 이탈리아 영화 〈자전거 도둑〉을 거론하며 "이게 내가 만들고 싶은 영화입니다."라고 통역가의 입을 빌려 말했다. 그리고 나를 보며 말했다.

"만약 나를 이 영화의 감독으로 선택하지 않는다고 해도 제발 미국인 영화감독은 선택하지 마세요. 왜냐하면 미국인들은 아메리칸 드림의 아름다움을 이해하지 못하기 때문입니다."

그렇게 가브리엘이 들어왔다.

———

"그런데 왜 네가 이걸 할 수 있다고 생각하니?" 나는 제이든에게 물었다.

그 당시 제이든은 여섯 살이었고, 집에서 찍는 홈비디오 외에는 가족의 사업에 관심을 보인 적이 없었다.

"그 아저씨는 계속 아빠의 아들 역을 할 어린 소년을 찾을 수 없다고 하잖아요. 근데 그건 내가 아빠 아들이기 때문이에요."

"그건 맞지." 내가 웃음을 터트렸다.

"하지만 이건 그냥 연기인 걸. 그런 흉내를 내는 거야."

"하지만 누가 아빠 아들을 흉내 낸다고요? 윽! 내가 아빠 아들인데!"

가브리엘 무치노는 내 아들을 연기할 완벽한 배우를 캐스팅하기 위해 고군분투하고 있었다. 그는 거의 500명의 아이들을 보았다. 가브리엘은 본능적이고 직관적인 예술가다. 모든 것이 그에게 적합하다고 느껴져야 한다. 제이다와 나는 제이든에게 오디션을 주기로 결정했다.

"고마워요! 고마워요." 가브리엘이 연신 소리쳤다.

"제이든을 처음 만난 순간부터 이 역할을 해주길 바랐는데, 제작사에선 아예 물어보지도 말라고 하더군요."

"예? 왜요?"

"마케팅 측면에서 이 영화에 대한 사형선고처럼 느꼈겠죠. 제이든과 당신이 아버지와 아들로 카메라에 찍히면 관객들의 불신이 더 커질 거라 생각해요."

스튜디오는 또한 그것이 족벌주의처럼 보일 것이라고 예상했다. 첫 발표부터 우리를 궁지에 몰아넣었다. 가브리엘의 간절한 부탁 때문에 일단 제이든과 내가 카메라 테스트로 느낌만 한 번 보는 것을 동의해주었다. 제작사에겐 너무 민감한 주제였기 때문에 나와 제이다는 의사결정 과정에서 우리 자신을 제외시켰다. 우리는 가브리엘이 비전을 가지고 달리도록 허락하고 그가 원하는 사람은 누구든 캐스팅하도록 했다. 우리는 프로듀서였고, 내가 주연을 맡았기 때문에, 우리가 보는 모든 곳에는 이해의 충돌이 있었다. 그래서 나와 제이다는 그 문제에 대해 이야기하지 않기로 동의했다. 우리는 그저 아역배우의 부모일 뿐이었다.

제이든은 결국 전례 없는 9차례에 걸친 오디션을 보게 되었다.

스튜디오는 그를 캐스팅할 때 생기는 문제들을 원하지 않았다. 하지만 오디션이 끝난 후, 순진한 여섯 살짜리가 받을 모든 영광으로, 역할에 적합한 배우라는 것을 스스로 증명했다. 그러나 9번째 오디션 이후 스튜디오는 별안간 10번째 오디션을 요구했다.

제이다는 참을 만큼 참았다. 가브리엘과 스튜디오에 제이든이 더 이상 오디션을 볼 순 없다고 알렸다. 그때 가브리엘은 피를 흘리는 열정적인 예술가의 심정으로 제이든 없이는 영화를 찍을 수 없다고 간청했다.

스튜디오는 불안감을 누그러뜨리고 마침내 제이든에게 〈행복을 찾아서〉의 크리스토퍼 주니어 역을 제안했다. 내게는 너무도 완벽했다. 촬영장과 일터에 아들이 있다는 것은 내가 부모로서 원하던 방식이었다. 일터는 삶의 전쟁터이며, 진정한 위험, 진정한 결과, 진정한 사냥이다. 실시간으로 오류를 수정할 수도 있고, 실제 상황에서 가르칠 수도 있는 환경인 것이다.

그리고 이것이 내가 부모의 사랑을 정의하는 방식이었다.

———

오즈페스트는 헤비메탈 여행 축제다. 헤비메탈의 아이콘 오지 오스본과 그의 아내 샤론이 1996년에 시작한 스래시, 인더스트리얼, 하드코어, 펑크, 데스코어, 메탈코어, 포스트코어, 얼터너티브, 데스, 고딕, 뉴 메탈 등 모든 장르를 섭렵했다. 샤론은 제이다의 밴

드를 보고 두 사람은 곧 친구가 되었다. 그리고 2005년 여름 오즈
페스트에서 제이다의 '위키드 위즈덤'이 초대를 받았다.

동계올림픽의 하키 종목에서 흑인 선수를 찾아보기 힘든 것처
럼, 헤비메탈을 즐기는 오즈페스트 역시 아프리카계 미국인은 찾아
보기 힘들었다.

"자기, R&B는 할 생각이 없어?"

나는 부드럽게 물었다. 물론 진심이었다.

"이게 내가 느끼는 음악인걸."

제이다는 다정하게 대답했지만 그 속뜻은 너무 확고했다. 나는
우리 아이들의 짐을 싸고 블랙 브릭 로드 제작사를 따라 오즈의 나
라로 향했다.

나는 제이다의 이런 면을 본 적이 없다.

'늑대여자'는 격분했다. 순수주의적 관객들이 찾아온 오즈페스트
는 회의와 무시로 시작되었던 모든 공연이 처음에는 침묵으로, 그
리고 궁극적으로는 존경으로 바뀌었다. 제이다의 창조적인 에너지
가 되살아나고 있었다. 그녀는 자신이 쓰고 감독하고 싶은 TV 쇼와
영화에 대한 아이디어를 생각해 내고 있었고, 그녀는 시와 예술로
일기를 채우고 있었다. 뼈들이 다시 살아나려고 안간힘을 쓰는 것
을 보는 것은 숨이 막힐 정도였다. 침 뱉고 욕하고 으르렁거릴 때마
다 제이다는 살아나는 것 같았다.

제이다와 나는 결혼 초기에 절대로 동시에 일을 하지 않기로 합
의했다. 우리 중 한 명은 항상 아이들을 돌봐야 했다. 〈행복을 찾아

서〉는 2005년 가을에 촬영을 시작할 예정이었다. 제이다의 오즈페스트 출연은 매우 성공적이었다. '건즈 앤 로지즈'는 다가오는 투어에서 제이다에게 공연해달라고 요청했다. 그러나 투어는 〈행복을 찾아서〉 촬영의 딱 중간에 열릴 예정이었다.

그때, 나는 제이다에게 선택권이 있다고 느꼈다. 어머니와 장모님도 있었고, 내가 늘 함께할 예정이었으니까. 제이든은 나와 트레일러를 같이 쓰고 모든 장면에서도 나와 함께 출연할 예정이었다. 돌이켜보면, 나는 진실을 알 수 있었다. 제이다는 끔찍한 현실에 직면했고, 그녀가 여섯 살 난 아들을 그의 첫 영화에 어머니 없이 내버려둘 선택지는 없었다.

제이다는 '건즈 앤 로지즈'를 거절했다.

———

〈행복을 찾아서〉는 2006년에 개봉했고, 비평가들의 극찬과 흥행에 성공했고, 나는 두 번째 아카데미상 후보에 올랐다. 전에도 내가 무적이라 느꼈지만, 지금은 정말로 체감하고 있었다. 노숙자인 흑인 남자가 80년대를 배경으로 직업을 얻었는데도 그 시즌 박스오피스에서 다른 모든 영화를 압살했다. 체감하지 못할 수가 없었다.

이런 추세는 계속됐다. 〈나는 전설이다〉는 12월에 개봉된 영화 사상 최대 흥행 수익을 올리며 첫 주말을 떠들썩하게 보냈다. 영화엔 거의 내가 혼자 등장하고 (개가 한 마리 있었지만), 6억 달러 정도의 수익을 올렸다. 그 후, 〈브레이킹 배드〉의 제작자인 빈스 길리건이 각본을 맡은 알코올중독 슈퍼히어로에 관한 이야기인 〈핸콕〉이 개봉했고, 〈나는 전설이다〉 이후 6개월 만에 6억 달러 이상의 수익을 올렸다.

나는 막을 수 없었다. 할리우드 역사상 가장 위대한 흥행작이었다. 나는 역대 가장 많은 수입을 올린 영화배우가 되었다. 그리고 아직 마흔 살도 되지 않았다. 문제는 내가 성공한 것과 사랑을 받는 것, 행복하다는 개념을 오도했다는 것이다.

세 가지는 전부 별개의 것이다. 그리고 내가 세 개념을 하나로 합친 이후로 나는 조금 더 음흉한 버전의 미묘한 증상을 앓게 되었다. 증상은 '조금 더, 조금 더, 조금 더.'라고 표현할 수 있겠다.

'만약 내가 조금 더 성공한다면, 나는 조금 더 행복해질 것이고, 사람들은 나를 조금 더 사랑할 텐데.'

나는 내면의 감정적 구멍을 외적인, 물질적인 성취로 메우려고 노력했다. 궁극적으로, 이런 강박관념은 만족할 수 없었다. 더 많이 가진다고 해도, 더 많이 원해도, 항상 가려운 곳을 긁을 수 없다. 가지지 못한 것과 얻지 못한 것에 의해 마음이 소모되고, 결국 가진 것을 즐길 수 없게 된다.

〈나는 전설이다〉는 12월 개봉을 앞두고 있었다. JL이 나에게 주말 총 흥행기록을 전하기 위해 건 전화 목소리가 평소와 달리 유독 신이 나 있었다.

"3일 동안 3,600개 극장에서 77,211,321달러였어. 그것은 한 극장 당 21,000달러가 넘는 수익이라고. 지금까지 처음이야."

나는 잠시 침묵을 지키다가 미묘한 불만을 느꼈다.

"우리가 왜 8천만 달러를 놓쳤다고 생각해?" 내가 물었다.

"뭐라고?" JL이 되물었다.

"내 말은, 결말 때문에 그랬을까? 마지막 순간에 세상에 적응을 했다면, 〈글래디에이터〉처럼 더 웅장한 결말이 되었을까?"

"너 지금 진심이야? 첫 주 관객 동원이 사상 최대라고. 사상 최대." JL이 물었다.

"알아, JL. 그냥 물어본 거야." 내가 대답했다.

JL이 먼저 전화를 끊은 건 이번이 처음이었다.

———

나는 하키선수 웨인 그레츠키와 미식축구 선수 조 몬태나와 함께 앉아 있다. 두 사람의 아들인 트레버와 닉은 아들 트레이와 함께 경기장에 있다. 그리고 확성기 너머로 경기장 아나운서가 소리친다.

"몬태나, 스미스에게 깊숙이…… 터치다운!"

트레이는 사우스 캘리포니아 옥스 크리스천 고등학교 미식축구 팀의 와이드 리시버. 미식축구 전설 조 몬태나의 아들이 내 첫째 아들에게 터치다운 패스를 던졌다.

스포츠 역사상 가장 많은 연봉을 받는 하키 선수 웨인 그레츠키는 자신의 아들이 미식축구 역사상 가장 위대한 쿼터백, 조 몬태나의 아들에게 터치다운 패스를 받으면 아마 대견하다고 등을 두드리지 않았을까?

어렸을 때 숨겨진 운동 능력 때문인지, 아니면 금요일 밤 불빛의 마법 같은 에너지 때문인지, 첫째 아들 트레이는 미식축구를 하는 것보다 다른 것을 더 즐긴 적이 없었다. 트레이는 최고의 대학 스카우터들의 러브콜을 받고 있었다. 웨인과 조가 나를 그 과정에 초대했다. 아이들이 나이가 들어가면서 나와 제이다는 일대일 수비를 하는 것 같았지만 실은 이제 우리 모두 구역을 바꿔야 할 때가 된 것이다. 아이들에겐 항상 중요한 일이 생겼다. 트레이가 고등학교 졸업반의 마지막 시즌을 준비할 때, 제이든은 제작사로부터 성룡과 함께 찍을 〈베스트 키드〉 캐스팅 합격 소식을 주었다. 우리 모두 황홀해했다.

그러고 나서 우리는 깨달았다. 베이징에서의 촬영이 3개월이다. 트레이의 경기는 사우스 캘리포니아에서 열렸다. 우리 모두 제이든에게도 포기할 수 없는 기회라는 것에 동의했다. 우리는 가족으로서 그를 지지해야 한다. 하지만 그 전 해에, 모든 가족들은 트레이의 모든 경기에 참석했었다. 그리고 트레이가 관중석에 그의 가족 없이 경기를 한다는 생각은 받아들일 수 없었다.

이 기간 동안, 윌 스미스의 완벽한 가족에게는 매 순간 '위키드 위즈덤'이 무대로 복귀할 가능성이 줄어든다는 사실도 명확해졌다. 하지만 내 마음속에는 모든 문제에 대한 해결책이 여전히 있었다. 우리 모두 분발해서 희생하고, 우리 모두가 조금은 고통을 겪어야 한다고. 하지만 나는 비전을 가지고 있었고, 만약 모두가 나를 따른 다면 우리는 계속해서 승리하고, 우리 모두 행복할 것이었다. 관중 석에서도 우리가 이겼다. 나는 제이다를 내 오른쪽에, 셰리를 내 왼 쪽에 두었다. 우리는 완벽한 혼합 가족의 사진이었다. 아무도 우리 가 하는 일을 할 수 없었다.

나의 문제 해결 방법은 우선순위를 정하는 것이었다. 나는 목록 의 어떤 문제가 가장 시급한지를 결정하고 그 문제에 초점을 맞추 곤 했다. 하지만 내가 놓친 것은 모든 사람들의 목록이 다르다는 것 이었다.

제이다, 윌로우, 제이든, 그리고 나는 2009년 6월에 베이징으로 떠났고, 트레이는 9월에 학교로 돌아갔다. 트레이의 10경기는 모두 〈베스트 키드〉 촬영 중에 열릴 것이다.

그리고 신의 은총이 시간의 형태로 드러났다. 베이징부터 LA까 지는 12시간 비행이다. 금요일 밤 10시 베이징 출발 비행기는 날짜 선을 넘어 LA에 도착했고, 마침 집에 도착해서 휴식을 취하고 금요 일 밤 6시에 트레이의 경기를 할 수 있었다. 토요일 오후 4시, 지구 반대편으로 떠난 비행기가 당일 오전 4시에 도착한다. 월요일 아침, 출근 시간에 딱 맞춰서. 제이든과 나는 10주 연속 베이징을 거쳐 LA로 돌아왔고 트레이의 경기는 단 한 번도 빠지지 않았다.

난 삶을 사랑했다. 온전한 주인이 된 기분이었다.

오프라 윈프리가 자신의 쇼에 나와 달라고 부탁했다. 나, 제이다, 트레이, 제이든, 윌로우, 심지어 셰리와 그녀의 남편 테럴까지 전부 출연 요청이 들어온 것이다. 윌 스미스의 완벽한 가족의 완벽한 에피소드다. 나는 세계 최고의 영화배우였다. 둘째 아들 제이든이 주인공으로 출연한 첫 번째 영화 〈베스트 키드〉가 세계 1위를 눈앞에 두고 있었다. 아내 제이다의 새로운 쇼 〈호손〉의 첫 번째 시즌이 그녀를 주연으로 하여 초연되었다. 딸 윌로우는 그녀의 첫 앨범을 녹음하기 위해 록 네이션 사와 계약했다. 첫째 아들 트레이는 고등학교 미식축구팀의 스타였다. 게다가, 나의 전 부인이 아이들을 키우기 위해 자신과 제이다가 얼마나 협력했는지에 대한 이야기도 했다.

나는 마침내 내 손으로 나만의 이상적인 제국을 갖게 되었다. 완성된 그림은 너무도 완벽했다. 내가 꿈꿔왔던 그 어떤 것도 뛰어넘는 것이었다.

"내가 〈댈러스〉의 J. R. 유잉이 된 것 같아." 내가 제이다에게 농담으로 말했다.

"그 캐릭터가 총에 맞는 건 알지?" 아내는 말했다.

18.
MUTINY
반란

완벽한 결혼과
완벽한 가족에 대한
이상주의적 환상이 타버렸다.

침대에서 뛰어내려, 내 스왜그를 켜.

악플러는 신경 쓰지 마.

왜냐하면 우리가 그들을 쫓아냈으니까…….

〈Whip My Hair〉는 플래티넘의 세계적인 히트 음반이었다. 윌로우 스미스보다 더 어린 나이에 이보다 더 높은 순위를 가진 유일한 아티스트는 마이클 잭슨과 스티비 원더뿐이었다. 전 세계의 어린 소녀들이 머리채를 흔들고 있었다. 반응은 뜨거웠고, 후속 앨범으로 공격할 때가 되었다.

제이다와 나는 결코 아이들에게 연예계를 강요하지 않았다. 명성과 재산이 제이다를 불편하게 만든 것은 사실이었다. 그녀는 그녀의 아이들이 유명 인사인 것에 대해 양면성을 느꼈다. 하지만 나의 비전의 창조적인 캠퍼스, 호숫가 저택이 예술가들의 안식처가 될 것이라는 것이었다. 나는 아이디어를 가진 사람과 예술을 창조할 수 있는 사람 사이의 거리를 줄이고 싶었다. 나는 음악 스튜디오를 지었다. 비디오 카메라와 편집실이 있었고, 모든 방에는 스케치 패드가 있었고, 모든 곳에 페인트칠 용품과 연필이 있었다. 그리고 마침내 우리의 거실조차도 제이다의 〈레드 테이블 토크〉 쇼의 스튜디오가 되었다. 사실, 아이들은 그 안에서 자라났기 때문에 압박할 것이 없었다. 나 또한 아버지 가게에서 일하며 자랐다. 아이들이 그들의 부모가 하는 일의 환경에 노출되는 것이 내게는 평범한 일이었다. 아버지가 얼음을 팔았고 나는 그것을 포장했다. 비슷하게, 트레이, 제이든, 윌로우에게는 영화 세트장이나 녹음실에 있는 것이 전혀 이상한 일이 아니었다. 그건 가족 사업이다. 그건 그들의 평범한 경험이었다.

그래서 나는 내 아이들을 연예계로 밀어 넣지 않았다. 아이들이 연예계에 종사하기로 결정한 후에야 나는 미친 듯이 고압적인 아버지가 되었다.

윌로우의 경우, 만 여덟 살이었을 때부터 아이는 노래에 푹 빠졌다. 이것은 여덟 살 소녀에게 드문 일이 아니다. 전 세계의 여덟 살 소녀들은 무대에서 노래하는 것을 좋아하고 노래하는 꿈을 꾼다. 유일한 차이점은 대부분의 아빠들은 딸을 교회 성가대에 넣거나, 아니면 한두 번의 보컬 수업을 가르쳐 주거나 였다. 난 그런 아빠가 아니다.

그 당시 내가 마음먹은 것은 지구상에서 최고가 될 각오가 되어 있지 않는 한, 아무것도 할 이유가 없다는 것이었다. 내 믿음은 항상 꼭대기를 노리고, 항상 정상을 향해 노력해야 한다는 것이었다. 어떤 일도 성실히 해서는 안 된다.

———

윌로우는 저스틴 비버의 30일간의 유럽 투어에서 오프닝 무대를 가졌다. 우리 가족에게 큰 순간이었다. 딸은 이제 제대로 된 도전을 하고 있었다. 〈Whip My Hair〉를 둘러싼 열광이 거셌다. 텔레비

전 출연, 잡지 표지, 레드 카펫, 오렌지 카펫, 화보 촬영 등이 유럽 전역에서 일어났고, 지미 팰런 쇼, 엘렌 쇼에도 출연했다. 런던 북부의 윔블리 아레나에서 열린 오프닝 무대는 매진이 되었다. 온 가족이 런던으로 가는 비행기를 탔다. 윌로우는 스타가 될 준비를 하고 있었다.

다음은 아일랜드의 더블린이었다. 같은 조건에 같은 무대로 다시 한번 난리가 났다. 또 다른 매진이 일어났다. 아일랜드에서는 정말 열심히 머리를 흔들었다.

투어는 계속되었다. 밤마다 나는 딸이 성장하는 것을 지켜보았다. 목소리는 점점 강해지고, 무대 위에서의 존재감은 살아나고, 그녀는 어떻게 관객을 다루는지 배우기 시작했고, 댄스 시퀀스를 들락날락할 수 있었다. 천재가 된 기분이었다.

제이다는 LA로 돌아갔고, 내가 당번이었다. 투어 마지막 날 밤, 윌로우는 무대 밖으로 나와 공연 후의 기쁨을 만끽하며 내 품으로 뛰어들었다.

"진짜 대단했어!" 내가 말했다.

"고마워요, 아빠!" 아이가 비명을 질렀다.

"재미있었니?"

"네. 무대 바로 앞에서부터 경기장 끝까지 제 또래 애들이 자리를 가득 채웠어요! 제 노래 가사를 다 알아요!"

"응, 그랬지, 말도 안 되지?" 언젠가 디트로이트에서 관객들이 내 노래를 따라 불러줬을 때의 느낌을 기억하면서 나는 말했다.

"좋아! 며칠 후에 집에 가서 앨범 작업을 시작하자. 그리고 저스틴의 팀이 네 무대가 너무 마음에 든다고 호주 투어도 같이 가자고 하는 구나!"

"난 그만 해도 돼요, 아빠!" 아이는 숨을 헐떡이며 좋아했다. 너무 기쁜 마음에 윌로우의 말을 잘못 들었다고 생각했다.

"뭐라고, 꼬마?"

"다 했다고요, 아빠. 난 그냥 집에 가도 돼요."

"음, 며칠간의 투어는 끝났지. 하지만 이제 시작이잖아. 몇 주는 더 해야지." 나는 대부분의 부모가 아이를 진지하게 받아들이지 않을 때의 목소리로 타일렀다.

"아니요, 아빠, 전 다 했다고요."

"그래, 이번 파트는 네가 모든 앨범과 비디오에 출연한다고 제이 지에게 약속했다."

"아뇨, 아빠. 아빠가 제이 지와 약속하신 거죠." 아이가 웃으며 말했다.

"꼬마. 우리가 함께 약속한 거지. 그리고 뭐든 시작하면 끝을 내야지."

"내가 다 했다고 해도 상관없나요, 아빠?" 윌로우가 말했다.

"물론 네 의견도 중요하지만, 넌 그렇게 끝낼 수는 없어."

"왜요? 재미있었고, 난 다 했다고 생각하는데."

"이해는 하지만 약속한 일을 완수하기 전에는 끝날 수 없다."

이것은 그녀에게 너무나 이질적인 생각이었다. 그녀는 악의도 분노도 없이 그저 미묘한 혼란만 일으키며 나를 노려보았다. 그러고 나서 그녀는 동의했다.

"알았어요, 아빠."

우리는 집으로 날아갔다.

스미스 가족의 유럽 정복은 엄청난 성공을 거두었다. 나는 세계 지배라는 다음 단계를 준비하기 위해 바쁘게 출발했다. 어느 날 아침, 내가 제이 지와 통화를 막 끝냈을 때 윌로우가 아침을 먹기 위해 부엌으로 뛰어 들어왔다.

"좋은 아침이에요, 아빠."라고 윌로우가 냉장고로 뛰어가면서 즐겁게 말했다.

턱이 빠질 만큼 입이 벌어져, 부엌 바닥에 산산조각으로 부서지는 줄 알았다. 지난 밤 윌로우는 머리를 통째로 밀었다. 내 마음은 몹시 혼란스러웠다. 만약 그녀가 머리카락이 없다면 어떻게 머리를 흔들 수 있을까? 도대체 누가 저런 머리를 흔드는 것에 돈을 투자할까?

하지만 내가 대답을 하기도 전에, 나는 뭔가가 서서히 변하고, 제자리를 찾을 때까지 느껴졌다. 신성한 연결과 계시의 순간에, 그녀는 내게 다가왔다. 나는 화가 난 게 아니라, 흔들렸다.

윌로우는 나에게 있어 호밀밭의 작은 파수꾼이었다. 나는 몸을 숙여 그녀의 눈을 깊이 들여다보며 말했다.

"알았어. 미안해. 네 뜻을 알았어."

이상하게 들릴지 모르지만, 그 순간 나는 감정을 느꼈다.

―――――

"내가 다 했다고 해도 상관없나요, 아빠?"

윌로우의 질문은 내 세계관에 자유의 종만한 균열을 주었다. 그것은 단지 딸이 그녀의 아버지에게 한 순진한 질문이었지만, 어쩐지 나는 그 이상의 것을 알고 있었다. 그녀가 정말로 나에게 물은 건 "내 기분은 상관하지 않는가?"였다. 그것은 가장 깊고 실존적인 인간의 질문이었다. 이것은 인간으로서 우리가 서로에게 던지는 가장 중요한 질문일 것이다.

비록 그녀는 겨우 열 살이었고, 정복을 포기하기로 한 나의 선택이 그녀의 질문에 충분히 긍정적인 대답을 했을지라도, 나는 스스로에게 나의 정직한 대답은 무엇일까? 라고 물었다. 나는 감정에 대한 나의 신념 체계를 깊고, 열심히 반성했다. 그리고 내 진실은 나를 놀라게 했다.

나는 이 말을 큰 소리로 하지 않았을 것이다. 하지만 "내가 어떻게 느끼는지가 당신에게 중요한가요?"라는 질문에 내 대답은…….

"별로 중요하진 않아, 꼬마. 감정이 내 목록에서 일곱 번째니까. 무엇보다도, 나는 네가 매일 끼니를 먹을 수 있게 신경 쓴다. 둘째, 나는 네가 살 곳을 마련해준다. 셋째, 네 안전을 돌본다. 넷째, 너의 지능과 삶의 문제를 해결할 수 있게 정신을 훈련하는 것을 돌본다. 다섯째, 나는 네가 강인해져야 한다고 생각해. 세상은 힘든 곳이니까. 그리고 여섯째, 나는 너의 생산성을 고민해. 나는 네가 우리 가족에 기여하길 바라. 그리고 이 모든 걸 갖고 있다면 네 기분은 분명 좋을 거라 믿어." 라고 말했을 것이다.

나는 첫 번째부터 여섯 번째까지를 신경 쓰면 일곱 번째는 알아서 될 거라 믿었다. 이건 딸에게만 적용하는 것이 아니다. 나는 내 기분조차 신경 쓰지 않는다. 감정은 내게 꿈과 번영을 가로막는 장애물이었다. 당연히 새벽 5시부터 조깅을 하고 싶지 않다. 일주일에 80시간을 일하고 싶지도 않고, 무대에서 야유를 받고 싶지도 않고, 요의를 참고, 내 머리를 향하는 총구도 무섭다. 그리고 만약 내가 어떻게 느끼는지에 대해 걱정한다면, 나는 먹고, 옷을 입고, 집을 짓고, 가족을 보호할 수 없을 것이라는 것을 안다. 내가 우리의 생존과 번영을 위한 올바른 행동을 결정할 때, 내가 그것을 하고 싶지 않은 것은 중요하지 않다. 만약 그것이 명백히 최고의 이익이 되는 행동이라면, 내 감정은 아무래도 상관없다. 사람들이 자신의 감정에 대해 너무 걱정한다면 그들은 결코 그들이 느끼고 싶은 감정을 느끼지 못할 것이다.

———

요점은 이렇다. 나는 아버지의 부정적인 감정이 아버지의 풍부한 지성을 통제하고 우리 가족의 아름다움을 파괴시키는 모습을 보며 자랐다. 또 반대로, 어릴 적 교회 예배에 참석했다가 너무도 '긍정적인 신앙심의 감정'에 압도된 이웃이 눈앞에 어른거리던 주님에게 다가가려고 신도석에서 벌떡 일어나다가 힘차게 왼손을 휘두르는 바람에 내 코뼈가 부러질 뻔 한 적도 있다. 그녀는 기도에 심취해 나를 때린 것도 몰랐다.

감정에 대한 내 감정이 발전하고 높아졌지만, 나는 여전히 나 자신이나 다른 사람들에게서 극단적인 감정이 일어나면 요즘도 고군분투한다. 이 세상을 조종하고 지배하는 데에 감정은 매우 가치 있는 도구다. 감정은 불과 같다. 요리하고 가열하고 청소하는 데 사용될 수 있다. 하지만 극단적인 감정이 억제되지 않으면, 내 경험으로 미루어 볼 때, 감정은 꿈을 불태울 수도 있다.

불행하게도, 그 당시에 나는 내 삶을 앗아가려고 하는 많은 끔찍한 산불을 막을 만큼 충분히 현명하지도, 분명하게 말하시도 못했다. 윌로우의 항의 행위는 내가 반란이라고 부르는 우리 가족의 한 시기를 시작하게 했다. 그 압박감은 수년간 쌓여왔고, 나는 그것을 막으려고 노력했지만, 모든 것이 고삐 풀린 실타래처럼 줄줄이 풀려나왔다.

———

나, 제이다, 그리고 윌로우는 부엌에 앉아 있었다. 윌로우는 아이스크림을 먹고 있으며 왼손은 내 턱수염을 가지고 놀고 있었다. 오른손에는 아이스크림 한 스푼을 들고 있다. 아주 상냥하게 말했지만, 때로는 어린애들의 입에서 나오는 소리는……

"엄마?"

"응?"

"너무 슬퍼요." 윌로우는 말했다.

"뭐가 슬픈데?"

"아빠는 마음속에 가족사진을 가지고 있어요. 그리고 그건 우리가 아니야!"

나는 정상에 있었다. 나는 내가 꿈꿔왔던 모든 것 이상으로 살고 있었다. 모든 목표가 달성되었고, 모든 장애물이 정복되었다. 그리고 조금 더 바랬다. 하지만 그 바람에 내 주변의 모든 사람들은 비참했다.

윌로우는 깊은 연민을 가지고 내 눈을 똑바로 쳐다보았다. 그녀의 팔에 방울방울 떨어지는 아이스크림, 아이는 내가 정말 안쓰럽다는 듯 바라보고 있었다. 제이다가 짐짓 모르는 척 고개를 돌리고 냉장고에서 무언가 중요한 것 찾는 척했다.

윌로우가 계속해서 내 얼굴을 문질렀다.

"괜찮아요, 아빠. 괜찮을 거예요."

————

나는 여기저기서 감정을 느끼기 시작했다. 나는 비즈니스 미팅에 참석하면 누군가 이렇게 말하곤 했다. "그건 개인적인 문제가 아니다. 단지 비즈니스일 뿐이다." 그리고 단지 비즈니스 같은 건 없다는 걸 깨달았다. 모든 게 개인적인 거다. 사람들은 분노하고, 흥분하고, 좌절하고, 희망을 잃고, 실망하고, 두려워하고, 당황한다. 이 모든 것이 '비즈니스' 회의라는 테두리 안에서 일어난다. 모든 사람들은 자신의 감정에 사로잡혀서, 항상 자신의 느낌에 따라 결정을 내린다. 심지어 내가 극단적인 감정을 싫어하는 것도 내가 느끼는 감정에 근거를 두고 있다. 나는 사람들이 이미 있는 새로운 장소를 발견한 크리스토퍼 콜럼버스처럼 느껴졌다. 모든 정치, 모든 종교, 모든 스포츠, 문화, 마케팅, 식사, 쇼핑, 사랑, 모든 것은 사람들이 어떻게 느끼는지에 집중되어 있다.

그리고 나서 진실은 시속 150킬로미터의 속구처럼 나를 강타했다. 사람들은 자기 기분 외에는 아무도 신경 쓰지 않는다. 기분 좋게 느끼는 것은 누구에게나, 어디서나, 항상 모두에게 가장 중요한 것이다. 우리는 우리가 긍정적으로 생각하는 느낌을 얻기 위해 말, 행동, 행동을 선택하고 있다. 우리가 어떻게 느끼고 싶은지를 느끼는 것보다 더 중요한 것은 없다. 그리고 사람들은 당신이 그들의 감정을 얼마나 잘 존중한다고 느끼느냐에 따라 그들을 사랑하는지 여부를 결정한다.

감정은 대부분의 성인 관계에서 불안정한 난제였다. 나는 항상 누군가의 즉각적인 감정을 전반적인 행복에 비해 덜 신경 써왔다. 내 인생의 사람들은 내가 보이는 비편향적인 느낌에 지속적으로 불평해왔고, 가끔은 표현을 하지 않아 상대가 사랑을 받지 못한다고 느낄 만큼 악화되기도 했다.

내가 사랑하는 사람들을 위해서라면 불 속을 걷겠다. 나는 가족을 위해 죽을 각오가 되어 있다. 하지만 아니, 난 그들의 감정에 집중한 건 아니었다. 나는 감정을 믿지 않았다. 감정은 날씨처럼 왔다 갔다 하며 변한다. 감정이 주가 되면 어떤 계획도 세울 수 없다. 그리고 누군가가 무언가를 느낀다고 해서 그것이 사실이 되는 것은 아니다. 당신의 감정이 극단적이라고 해서 당신이 옳다는 것을 의미하지는 않는다. 사실, 감정이 극단적일수록, 진실은 왜곡될 가능성이 더 높다.

사람들은 사실, 진실, 확률, 또는 의도에 대해 그들이 어떻게 느끼는지, 그리고 당신이 얼마나 잘 그런 감정을 표현했는지에 대해 신경을 덜 쓴다. 그래서 우리가 "사실은……"으로 문장을 시작하면 다른 사람은 이렇게 생각한다. "내가 방금 10분이나 내 이야기를 했는데. 그 문제에 대한 내 '사실'을 이야기한 건데." 아니면 당신이 "봐, 이게 현실이야."라고 말하면 상대는 "나쁜 놈. 내가 방금 현실을 이야기한 거잖아."라고 생각한다. 다른 전형적인 대화법으로는 "진실은……" 아니면 "결국은……", "알았어. 하지만 대부분은……", 혹은 "이해는 하는데……", "솔직히 말해서……"가 있다. 이런 식의 대화를 하면 대화는 이미 실패다. 상대는 자신이 방금 말한 것에 대한 완전한 부정과 자신의 감정에 대한 무시로 받아들인다.

아무도 당신이 무엇을 생각하고 무엇을 느끼는지 신경 쓰지 않는다. 사람들은 자신이 무엇을 생각하고 무엇을 느끼는지 신경 쓴다. 그래서 그렇게 말한 거다.

다른 본질적인 질문들이 첨부되어 있다. 내가 어떻게 느끼는지가 당신에게 중요한가? 만약 대답이 '그렇다'라면, 다음 무언의 질문은 '얼마나?'이다. 그리고 나서, 당신은 나에게 얼마나 많은 것을 보여주기 위해 어떤 행동을 변화시킬 건가? 그리고 그 에너지를 나의 문제에 적용하기 위해 당신의 개인적인 문제의 어떤 부분을 기꺼이 포기할 건가?

내 생각을 돌보기 위해 당신의 생각과 감정을 제쳐놓겠는가?

본질적으로, 사람들은 기분이 나아질 수 있도록 당신이 다르게 행동하기를 바란다. 당신이 얼마나 기꺼이 변화하려고 하는지는 당신이 그들을 얼마나 사랑하는지를 그들에게 보여줄 것이다.

———

트레이는 스무 살, 제이든은 열네 살, 윌로우는 열두 살이었다. 나는 자녀들과의 관계를 그들의 감정에 대한 관심과 보살핌으로 재평가함으로써 육아를 실험하기 시작했다.

나는 훌륭한 제공자이자 보호자였다. 나는 세계적인 수준의 교사였다. 하지만 나는 아이들의 어린 시절 미묘하거나, 미묘하지 않은 감정적인 상처를 인지할 수 있게 되었다. 내가 스스로 얻은 한 가지 위안은 적어도 내가 나아지고 있다는 것을 알았다는 것이다. 트레이는 내 육아법 중 가장 무식한 버전을 받았다. 제이든은 약간 업그레이드 된 버전을 얻었다. 윌로우는 머리를 밀어야 했지만, 관계가 틀어지기 전 나를 붙잡을 수 있었다.

월로우는 열한 살 때, 모든 면에서 연예계에서 은퇴했다. 나는 그 일의 일부가 사업의 본질적인 압박이라는 것을 알았지만, 그중 더 큰 부분은 그녀가 보호받지 못한다고 느꼈다는 것도 알았다. 아이가 분명하게 말한 적은 없었지만, 내 마음을 사로잡는 그 어떤 것이 아이는 원하지 않는다는 것은 분명했다.

나는 가족들이 나를 외면하고, 나의 리더십과 심지어 나의 사랑에 의문을 품는 것을 느낄 수 있었다. 어느 날 저녁 식사 때 트레이가 내게 물었다.

"아빠는 뭘 숭배하세요?"

셰리가 최근 교회를 재발견했다. 그녀는 그리스도에서 편안함과 변화를 발견했다. 보기에 아름다웠다. 그리고 진짜 신앙심이었다. 그리고 나는 그녀가 새로운 믿음과 방향을 제시했다는 것이 기뻤지만, 그녀가 내 인생에서 내 선택과 내 결정에 의문을 제기하고 판단하기 시작한 것에 대해 깊이 분개했다. 전 배우자가 나의 죄를 지적하는 것보다 더 기분 나쁜 것은 없다.

나는 트레이가 성경을 읽는 방법을 사랑했다. 그는 내가 만난 사람 중 가장 순수한 사람 중 한 명이다. 나는 아브라함과 이삭에 대해 토론하고, 다윗의 정의와 나사로의 이야기가 무엇을 의미하는지 토론하는 것에 흥분했다. 나는 영적인 맥락에서 그리스도의 삶을 곰곰이 생각해 볼 수 있었고, 역사적, 심지어 신화적인 것도 아이의 마음이 감당할 수 있다면 생각할 수 있었다. 내가 준비하지도 않았고 기꺼이 하지도 않았던 것은 내 결정에 있었던 성경적 부적절함에 대해 토론하는 것이었다.

"나는 주님을 숭배하지." 내가 말했다.

"확실해요?"

"자, 이렇게 하자. 네 성경은 아직 보지도 않아서 완전 새 것이야. 근데 내 것은 한 페이지도 빠짐없이 너덜너덜하고 낡았지. 그러니 성경책을 훑어보기라도 하고, 몇 년 후에 우리 이 이야기를 다시 나누면 어떨까?"

나는 그의 질문을 일축했지만, 그것에 대한 생각을 멈출 수가 없었다. 나는 생계를 위해 인터뷰를 한다. 35개의 질문을 50개 국어로 퍼트린다. 그동안 내가 받은 수많은 인터뷰 중 가장 심오한 질문이었다.

"당신은 무엇을 숭배합니까?"

그리고 두 번째로 받은 심오한 질문은 바로 "확실해요?" 였다.

———

가족 프로젝트가 필요하다고 결정했다. 우리 중 한 사람이 중대한 노력을 했을 때 우리는 서로 뭉치는 경향이 있었다. 트레이가 미식축구를 하는 것, 윌로우와 음악을 하는 것, 제이든이 〈베스트 키드〉에 출연한 것, 제이다나 내가 영화를 촬영하는 것 등 우리가 함께 일할 때 뭔가 활기를 불어넣는 것이 있었다. 그런 면에서 영화

〈애프터 어스〉는 우리를 되살리고 다시 연결시켜 줄 프로젝트가 되었다.

〈살아있지 않았어야〉라는 TV 쇼를 본적이 있다. 참혹하고 생명을 위협하는 고문과 죽음에 대한 이야기들을 소개하는 프로그램으로 그중 한 편이 기억난다. 문명으로부터 수 킬로미터 떨어진 황야에서 오가도 못하게 된 한 아버지와 아들에 대한 이야기였다. 아버지는 사고로 부상을 입었고, 십대 아들은 도움을 찾고 아버지를 구하기 위해 위험한 지역을 혼자 여행해야 했다.

TV쇼를 보면서, 나는 계속 내 자신이 다치고 무력한 모습을 상상했다. 그리고 제이든은 나를 구하기 위해 문명에 도달하기 위해 황무지를 기어오른다. 그 시나리오는 내 마음속에 박혀 있었다. 한 젊은이가 아버지를 구하려고 하는 이야기였다. 그 생각이 영화로 변형되었다. 또한 아버지가 아들을 믿고 의지하는 법을 배우는 영화도 될 수 있었다. 은유법이자 관계를 치유할 수단이었다.

그 당시에, 나는 또한 시간과 배경을 통해 이야기를 옮겨가는 실험을 하고 있었다. 1940년대 베를린의 나이트클럽에서 고민하던 인간의 핵심 주제와 갈등을 그로부터 1200년 후 미래로 옮겨갔을 때 인간의 근본적인 진실을 유지할 수 있을까? 나는 〈살아있지 않았어야〉의 1편을 M. 나이트 샤말란 감독에게 보냈다. 에피소드를 감명 깊게 본 감독은 영화를 만들어야겠다고 생각했다. 섭리처럼 여겼다고 했다. 샤말란 감독은 영화를 오직 한 도시에서만 찍겠다고 했다. 바로 필라델피아였다.

샤말란은 필라델피아 바로 외곽에 살고 있었다. 나는 고향에서 영화를 찍은 적이 없었다. 나의 모든 가족들이 꼬박 3개월 동안 함께 있을 것이다. 결심이 섰다.

시나리오 개발 과정을 맡은 제이다의 동생 칼립 핀켓도 동의했다. 그는 세계적인 역사광이고, 역사가들은 성격과 이야기에 깊은 통찰력을 가지고 있는 경향이 있다.

JL이 싫어했다. JL은 치료를 싫어했다. JL은 타이밍을 싫어했다. JL은 모든 것이 싫었다.

"지금 콘셉트만 잡혀 있잖아. 일단 대본부터 다 쓰라고 해. 이야기를 끝내고, 그다음에 방아쇠를 당겨도 늦지 않아. 그게 뭔지도 모르고 방아쇠를 당기지는 말자." JL이 말했다.

하지만 난 듣지 않았다. 내 가족을 구하기 위해 이게 필요했다. 그리고 나의 숨겨진 비밀 서약이 있었다. 나는 제이든이 그 과정을 통해 사랑받고, 보호받고, 보살핌을 받는다고 느끼도록 확실히 하려고 했다. 그는 분명히 아버지가 자신의 감정을 신경 쓴다는 것을 알게 될 것이었다.

———

〈애프터 어스〉는 인간 때문에 멸망한 지구의 천년 후 미래로 정했다. 아버지와 아들은 우주에서 가장 위험한 곳인 지구에 착륙한다. 실내 촬영은 필라델피아에서, 외부는 모아브, 유타, 코스타리카에서 촬영되었다. 제이든의 캐릭터인 키타이는 부상당한 아버지를 구하기 위해 정글, 강, 평원, 협곡, 그리고 화산을 통과해야 했다.

나는 촬영장에서 제이든에게 즐겁고 사랑스러운 환경을 만들어 주기로 결심했다. 코스타리카는 더웠다. 나는 모든 장소에 에어컨이 설치된 거대한 텐트를 설치했고 제이든은 탁구대, 음식, 음악, 낮잠을 잘 수 있는 곳 등 촬영 사이사이에 휴식을 취할 수 있었다.

"이 텐트는 대체 뭐야?" 대럴이 나를 옆으로 당기며 말했다.

"날씨가 덥잖아, 난 그냥 애가 편안했으면 좋겠어."

"편해? 꼬마를 부드럽게 해주고 있잖아. 당신 캐릭터는 우주 최고의 장군이야. 근데 저런 텐트에서 나와서 자네를 어떻게 구해? 다른 사람들처럼 햇빛 아래서 대기하게 만들어야지."

대럴은 10년 동안 나의 멘토이자 코치이자 친구였다. 그는 내게 으르렁거리고 두들겨서 나의 가장 허황된 꿈속으로 몰아넣었다. 그는 승자를 만드는 방법을 알고 있었다. 그는 슈거 레이 대 마빈 해글러와 함께 그곳에 있었다. 그는 군인들을 설계하는 방법을 알고 있었다. 내가 왜 그에게 내가 겪고 있는 일과 내가 하고 있는 일을 말하지 않았는지 잘 모르겠다. 나는 당황했을 수도 있고, 아니면 그가 이해하지 못할 것이라고 결론 지었을 수도 있다. 하지만 대럴은 내 행동을 일종의 파괴로 보았다. 나는 우리의 성공적인 정복에 대한 모든 규칙을 어기고 있었다.

이것은 결국 균열이 생기고 결국 소원해진 우리 사이에 간극이 되었다. 우리는 함께 일하는 것을 그만두었다. 그 당시, 나는 그와 직접 대화할 용기를 낼 수 없었다. 10년 동안 지속되어 온 대단히 성공적인 파트너십은 대화도 없이 끝났다.

대럴은 나중에 "자네는 내 마음을 아프게 했고, 왜 그런지는 말도 해주지 않았어."라고 털어놓았다.

———

나와 제이든과의 관계에 있어서 촬영은 완벽했다. 내가 〈베스트 키드〉 촬영장에 나타나면, 제이든은 마치 적이 온 것처럼 기가 죽고 기력을 잃었다. 내가 바로 그 적이었다. 한 장면이 마음에 안 들었고 중국에서의 촬영을 한 달이나 연장했기 때문에. 하지만 〈애프터 어스〉에서는 제작 일정의 1분도 초과하지 않으려 했다. 내가 그 애의 보호자였다.

어느 날 촬영장에서, 나는 제이든과 함께 최고의 육아 시간을 보냈다. 제이든은 한 방음 스튜디오에서 액션 장면을 촬영하고 있었고 나는 다른 세트장에 있었다. 아들과 함께 있지는 않지만, 그가 하는 모든 것을 볼 수 있는 모니터를 가지고 있었다. 코디네이터 중 한 명이 제이든에게 아이가 불편해하는 조치를 취했다. 하고 싶지 않다고 몇 번이나 설명하려 했지만 코디네이터는 거절했다. 나는 두 사람이 논쟁하는 모습을 지켜보며 소리를 켰다.

"저에게는 현실적이지 않은 것 같아요."라고 제이든은 공손하게 말했다.

"글쎄, 몇 장면만 찍읍시다."라고 코디네이터가 주장했다.

그러고 나서, 나는 제이든의 입에서 가장 자랑스러운 말을 들었다. "누가 우리 아빠 좀 불러 주실래요?"

생각할 때마다 눈물이 난다. 나는 우리의 관계를 변화시켰고, 아이의 인식을 정화시켰다. 나는 더 이상 그를 밀치고 처벌하려는 파괴자가 아니었다. 그가 어려울 때 전화했던 사람은 나였다. 나는 아직도 그가 자신만만하게 서 있는 모습을 떠올린다. 마치 자신을 보호해 줄 사자가 있다는 것을 알고 있는 것 같았다. 사자를 풀어놓고 싶지 않아도, 언제나 필요하다면 풀어버릴 수 있다는 걸 알고 있었다.

내가 어린 시절이었을 때는, 나에게도 사자가 있다는 것을 알았지만, 가끔 그가 나를 물곤 하는 것이 싫었다.

———

〈애프터 어스〉 촬영은 나와 제이든에게 마법의 유대감을 주는 경험이었다. 그는 갓 10대에 접어들었다. 신화적인 타이밍이 완벽했다. 나는 내 관심과 관심의 깊이를 설명하는데 성공했었다. 하지만 내가 그의 행복에 사로잡혀 있을 때, 나는 평소 극도의 집중적인 초점을 스토리텔링, 각본, 그리고 영화의 전체적인 조각에서 다른 곳으로 돌렸다. 그 결과, 우리 부자간의 여행은 수명이 짧았다. 〈애프터 어스〉는 최악의 흥행작이었고 치명적인 실패작이었다. 그리고 더 나쁜 것은 제이든이 타격을 받았다는 것이다. 팬들과 언론은 정말 악랄했다. 사람들은 내가 거부해도 제이든에 대한 것들을 떠들고 인쇄했다. 제이든은 내가 지시한 모든 것을 충실하게 수행했지만 나는 제이든을 자신이 겪은 최악의 대중적 모욕으로 이끌었다.

우리는 그것에 대해 논의한 적이 없지만, 나는 그가 배신감을 느꼈다는 것을 안다. 그는 현혹되었다고 느꼈고, 나의 지도력에 대한 신뢰를 잃었다. 제이든은 이기는 것을 좋아하고, 승리를 얻기 위해 약간의 고통도 마다하지 않는다.

나는 소년이 남자가 되는 결정적인 단계는 아버지로부터 독립하는 순간이라는 것을 알 만큼 충분히 읽었다. 아버지가 슈퍼맨이 아니라는 것을 깨달은 순간 말이다. 아버지는 결점이 있는 사람이다. 자식을 떼어내고 자신의 손에 살고 죽는 무서운 결정을 내리는 순간이 온다.

체스판 위의 아버지처럼 그게 내 아들이 바라는 아버지 상이었다. 결국 열다섯 살, 제이든은 법적으로 보호자가 없는 미성년자가 되는 것에 대해 물어왔다. 내 마음은 산산조각 났다. 결국은 뜻을 접었지만, 내 자식이 나에게 상처를 줄 때의 느낌은 정말 비참하다.

그 당시, 나는 공감에 대한 추구는 모순이라는 곤란한 결론을 내렸다. 사람들이 어떻게 느끼는지 걱정하거나 혹은 사람들을 이기기.

당신은 하나를 선택해야 한다.

제이다의 서른일곱 번째 생일날 밤에, 나는 환영을 보았다. 나는 그녀의 마흔 번째 생일 파티를 보았다. 그것은 정말 엄청났다. 생일 파티의 타지마할이었다. 그녀가 결코 잊을 수 없는 것, 내 사랑과 애정을 공개적으로 보여주어 우리 관계를 완벽히 제자리로 돌려놓을 수 있을 선물이었다. 나는 그것을 3년 동안 계획했다.

나는 이벤트를 기획하고 볼거리, 사람들의 감정 섞인 반응을 좋아한다. 내 생각에는 행복한 삶의 총계는 추억의 질로 결정된다. 그래서 나는 항상 내가 만들 수 있는 가장 생생한 기억을 찾고 있다.

자라면서 제이다는 몇 년 전에 돌아가신 할머니와 친하게 지냈다. 아무도 모르게 나는 가족에 대한 기록을 전부 보관하는 제이다의 이모, 캐런에게 연락했다. 이모님은 할머니로부터 받은 사진, 비디오, 편지를 모두 갖고 있었고 최근 할머님이 생의 마지막 몇 주 동안 생각을 기록해놓은 마이크로카세트들도 발견했다. 가족 중 아무도 테이프를 듣지 못했다. 이게 제이다에게 보내는 내 생일 선물의 중심축이 될 것이다.

환영은 불타올랐다. 나는 제이다의 삶에 대한 다큐멘터리 단편 영화를 만들었다. 나는 그녀 가족의 계보를 조사하기 위해 제작팀을 고용했고, 할머니의 혈통을 노예제도까지 추적했다. 그러고 나서 그 정보를 편집하고 영화를 만들기 위해 감독을 고용했다. 하지만 그 영화 자체로는 타지마할이라 하기에 충분하지 않았다.

제이다는 산타페, 뉴멕시코, 그리고 그곳의 풍경을 좋아했다. 3일간의 깜짝 생일 주말이 될 것이다. 나는 시내의 한 호텔을 폐쇄하고 수십 명의 가장 가까운 친구들과 가족들을 초대했다. 우리는 매일 밤 별빛 아래서 미식가들의 저녁 식사를 했고, 그다음에 깜짝 이벤트를 했다. 금요일 밤은 개인 예술 전시회가 될 것이라고. 토요일 아침엔 영적인 순례를 할 거라고. 나는 제이다가 가장 좋아하는 화가들을 초대해 맞춤 그림과 가족 수업을 하도록 했다. 매리 J. 블리지는 제이다를 사랑했고 토요일 밤에 깜짝 공연을 하기로 동의했다. 그리고 생일파티의 꽃은 할머니에 대한 다큐멘터리 공개가 될 것이다. 이건 내게 큰 승리였다. 이렇게 하면 다시 아내의 가슴속으로 돌아갈 수 있을 것 같았다.

그날 저녁은 야외의 소박한 테라스에서 촛불을 켠 친밀한 만찬으로 더할 나위 없이 행복했다. 우리는 대략 20명 정도 있었다. 우리가 식사를 할 때 첼리스트가 연주했다. 분위기는 차분하고 사랑스러웠다. 모든 사람들이 그들이 가장 좋아하는 제이다 이야기를 했다. 모든 것이 완벽하게 진행되었다. 금요일 밤이 무대였다. 이제 토요일은 집을 무너뜨릴 예정이었다.

토요일 아침에 나머지 손님들이 도착했다. 골프, 하이킹, 브런치, 스파 트리트먼트 등 여러 가지 활동을 계획했다. 나는 모든 사람들이 원하는 대로 움직일 수 있는 자유를 가지길 원했다. 해가 질 때까지 말이다. 그러고 나서 내가 빛날 때였다.

저녁 식사는 오후 6시였다. 우리는 이제 50명이었다. 만찬은 무사히 끝났다. 모두들 장식이 얼마나 아름다웠는지, 음식이 얼마나 맛있었는지에 대해 말했다. 나는 심지어 몇몇 여자들이 자신들의 남편을 놀리는 것을 엿듣기도 했다.

"내가 마흔 살이 되면, 윌이 연 파티를 그대로 열어줘."

"글쎄, 당신은 내 마흔 살 생일을 날려버렸지만 내가 그때까지 당신과 함께하면, 내 오십 살 생일 파티를 이렇게 열어줘."

"나는 윌과 제이다에게 아내가 필요한지 궁금해."

나는 완벽한 남편이었다. 그리고 그들은 내가 이제 막 시작한 줄도 몰랐다. 그 만찬은 그 누구에게도 부탁할 수 없는 절묘한 사랑의 표시였다. 그리고 디저트 직전에, 나는 와인글라스에 스푼을 가볍게 두드렸다.

"자, 여러분 먼저 모두 제이다의 마흔 번째 생일을 축하하러 와주셔서 감사합니다. 여러분 모두 저를 따라오시면 준비한 디저트는 정원에서 먹겠습니다."

나는 정중하게 앞장섰다. 20미터 쯤 되는 길이의 꽃무늬 아치가 저녁 식사 내내 보이지 않게 숨겨져 있었다. 공개를 하자 사람들이 박수를 쳤다. 아치 내부에는 제이다의 아름다움, 그리고 우리 삶에 대한 그녀의 공헌을 기념하는 제이다의 사진 갤러리가 있었고, 사진뿐 아니라 내 사랑의 질과 풍요를 비추는 완벽한 조명이 세팅되어 있었다.

아치의 저쪽 끝이 야외극장이었다. 다시 사람들은 경외심을 가지고 반응했다. 제이다는 즐거워하는 것 같았지만 의외로 조용했다. 제대로 읽을 수가 없었다. 하지만 문제가 되지는 않았다. 왜냐하면 나는 다큐멘터리가 그랜드 슬램의 감성 홈런이 될 것이라는 것을 알았기 때문이다.

나는 제이다를 앞줄 좌석으로 안내했다. 장모님도 이런 이야기를 보거나 듣지 못했기 때문에, 나는 제이다 바로 옆에 장모님을 앉혔다. 나머지 손님들은 가능한 한 좋은 자리를 잡으려고 안간힘을 썼다. 그들은 무언가 특별한 일이 일어나려고 한다는 것을 느낄 수 있었다.

나는 제이다 가문의 혈통을 노예제도까지 추적했었다. 나는 사진과 이야기를 찾았다. 북군 전쟁 영웅들, 월 스트리트의 사업가들, 노예들, 의사들, 예술가들, 모두 그녀의 조상들이었다. 나는 제이든과 함께 제이다의 증조부모가 만나 결혼했던 자메이카의 교회까지 몰래 비행기를 타고 다녀오기도 했다.

이 영화에서 가장 웃긴 건, 나와 제이든 그리고 제이다의 동생 칼렙이 노예제에서 제이다의 가족을 소유했던 가족의 후손을 만나러 간 장면이었다.

남자와 아내는 대단한 스포츠 선수였다. 그는 마침 가족의 역사학자였다. 그는 우리가 이야기하고 있는 이야기와 이름, 그리고 사람들을 알고 있었다. 그는 우리에게 사진과 소지품을 보여주었고, 우리는 결국 그에게 정식으로 카메라 앞에서 사과할 수 있는 기회를 주었다.

"생일 축하해요, 제이다. 미안해요!" 그가 말했다.

청중은 함성을 질렀다. 사람들은 내가 그렇게까지 했다는 것을 믿을 수 없었다. 사람들이 "진짜 웃기다.", "이런 건 처음 봐!", "내년에는 대체 뭘 할 거래?"라고 말하는 걸 들었다.

하지만 쇼는 아직 끝나지 않았다. 제이다의 사랑하는 할머니가 말하기 시작하자 방은 조용해졌다. 녹음은 사람들 속에 있던 특정한 가족들을 향한 말씀이었다. 제이다는 할머니가 세상을 떠난 후 처음으로 할머니의 육성을 듣고 있었다. 이 시점에서 나는 그 비디오를 백 번은 보았기 때문에 오직 제이다만을 보고 있었다. 그녀의 가족, 나의 가족, 모두가 눈물바다였다. 하지만 제이다는 나와 눈을 마주치려 하지 않고 꼼짝도 않고 앉아 있었다. 비디오는 끝이 났다. 가족과 친구들은 기립박수를 치며 폭발한다. 그리고 스크린이 올라가며 메리 J. 블리지가 모습을 드러냈다.

―――――

우리는 호텔방으로 돌아갔다. 제이다는 여전히 아무 말도 하지 않았다. "고마워."도 "좋았어."도 없었다. 아내는 샤워를 하러 들어갔고 나는 침대에 앉아 기다렸다. 30분쯤 지나 아내가 화장실에서 나왔다.

"내일은 아무것도 하고 싶지 않아." 그녀가 말했다.

"계획했던 게 있으면 취소해."

나는 어안이 벙벙했다.

"알았어."라고 나는 점점 더 실망감을 억누르며 말했다.

"늦었으니까 내일 아침에 다시 보고 취소하자."

다음 날 나는 그녀가 제일 좋아하는 화가 베스 에이메스 슈워츠를 초대해 그룹 페인팅 레슨을 잡아두었다. 그는 이 행사를 위해 특별히 비행기로 모셔온 화가였다.

"내 기분은 지금 말했잖아. 아무것도 하고 싶지 않다고." 제이다는 말했다.

"아니, 자기가 내일 계획이 무엇인지 모르잖아. 하고 싶은지 아닌지 어떻게 알아."

"내 생일이잖아. 그냥 취소해!" 제이다가 쏘아붙였다.

"내일 아침에 취소할게. 한숨 자고 내일 아침에 다시 생각해 보라고." 나도 되받아쳤다.

"지금 취소하라고!" 제이다가 소리를 질렀다.

"도대체 뭐가 문제야?" 내가 물었다.

"내가 살면서 본 것 중 가장 역겨운 자아 표출이었어!" 그녀가 말했다.

"자아 표출? 당신은 진짜 고마울 줄 모르는 구나. 내가 다시는 널 위해서 뭐라도 하나 봐라."

"좋아. 난 당신한테 애초에 눈곱만큼도 바란 게 없어!"

우리는 고래고래 소리를 지르고 있었다. 어린 시절의 언어적 폭행의 범위를 벗어나고 있었다. 이 밤은 이전이나 이후와 전혀 달랐다. 우리의 싸움은 터지기 일보 직전이었다.

우리는 날씨가 너무 더워 윌로우와 호텔 스위트룸을 같이 쓰고 있다는 사실도 잊고 있었다. 침실 위에 작은 로프트 방이 하나 딸려 있었다. 우리가 싸우는 소리를 윌로우는 전부 다 들었다.

아이가 천천히 나타났다. 겁을 먹고 덜덜 떨며 울었다. 양손으로 귀를 감싸 쥔 모습이었다.

"그만 해! 그만! 그만 하라고요!"

부모로서 난 최악이었다. 나는 즉시 마음을 가라앉히고 윌로우를 위로하기 위해 움직였다. 아이는 내 손길을 허락하지 않으며 뒤로 물러섰다.

"그냥 알아서 해결하라고요! 두 사람이 알아서 하시라고요!"

그리고 윌로우는 방을 나가 제이든과 함께 잠들었다.

———

제이다와 나는 산타페에서 더 이상 말을 하지 않았다. LA로 돌아가는 비행기에서 우리는 얘기하지 않았다. 우리는 집에 돌아온 후 며칠 동안 아무 말도 하지 않았다.

우리 결혼생활이 갈라지고 있었다. 우리는 더 이상 흉내를 낼 수 없었다. 우리는 둘 다 비참했고, 분명히 무언가가 바뀌어야 했다.

"당신을 행복하게 해주려고 노력하는 것은 그만둘게. 당신은 자유야. 행복하게 살아. 그리고 그게 가능하다는 걸 내게 증명해. 난 그만할래. 가서 당신이 하고 싶은 걸 해, 나는 내가 행복한 걸 할게."

내가 말했다.

제이다와 나는 로맨틱한 환상의 잔인한 죽음을 겪고 있었다. 완벽한 결혼과 완벽한 가족에 대한 이상주의적 환상이 타버렸다.

우리는 서로에게 완전한 자유를 주기로 결정했다. 우리는 그 단어를 사용하지 않았지만, 그것은 별거였다. 우리 둘 다 이혼을 원하지는 않았다. 우리는 우리가 서로를 사랑한다는 것을 알았고, 우리 결합의 어떤 측면은 마법과도 같았다. 하지만 우리가 구축한 삶의 구조는 우리 둘의 목을 조르고 있었다. 우리는 20대에 결혼했고, 지금은 40대다. 치유되지 않은 우리 내부의 감정이 서로를 질식시키고 있었다. 그리고 멈춰야만 했다. 우리 둘 다 할 일이 있었고, 우리는 이 단계를 함께하지 않을 것이라는 데 동의했다. 고통스러운 지각은 우리가 두 개의 독립적이고 개별적인 여정에 있는 분리된 두 사람이라는 현실이었다. 우리는 단지 이 부분을 함께 걷기로 선택했었다.

우리는 미친 듯이 울고, 껴안고, 서로를 보내기로 동의했다.

마음을 주되, 내 것을 다 내어 주지 말라.
생명의 손만이 그대의 마음을 담을 수 있다.
그리고 함께 서 있으되 너무 가까이 서 있지 말라.
신전의 기둥 역시 서로 떨어져 있지 않은가

제이다는 칼릴 지브란의 구절을 보내면서, "진심은 영원히 남을 거야."라고 반복해서 말했다.

우리는 누구도 사람을 행복하게 할 수 없다고 결론 내렸다. 우리는 사람을 웃게할 수 있고, 기분을 좋게 하는 순간을 만들어 줄 수 있고, 사람을 웃게 하는 농담을 전달할 수 있고, 사람이 안전하다고 느낄 수 있는 환경을 만들 수 있다. 우리는 도움이 될 수 있고, 친절하고, 사랑스러울 수 있지만, 누군가의 행복이나 불행을 완전히 통제할 수 있는 건 아니다. 모든 사람은 자신만의 행복을 위해 스스로 내면의 전쟁을 겪어야 한다.

우리는 제이다의 행복은 그녀의 책임이고, 나의 행복은 나의 책임이라는 것에 동의했다. 우리는 우리의 독특하고 가장 깊은 개인적 기쁨을 찾고, 그러고 나서 다시 돌아와 우리 자신을 그 관계와 이미 행복한 서로에게 보여주려고 했다. 빈 컵으로 구걸하며 다른 사람이 우리의 필요를 채워주길 요구하지 않기로 말이다. 우리는 이 뱀파이어 같은 관계 모델이 불공평하고 비현실적이며 파괴적이며 심지어 학대라고 느꼈다. 자신의 행복에 대한 책임을 자신이 아닌 다른 사람에게 돌리는 것은 불행의 지름길이다.

19.

RETREAT
후퇴

내가 꿈꿔왔던 모든 것이
행복을 보장하지 못한다면
무엇을 할 수 있을까.

나는 내가 꿈꿔왔던 모든 것을 이루었다. 직업, 가족, 사업, 건강, 스타덤, 이름 있는 집. 사실, 그것은 내가 꿈꿨던 것보다 더 좋았다. 더 많은 돈, 더 많은 명성, 더 많은 재산, 더 많은 성공이었다. 그리고 나는 모든 것을 제대로 해냈다. 나는 꼭대기에 도달했다. 그러고 나서 구름이 훨씬 더 높은 봉우리를 숨기고 있다는 것을 발견했다. 나는 그 봉우리를 등반했다. 죽은 사람들로부터 얻는 것 말고, 내가 뭘 더 하길 바랐을까? 나는 그 어느 누구보다도 크고 대담하고 눈부시게 해냈다. 아니 앞으로도 계속 그렇게 할 것이다.

그런데 다들 왜 그렇게 화를 내지? 그게 어떻게 가능하지?

내 삶이 무너지고 있다……. 또다시! 내가 무엇을 놓쳤던 걸까?

―――――

나만 그런가, 아니면 연애 중에 헤어지거나 힘든 시기를 겪는 모든 사람들이 전 애인이나 배우자에게 전화를 하는 걸까? 예전보다 나를 덜 싫어하는 사람에게 말을 걸면 왠지 안심이 되는 것 같다. 그들은 오랜 시간을 통해 실망과 혐오감을 처리했고, 이제는 미웠던 마음도 희석되면서, 그들 기억 속에서 빛바랜 추억을 불러일으키리라 생각했기 때문이다.

우리가 헤어진 후에 타냐는 서인도의 트리니다드로 이사했다. 그녀는 LA에서 벗어나고 싶어 했다. 너무 시끄럽고, 너무 많은 역사와 어쩌면 나마저도 벗어나고 싶었던 모양이다. 하지만 우리는 좋은 관계를 유지했고, 나는 그녀가 이사하는 것을 도왔다. 나는 그녀를 몇 년 동안 보지 못했다. 그녀는 지금 결혼해서 두 명의 예쁜 꼬마 아기 말와 세카이를 키우고 있다.

전화기 속 그녀의 목소리는 다르게 들렸다. 해변에서의 삶과는 약간 다른 것 같았다. 햇빛에 감미로운 부드러움, 차분함이 느껴졌다. 그녀는 자신의 이름까지 완전히 바꾸었다. 그녀는 과거를 씻고 자신의 본질을 유지하는 뜻으로 이름은 타이라는 이름을 지었다. 타이와 그녀의 가족은 추수감사절 휴일을 위해 LA로 돌아왔다.

"스코티를 만나봐!" 타이가 말했다.

"정말로 두 사람 다 괜찮을 거야."

그녀이 남편 스코티 사르디나는 트리니다드 토바고 출신의 예술가였고 회사 임원이나 레이커스 선수, 그리고 그녀와 다투던 래퍼 출신의 배우와는 거리가 멀었다. 나는 타이가 새로운 섬에서 함께 지내온 친구들로부터 그와 트리니다드의 아름다움에 대해 익히 들어왔다.

"당신 남편을 빌려야겠어."라고 내가 말했다.

내가 왜 그렇게 말했는지 잘 모르겠다. 내가 너무 호들갑을 떠는지도 모르겠다. 나는 누군가의 기억에 감각을 새기는 우스꽝스러운 헛소리를 좋아한다. 내 생각엔 그런 식으로 나 또한 침묵을 깨는 것 같다. 만약 내가 제대로 농담을 하면, 너무 충격적이어서 내가 방금 말한 충격적이라는 것의 여파도 없애준다.

"저런, 얼마나 오래 쓸 건데? 그리고 그 사람을 어디에 쓸 건데?"

타이가 말했다.

우리는 항상 쉽게 웃었다.

"트리니다드에 가 본 적이 없어." 내가 말했다.

"오, 완벽해." 타이가 신이 나서 말했다. 나는 그녀가 나를 데려갈 해변 파티와 미술 전시를 이미 찾아보고 있다는 것을 알 수 있었다.

"크리스마스를 맞아 다음 달에 LA에 갈 거야." 그녀가 말했다.

"내일 당장 만나줬으면 좋겠어. LA를 벗어나고 싶어." 나는 단호하게 말했다.

"저런, 내일은 추수감사절인데?"

타이는 내게 무슨 일이 일어나고 있는지 알 만큼 충분히 오랫동안 나를 알아왔다. 그리고 그녀는 나를 돕고 싶을 만큼 오랫동안 사랑해왔다.

"다들 만찬은 해야지. 저녁 식사 후에 떠나자." 내가 안심시키며 말했다.

"내일 갈 수 없어." 타이는 말했다.

"나는 그냥 스코티만 있으면 돼."

———

스코티 사르디나는 전에 한 번도 전용기를 타 본 적이 없었다. 그리고 내가 경호원 없이 어디를 간 것도 거의 15년 만이었다. 그는 알아듣기 쉬운 카리브해 억양으로 말하고, 머리 뒤로 레게 머리를 묶었다.

"괜찮아, 친구. 여긴 나의 섬이야. 아는 사람이 꽤 많아. 날 믿어.
모든 게 시원할 거야. 공부하지 마."

스코티는 확실히 나와 어울리는 타입의 남자가 아니었다. 그는
자기 주변에서 일어나는 일들에 대해 느긋하고 편안했다. 나는 순
수한 훈련과 노력으로 우주를 내 의지에 맞게 구부리고 씨름하는
것에 익숙했다. 하지만 스코티는 우주가 원하는 대로 구부러지도록
내버려 둔 다음, 뒤로 물러서 앉아 숨을 들이마시며 웃어넘기는 것
을 기뻐하는 것처럼 보였다.

"진정한 트리니다드를 보여줄게."라고 스코티는 멕시코만 너머
어딘가에서 말했다.

어디를 가면서 장소의 준비와 보고를 받지 못한 게 벌써 수십 년
만이었다.

"착륙해도 정말 괜찮을까요? 내가 좀 유명해서." 내가 말했다.

"말도 안 돼! 정말이야. 트리니다드 사람들은 쿨해요. 인생에서
가장 느긋한 시간이 될 거야! 섬사람들은 다른 사람을 빤히 보지 않
아. 당신이 윌 스미스라는 것조차 신경 쓰지 않을 거야. 괜찮아질 거
야. 날 믿어요."

우리는 트리니다드의 피아코 국제 공항에 오후 2시 착륙했다. 소
동이 벌어졌다. 모든 공항 직원들이 활주로에 있었다. 공항 경비원
이 나를 둘러싸고 프라이빗룸으로 우리를 호위했다. 스코티는 충격
에 빠져 있었다. 그는 평생 이런 것을 본 적이 없었다.

"난 이 사람들이 왜 이러는지 모르겠어. 안 쳐다보는 척 하면서 자꾸 오네. 제멋대로!"

스코티는 우리를 데리러 오던 친구 제이슨에게 연락하기 위해 휴대폰을 꺼냈다. 스코티는 무비 스타 규칙 중에서도 특히 규칙 4a조의 II항인 모든 출발 및 도착에 대한 사전 계획을 전혀 알지 못했다. 영화 스타들은 군중 속에서 움직이기 어렵다.

"제이슨! 아니야."

스코티가 휴대폰에 대고 소리쳤다.

"비행기 탄다고 연락 했었잖아! 아니, 제이슨! 비행기 안에서! 아까 비행기에서 전화했잖아! 뭐? 안 돼! 개인 전용기였다고! 그럼 어딘데? 제이슨, 안 돼! 너무 오래 걸려. 그거보다 빨리 와야 돼!"

나는 내가 마지막으로 짐을 나른 것이 언제였는지 기억할 수도 없었다. 평범한 소리지만, 내겐 경호원도, 비서도 없었다. 내 나름 위협적이고 웅대한 모험이었다.

40분 후에 공항 경비원이 우리를 제이슨의 SUV로 안내했다. 우리는 안전하게 차에 타고 스코티의 어린 시절 집으로 떠났다.

나는 내가 무엇을 찾고 있는지 확신할 수 없었지만, 나는 그에게 "예약한 호텔도 없고, 자동차도 없고, 공식적인 계획도 없다."고 말했다. 나는 그의 삶, 그의 집에서, 그의 친구들과 함께 프레시 프린스가 여기 없다면 그들이 보통 할 수 있는 모든 것을 하고 싶었다.

그의 어린 시절 친구 중 한 명인 체 러브레이스는 저명한 트리니 예술가로 마흔세 살의 화가였다. 그는 그날 밤 전시회를 열었다. 우리는 스코티의 어머니 집에 짐을 두고 아쿠아렐라 갤러리에서 열리는 체의 전시회에 갔다. 스코티가 운전을 했다.

"마음 편하게 쉬어!" 스코티가 말했다.

"내 친구들이 당신을 곤란하게 하지 않을 거야. 여기 있는 모든 사람들이 당신을 존중할 거야."

"모르겠어, 스코티. 전에 여기에 와 본 적이 없지만, 우리는 사람들이 흥분하는 것에 대비하고 싶을지도 몰라." 내가 말했다.

"아니, 여기선 안 돼. 색다른 장소잖아! 내 사람들이고, 절대 관심이 없을 거야. 여기 사람들은 안 그래."

우리는 미술관에 도착했다. 차에서 내려 딱 두 걸음을 떼자마자 거대하고 혼란스러운 사람들이 보였다. 수백 명의 사람들이 환호하고, 밀치고, 움켜쥐고, 비명을 질렀다. 나를 향한 사랑이었지만, 속담에 있듯이 사랑은 때때로 아프다. 흥분한 군중들은 위험할 수 있다. 스코티는 지금 완전 경호원 상태에 빠져서 '자기 사람'이라고 불렀던 사람들 사이로 나를 안전하게 이끌고 있었다.

슬리퍼 샌들을 신은 경호원은 처음이었다. 내가 유명해진 이후 지원팀이 없는 것도 처음이었다. 경호원도 없고, 전화할 사람도 없었다. 나는 내가 어디에 있는지, 출구가 어디 있는지, 미국 대사관이 어디에 있는지도 몰랐다. 아무것도 없다. 심지어 이 나라의 언어도 말하지 못하는 것 같았다. 마치 아기가 안전하던 어머니 뱃속에서 갑자기 쫓겨난 기분이랄까. 나는 마흔두 살의 갓난아기였다.

우리는 화랑을 미술관의 VIP로 안전하게 헤치고 나아갔다. 그리고 나는 체와 그의 여동생 아샤 룰루 러브레이스, 체의 아들 로스코, 그리고 룰루의 딸 일라와 에바까지 가족을 만났다. 트리니 태양에 아래에 자란 아이들은 완벽한 피부를 갖고 있었다. 상상할 수 있는 가장 아름다운 아이들이었다.

결국, 우리는 러브레이스 가족의 집으로 돌아갔다. 러브레이스 가족은 예술가, 시인, 지식인들로 이루어진 가족이었다. 집은 체의 예술 작품으로 가득 차 있었다. 대화는 활기차고 광범위했다.

"저 달콤한 향기는 뭡니까?" 내가 물었다.

"일랑일랑 나무요. 서쪽에서 바람이 부는 이맘때가 향이 가장 좋아요." 룰루는 말했다.

세네갈 가수 이스마엘 로, 바바 말, 유수 은드루까지 모두 일랑일랑 나무와 조화를 이루며 나를 달콤한 슬픔에 빠지게 했다. 맛있는 음식과 캐리비안 산들바람, 구운 캐러멜 색깔의 아이들이 모였다가 흩어지며 뛰어놀았다.

"여기서 주무시고 가실 거예요?"

일라는 여섯 살 난 순진한 목소리로 물었다. 나는 웃기지 않을 때도 보여줄 수 있는 어른의 웃음을 지어 보였다. 빌 클린턴 대통령의 취임식 후 링컨 침실에서 하룻밤을 지낸 것 말고는, 나는 열두 살 이후로 어느 누구의 집에서도 묵어본 적도, 혼자였던 적도 없었다.

"그래, 내 방이 어디지?"

나는 그녀에게 물었다.

내 방은 단조로운 철제 유리 없는 창문 위로 하얀 시트가 바람에 흩날렸다. 26도의 카리브해의 밤은 다른 아무것도 필요 없었다.

내 짐은 여전히 스코티 어머니의 집에 있었다.

"내일 다시 올게요."라고 스코티는 차를 몰고 떠나면서 낯선 사람의 집에 칫솔도 없이 세계에서 가장 유명한 영화배우를 남겨두고 갔다. 그는 나를 진짜 이렇게 두고 갔다. 찰리 맥이 스코티를 알게 되면 분명 변기통에 머리를 처넣을 것이다.

나는 항상 방향을 잘 알았다. 아버지의 필수 조건이었다. 내가 어렸을 때, 그는 "어느 쪽이 북쪽이냐?" 또는 "동쪽을 가리켜 봐."라고 묻곤 했다. 그는 어떤 차량에든 조수석에 앉은 사람은 항해사가 되어야 한다고 했다. 운전자는 라디오와 차내 온도를 조절하고, 조수석은 지도와 오른쪽, 왼쪽 방향을 가리켜야 한다고 했다.

하지만 오늘 밤, 나는 달을 볼 수 없었고, 집으로 차를 몰고 가는 동안 정신을 잃었다. 캐리비안의 어딘가에 있는 방, 콘크리트 바닥에서 고작 30센티미터 떨어진 침대에 누웠을 때, 나는 웃기 시작했다. 트라우마와 불안감에 대한 평생의 반응이었다. 피식거리던 웃음이 낄낄거리며 터지다가 이내 목청껏 터졌고 마침내 히스테릭해졌다.

'여기가 어디지? 내가 무엇을 하고 있는 거지? 무슨 일이야? 어떻게 내 인생이 여기까지 왔지? 여기가 어딘지도 몰라. 내가 사랑하는 사람은 아무도 내가 어디에 있는지 모르고. 지금이 그러니까 나를 죽이기에 딱 좋은 때인 거지. 아무도 나를 죽이려 하지는 않을 거야.'

————

나는 약 12시간 동안 잠을 잤다.

잠들 땐 마흔두 살이었는데 일어나니 스물여덟 살쯤 된 것 같았다. 더 오래 잘 수도 있었지만 토마토와 훈제 청어, 구운 로티 빵, 집에서 만든 빵, 그리고 내가 알지도 못하는 지역의 과일 향기가 마치 달콤한 소금처럼 나를 엄습했다. 세 접시를 가득 먹고 일라가 반쯤 먹고 남긴 빵까지 다 먹어서 내 자신을 당황하게 한 후, 스코티는 마침내 몸을 일으켰다.

나에겐 아직도 칫솔이 없었다.

"내 아들 조나단은 버트램 요트가 있어. 우리는 DDI를 기대하고 있지." 스코티가 발표했다.

러브레이스 가족 전체가 박수를 치며 흥분을 감추지 못했다. 분명 DDI는 뭔지 몰라도 꽤 괜찮은 것 같다.

"DDI가 뭡니까?" 내가 물었다.

"다운 데 군도Down de Islands."(트리니다드와 베네수엘라 사이에 있는 보카스 군도를 부르는 지역 단어)

나, 스코티, 체, 룰루, 로스코, 일라, 에바, 조나단은 오전 9시쯤에 출항했다. 그리고 약 40분 후에, 차카차카레 섬 근처의 외딴 만으로 들어갔다. 스코티, 체, 조나단은 정박지가 해저에 닿기 전에 대기하고 있었다. 나는 깨어 있으려고 노력했지만, 요트의 흔들림과 남은 음식에 대한 나의 식탐으로 다시 졸음에 빠져버렸다.

두 시간 후, 나는 배가 비어 있는 것을 눈치채며 깨어났다. 체의 다섯 살 난 아들 로스코를 제외하고는 모두 물속에 있었다. 그는 익은 망고를 먹고 있었다. 좀 더 정확히 말하면, 망고를 먹는 게 아니라 거의 입고 있는 것처럼 보였다. 그는 온몸에 과육과 과즙이 흠뻑 묻어 있었다.

나는 스코티와 친구들에게 소리쳤다.

"저기! 계획이 뭐야?"

"그게 무슨 뜻이야?"

"내 말은, 오늘 계획 말이야. 우리 뭘 할 건데?"

"여기 있지."

스코티가 수평선을 향해 손짓을 하며 말했다.

"알아, 근데 뭘 할 거냐고!"

다들 '저게 무슨 말이지?' 하는 표정으로 서로를 쳐다본다.

"내 말은, 너희들 제트스키나 뭐 그런 거 가지고 있어?" 나는 말했다.

"여기 뭐가 있어? 할 만한 게 뭐가 있어?"

"이 사람아, 주위를 둘러봐." 스코티가 물에서 소리쳤다.

"물에서 다시 충전하며 쉬는 거지."

"대체 다시 충전하고 쉰다는 게 뭐야?"

나는 안으로 돌아가서 소파에 누워 30분 동안 눈을 감았다.

그들은 정말 하루 종일 아무것도 하지 않고 앉아만 있었다. 나는 죽어가고 있었다. 내 전화기는 연결이 되지 않아 문자나 전화도 할 수 없었다. 우리는 육지에서 한 시간, 공항에서 90분 거리에 있었다. 나는 어쩔 도리가 없었다. 마치 우리에 갇힌 동물처럼 느껴졌다. 나는 화가 나기 시작했다. 어떻게 감히 내 귀중한 시간을 이렇게 낭비할 수가 있지?

나는 일어나서 갑판으로 돌아갔다. 그들은 여전히 같은 장소에 있었다. 그저 떠다니고 떠다니고 있었다. 나는 그들이 무엇을 하고 있는지 이해할 수 없었다. 나는 초조했고, 휴대폰으로 시간을 확인하면서 서성거리고 있었다. 그러다 정신을 차렸다. 생각과 감정의 격동을 알아차렸고, 내 주변 환경과 극명한 모순을 그리고 있었다. 그리고 나는 '이건 미친 짓이야.'라고 생각했다. 나는 가만히 앉아 있을 수 없었다. 마음은 심하게 요동쳤다. 나는 활동, 목표, 임무, 움직임, 모험과 같은 뭔가 할 일이 필요했다.

나는 망고를 훔쳐보다가, 그걸 먹던 로스코와 눈이 마주쳤다. 망고가 로스코의 머리보다 더 컸다. 그는 다정한 눈빛으로 나를 보며 무언의 말을 건넸다. "너도 네가 미친 거 알지?"

이 모든 것이 서서히 초점을 맞췄다. 내가 중독자일까? 난 마약도 안 하고, 술도 잘 안 마시고, 뒷골목의 하이에나처럼 섹스를 즐기지도 않는다. 하지만 나는 멈추거나, 가만히 있거나, 조용하거나, 혼자 있는 방법을 몰랐다. 나는 다른 사람들의 인정에 중독되어 있고, 인정을 받기 위해 승리에 중독되었다. 그리고 나의 대승리를 보장하고 유지하기 위해, 나는 일에 중독되었고, 갈고닦았고, 완벽을 추구하는 것에 집착하게 되었다.

하지만 더 깊은 문제가 있었다. 나는 아무것도 하지 않는 시간을 적으로 보았다. 내가 무언가를 잃는 지점이라고 생각했다. 내가 멜라니와 나 사이에 간격을 두었을 때, 그녀는 바람을 피웠다. 아버지는 일과 일 사이에 뜨는 시간의 공백을 게으름으로 여겼다. 대럴은 내가 체육관에 앉는 꼴을 가만 두지 않았다. 그는 휴식시간을 쾌락의 원칙이 우리의 모든 노고를 해칠 수 있는 틈새로 보았다. 나는 제프가 우리 앨범에 간주곡을 넣는 것을 결코 원치 않았다. 왜냐하면 나는 트랙 사이의 소강상태를 관객들이 듣는 것을 멈출 수 있는 빈 공간으로 보았기 때문이다. 나는 내가 없는 동안 사람들에게 영화 〈더 록〉과 사랑에 빠질 기회를 주고 싶지 않았기 때문에 TV 프로, 영화, 그리고 음반 사이에 공백을 남기고 싶지 않았다.

하지만 매 순간을 채워야 하는 내 욕구의 가장 혼란스러운 점은 그 바쁨이 내가 느껴야 할 감정들을 막았다는 것이다.

JL과 〈나는 전설이다〉 관련하여 전화 통화한 게 갑자기 생각이 났다. 그 영화는 세계 박스오피스 기록을 깼지만, 나는 여전히 불만이었다. 그 '미묘한 증상'이 훨씬 덜 미묘해지고 있었다. 나는 스스로에게 물었다. 내가 행복해지려면 〈나는 전설이다〉는 얼마를 벌어야 했을까? 얼마면 충분했을까? 연속 1위 영화는 몇 편이나 더 필요할까? 내가 안심하고 안전하다고 느끼려면 얼마나 많은 돈이 필요할까? 얼마나 많은 그래미상이나 아카데미상을 받아야 사랑과 인정을 받았다고 느낄까? 우리 아이들이 얼마나 더 건강해져야 할까? 제이다는 내게 몇 번이나 '사랑한다'고 말해줬어야 했을까? 과연 언제쯤이면 난 충분해질까?

문제는 더 많이 얻을수록 더 많이 원한다는 것이다. 갈증을 해소하기 위해 소금물을 마시는 것과 같다. 우리는 인내심이란 개념을 이용해 더 얻기 위해 더 많은 것을 필요로 했다.

뱀파이어 영화는 인간의 만족할 수 없는 굶주림, 해소할 수 없는 갈증, 그리고 만성적인 불만에 대한 은유였다. 즉, 정신적인 구멍을 외부적인 것으로 채우려는 시도다. 나는 비할 데 없는 성취로 할리우드를 상징하는 배우가 되었다. 하지만 내가 꿈꿔왔던 모든 것이 행복을 보장하지 못한다면 무엇을 할 수 있을까.

나는 로스코를 바라보았다. 그가 생각하는 한, 삶의 열쇠는 망고였다.

———

"들어오세요. 물이 따뜻해요!" 룰루는 소리쳤다.

"나는 수영을 할 줄 몰라요."라고 내가 말했다.

나는 항상 바다를 두려워했었다. 바다가 너무 넓고 예측할 수 없을 것 같았다. 바다는 1분 동안 차분하고 아름다웠다가 그다음 순간에는 폭력적이고 괴상할 수 있다. 어린아이였을 때도 애틀랜틱시티로 가족여행을 갔을 때는 물가에서 멀리 떨어져 있었다.

나는 그랜드 캐니언에 있었고 어머니가 "이 협곡 전체가 물로 만들어졌다."라고 말했던 것을 기억했다.

나의 가장 충격적인 어린 시절의 기억 중 하나는 공공 수영장에서 거의 익사할 뻔 했던 일이다. 나는 아직도 물속에서 정신을 잃었던 내 모습을 볼 수 있다. 어느 쪽으로 움직여야 수면 위로 올라갈 수 있는지 알 수가 없었다. 나는 숨이 막히고 내가 죽어간다는 것을 알았다. 어머니는 의자에서 일어나 수영장으로 뛰어들었다. 나는 어머니의 손이 내 얼굴을 향해 오는 것을 보았다. 어머니가 내 팔 아래를 잡고 수영장 끄트머리로 나를 들어올렸다.

몇 년이 지난 후, 내가 어머니의 친구 중 한 명에게 그날에 대한 참혹한 이야기를 할 때, 어머니의 얼굴은 혼란에 빠졌다.

"그런 일이 없었던 거 알지?"라고 어머니가 부드럽게 묻는다.

"무슨 뜻이에요?" 내가 다시 물었다.

"우린 수영장에 들어간 적도 없고, 바다에 들어간 적도 없어. 수영 교실에 한 번 보냈는데, 발을 물에 담그지도 않았잖니."

"하지만 어머니, 다 기억나는데요. 어머니 머리는 아프로였고, 파란 수영복도 입고 있었잖아요."

"글쎄다, 다른 어머니가 있나. 분명 나는 그런 경험이 없어."

나는 법의학적으로 내 기억을 조사하기 시작했다. 그러다 문득 생각이 났다. 만약 내가 물속에서 방향을 잃는다면, 어떻게 어머니가 수영장으로 뛰어드는 것을 봤을까? 그러고 나서 나의 영화적 경험이 시작되었다. 나는 시각적 기억의 각도가 내 관점이 아니라는 것을 깨달았다. 내 시야가 마치 수영장 밖에서 보는 것 같았다. 내 마음속에 있는 나와 어머니의 투샷은 불가능하다. 이것은 잘못된 기억이다. 하지만 바다에 대한 나의 모든 불안, 물에 대한 두려움과 혐오감은 100퍼센트 현실이다.

이 계시가 나를 흔들었다. 내 기억력이 정말 그렇게 믿을 수 없을까? 내가 꿈을 꿨나? 내가 꾸며낸 건가? 전생의 경험인가? 만약 그렇다면 도대체 어머니는 거기서 무엇을 하고 있었고, 왜 아프로 헤어스타일을 했을까?

어느 쪽이든, 그것은 별로 중요하지 않았다. 나는 여전히 바다가 싫었다.

––––––

기억은 실제로 무슨 일이 일어났는지에 대한 완벽한 기록이 아니다. 이것은 당신의 경험을 담은 비디오도, 심지어 사진도 아니다. 기억은 당신의 심리적이고 예술적인 표현이다. 순수하고 여과 없는 묘사라기보다는 일어난 일에 대한 추상적이고 인상주의적인 그림에 가깝다. 그리고 그것은 고정된 것이 아니다. 그림의 형태는 시간이 지남에 따라 사라지거나 확장된다. 때로는 1년 전이나 5년 전만해도 없던 기억에 색을 더하거나, 여러 개의 기억을 접어서 하나로 합치기도 한다.

문제는 우리들 대부분이 자신의 기억을 암묵적으로 신뢰한다는 것이다. 우리의 기억은 현실에 대한 인식의 기초. 그런 다음 우리는 필요한 감정과 그에 상응하는 행동을 밝혀내면서 도출한 결론에 전념한다. 우리는 잘못된 생각의 결과를 우리 자신에게 투영하여 결점이 있는 가정법에 매달리면서 세상으로 나아간다.

나는 하마터면 익사할 뻔했던 기억을 믿는다. 물은 위험하고, 내가 어렸을 때 물은 나를 죽이려고 했다. 그래서 형제들이 바다에서 놀고 있을 때, 나는 해변의 중간쯤에 혼자 있었다. 어른이 된 후에 나는 내 아이들이 혼자 바다에 가게 두지 않는다. 두려움과 걱정은 내 마음속에 자리 잡고 지구 표면의 70퍼센트의 아름다움을 즐길 수 있는 능력을 제한했다.

———

"진정해, 친구!"

해안에서 겨우 10미터쯤 떨어져 있는데, 바다가 거칠다. 물이 허리까지 찼고, 얼마 지나지 않아 물이 목까지 차올랐다.

"잠수를 해서 쉬어 봐."라고 그가 말했다.

"이봐, 내 발에 이상한 게 닿았어." 내가 말했다.

"그냥 해초야! 우리가 해결해야 할 문제지. 앉아 봐."

스코티는 손을 뻗어서 해초를 한 움큼을 쥐고 내게서 떼어냈다. 나는 심호흡을 하고 앉았다. 바다는 반투명하고 목욕물처럼 따뜻하다. 파도가 나를 마구 때리고 흔들며 이리저리 뒤흔들고 있다.

"싸우려 하지 마, 친구. 흐름을 타야 돼. 바다는 몸을 데리고 나가겠지만, 다시 돌아오게 해줄 거야." 스코티가 말했다.

스코티는 차분하게 바다 리듬과 완벽하게 조화를 이루며 떠다니고 있고, 나는 멍청한 원숭이처럼 발버둥을 치고 있다. 완전히 편안해진 건 아니지만 바다와 인간의 관계를 이해할 수는 있을 것 같다.

다시 충전하고 쉬는 거다. 밀물과 썰물은 지구의 심장박동이다. 사람들이 하루 종일 바다에 앉아 있으면, 그들은 지구의 주파수에 맞춰 몸을 조정한다. 스코티에게 이러한 정렬은 인간의 가장 고귀한 경험이었다. 그는 사랑하는 사람과 시간을 보낼 때면 서핑, 낚시, 보트 타기, 수상 스키, 수영을 한다. 그리고 다시 충전하고 쉬면서 바다에서 시간을 보내고 싶어 한다.

———

트리니다드를 떠났을 때, 나는 한 가지 분명히 깨달은 것이 있다. 내가 뭔가 놓치고 있다는 것이다. 삶에 대한 것, 인간관계에 대한 것, 어쩌면 나에 대한 것까지도……. 그게 뭔지 몰랐을 뿐이다. 하지만 나는 더 이상 나의 오래된 신념 체계를 완전히 옹호하지 않았다. 나는 아마도 나의 영역에서 겪은 복싱 캠프의 사고방식이 최적의 패러다임이 아닐지도 모른다는 생각을 떠올렸다. 새로운 아이디어가 뭔지는 몰라도 분명 뭔가 새로운 게 있을 것이라 확신했다.

'침묵은 모든 것의 근원이다.'는 문자는 나에게는 전혀 이치에 맞지 않는 말이었다. 나는 생계를 위해 떠들어댄다. 나는 너무 혼란스러워 이게 무슨 소리냐고 문자를 보냈다.

내 전화벨이 즉시 울렸다. 앙투안이란 친구였다.

"야, 나한테 가짜 영감을 주는 헛소리 보내지 마. 만약에 꼭 인용구를 보내야겠으면 탈립 콸리의 가사나 보내줘." 내가 말했다.

"방금 인도에서 돌아왔어." 그가 짐짓 민망해하며 말했다.

"그게 변명은 안 돼……. 대체 인도는 왜 갔어?"

"'통찰명상Vipassana'이라고 불리는 걸 했어. 열흘 동안 침묵 수행을 하는 거야. TV도 못보고 말도 안 해. 정말 대단해. 너도 해봐."

"열흘 간 말을 안 한다고? 뭐야 그게?"

"사물을 있는 그대로 본다는 뜻이래."

"그래, 내가 인도에 갈 준비가 되었는지 잘 모르겠네. 하지만 나는 사물을 있는 그대로 보는 생각이 정말 좋다."라고 내가 말했다.

내가 고등학교 시절 멜라니를 만났던 그날부터 결혼까지 이어진 연대표를 그려보면, 나는 독신으로 지낸 지 15일밖에 되지 않았다. 나는 몇 주 동안 혼자 지내기로 했다. 나는 혼자서도 잘 지낼 수 있는지 보고 싶었다. TV도 없고, 전화도 없고, 사람도 없고, 말할 사람이 없이 말이다.

나는 산에 있는 유타주의 별장으로 갔다. 해발 2,500미터의 완전히 외딴 곳이었다. 나는 음식을 문 앞에 놓아두려고 준비했지만 혼자 아침 산책을 하는 것 말고는 사람과의 접촉은 없었다. 나는 14일 연속으로 집을 떠나지 않을 작정이었다.

앙투안이 겨우 열흘을 했다면 나는 그를 이겨야 했다.

첫날은 흥미진진했다. 문자도, 메일도, 전화도 없다. 나는 30년 만에 처음으로 내 식사를 준비하고 있었다. 형편없었지만, 시도 자체에 기분이 좋았다. 별장에는 TV, 컴퓨터 대신 책들로 채워져 있었다. 태어나서 처음으로 하루에 책을 전부 읽었다. 페마 쵸드론의 《모든 것이 산산이 무너질 때》라는 책이었다.

둘째 날과 셋째 날은 각각 하루가 39시간 정도 되는 것처럼 느꼈는데, 내 머릿속에서 끊임없이 떠드는 수다만 없었더라면 견딜 수 있었다.

넷째 날과 다섯 째 날 동안 나는 거의 포기할 뻔했다. 답답해 미칠 것 같았다. 낮에는 수면 보조제를 먹을까도 고민했다. 나는 웬일인지 감기약 정도는 통찰명상을 방해할 약물이 아니라고 생각했다. 14일을 버틸 거라고 약속했고 오래전부터 알고 있었다. 타인과의 약속을 어길지는 몰라도, 나와의 약속은 결코 어기지 않을 것이다.

여섯째 날, 나는 핀셋으로 내 눈썹을 뽑으며 거울을 보았다. 나는 내가 곤경에 처했다는 것을 알았다.

일곱째 날, 나는 아름답게 조각된 눈썹을 갖게 되었고, 이 질환에 대한 이름이 있다는 것을 알게 되었다. '발모벽' 일명 '털을 뽑는 병'이다. 그동안은 그런 질환을 가지지 않았다는 걸 알았다.

여덟째 날, 나는 별의별 생각을 했다.

'바로 그거야, 누군가를 불러야겠어. 아니, 그러지 않을 거야. 왜 울고 싶은 기분이 들까? 통찰명상은 정말 멍청해. 잠깐, 내가 몇 시에 시작했지? 내가 자정부터 하루를 세는 걸까? 내가 시작한 정확한 시간부터? 오늘이 며칠째지? 앙투안은 바보야.

아홉째 날이 되자, 나는 내 꿈이 더욱 생생해지고 창의적인 아이디어가 흘러나오고 있다는 것을 알게 되었다. 나는 라임과 노래, 생각과 의견, 영화와 시로 공책을 채우기 시작했다.

나는 또한 명상에 대해 읽기 시작했고 마음을 살피는 생각에 흥미를 갖게 되었다. 자기 관찰, 자기 조사, 의식, 그리고 인식과 같은 단어들을 살펴보게 되었다.

유타에서 혼자 보낸 이 시간이 내 인생에서 가장 위대한 독서의 시기였으며, 몇 년 동안 지속된 습관이 되었다. 부분적으로 몇 권만 뽑아보자면 《바가바드기타》 경전, 《아직도 가야 할 길》, 《한 발짝 밖에 자유가 있다》, 《붓다의 가르침》, 《데일 카네기 인간관계론》, 《5가지 사랑의 언어》, 《위대한 생각의 힘》, 《마음을 쏘다, 활》, 《The Way of the Superior Man》, 《무쇠 한스 이야기》, 《Aspire》, 《새장에 간힌 새가 왜 노래하는지 나는 아네》,《The Power Path》,《빅터 프랭클의 죽음의 수용소에서》이 있다. 그리고 몇 권이 더 있다. 나는 몇년 동안 적어도 백 권의 책을 읽었을 것이다.

열째 날, 내가 처음으로 명상을 하려 했던 날이었다.

열하나째 날, 나는 명상을 포기했다. 정신이 나를 공격하는 것 같았다.

열두째 날, 나는 다시 한번 명상을 했다.

페마 초드론의 《How to Meditate》를 읽었다. 나는 친구를 사귀는 것을 좋아한다고 생각했다. 나는 내 머릿속에서 무슨 일이 일어나고 있는지 듣고 관찰하려고 노력했고, 고통스러운 깨달음이 나를 감쌌다. 나는 내 자신과 함께 있는 것을 즐기지 않았다. 사실, 나는 가능한 한 빨리 나로부터 벗어나고 싶었다. 그리고 문득 깨달았다.

'내가 나와 함께 있고 싶지 않다면, 대체 누가 나와 함께 있고 싶어 할까?'

20.
SURRENDER
항복

나에게 있어 항복은
더 이상 패배를
의미하는 것이 아니다.

나는 지금 기혼이자 미혼인 상태다. 난 그걸 어떻게 해야 할지 모르겠다. 마치 개고양이닭이 된 기분이다.

"무엇이 당신을 행복하게 합니까? 어깨에 짐이 많은 '윌 스미스'가 아니라 그냥 당신 말입니다. 우주의 주인이 될 수 있고 영화처럼 손가락만 튕겨도 힘을 얻을 수 있고, 평생 원하는 삶을 가질 수 있다면 그건 어떤 모습일까요?"

정말 어려운 질문이었다. 미카엘라 보엠은 키가 150센티미터가 조금 넘는 빨간 곱슬머리다. 그녀의 오스트리아 억양은 그녀가 말하는 모든 것을 정신분석학적 진실성으로 들리게 한다. 그녀는 작가이자 연설가이자 상담가로 30년 이상, 3만 5천 시간의 고객을 상담했다. 융의 심리학, 외상, 관계 치료에 대한 그녀의 상담은 탄트라의 성정체성에 대한 전문 지식으로 단련되었다.

구글 검색만으로도 나는 노출되고 취약하다고 느꼈다. 그래서 그녀가 은으로 된 모로코 낙타 가방을 들고 들어와, 처음으로 "무엇이 당신을 행복하게 합니까?"라고 물었을 때 나는 즉시 균형을 잃었다. 저게 무슨 뜻이지? 왜 내가 행복하지 않다고 생각하지?

내게는, 내가 창조한 삶이 아닌 다른 것을 상상하는 것조차 신성 모독이었다. 상상력은 보통 가능성과 잠재력의 급류를 타는 것이다. 하지만 어떤 이유에서인지, 이 질문은 나를 위험 표지판이 곳곳에 붙어 있는 내면의 세계로 이끌었다. 내가 어디를 보든 노란색 경찰 테이프가 달려 있었다. 답은 오직 '나쁜 아이들'만이 가는 곳, 어둡고 습한 내 정신의 그늘진 곳에서 추출되어야만 했다. 나는 그 동네 안에서는 생각조차 하지 않는다. 그 동네에서는 절대 아무런 말을 하지 않을 거라고 확신한다.

내가 널빤지와 장벽과 바리케이드를 모두 허물어서 그 안에 악마든 무엇이든 나를 점령하면 어떻게 될까? 다시 갖다 놓을 수 없다면? 만약 내가 그 괴물을 풀어놓는 것을 좋아한다면?

하지만 나는 어두운 곳으로 다가갔다. 나는 그 안에 무엇이 있는지 보고 싶었다. 나는 노란 테이프의 첫 번째 층 밑으로 몸을 숙였다. 정말 나한테 묻는 게 뭘까? 내가 결과는 신경도 안 쓴다면 어떤 삶을 만들까?

그러자 그림자가 말했다. "나는 하렘을 만들 거예요."

가공되지 않고 여과되지 않은 환상을 드러내는 연약함은 처음에는 나를 당혹감으로 사로잡았고, 그다음에는 그녀가 나를 속인 것처럼 분노가 가득 차올랐다.

미카엘라는 마녀일지도 모른다. 어떻게 그녀가 내 더러운 그림자 세계를 그렇게 빨리 드러내게 만들 수 있었을까?

미카엘라는 움찔하지 않았다. 그녀는 여러 가지 색깔의 마법 삿갓에서 일기장과 펜을 꺼낸 후 나에게 물었다.

"좋아요, 하렘이요. 흥미롭군요. 그럼, 누가 그 안에 있어요?"

"무슨 뜻이에요?" 내가 말했다.

"당신의 하렘에는 누가 있어요? 여자들. 그들의 이름을 말해 주세요."

미카엘라는 일기장 위에 펜을 들고 질문에 대한 내 대답을 기다리고 있다.

"답이 없는 것처럼 멍하니 앉아있지 마세요. 그 여자들이 누군지 정확히 알고 있잖아요. 처음 생각해 본 것이 아닐 거예요. 마음속으로 반복해서 생각했을 거예요……. 이름을 대봐요."

"나는 그저…… 제 말은, 왜 박사님이 그 여자들이 누구인지 알아야 하는지 이해할 수 없어요."

"당신이 하렘을 갖고 싶어한다는 걸 내가 알아야 하니까요." 그녀는 마치 실제로 일어난 일이라는 걸 내가 알아야 한다는 것처럼 말했다.

"봐요. 당신은 윌 스미스예요. 지구상에서 가장 부유하고 사랑받는 사람들 중 한 명이죠. 당신이 원하는 삶을 살 수 없다면, 우리는 다 망한 거예요."

"미스티 코플랜드요."

나는 마카엘라의 허세를 조롱하듯 말했다.

"흑인 발레리나 무용수죠……."

"미스티 코플랜드가 누군지는 나도 알아요." 미카엘라가 이름을 적으며 말했다.

"또요? 할리 마리아 베리요." 나는 얼굴을 찡그리며 말했다.

"하렘이 단지 성행위만을 위한 장소가 아니라는 걸 알죠."

미카엘레가 말했다.

"하렘은 영감을 얻기 위한 장소예요. 의사, 화가, 건축가, 변호사, 음악가, 시인이 필요했죠. 미국인뿐만 아니라 여러 언어를 들어야 해요. 당신의 하렘은 전 세계에서 온 가장 똑똑하고 독특하며 힘 있는 여성들로 구성되어야 해요. 당신의 책임이 그들의 자원일 것이고, 자원들의 개인적 성장과 번영에 대한 헌신이 될 거예요. 그 대가로 당신을 먹이고, 여성스러운 손길로 당신을 씻겨줄 것이며, 당신을 충만하고 영감 있는 세상으로 보내줄 거예요."

그 후 두 시간 동안 미카엘라는 열성적으로 글을 썼다. 그녀는 자신의 노트북을 꺼냈다. 그리고 전 세계에서 가장 역동적이고 재능 있는 여성들의 사진과 비디오 그리고 TED 강연을 보여주었다. 나는 서성거리고 웃으며 영감을 받았다. 그림자 구역에서 춤을 추었다. 어찌 된 일인지, 내 안의 악마들은 생각조차 하기 힘들 정도로 어둡고 사악한 것 같았는데, 미카엘라가 받아들인 것에 비추어 볼 때 무섭게 보이지는 않았다. 모든 상담이 끝날 무렵 우리에겐 스물다섯 명의 여자들이 있었다. 순례길과 세계적 행사도 있었다. 리우 데자네이루의 카니발이나 인도의 힌두교 유색 축제인 홀리에 참석해야 했다. 나의 하렘에 들어가야 할 사람들의 목록이 생겼다. 미카엘라와 나는 하이파이브를 했고 월요일 아침 제일 먼저 여자들과 연락을 시작하기로 합의했다.

며칠 밤을 꼬박 새워 생각해 봤고, 화요일이 되어 일을 마쳤다. 매 시간이 흐를 때마다 내 열정은 식어갔다. 내 마음속에 있는 모든

하렘 방정식은 계속해서 지옥의 풍경을 더해갔다. 나는 한 명의 특별한 여성도 어떻게 보살펴야 하는지 알 수 없는데, 대체 내가 왜 열다섯 명을 돌볼 수 있다고 생각한 걸까?

"난 하렘을 원하지 않아요."라고 내가 말했다.

"당연히 아니죠. 하지만 왜 그렇게 생각했죠?" 미카엘라가 대답했다.

"여자가 한 명만 있다면 충분해요, 나는 항상 나를 좋아하는 한 명은 찾을 수 있을 거라고 생각했어요."

"여성에게 인정을 받기 위해 일을 하는 한, 당신은 결코 자유롭지 못할 거예요. 내리막길 지옥일 뿐이죠. 그리고 말씀드리지만 어떤 여자가 당신을 속일 수 있다는 걸 알고 나면, 당신은 스스로를 신뢰하지 않을 거예요. 우리는 당신이 확고해지길 바라요. 우리는 당신의 '예'가 '예'가 되어야 하고, 당신의 '아니오'가 '아니오'가 되길 바라요. 다른 사람의 사랑을 위해 몸을 비비 꼬고 뒤틀고 하는 한, 당신은 항상 신뢰할 수 없는 사람이 될 뿐이에요." 미카엘라는 말했다.

미카엘라는 내 멋진 남자 캐릭터를 플러피 삼촌이라고 부르기 시작했다. 그는 내 안의 부드러운 유쾌함이었다. 내가 어떻게 느끼든 간에, 그저 평화를 유지하기 위해, 하고 싶지 않은 일들을 하는 내 내면의 한 자아였다. 그는 기분이 나쁘거나 나쁜 하루를 보내는 것을 허락하지 않았다. 플러피 삼촌은 갈등을 너무 싫어해서 그것을 피하기 위해 거짓말을 하기도 했다. 그는 사인을 하고, 악수를 하고, 아기에게 키스를 했다. 플러피 삼촌은 즐겁고, 재능 있고, 똑똑하고,

관대했다. 플러피 삼촌은 모든 사람들이 그를 좋아하기를 원했다.

'난 정말 착하고, 지략도 풍부해. 걱정할 필요 없어. 난 무해해. 날 믿어도 돼. 내가 너의 모든 요구를 들어줄게.'

플러피 삼촌은 나의 어린 시절 전략적인 인물로 태어났다. 만약 내가 충분히 재미있고, 충분히 상냥하고, 충분히 무해하고, 충분히 유쾌하다면, 나는 다치지 않을 것이고, 어머니도 안전할 것이고, 가족들도 행복할 것이다. 아무도 나를 떠나지 않을 것이다.

플러피 삼촌은 인정을 받고 싶다. 그것이 그가 생각할 수 있는 유일한 안전이다. 어른이 되었을 때, 그는 나의 갑옷이자 방패가 되었다. 나는 안전함을 느끼고, 인정을 받고, 사랑받기를 바라면서 내 진실의 목을 조르고 있었다.

"나는 당신이 인정받을 필요 없이 당신 자신에 대한 경험을 갖기를 바라요."라고 미카엘라는 말했다.

"당신은 진짜 누구죠? 당신의 마음은 진정 무엇을 원하죠? 당신의 가장 깊은 가치와 진정한 목표는 무엇이죠? 플러피 삼촌의 문제점은 당신이 결코 순수한 결정을 내릴 자유가 없다는 것이에요. 정직하고 진실된 결정이요. 당신은 항상 플러피 삼촌과 타협하고 가장 많은 인정, 호감 또는 무언가를 팔 수 있는 일을 하도록 강요받아요. 윌의 창의력은 플러피의 인정 욕구에 의해 좌절돼요. 윌의 감정, 윌의 의견, 윌의 요구, 윌의 아이디어는 무엇이죠?"

나는 어렸을 때 내가 어떤 정체성을 만들어냈다는 그녀의 요점을 이해했다. 나는 환경에서 살아남고 번영하기 위해서는 특정한 방법이 있어야 한다고 결심했다. 나는 또한 그 행동이 종종 내가 실제로 생각하고 느끼는 것의 진실과 상충되는 것을 볼 수 있었다.

하지만 플러피 삼촌은 몇 가지 아름다운 일들을 했다. 그는 '여왕의 호숫가 저택'을 지었다. 그는 월로우가 자기 머리를 흔들며 춤을 추는 것도 멈추게 했다. 그는 제프와 JL에게 LA로 이사해 달라고 간청했다. 트레이가 월과 함께 살았을 때 그는 셰리의 양육비를 두 배로 늘렸다. 그는 월이 퀸시 존스의 집에서 너무 겁을 먹고 도망가고 싶었을 때도 나서서 오디션을 봤다. 플러피 삼촌은 월이 두려워서 만들 수 없는 영화를 만들기 위해 무하마드 알리에 대한 존경심을 휘둘렀다.

"플러피 삼촌은 훌륭한 친구였어요." 미카엘라는 말했다.

"하지만 그는 단지 당신을 위해 일해야지, 그 반대가 되어선 안 돼요."

플러피 삼촌은 거짓을 바탕으로 만들어졌다. 내가 겁쟁이라는 잘못된 전제하에 디자인된 인격이었다. 그는 내 결점에 대해 끊임없이 사과하고 내가 항상 안전한 상태로 사랑받는 존재라는 걸 보장하는 존재였다. 어쩌면 플러피 삼촌이 더 이상 내게 필요하지 않은 존재가 된 건 아닌가, 하는 생각이 들었지만 그는 여전히 내 안에 존재했다. 플러피 삼촌은 내 양육비도 냈다.

———

그러나 플러피 삼촌은 미카엘라가 '장군'이라고 이름 붙인 그림자에 의해 더욱 복잡한 존재가 되었다. 플러피 삼촌이 자신의 매력과 친절함을 마음껏 휘둘러도 타인의 숭배를 얻어내지 못하자, 그는 장군을 소환해버렸다. 장군의 임무는 어떤 수단을 써서라도 꼭대기에 깃발을 꽂고, 감히 이의를 제기하는 자들, 심지어 나까지도 은밀히 응징하는 것이었다. 기본적으로, 내가 그렇게 오랫동안 나의 진정한 욕구를 완전히 억누르고도 여전히 내가 추구했던 숭배와 인정을 얻지 못했을 때, 나의 고뇌는 장군의 인격으로 표현된 것이다.

플러피 삼촌이 내 진심을 숨기고 있기 때문에, 장군이 나타나자 사람들은 충격을 받고 혼란스러워했다.

"이 사람들은 당신이 갇힌 우주를 엮습니다. 요구, 의무, 그리고 기대의 거미줄로요. 그리고 만약 당신이 감히 이러한 구조에서 벗어나게 된다면, 당신은 당신이 가장 두려워하는 경멸과 반감을 정확히 받게 될 거예요. 하지만 이 정체성들 중 어느 것도 당신이 아닙니다. 문제는 외부의 인정이 아닌 나 자신에게서 안전을 찾을 수 있는가 하는 것이예요. 홀로서기를 할 수 있을까요, 윌?"

———

미카엘라와 나는 다음 몇 년 동안 상담을 이어나갔다. 그녀의 상담 과정은 홀로서기가 가능한 사람이 되어야 한다는 것에 초점을 맞추었다. 본질적으로 홀로선 남자는 자각적이고, 자신감 있고, 자존감이 높고, 사람들의 찬성과 반대에 전혀 동요되지 않는다. 그는 자신이 누구인지, 무엇을 원하는지 안다. 그리고 이것 때문에 자신의 상당한 재능을 다른 사람들에게 봉사하는 데에 더 쓸 수 있다.

"당신은 당신 자신의 내면 경관에 민감하게 반응하고 당신이 진짜 누구인지, 당신의 진정한 욕망과 진정한 욕구를 계획해야 해요." 라고 미카엘라는 말했다.

"누군가가 당신의 기분이 어떠냐고 묻는다면, 플러피의 대답을 던져버리지 말고 생각해 보세요. 적어도 내면적으로는 당신의 감정을 설명할 수 있어야 해요."

미카엘라는 내 자신을 신뢰하고 다른 사람들에게 신뢰감을 주기 위한 수단으로서, 내가 인정받고자 하는 필요성보다 정직과 진실성을 더 중요시하도록 노력했다.

처음에 나는 내가 그들의 욕망을 충족시키기를 거부한다면 사람들의 눈에서 실망을 보거나 그들의 분노를 느끼기가 힘들다는 것을 알았다. 나는 나 자신을 배신하지 않고 나의 감정을 무시하지 않는 진실성을 배우려고 노력했다. 내가 싫으면서도 좋다고 말하는 것을 멈추고, 내가 정말 원하는 것을 거절하는 것을 멈추는 것은 고통스러운 일이었다.

우리가 가장 먼저 해체하기 시작한 것 중 하나가 대중 앞에서 어떤 팬의 요청에도 거절할 수 없다는 나의 신념이었다. 만약 누군가가 내게 사진, 사인, 악수, 포옹을 원하면, 나는 내가 밥을 먹든 몸이 안 좋든 상관없었다. 나는 이미지의 약속을 이행할 의무가 있었다.

2017년, 나는 칸 영화제에서 스페인 감독이자 시나리오 작가인 페드로 알모도바르, 독일 영화 감독 마렌 아데, 중국 배우 판빙빙, 한국의 영화감독 박찬욱, 배우 제시카 차스테인, 프랑스의 배우이자 감독인 아그네스 자우이, 이탈리아 감독인 파올로 소렌티노, 그리고 레바논계 프랑스 작곡가 가브리엘 야레와 함께 심사위원에 올랐다. 이 기간 동안, 나는 내 개인적 경계를 존중하고 행동의 변화를 연습하고 있었다. 나는 사람들에게 내가 느끼는 감정에 대해 사실대로 말하려고 했다. 내가 싫을 때는 싫다고 말하려고 했고, 좋을 땐 좋다고 말하려 했다.

5일째 되는 날이었고, 우리는 이미 14편의 영화를 보았는데, 그중 10편은 자막이 붙어 있었고, 그중 6편은 실험적이었다. 배심원단의 심의는 내 인생에서 가장 훌륭한 영화 교육이었지만, 하루에 세 편의 영화를 보고 토론하는 것은 육체적으로나 지적으로 지치는 일이었다.

저녁 식사 전에 볼 영화가 한 편 더 있기 때문에, 나는 조용히 재충전을 하기 위해 휴식이 필요했다. 나는 배심원단에 합류하기 전에 30분 동안 체육관에 갔다. 내 자신에게 지금이 나를 위한 시간이라고 말했고, 아무도 그것을 방해하지 않도록 내 자신에게 약속했다.

체육관에 들어갔는데, 아무도 없었다. 난 크런치 머신으로 향했다. 코어 15분, 심장 강화 15분을 하고 돌아갈 예정이었다. 완벽했다.

두 번째 세트 중간에 영국식 억양을 가진 30대 흑인 남자가 들어와서 나를 바로 알아챘다. 그는 다가오며 전화기를 홱 꺼내 녹음에 들어갔다.

"이봐요, 윌." 그가 전화를 가로 모드로 돌리며 말했다. "내 사촌한테 인사 좀 해줘요!" 그가 내 얼굴에서 고작 몇 걸음까지 다가왔을 때, 나는 손을 뻗어 그의 카메라를 가리고 휴대폰을 아래로 내렸다.

"미안해요, 친구." 내가 말했다.

"지금 운동 중이라서. 그냥 짧게 녹화만 하는 건데요, 윌." 그가 말했다.

"내 사촌이 다운증후군 환잔데 당신을 진짜 사랑해요. 정말 몇 초만 찍을게요. 프레시 프린스만이 그 애를 웃게 만든다고요."

플러피 삼촌   윌, 그냥 비디오에 인사나 해. 너답지 않아. 다운증후군을 앓고 있는 아이를 위한 거라잖아.

나   하지만 나 자신과 약속했어. 이건 내 개인적인 시간이야. 그리고 그는 먼저 묻지도 않고 나를 찍기 시작하잖아.

플러피 삼촌   신이 났잖아. 분명히 열렬한 팬일 거야. 프레시 프린스는 그 아이를 미소 짓게 하는 유일한 사람이야. 바보같이 굴지 말자.

나   난 바보가 아니야. 나는 나 자신과의 약속을 지키려고 노력하고 있어. 내가 원하지 않으면 비디오를 찍지 않아도 괜찮아. 나를 위한 신성한 공간은 없어?

플러피 삼촌   물론 있지. 집, 리무진, 펜트하우스 스위트룸, 전
용기. 만약 내가 너의 새로운 '자아'가 우리의 삶을 운영하게 한
다면 우리가 가질 수 없는 모든 것들이⋯⋯.

"월, 지금 아무도 없잖아요. 우리뿐인데 제발, 그냥 인사나 해줘
요⋯⋯."라고 남자는 말했다.

내가 이 친구한테 미친 것처럼 보인다는 거 안다. 내 안의 전쟁이
맹위를 떨치고 있을 때, 나는 여전히 그의 카메라를 빤히 응시하고
있었다.

"미안해요. 하지만 안 돼요." 내가 말했다.

이 남자의 눈에서 이글거리는 고통이 내 기억을 태웠다. 오늘날
까지도 눈물이 핑 돈다. 남자는 나를 믿을 수 없다는 듯 쳐다보았다.
이 남자는 월 스미스가 아니야⋯⋯.

"왜 안 된다는 거예요?" 그는 말했다.

나는 멈칫했다. 나는 가장 깊고 정직한 답을 찾았다.

"내가 원하지 않으니까."

그 남자는 역겨워 고개를 저으며 돌아서서 체육관을 떠났다. 나
는 내가 스스로 옳은 일을 했다는 것을 알았지만, 내전의 십자포화
를 맞은 다른 사람, 즉 무고한 사람이 싫었다.

심장 강화 운동은 하지도 못했다. 나는 방으로 돌아와 울음을 멈
추지 못했다.

그 후 2년 동안 미카엘라와 나는 궁지에 몰렸다. 그녀는 계속해서 반복했다.

"탐사해 보세요. 경험하고 실험해 보세요. 확장하세요."

그녀는 '윌 스미스'가 되어야 한다는 의무와 기대에 짓눌려있던 내 자아를 자유롭게 풀어주었다. 야성적이고 길잡이 역할을 좋아하던 나의 또 다른 내면이었다. 미카엘라는 내게 "새로운 것을 시도해보라.", "새로운 사람들을 만나라."고 격려했고, 이것은 나의 탐험과 모험 정신을 다시 불러일으켰다. 나는 인간 경험의 과일들을 새롭게 맛보기 시작했다. 콜롬비아 카르타헤나에서 구아바를 맛보고, 스웨덴의 야생 산딸기를 맛보았다. 대만의 리치는 내가 먹어본 것 중 최고였다. 그리고 특히 상파울루 외곽에서 과일 샐러드를 즐겼다. 바르셀로나에서 바나나 제안을 추천받은 적이 있는데, 스페인어가 좀 서툴러서 잘못 들은 것 같다.

"'윌 스미스'의 좁은 경계를 벗어나 당신이 스스로를 구속했던 모든 믿음과 구성, 패러다임을 검토해 보세요. 당신이 몇 번이나 말하는 것을 들은 적이 있어요. 99퍼센트는 0퍼센트와 같다고."

"네. 아버지가 늘 그렇게 말씀 하셨어요."

"음 근데, 당신도 알다시피 수학적으로 99퍼센트는 0퍼센트와는 정말 거리가 멀거든요."

나는 이 말을 내 인생에서 수천 번 사용했지만, 어떤 이유에선지,

미카엘라가 그 말을 했을 때, 나는 진정으로 처음으로 그 말을 들었다. 이것은 내 운영체제를 이끌어 온 안정적이고 근본적인 원칙이었다. 하지만 거짓은 너무나 명백해서 나는 나의 모든 가정을 재평가하고 재검토할 수 있었다. 99퍼센트가 0퍼센트와 같지 않다면 72퍼센트, 23퍼센트, 84.69퍼센트는 무엇일까. 이런, 0퍼센트는 뭘까? 모든 상황을 이진수로 보지 않으니 갑자기 가능성이 무한해졌다.

나는 내가 세상을 봤지만 휴가는 가 본 적이 없다는 것을 깨달았다. 그래서 나는 아무런 목표 없이 여행을 시작했다. 나는 내가 존경했던 사람들과 함께 시간을 보냈다. 단지 내가 알고 싶었던 사람들을, 재정적이나 사업적인 결과 없이 말이다. 나는 유명한 영국계 이라크인 건축가이자 '곡선의 여왕'인 자하 하디드와 이야기를 나누었다. 록-재즈 피아니스트 에릭 로버트 루이스와 친구가 되었다. 그는 클래식 피아니스트가 되기 위한 훈련을 받았고 훈련의 엄격한 제약이 어떻게 그를 신경 쇠약에 빠뜨렸는지 말해주었다. 정신병원에 있는 동안, 이소룡의 영혼이 그를 방문했고 악령들과 싸우기 위해 피아노를 사용하라고 말했다. 예명 'ELEW'로 알려진 것처럼 그는 무술 스타일을 피아노 연주로 발전시켰다. 그는 의자를 치우고, 강철 팔뚝 소매로 몸을 감싸고, 카타 자세를 취하고, 자신만의 자유롭고 독특한 스타일로 연주하기 시작했다.

하지만 미카엘라의 가장 중요한 계획은 내가 수영을 할 수 없다는 것을 알았을 때였다.

"꼭 해내야 해요."라고 그녀가 말했다. 내가 그녀를 깜짝 놀라게 할 수 있었던 유일한 때 중 하나였다. 내가 그녀에게 하렘을 원한다고 말했을 때 그녀는 움찔하지 않았다. 하지만 수영을 할 수 없다는 말에 그녀는 올림픽 수영 금메달리스트인 자넷 에반스에게 열렬히 문자를 보냈다.

"바다, 대양과의 관계를 발전시켜보자고요."라고 미카엘라는 말했다.

"바다는 최고의 모체이자 웅장한 자연이에요. 그녀를 이해할 수 있다면, 우리 모두를 이해할 수 있을 거예요. 바다는 대자연의 혼돈된 영광을 간직하고 있고, 아무리 많은 힘이나 지성이라도 대자연의 힘을 통제하거나 조종할 수 없어요. 바다는 당신이 어떻게 느끼는지, 당신이 어떻게 되기를 원하는지 상관하지 않아요. 여성의 정신과 신체에서 일어나는 모든 일들은 바다와 유사해요. 아름다움, 폭풍, 영양분, 위험, 기분과 날씨 패턴, 출생과 죽음. 대양은 정복되거나 굴복하지 않을 거예요. 당신이 진정으로 즐길 때, 유일한 소망은 바다를 사랑하고, 존중하고, 항복하는 것뿐이에요."

"초심자의 마음을 가질 수밖에 없기 때문에 정말 마음에 드네요. 바다의 기분과 감정을 파악해야 할 것이고, 언제 물러날지 알아야 할 테니까요."

———

나는 대양에 구애하기 시작했다. 우리의 첫 데이트는 리자드섬에서 한 시간 떨어진 그레이트 배리어 리프에서였다.

나는 수영을 배웠고 스쿠버 다이빙을 시작했다. 좀 더 진지해졌을 때, 몰디브에 가서는 〈니모를 찾아서〉에 빠져 있었다. 내가 바다의 씩씩한 면을 탐험하고 싶었을 때, 나는 바하마의 타이거 비치에서 4미터 길이의 삼백 킬로그램의 배암상어와 함께 잠수했다. 그리고 내가 바다의 깊이를 맛볼 준비가 되었다고 느꼈을 때, 나는 잠수정을 타고 빛이 들지 않는 이른바 자정대를 넘어 생물발광 밴드 밑 900미터 아래 다른 행성으로 들어갔다. 바다의 수심에는 내가 생각했던 생명의 정의를 거스르는 심해 바다 생물이 있었다. 마치 다른 신이 창조한 것 같았다.

나는 대양을 삶의 흐름을 교훈적으로 구현한 것으로 보기 시작했다. 나는 내가 그녀의 아름다움과 풍성함을 즐기고, 바다에 의해 파괴되는 것을 피하려면, 내가 완전히 적응하고, 주의 깊게 자신을 이해하는 데 전념할 것을 요구한다는 것을 깨달았다. 나는 나의 무력함을 받아들이기 시작했고, 그것은 이상하게도 나를 해방시켰다.

'항복'은 항상 내게 부정적인 단어였다. 그것은 지거나 실패하거나 포기하는 것을 의미했다. 하지만 바다와 나의 관계가 발전하면서 내 통제력은 사실 환상이었다는 것이 드러나고 있었다. 항복은 약한 단어에서 무한한 힘의 개념으로 변모했다. 나는 행동에 대한 편견을 가지고 있었다. 밀어붙이고, 밀고, 분투하고, 싸우고, 행동하는 것으로, 그러나 나는 반대말도 똑같이 무반응, 수용성, 받아들임,

무저항, 존재하는 것이 똑같이 강력한 것이라는 것을 깨닫기 시작했다. 멈추는 것은 가는 것만큼 강력했고, 쉬는 것은 훈련만큼 강력했으며, 침묵은 말하는 것만큼 강력했다. 놓아주는 것도 잡는 것만큼 강력했다. 나에게 있어 '항복'은 더 이상 패배를 의미하는 것이 아니라, 이제는 똑같이 강력한 표현 수단이 되었다. 지는 것은 나의 성장과 발전 면에서 이기는 것과 같을 수 있다.

나는 외할머니가 쓰시던 곤혹스러운 구절을 이해하기 시작했다.

"주님을 놓아주세요."

나에겐 늘 잘못된 표현 같아 보였다. 마치 자신의 책임을 면제해 주는 것처럼 느꼈다. 사람들이 너무 게을러서 그들이 원하는 삶을 건설하기 위해 필요한 것을 할 수 없을 때 하는 말처럼. 하지만 갑자기, 할머니의 말씀이 새롭고 마술적인 의미를 띠게 되었다.

당신이 잠든 동안 일하고 있는 에너지가 있다. 태양을 밝히고, 바다를 움직이고, 당신의 심장을 뛰게 하는 에너지다. 모든 것을 할 필요는 없다. 사실, 대부분의 일을 할 때, 당신은 그 에너지를 쓸 수 없다. 오히려 자고 있었다는 것은 정말 좋은 일이다. 당신이 깨어있었다면, 아마 모든 게 망가졌을 것이다.

그러고 나서 외할머니의 원칙에 대한 새로운 말이 떠올랐다. 그것은 단순히 "주님을 놓아주세요."가 아니라 "주님이 일을 하시게 내버려 두세요."였다. 서퍼와 바다는 한 팀이다. 산과 등반가는 적이 아니라 파트너다. 거대한 강은 99퍼센트의 작업을 할 것이다. 1퍼센트는 연구, 이해, 그리고 그 힘을 존중하는 것이다. 그리고 그 흐름과 법칙 안에서 창조적으로 춤을 추는 것이다.

우주가 열렸을 때 행동하고, 우주가 닫혔을 때 쉬어야 한다.

———

나는 한 번도 그것에 대해 들어본 적이 없다. 나는 대마초를 피워 본 적도, 코카인이나 알약을 먹어본 적도 없고, 보드카 크랜베리 칵테일이나 좀 즐겼다. 프랑스에서 열리는 투르 드 프랑스 사이클 경기의 소변 검사도 통과할 수준이었다. 그래서 내 친구 베로니카가 마약을 제안했을 때 나는 정중하게 웃으며 거절했다.

"고맙지만 괜찮아. 난 마약은 절대 안 해."

"나도 그래." 그녀가 말했다.

"아야와스카는 마약이 아니라 약이야."

나는 베로니카를 몇 년 동안 알아왔다. 우리는 마치 사귀는 사이처럼 말다툼을 했다. 우리는 모든 것에 대해 의견이 달랐다. 나는 그녀의 비관주의에 격분했고, 그녀는 다시 나의 낙관주의를 경멸했다. 우리 둘 중 어느 누구도 다른 사람들과 이야기만 하는 것은 꿈에도 생각지 못했다. 우리 서로가 서로를 이용해 삶에 대한 이론을 시험해 본 것 같다. 우리는 상대방이 결코 쉽게 동의할 수 없다는 것을 알았고, 어떤 생각이 떠오를 때, 우리는 그걸 지킬 수 있었다.

하지만 뭔가 새로운 것이 있었다. 그녀의 눈은 달랐고, 그녀의 에너지는 저항력이 없고 유연했다. 그녀는 힘든 어린 시절을 보냈는데, 나는 그것이 그녀의 호전적인 기질에 기여했다고 확신한다. 하지만 이제 그녀는 침착하고 안정되어 있었다. 그녀에게는 부인할 수 없는 기쁨이 있었다. 그녀는 신선한 통찰력과 어딘가 비범한 곳에 있었고 완전히 변화된 누군가의 열정으로 가득 차 있었다.

나는 그녀의 말 한마디에 매달리고 있었다. 그녀는 새로운 지혜를 구현했다. 그녀의 가슴은 항상 닫혀 있고 뚫릴 수 없는 것처럼 느껴졌지만, 이제 그녀는 열려 있고, 따뜻하며, 도달할 수 있었다. 과거에, 나는 항상 그녀의 부모가 냉철한 아이를 현실로 끌어내려고 애쓰는 것처럼 느껴졌었다. 〈굿 윌 헌팅〉에서 로빈 윌리엄스에게 설득과 위로를 받던 맷 데이먼이 된 것 같았다. 난 사로잡혔고 호기심이 생겼다.

"뭐, 네가 뭘 했든, 나도 해보고 싶어."라고 내가 말했다.

베로니카는 시작도 하지 않은 자에게 웃어 주었다. 그녀는 잠시 말을 멈추고, 설명할 수 없는 것을 설명하려고 하기 시작했다.

"아야와스카는 내 인생을 바꿨어." 그녀가 말했다.

"어떤 원리인데?"

"글쎄, 일몰에서 일출로 이어지는 의식일까. 전통적으로 남아메리카 정글에서 열리고 지금은 대부분 페루에서 해. 하지만 어디를 가든, 무당이 주도해. 그것은 당신이 상상할 수 있는 가장 역겨운 차를 마시는 것으로 시작돼. 약 한 시간 후에 효과가 돌기 시작하고……." 그녀는 마치 그녀가 결코 보지 못할 것들을 본 것처럼 머리를 흔들고 몸을 떨었다.

"그다음엔…… 뭔데?" 내가 물었다.

"당신의 마음을 사로잡아."

"전혀 재미있을 것 같지 않네."라고 내가 말했다.

"어려워하는 어떤 문제라도, 약을 먹으면 바로 전달 돼. 그리고 문제를 표면으로 꺼내 보고, 경험하고 치유하게 해줘. 한 번도 말한 적은 없지만 난 10대 때 아이를 지웠어. 내가 한 것 중에 가장 충격적인 선택이었어. 보이지 않아야 할 게 보이고, 망가졌지. 수십 년 동안 치료를 받아도 수치심을 떨칠 수가 없었어."

"그런데 아야와스카 의식에서 아이를 만났어. 천국에 있더라. 너무 행복하고, 너무 다정하고, 너무 아름다웠어. 나는 몇 시간 동안 통곡하며 사과했어. 그는 나를 용서해 주었지. 심지어 이름을 지어 달라고도 했어. 나는 그를 사이언이라고 이름 지었어. 하룻밤 만에 죄책감에서 벗어났어."

나는 그녀의 여행 결실을 함께 나누고자 하는 갈망을 느낄 수 있었지만 망설임이 있었다.

"너무 잔인해. 결국 폭로와 치유로 끝나지만, 여행은 당신 마음의 가장 어두운 부분을 감싸. 어렵지만 원하는 것을 찾는 데 도움이 될 거야." 그녀가 말했다.

아야와스카는 아마존 밀림의 토착 부족들에 의해 영적인 의식과

무속 의식을 수천 년 동안 사용되어 왔다. 남아메리카 열대 지방의 덩굴 껍질과 줄기로 만든 차의 일종으로, 때때로 다른 향정신성 식물들과 섞이기도 했다.

이름은 케추아어에서 유래되었는데, 여기서 아야는 영혼을 의미하고 와스카는 넝쿨을 의미한다. 번역하자면 '영혼의 넝쿨'이다. 아야와스카에는 환각제의 성분인 디메틸트립타민DMT이라고 불리는 마음을 바꾸는 화합물을 포함하고 있으며, 오락적인 용도가 아니라 진지한 영적 추구자들에 의해 고용된 신성한 약으로 여겨지고 있다.

아야와스카의 치유 특성은 현재 외상후스트레스장애, 약물 중독, 우울증, 그리고 불안 치료에 사용되고 있다. 나는 전문적인 의학적 처방과 감독 없이 아야와스카나 어떤 물질의 사용을 용인하지도, 제안하지도 않는다. 이 책에서 아야와스카와 나의 여정을 함께할 것인가에 대한 결정에 고심했다. 내가 이 책에 대해 쓰고 있는 유일한 이유는 그것이 내 경험의 진실이기 때문이다.

───────

방이 어두웠다. 작은 오두막이었다. 방 하나와 화장실 하나. 구석에 있는 작은 스피커에서 고대 페루 부족의 구호와 성스러운 멜로디가 아름답게 흘러나왔다. 신의 형상들이 벽을 덮고 있었다. 손으로 만든 악기들이 나무 제단 주위에 널려 있었다. 담요, 쿠션, 매트, 베개가 바닥에 놓여 있었다.

무당이 여기 산다. 그녀의 이름은 비아타고 40대 중반이다. 메릴 스트립이 생각나는 모습이었다. 그녀는 나에게 양동이와 작은 점토 컵을 건넸다.

아야와스카 역한 냄새가 내 궁금증을 일으켰다.

비아타는 제단 앞에 앉았다. 우리는 대화를 거의 하지 않고, 나는 그녀가 내가 전에 이런 일을 해본 적이 없다는 것을 모를까 봐 걱정 되기 시작했다. 나는 기본적인 지시를 따랐다. 2주 전에는 약물이나 알코올을 먹지 않고, 당일 오후 2시 이후에는 음식을 먹지 않았으 며, 오후 5시 이후에는 술을 마시지 않았다. 7시 30분에 도착하고, 헐렁한 옷을 입고, 8시에 도착했다. 하지만 그녀는 더 많은 말을 할 필요가 있는 것처럼 보였다. 그냥 아무렇지도 않게 하기엔 부담감 이 좀 있었다. '저기요, 저 좀 떨리는데요.'

"저는 아야와스카에 대해 잘 모릅니다. 개인적인 조사를 좀 해봤 는데, 과정이나 절차에 대한 오리엔테이션이 있나요?"라고 내가 말 했다.

비아타는 시작도 하지 않은 자에게 미소 지었다.

"아니요." 그녀가 상냥하게 말했다.

부드럽게 말하자면, 그 대답은 다소 불만족스러웠다.

"어떻게 그리고 무엇을 기대해야 하는지 확실히 하고 싶은데요." 라고 나는 중얼거렸다.

"넝쿨이 당신을 이끌 거예요. 그냥 항복하세요. 안내만 따라요. 난 그저 당신의 여행을 돕기 위해 여기 온 거예요." 비아타가 안심시키며 말했다.

"이해했어요."라고 말했다. 솔직히 전혀 이해를 못 했다. "그래서, 이제 전 뭘 해야 해요?"

그녀는 짙은 오렌지색 점토 컵을 가리켰다.

"준비되시면……."

나는 차를 마셨다.

————

10분, 아무 일도 없었다. 25분, 전혀 반응이 없다. 40분, 아무런 느낌이 없다. 어쩌면 나한테는 효과가 없을 수도 있겠다. 한 시간이 지나자 기다림의 신기함이 사라져 버렸다. 나는 면역이 된 줄 알았다. 오후 9시였는데, 해가 뜰 때까지 이런 바보 같은 짓을 하기로 했단 걸 깨달았다. 바닥에 깔린 내 작은 돗자리가 편해서 욕지거리를 내뱉으며 잠자리에 들었다.

잠에서 깨어났을 때, 나는 우주 깊숙이 떠다니고 있었다. 내가 방향을 다시 잡았을 때, 나는 내가 지구로부터 수조 광년 떨어져 있다는 것을 깨달았다. 나는 너무 멀리 있었기 때문에 다시는 내가 사랑하는 사람이나 그 어떤 것도 볼 수 없다는 것을 알았다. 여기가 내가 영원히 있을 곳이었다.

내가 처한 곤경의 크기를 소화하며 나는 무한히 많은 별들 사이를 미끄러지기 시작했다. 우리가 알고 있듯이, 나는 그것들이 별이 아니라는 것을 알아챘다. 색상과 정육면체, 각도가 마치 피카소가 우주를 그린 것 같다. 갑자기 주위의 위엄에 압도당했다. 이곳은 내 인생에서 가장 아름다운 곳이다. 나는 경외심에 사로잡힌 채로 내 뒤에 있는 존재를 느낄 수 있었다.

여자였다. 나는 그녀를 보려고 돌아보지만, 그녀는 보이지 않았다. 내 뒤에 서 있는 그녀를 만지지 않고도 최대한 가까이 있어 에너지의 온기를 느낄 수 있었다. 그녀는 내가 여기 있는 것을 기뻐하고, 나는 그녀가 절대 나를 떠나지 않을 거라고 말할 수 있었다. 어쩐지 그녀가 나를 기다리고 있었다는 걸 알 수 있었다.

그녀의 목소리는 마치 입술이 몇 밀리미터밖에 떨어지지 않은 것처럼 내 오른쪽 귀 바로 옆에서 속삭이고 있었다. 나는 다시 돌아서서 이 아름다운 여신을 보고 싶었지만, 내가 움직이자 그녀도 멀어졌다. 나는 그녀를 볼 수 없다는 걸 알 수 있었다. 하지만 나는 괜찮았다. 왜냐하면 그녀와 함께하는 매 순간마다 내 평생의 갈증이 해소되기 때문이었다.

그녀는 모든 것이었다. 연인, 선생님, 어머니, 보호자, 안내자. 그녀는 내가 꿈꿔왔던 전부고, 내가 원하던 모든 것이다. 내가 알아야 할 모든 것과 내가 가고 싶은 모든 곳에 어떻게 가는지 그녀가 알고 있다고 말할 수 있다. 그녀는 나의 목표이자 해결책이며, 나의 대답이다. 그녀는 산의 꼭대기고, 그 너머 하늘이다.

"여기가 어디죠?" 나는 그녀에게 부드럽게 물었다.

"그게 무슨 뜻이야, 바보야?" 그녀는 행복 이외의 모든 것을 녹여

버리는 어조로 말했다.

"이곳은 아름다워요!"

"여긴 장소가 아니야, 바보야."

그녀는 계속 나를 바보라고 불렀다.

"이만큼 아름다운 곳은 본 적이 없는데요."라고 내가 말하자 그녀가 웃는다.

"내 말이 웃겨요?" 내가 물었다.

"이건 너야, 바보야!" 그녀가 말했다.

"응? 무슨 뜻이지?"

"여긴 장소가 아니야, 여긴 너야."

이 무한한 천국의 웅장함을 목격하며, 내 마음이 두근거렸다.

"잠깐만요. 이게 다 나라고요?" 내가 물었다.

"그래, 바보야."

"내가 이렇게 아름답다고?"

"물론이지." 그녀가 말했다.

그녀의 말은 내 안의 감정적인 수문을 열어주었다. 나는 흐느껴 울면서 애원했다. 평생의 불안감, 자기 의심, 그리고 부족함이 내 몸에서 격렬하게 흘러나오기 시작했다. 동시에, 내가 발견한 내면의 아름다움이 내 마음과 가슴을 가능성으로 가득 채운다.

"내가 이렇게 아름답다면, 스스로 뿌듯해지기 위해 1위 영화가 필요하지 않아. 내가 이렇게 아름답다면, 사랑받을 가치가 있다고 느끼기 위해 히트 레코드가 필요하지 않아. 내가 이렇게 아름답다면, 나는 제이다나 다른 누군가가 나를 증명해 줄 필요가 없어. 만약 내가 이렇게 아름답고, 내가 항상 돌아갈 수 있는 내면의 안식처가 있다면, 나를 인정해줄 사람은 필요 없어. 나는 나를 인정해. 난 충분해."

이것이 내가 처음으로 맛본 자유의 작은 맛이었다. 내 목을 옥죄던 보이지 않는 멍에가 풀렸다. 내가 필요로 하는 모든 것, 움켜쥐고 매달리는 것, 욕망하는 것, 요구하는 것, 꾀하는 것, 도달하고 갈망하는 것, 나를 불행의 바퀴에 묶어두었던 모든 만족할 수 없는 욕망들이 사라지고 있었다. 나는 더 이상 속담에 나오는 당근을 쫓을 필요가 없었다. 나는 더 이상 배고프지 않았다.

내가 이 행성에서 50년을 보낸 동안, 이것은 내가 여태까지 경험해 본 것 중 비교할 수 없을 정도로 최고의 경험이자 느낌이었다.

———

그 후 2년 동안, 나는 14번의 의식을 치렀다. 그중 8번에서 내가 '어머니'라고 알게 된 여자가 매번 상세한 조언과 지시를 갖고 나타났다.

나의 두 번째 의식에서 어머니는 다섯 시간 연속으로 "말하지마."라고 되뇌셨다. 그녀가 너무 많이 그 말을 해서 나는 머리를 바닥에 부딪치고 싶었다. 그녀는 내 머릿속에서 끊임없이 이어지는 내면의 잡담을 언급하고 있었다. 계획, 전략, 토론, 평가, 비평, 자기

판단, 질문, 의심. 그녀는 나에게 "말하지 마."라는 말을 수천 번이나 퍼부었다.

그리고 어느 순간, 해가 뜨기 직전에, 나는 알아차렸다. 침묵. 내면의 친구들이 더 이상 말을 하지 않았다. 행복했다. 어머니는 내가 내면의 고요에서 40분 정도의 목욕을 허락하셨다. 그러고 나서 그녀는 무언으로 내가 왜 말을 그만해야 하는지 말했다.

본질적으로, 그녀는 주변 사람들과 상황을 더 잘 관찰하고 이해하기 위해서, 내가 조용히 침묵해야 한다고 말했다. 그녀는 내 의지를 세상에 강요하려고 애쓰는 나를 오랫동안 지켜봐왔다. 중요한 건 만약 내가 그렇게 많은 것을 말하고 생각하지 않는다면, 나는 보편적인 흐름을 보고 느낄 수 있고, 흐름을 내 에너지를 맞출 수 있고, 절반의 노력으로 두 배나 많은 것을 성취할 수 있다는 것이다. 나는 수년 전에 외할머니께서 하신 말씀의 메아리를 들었다.

"있잖니. 지금이라도 그 입을 조심히 안 쓰면, 아마 오늘 같은 펀치를 또 다시 맞게 될 게다."

말수를 줄이며 내 인식을 극대화하기 위한 연습이 되었다. 나는 항상 세상을 나의 전쟁터로 보았었다. 그러나 이제 진정한 전투 지역은 내 마음이라는 것을 깨달았다.

21.
LOVE
사랑

사랑은 모든 것을
기꺼이 감수할
용기를 요구한다.

"만성 폐쇄성 폐질환입니다. 특발성 심부전. 관상동맥 질환. 심방세동. 정상적인 심장 박출율은 55퍼센트에서 60퍼센트인데 아버님은 10퍼센트 이하입니다. 오랜 흡연, 냉매 흡입, 독성 화학 물질 노출에 더불어 평생 과도한 알코올 사용…….

"그럼, 앞으로 얼마나 남으셨나요?" 내가 말했다.

"지금 뵈러 가세요."

알라 박사는 몇 년 전부터 우리 집 주치의였다. 그녀는 아버지의 황금기를 보존하고 연장하기 위해, 공격적인 삶에 변화를 만들기 위해 아버지와 씨름해 왔다. 내가 어릴 적에 아버지는 두 번의 심장마비에서 살아남았다. 그는 왼팔이 움직이질 않아, 오른팔만을 사용하여 스스로 병원으로 운전했다고 했다. 그는 명예로운 영웅담처럼 그 이야기를 하곤 했다. 알라 박사는 그에게 습관을 고쳐야 한다고 했다. 그럴 때면 아버지는 "담배도 피우지 말고 술도 끊으라고? 차라리 밖에 나가 버스에 치이는 게 낫지."라고 말하곤 했다.

"선생님. 얼마나 남았어요?" 내가 다시 물었다.

"6주 정도요."

————

영화 〈나는 사랑과 시간과 죽음을 만났다〉의 촬영을 막 끝낸 참이었다. 이 영화는 딸의 죽음에 대처해야 하는 한 아버지에 관한 영화다. 내 성격 연구의 일환으로 나는 지난 5개월 동안 영적, 심리적,

문화적 의식과 치유 관행에 대해 깊이 연구했다. 이 의식들은 사람들이 누군가를 잃는 심오한 고통에 직면할 수 있도록 도와주었다. 나는 성직자, 이슬람의 이맘, 무당, 랍비, 구루들을 만났다.

나는 엘리자베스 퀴블러 로스가 쓴《죽음과 죽어감》, 불교 승려 소걀 린포체의 《티베트의 지혜》, 미치 앨봄의 《모리와 함께한 화요일》, 존 디디온의 《상실》까지 죽음에 관한 많은 책들을 읽었다. 그 역을 맡으며 나는 준비를 마쳤고, 비극적 상실에서 완벽한 치유로 나아가는 승리의 호를 정확히 그릴 수 있으리라 믿었다. 나는 내 캐릭터를 위해 상실의 고통에 대한 해결책을 찾으려고 노력해왔지만, 이제 나는 내 자신을 위해 해결책을 찾아야 했다.

———

아버지는 당신이 죽을 것을 알았다. 그의 몸도 근육도 쇠약해져 있었다. 피부는 장막처럼 뼈 위에 드리워졌고, 푸른 회색의 리클라이너 침대는 늘 절반이 젖혀 있었다. 한 보루도 안 남은 담배를 손에 쥐고 있었다. 아버지는 의사에게 담배나 술 중 하나만 끊겠으니 골라달라고 말했다. 그의 차트를 본 의사는 술을 골랐다.

"봐, 이 사람아."

내가 들어서자 그가 몸을 일으키며 말했다.

"좀 어때요? 아버지."

나는 우리가 의식적으로 하는 인사를 하기 위해 다가갔다. 아버지는 앞으로 몸을 숙이고, 나는 그의 대머리를 어루만졌다. 원형 탈모가 있던 곳에 키스했다. 5년 전, 나는 아버지의 탈모가 너무 두드러져서 그에게 차라리 머리를 미시라고 했다.

"아버지, 심슨에 나오는 광대 같아요."

1년 넘게 싸운 끝에, 어느 날 나는 아버지를 〈맨 인 블랙 3〉의 세트장 코너에 몰아 이발소 의자에 앉히고 머리를 통째로 밀었다. 아버지도 좋아했고 남은 인생 동안 늘 그런 머리가 되었다.

———

《티베트의 지혜》에서 소갈 린포체는 사랑하는 사람이 죽어가는 변천을 지지하고 달래기 위해 가장 중요한 신조를 제시했다. 내 마음에 들어온 첫 번째 생각은 죽어가는 사람에게 종종 '죽을 수 있는 허가'가 필요하다는 것이었다. 린포체는 때때로 죽어가는 사람이 당신이 그들 없이 괜찮을 거라는 느낌을 갖지 못한다면 싸우고 살아남기 위해 발버둥칠 것이라고 생각한다. 그렇게 되면 그들은 끔찍하고 고통스러운 마지막 날을 만들 수 있다. 사랑하는 사람을 평화롭게 보내려면 분명히 우리가 그들이 떠난 후에도 괜찮을 것이고, 그들은 삶을 훌륭히 해냈으며, 우리가 여기서부터는 나머지를 잘 처리할 수 있다고 안심시킬 필요가 있다.

비슷하게, 린포체는 "죽어가는 사람은 모든 기대에서 벗어나 가능한 한 무조건적인 사랑을 보여줄 필요가 있다."고 말한다. 이러한 개념들이 내 마음속의 사명으로 남았다. 나는 내가 가진 모든 문제와 정신적 충격, 묻고 싶은 질문들을 제쳐두고 할 수 있는 한 가장 인정 넘치고 자비로운 사람이 되고자 온 힘을 쏟았다.

세 번째 주, 나는 다시 아버지를 찾았다. 일반적인 머리 키스를 보내고 나는 바닥에 앉았다. TV가 음소거 상태여서 브라운관 속의 앵커는 입만 벙긋거리고 있었다. 아버지의 식사 능력이 저하되고 있었다. 그는 마카로니와 치즈, 쇠고기 조림, 브로콜리를 먹었는데, 오늘은 손도 대지 않았다. 아버지가 맥앤치즈를 안 드신다면 정말 몸이 안 좋으신 거다.

"아버지, 정말 잘 하셨어요." 내가 초조하게 말했다.

"무슨 말이냐?" 그는 물었다.

"그동안 정말 잘 사셨다고요."

그런 말을 기대하지 못하셨던 것 같다. 그는 담배를 한 모금 빨더니 TV로 시선을 돌렸다. 아직 갈 준비를 못 하신 것 같았다. 하지만 나는 준비를 하고 있었다.

"제 말은 인생을 정말 잘 사셨다고요. 그리고 가실 때도 다 괜찮을 거라고 말씀 드리고 싶어요. 저도 잘 키워 주셨고. 여기서부턴 제가 할게요. 아버지가 사랑하는 모든 사람들을 제가 잘 돌볼게요."

아버지는 냉정한 태도를 유지하면서 고개를 끄덕였다. 두 눈은 휘둥그레졌지만 뉴스에서 절대 시선을 떼지 않았다. 하지만 나는 아버지가 내 말을 들었다는 것을 알았다.

아버지는 숟가락을 들 정도의 힘도 없었다. 심지어 화장실을 가는 데에도 내 도움이 필요했다.

어느 날 밤, 내가 아버지를 그의 침실에서 화장실로 천천히 밀던 순간, 내 안에 어둠이 떠올랐다. 두 방 사이의 복도는 계단 꼭대기를 지나가는데, 어렸을 때 나는 언젠가 어머니의 원수를 갚을 것이라고 항상 나 자신에게 말했었다. 내가 충분히 크고 충분히 강해지면, 내가 더 이상 겁쟁이가 아니면, 나는 그를 죽이려고 했다.

나는 계단 꼭대기에서 잠시 멈추었다. 나는 그를 밀어 넘어뜨리고, 쉽게 빠져나갈 수 있었다. 나는 윌 스미스다. 아무도 내가 고의로 아버지를 죽였다고 믿지 않을 것이다. 나는 세계 최고의 배우 중 한 명이다. 아카데미상에 걸맞은 연기로 911에 전화하면 그만이다. 수십 년간의 고통, 분노, 울분이 가라앉고 나서야 나는 고개를 저으며 아버지를 화장실로 데려갔다. 다행스럽게도 우리는 우리의 행동에 의해 판단된다. 정신적 충격이나 내면의 폭발에 의해 판단되는 것이 아니다.

─────

나는 그 후, 한 달 반 동안 매주 아버지를 보러 왔다. 곧 다가올 죽음을 받아들인 누군가의 눈에는 묘하게 명료하고 깨끗한 무언가가 있다. 죽음에 대한 자각은 깊이를 부여하고 모든 헛소리를 없애준다. 그 모든 것의 마지막은 매 순간을 무한히 중요하게 만든다. 모든 인사말은 신이 주신 선물처럼 느껴졌다. 우리는 서로를 한 번 더 볼 수 있게 된 것에 대해 감격했다. 그리고 모든 작별 인사는 완벽하다. 왜냐하면 우리는 이것이 우리의 마지막이 될지도 모른다는 충분한 지식을 가지고 있었기 때문이다. 웃을 때마다, 모든 이야기는 그 단순한 사실에서 무게와 의미를 지녔다. 죽음은 평범한 것을 마법으로 바꾸는 능력을 가지고 있다.

현실은 내일을 약속하지 않으므로 우리의 일상생활 속 안녕은 그렇게 되어야 한다. 나는 감사의 마음으로 모든 인사들을 껴안았고, 작별 인사를 결코 당연하게 여기지 않았다. 아버지와 내가 나눈 헌신적인 집중력, 정직성, 연민의 정도가 내 인생에서 사랑의 포부의 견본이 되었다.

———

아버지는 6주를 받았고 그는 결국 3개월을 사셨다. 나는 9주차에 아버지를 만나러 갔던 기억이 난다. 우리의 만남은 즐겁고 가슴 아팠지만, 그는 평소와 달리 낙담해 있었다. 셔츠를 벗고 계셨다. 손엔 담배가 들려 있었다. 구부러진 손가락이 쟁반 위에 올려져 있었지만 음식엔 손을 대지 않으신 상태였다.

늘 그렇듯 대머리에 입을 맞추었다.

"아빠. 무슨 일이에요?"

그는 담배를 내려놓고, 스쿨킬강 위에 있는 벤 프랭클린 다리를 빤히 응시했다.

"세상. 너희들은 내가 6주 안에 죽을 거라더니, 벌써 9주째 이러고 있잖아. 정말 수치스럽다."

아마 아버지와 내가 나눈 웃음 중 두 번째로 큰 웃음이었을 것이다.

———

그로부터 10일 후, 나는 데이비드 에이어가 감독한 넷플릭스의 판타지 액션 경찰 영화 〈브라이트〉 촬영장에 있었다. 우리는 LA 시내에서 촬영을 하고 있었다. 나와 함께 출연한 조엘 에저턴이 순찰차의 운전대를 잡고 있었다. 영화에서 내 파트너였다. 데이비드 에이어가 창문으로 다가왔다.

"윌, 지금 아버님한테 빨리 전화를 해요. 위급하시대요." 그가 나지막이 말했다.

나는 아버지의 휴대폰으로 전화를 걸었다.

"그래."

"아버지, 어때요?"

"오늘 밤일 것 같구나." 그는 말했다.

그의 말이 천 볼트 전기처럼 나를 때렸다.

"알았어요." 나는 침착하게 말했다. 《티베트의 지혜》에서 사랑하는 사람들의 변화를 위한 고요한 공간을 만드는 것이 중요하다고 강조해왔다.

"우리 영상통화할까요?" 내가 물었다.

"그래, 근데 이런. 어떻게 하는지 모르는데……."

"제가 할게요. 제가 걸 테니까 그냥 받기만 해요." 내가 말했다.

"엘렌, 영상통화인지 뭔지 좀 해 봐라. 윌이 전화를 건다는데……."

아버지가 막 도착한 여동생에게 소리쳤다. 아버지를 모시던 필라델피아 소방관인 사촌 리키가 전화를 들어주었다. LA 시내의 텅 빈 주차장에서 새벽 2시, 나는 내가 찾을 수 있는 가장 밝은 가로등 아래에 서 있었다. 아버지가 나를 볼 수 있기만 바라면서 우리는 그저 서로를 바라보았다. 20분간의 침묵이었다. 마지막으로, 아버지 너머의 엘렌이 아버지에게 속삭이는 소리가 들렸다.

"아빠, 왜 그냥 보고 계세요. 윌에게 하고 싶은 말 없어요?"

아버지는 마지막 벽돌 한 장을 쌓을 마지막 지혜를 찾으셨다. 그렇지만 남은 게 없다. 아버지는 마지막 항복의 뜻으로 고개를 천천히 젖히셨다.

"내가 이 바보한테 이미 말해주지 못한 게 있어도 오늘 밤엔 알려줄 수가 없겠구만."

우리는 그렇게 마지막 웃음을 나누고 작별인사를 했다. 45분 후 아버지는 돌아가셨다.

영화 제작의 가장 중요하고 중요한 신조 중 하나는 '당신의 결말을 아는 것'이다. 당신이 영화의 감정적이고 철학적이고 도덕적인 결말을 이해할 때, 당신은 그것에 이르는 모든 것을 더 잘 만들 수 있다. 물리적 플롯과 주제의 종점을 이해하면 관객들에게 더욱 반향을 불러일으키고 즐거운 여정의 반전을 줄 수 있다. 영화의 마지막은 농담의 펀치라인과 같다. 관객들의 마음속에 그 의미가 퍼져 나가야 한다. 펀치라인을 모르고 농담을 하기 시작했다고 상상해보면 답이 있다.

인생은 다 그런 것 같다. 당신은 여러 캐릭터로 태어나고, 모든 사람들이 당신을 바라본다. 소통도 못하고, 걷지도 못하고, 스스로 먹고 살 수도 없다. 하지만 모든 사람들은 당신이 결국 마지막에 무엇을 하게 될지를 기대하고 직접 목격하면 환호한다. 그래서 말도 안 되는 짓을 시작한다. 펀치라인이 어떻게 흘러갈지도 모르면서. 우리 중 몇몇은 나를 사랑하고 지지해주는 관객들 사이에서 태어나고, 우리 중 몇몇은 야유하는 군중들 앞 무대에 선다. 우리 중 대부분은 중간 지점 어딘가에 비상 착륙해버린다.

마지막 날, 아버지는 더 이상 얼음 가게에 대해 걱정하지 않았다. 그는 돈에 대해 걱정하지 않았고 심지어 음식에 대해서도 더 이상 신경 쓰지 않았다. 그는 자신의 결말에 대해 한 가지 불타는 질문을 했다. 내 삶이 유용했을까? 아버지가 그 자리에 계셨기 때문에 자식들의 삶이 더 낫다는 걸 알려 드려야 했다. 그의 모든 결점과 혼란과 실수에도 불구하고, 분석적인 면에서 아버지는 자산이 부채보다 많았고, 자신의 생명이 소중했다는 확신이 필요했다.

외할머니가 돌아가셨을 때는 완전히 다른 경험이었다. 그녀는 가족과 공동체에 대한 사랑과 공헌, 그리고 자녀들에 대한 헌신에 확신을 가지고 있었기 때문에, 천국에 가는 것에 흥분했다. 할머니에게 주님과 사랑은 동의어였다. 분리할 수 없고 구별할 수 없었다. 그녀는 다른 사람들을 사랑함으로써 주님을 숭배했다. 그녀에게 사랑 외에 다른 모든 계명은 필요하지 않았다. 외할머니의 임종 주변에 부정적인 기운은 하나도 없었다. 외할머니는 너무 완전히 만족하셔서 나는 울지도 않았다. 그녀는 갈 준비가 되어 있었고, 여기에서 당신의 소명이 끝났다고 느꼈다.

나는 외할머니의 미소의 비밀을 처음으로 제대로 엿보았다. 나는 궁극적인 행복의 의미를 잘못 이해하고 있었다. 나는 내가 사랑과 행복으로 가는 길을 얻고, 성취하고, 정복하고, 성공할 수 있다고 생각했었다. 8개 연속 1위 영화, 3천만 장의 레코드, 4번의 그래미 상, 그리고 수억 달러의 돈이 당신을 행복하게 만든다고 믿었다. 이 이론의 근본적인 결함은 미소와 행복이 외부로부터 온다는 믿음, 즉 외부의 근원이나 조건으로부터 얻거나 달성된다는 믿음이었다. 누군가가 당신을 매우 사랑하고 당신을 아주 깊이 그리고 철저하게 사랑하면 당신은 미소와 행복으로 가득 채워질 것이다.

하지만 진실은 그 구멍을 메울 수 있는 건 아무것도 없다. 관계,

커리어, 집도 될 수 없다. 물질세계로부터 내면의 평화나 성취를 만들어낼 수는 없다. 사실 '미소'는 출력이다. 당신이 얻는 것이 아니라 주는 것을 통해 키우는 것이었다. 결국 사람들이 당신을 얼마나 사랑했는지는 하나도 중요하지 않았다. 내가 그들을 얼마나 사랑했는가에 따라서 '미소'를 얻을 수 있다.

사랑과 행복의 물리학은 직관에 어긋난다. 사람들과 우리 주변의 세계가 우리의 요구를 충족시켜 줄 것을 요구하는 한, 우리는 실망, 분노, 그리고 불행에 빠질 것이다. 이 달콤한 역설은 주고받는 것이 동시에 된다는 것을 의미할 뿐이다. 사랑하고 사랑받는 것은 인간의 최고 보상이다. 당신 안에 있는 최고가 다른 사람들 안에 있는 최고를 섬기고 발산하도록 허용하는 것은 인간의 가장 강렬한 기쁨이다.

내가 '사랑'이라고 말할 때, 나는 사랑하는 사람들을 고양시키고 힘을 실어주기 위한 목적으로 당신의 독특한 재능을 발견하고, 배양하고, 공유하는 것을 의미했다. '미소'는 당신 안에 있는 독특한 보물에 대한 인식과, 보물을 나누어 줌으로써 보물이 더 많아진다는 깨달음의 결합이다.

모두가 고군분투하며 힘든 시간을 보내고 있다. 삶은 잔인하고, 혼란스럽고, 고통스러울 수 있다. 우리의 심장은 굶주리고 있다. 무조건적으로 사랑하는 것은 '미소'의 비밀이다. 누군가가 당신을 사랑하고, 당신이 필요로 하는 모든 것을 주고, 당신을 돕고, 당신을 섬기고, 보호하고, 식사를 대접하고, 권한을 부여하고, 용서한다면 어떤 기분이 들지 상상할 수 있겠는가?

많은 사람들에게 그 질문을 하면 답은 '아니오'다. 하지만 외할머니가 알고 있는 것, 넬슨 만델라가 알고 있는 것, 무하마드 알리가 알고 있었던 것, 그리고 아버지가 마지막 순간에 알고 있었던 것은 같다. 사랑을 받기 위해선 먼저 사랑을 주어야 한다는 것이다.

아버지는 그의 모든 선물을 나에게 쏟아부으셨다. 그리고 그의 삶의 마지막에, 당신이 내 삶을 위해 쏟아부었던 결과를 직접 확인하셨다. 베풀어 성취하였고 나를 얼마나 사랑했는가로 만족하였다. 그리고 자비로운 창조주의 은총으로, 마지막 날 남은 것이 없을 때, 나는 그에게 내 선물을 쏟아부을 수 있는 축복을 받았다.

———

아버지의 죽음은 나에게 경종을 울렸다. 제이다와 내가 그의 장례식에 앉았을 때, 나는 어느 날, 우리 중 한 명이 다른 한 명에게 작별 인사를 할 것이라는 사실을 알게 되었고, 의문을 품었다. 우리는 우리의 결말이 어떻게 되길 바랐을까?

우리의 격차는 우리 둘 다 자유 속에서 사랑의 힘을 발견하는 데 도움을 주었다. 우리는 동시에 100퍼센트의 결합과 100퍼센트의 자유다. 우리는 둘 다 불완전한 사람들이라는 것에 동의했고, 이 세상에서 즐겁게 사는 방법을 찾기 위해 최선을 다했다. 우리에게 필요한 것은 무조건적인 사랑과 지원이었다. 판단도, 처벌도 아닌 서로의 성장과 행복에 대한 완전한 헌신이었다.

우리는 우리의 결혼을 정신적인 훈련, 즉 박티 티르타 스와미가 말한 궁극적인 '사랑의 학교'로 보게 되었다. 우리의 관계는 우리의 교실이다. 우리는 가장 친밀하고 어려운 환경에서 보살핌, 관심, 동정심을 기르는 법을 배우고 있다. 인생에서 결혼보다 더 힘든 일은 거의 없다. 친밀감은 우리의 가장 해로운 내면의 에너지를 자극하고 드러내는 경향이 있다. 만약 우리가 여기서 사랑을 배울 수 있다면, 우리는 어디에서든 사랑할 수 있다.

문제는, 우리가 서로에게 무조건적인 사랑을 할 수 있는가, 아니면 우리의 사랑이 우리가 원하는 대로 행동하는 다른 사람에게 달려 있는가이다. 누군가가 당신이 원하는 것을, 정확히 당신이 원하는 대로 할 때, 그대로 사랑하는 건 쉽다. 그러나 원하는 모습이 프레임 밖으로 나오면 우리는 어떻게 행동하는가? 그들이 당신을 해치면 우리는 그들을 어떻게 치료하는가? 그때가 당신이 누군가를 실제로 사랑하는지 아닌지를 결정하는 때다.

사랑은 힘들다. 상처 입은 마음을 행복의 가능성까지 주고 계속해서 마음을 여는 데는 엄청난 용기가 필요하다. 찰리 맥이 항상 말하듯이, 겁을 먹으면 돈도 못번다. 사랑은 모든 것을 기꺼이 감수할 용기를 요구한다.

하지만 용기가 두려움의 부재를 의미하는 것은 아니다. 용기는 겁에 질려 있을 때에도 앞으로 나아가는 법을 배우는 것이다. 제이다와 나는 무슨 일이 있어도 이번 생애 동안 함께하기로 합의했다.

EPILOGUE.
THE JUMP
점프

"우리는 이제껏 한 번도 해보지 못했던 것을 목격할 예정입니다. 이미 읽으셨겠죠. 트위터를 날렸겠죠. 그리고 마침내 그날이 왔습니다. 저는 알폰소 리베이로이고, 여기는 그랜드 캐니언입니다. '윌 스미스: 점프'가 찾아왔습니다."

"오늘, 그의 50번째 생일날, 그는 두려움과 입을 떡 벌린 협곡 위로 헬리콥터 번지 점프를 할 예정입니다. 조금 정확히 하자면, 그는 지상 500미터 상공 위의 헬리콥터에서 번지 점프를 할 겁니다. 생각만 해도 소름이 끼치죠. 이건 미친 짓이에요……."

"이봐, 알폰소, 그런 소리는 집어치워!" 찰리 맥이 울부짖는다.

"찰리, 나 지금 방송 중이야. 생방송." 알폰소가 야유했다.

"난 하나도 신경 안 써. 한 대 맞을 것 같은 소리는 하지 마! 그렇게 위험하다는 듯이 말이야."

"하지만 그랜드 캐니언의 날씨는 까다롭죠. 어제 하루 종일 번개가 쳤지만 바람과 기온을 추적하는 숙련된 스턴트 팀과 항공 승무원이 있다는데요."

"좋아요, 컷이에요!"라고 프로듀서가 소리친다.

"진지하게, 알폰소. 난 네 모든 에너지가 맘에 안 들어."

"찰리, 난 내 일을 하고 있어! 윌이 나에게 사회를 봐달라고 부탁했어! 서스펜스를 선사해달라고 했다고!" 알폰소가 오른손을 왼손으로 내리치며 말했다.

"떨어져 죽을지도 모른다는 긴장감은 조성하지 말라고!"

"그게 바로 긴장감에서 오는 서스펜스야, 찰리!"

그런데 왜 그랜드 캐니언을 넘나드는 헬리콥터 번지 점프를 하고 있는 거야?

내가 처음 그 질문을 들었을 때 생각했다. 이게 당연한 수순이니까! 나는 지금 중년의 위기를 겪으며 아나콘다의 사악한 손아귀에 걸려 있다고! 물론 유튜브에서 생방송을 하고 있었기 때문에 그렇게 말할 수 없었다.

내가 실제로 한 말은 이렇다.

"나는 평생 두려움과 흥미로운 관계를 맺어 왔어요. 두려움과 반응의 스펙트럼을 넘나들었죠. 완전한 쇠약함에서 영감에 이르기까지 그리고 때로는 완전한 어리석음으로 빠져들기도 했어요. 하지만 그랜드 캐니언으로 뛰어드는 헬리콥터 번지 점프 아이디어가 떠올랐을 때, 나는 쇠약해지지 않았고, 확실히 영감을 받은 것도 아니었어요. 내가 생각할 수 있는 모든 것은, '이건 정말 멍청한 짓이겠군.' 뿐이었죠."

나의 어린 시절 그랜드 캐니언 여행은 매우 의미 있는 경험이었다. 나는 항상 그것이 얼마나 아름다운지 기억해왔지만, 나는 또한 내가 절벽의 가장자리에 오르는 것이 얼마나 두려웠던지도 기억했다. 해리는 심지어 북을 떨어뜨릴 정도로 가까이 다가갔지만, 나는 뒤로 물러서서, 위엄을 느낄 수 없었다.

나는 어떤 이유에서인지 주님이 인생에서 가장 아름다운 것들을 우리의 최악의 공포 반대편에 두셨다는 것을 깨달았다. 만약 우리가 우리를 가장 심각하게 불안하게 하는 것들 앞에 서지 않고, 보이지 않는 선을 넘어 공포의 나라에 발을 들여놓지 않는다면, 우리는 삶이 제공하는 최고의 것을 경험하지 못할 것이다.

그래서 나는 내가 두려워하는 모든 것들을 공격하기 위해 의식적인 노력을 해왔다. 그리고 당연히 무섭다. 무조건 '예'라고 대답하겠다던 이론으로 인해 번지 점프에 도전까지 하게 되면서 심장이 두근거렸다. 그리고 나는 그 느낌을 위대한 선물이 스스로 보여준 신호로 인식하는 법을 배웠다. 내 심장이 뛰는 순간, 난 해야만 했다. 하지만 나 역시 뒤쳐질 수 없기 때문에 '헬리콥터 번지 점프'라는 소리를 듣는 순간 나는 "그랜드 캐니언 너머로…… 그리고 50살 생일에."라는 허세를 부리고 만 것이다.

———

모두가 찾아왔다. 어머니, 제이다, 셰리, 트레이, 제이든, 윌로우, 해리, 엘렌, 팸, 애슐리, 카일, 디온, 개미, 칼렙, JL, 찰리 맥, 오말, 스코티, 타이 등 친구와 가족, 그리고 그랜드 캐니언의 장엄한 풍경을 보면서 나는 다음 세대의 얼굴을 보았다. 해리, 엘렌, 팸, JL, 찰리, 오말, 칼렙, 스코티, 타이의 아이들 얼굴들이었다. 나는 지금 꿈의 한가운데 서 있다. 이것이 내가 항상 원했던 것이다. 내가 사랑하는 모든 사람들이 가족으로서 함께 있다. 나는 그들을 그랜드 캐니언으로 데려왔다. 삼촌 윌의 무의미하고 끔찍한 죽음을 목격하라고 말이다. 내일 뉴스의 헤드라인이 어렴풋이 들렸다.

"약물에 의한 정신병으로 추정되는 와중에, 배우 윌 스미스가 어제 오후 일찍 그랜드 캐니언 상공에서 이상한 헬리콥터 번지 점프 사고로 사망했습니다. 그의 유족으로는 두 명의 아내와 세 명의 자녀, 여러 명의 조카, 대가족 그리고 친구들이 있습니다. 고인은 올해 50세로 유튜브 임직원은 '스미스는 진정한 미국의 미치광이'라는 성명을 발표하였습니다."

하지만 또 다른 일이 일어났다. 아이들이 깨달음을 얻었다. 아이들이 가장 두려운 것에 맞서고 극복해야 할 필요성을 이해하는 것 같았다. 내가 헬리콥터에 다가가자, 조카 카일라가 내 다리를 붙잡았다. 더 이상 따라올 수 없는 지점까지 따라오고 나서야 소리를 질렀다.

"제가 나중에 크면 삼촌만큼 용감해질 거예요!"

알폰소   윌로우, 아빠가 이러시는 거에 대해 어떻게 생각해?
윌로우   전 단지 아빠가 행복한 일을 하길 바랄 뿐이에요. 그리고 분명히 전 떨리지만, 아빠가 원하는 일이고, 우리 모두 아빠를 지지하기 위해 여기 있어요. 난 아빠가 사랑하는 일을 하길 원해요.
트레이   저는 아빠가 하고 싶은 일을 하고 있어서 정말 기뻐요. 그랜드 캐니언 상공에서 헬리콥터 번지 점프를 하는 것 말이에요. 역사상 그런 일을 들어본 적이 없어서 기대가 돼요. 아버지는 우리에게 두려움을 극복하라고 가르치셨어요.

제이다   지금 아이들을 겁주려는 건가요?

윌   아니야, 아니야, 아니야, 아니야. 우리 애들은 겁먹지 않아.

알폰소   아버지가 이 짓을 진짜 하고 있다는 것을 믿을 수 있니?

제이든   실제로 뛴다는 게 믿을 수 없어요. 말도 안 돼요.

알폰소   아버지의 가장 큰 두려움은 무엇일까?

제이든   아빠의 가장 큰 두려움은 두려움을 갖는 거요.

––––––––

알폰소   윌은 정말 오래 연예계 활동을 했습니다. 팬도 많고 심지어 유명한 팬들도 있죠. 다들 당신에게 하고 싶은 말을 보내주었습니다. 그럼 함께 보실까요…….

르브론 제임스   당신이 헬리콥터 위에서 그랜드 캐니언으로 번지 점프를 한다는 거야? 세상에. 그런 짓 하기엔 나이가 좀 먹지 않았나.

마이클 스트라한   당신이 50살이 되었다고 해서 정신을 잃을 필요는 없어요. 누군가와 이야기하고 싶으면 언제든지 나와 얘기해도 돼요.

지미 팰런   당신이 이러지 않았으면 좋겠어요. 아직 시간이 있으니까. 일단 뒤로 물러서요. 더미 인형을 비행기 밖으로 던져요.
뭐든 해요.

퀸시 존스   해피 50살이요, 형제여.

DJ 재지 제프   이제 의사에게 가서 엉덩이를 까고 엄지손가락
을 치켜 올려. 50살이 되면 그런 걸 해. 내가 해봐서 알지.

알폰소   네네, 알았어요. 항상 재지 제프는 영감을 주죠.

———

나는 미리 아무것도 알고 싶지 않았다. 헬기까지 걸어가서 절차
를 안내 받고 뛰어내리고 싶었다. 나는 관객들과 함께 실시간으로
이 모든 것이 어떻게 진행될지 알고 싶었다.

"윌, 전 스턴트 코디네이터 T.J.입니다. 이제 기본적인 사항들을
말씀드릴게요. 당신은 60미터가량 되는 줄을 연결하고 활동적인
번지 점프를 하게 될 겁니다. 여러 가지 불필요한 안전장치가 있어
요. 가슴, 허리에 두 개를 달 거예요. 공학적으로 안전하고 마찰과
마모를 줄이기 위해 수백 가닥의 고무 밧줄이라고 생각하면 돼요.
가닥이 많을수록 안전성도 높아져요. 몸무게가 90킬로그램, 맞죠?"

음, 내가 지금 겪고 있는 심각한 공포 때문에 흘리는 다양한 액체
와 분비물이 8킬로그램 정도 되니까, 그거 빼고 재줘요.

"밧줄은 3배까지 지탱해야 해요. 몸무게를 곱하면 약 270킬로그
램을 견뎌야 하는 거죠. 최대 확장 지점에서 떨어져서 150미터를

떨어지고 여러 번 튕겨 오른 다음에, 헬리콥터 아래에서 약 100미터 상공에 매달리는 겁니다. 그다음에 안전패드에 내려드리고 장치를 떼고 모두 와서 '생일 축하합니다.'를 부르고 집에 가는 거예요. 질문 있습니까?"

"잠깐만요. 그냥 끔찍한 생각이 하나 드는데. 밧줄이 늘어나면 내가 헬리콥터 날개로 빨려 들어가진 않겠죠?" 내가 물었다.

"그러지 않길 바라야죠!" T.J.가 웃으며 말했다.

"농담이고요. 그건 불가능해요. 중력 때문에 힘이 가속되면서 운동에너지를 얻어요. 번지 줄이 에너지를 흡수하면서 늘어나지만 일부만 흡수해요. 나머지는 마찰과 공기 저항으로 인해 열로 손실되고요. 튕기는 힘이 처음만큼 크지 않을 거예요."

"좋아요, 멋져요. 완전히 안전한 것 같네요……."

"물론, 번지 점프에는 기본이 있지만, 이것은 헬리콥터 번지 점프니까 잠재적으로 조금 더 위험할 순 있겠죠. 헬리콥터가 움직이고 있으니까 출발 지점도 안정적이지 않고. 날씨 조건도 맞아야 하고요. 절벽이나 협곡에 너무 가까워도 안 돼요. 근데 제가 가장 걱정되는 건 당신이에요. 번지 줄 무게가 270킬로그램이 넘잖아요. 하늘을 날 때는 세 명의 남자가 그 무게를 지탱해 줄 텐데, 줄을 놓으면 한 번에 360킬로그램가량의 압박이 있을 거예요. 그래서 좋든 싫든 헬리콥터에서 내릴 수밖에 없을 거예요. 다칠 수 있는 유일한 가능성은 밧줄을 놓았을 때 줄에 깔려버리는 거죠. 5부터 카운트다운을 시작할 건데, 하나까지 외치면 무조건 뛰어내려야 해요. 만약에 밧줄에 낚이면 그건 정말 안 돼요."

뛰지 않을 거다. 아마 고소당하겠지. 판결이 어떻게 나올지 궁금하다. 평균 영화 제작비는 4천만 달러 정도 된다. 유튜브에서 오늘 이벤트에 2~3백만 달러 이상을 썼을 리는 없다. 게다가 뭐 한 백만 달러쯤 손해를 보겠지? 지금 포기하면 손해 배상으로 4백만 달러 정도 손해겠지.

그 정도는 감수할 수 있다.

그때쯤 T.J.는 내 가슴에 번지 점프 밧줄을 붙이고 있었다.

"잠깐만요. 등이나 다리에 연결하는 게 아니에요?" 내가 본 모든 번지 줄은 다리에 연결되어 있었다.

"제가 윌이랑 비슷한 또래인데요. 사람들이 뒤로 손을 뻗어 수영장으로 떨어지던 70년대 네스티 아이스티 광고 기억나죠?" 그가 말했다.

"예. 어릴 때 TV에서 봤던 기억이야 있죠." 내가 대답했다.

"떨어지는 순간이 되면, 당신도 네스티 광고처럼 뒤로 손을 쭉 뻗고 떨어지는 겁니다."

"내가 뒤로 떨어져야 한다는 겁니까???"

———

벨트를 매고 이중, 삼중 점검을 마쳤다. 헬리콥터의 윙윙거리는 소리가 천천히 커진다. 나는 헬리콥터를 타기 위해 움직였다.

그때 T.J.가 나를 말렸다.

"번지 코드의 무게 때문에, 우린 헬리콥터 밖에 서서 매달려야 해요." T.J.가 말했다.

"그러니까 내가 날아가는 헬리콥터 바깥에 서 있어야 한다는 겁니까? 이륙할 때?" 내가 국제적인 액션 영웅이라는 사실을 깨달으며 마음을 다잡았다.

"예, 랜딩 받침대에 발을 단단히 붙이세요. 손잡이 두 개를 꽉 잡으면 매달릴 수 있어요." 그가 말했다. 마치 헬리콥터가 이륙해 그랜드 캐니언 위를 날아가는 동안, 헬리콥터 밖에 서서 날아가는 게 기분이 좋은 일인 것처럼 말이다.

그다음으로 놀라운 일은 헬기가 이륙하기 시작하며 벌어졌다. 이륙하는 헬리콥터의 외부에 매달리는 건 정말 당혹스러운 일이다. 헬리콥터가 부드럽게 오른쪽으로 돌면서 우리는 곧 지상에서 2.5미터가량 떠올랐다. 갑자기 땅이 사라지고 550미터 높이의 협곡이 드러나자 나는 랜딩 받침대에 내 발이 단단히 붙어있는지 확인하고 싶은 마음에 아래를 내려다보았다. 무릎이 뻐근했다. 헬리콥터 바닥에 고정해 놓은 철제 손잡이를 있는 힘껏 쥐었다.

"기왕이면 발밑은 보지 마세요!" T.J.가 웃으며 소리쳤다. 나는 생각했다. 혹시 까먹고 또 나에게 하지 못 한 말은 없을까?

그때 왼쪽에 빨간 불이 들어왔다. 다중 채널 무전기에서 군대가 송출하는 불협화음이 들려왔다. 헬리콥터 날개의 천둥소리와 내 심장의 팀파니 소리가 무전기와 함께 섞여 외친다. 귀에 꽂히는 단어가 몇 가지 있었다. "고도.", "알았다.", "오버.", "바람.", "체크.", "폭풍.".

폭풍? 뛰어 내렸다가 벼락을 맞으면 정말 끔찍할 거 같은데…….

그때 또다시 무전이 들린다.

"녹색 라이트."

말도 안 되는 상상을 막아주던 헬기의 빨간 불이 갑자기 녹색으로 변했다. 내 얼굴 바로 옆에 있던 T.J.가 누구나 알 수 있는 손짓으로 신호를 보냈다. 엄지손가락을 쓱 들어 올린 것이다. 그리고 그가 소리쳤다. "이제 뛰어요! 내 말 들려요? 뛰어요!"

나는 그에게 알았다는 의미로 고개를 끄덕였다. 이윽고 T.J.가 카운트다운을 시작했다.

"오(5)!"

그가 손가락 다섯 개를 쭉 펴서 보여주며 말했다.

죽음을 눈앞에 둔 순간, 주마등처럼 지난 삶이 스쳐지나갔다.

아이들 앞으로 떨어지면 어쩌지? 죽기에 이보다 수치스럽고 최악의 생일 파티가 더 있을까. 역대급 유튜브 스페셜이 되겠군. 조금 더 신중하게 생각했어야 하는데. 내 장례식에서 애들은 과연 나에 대해 뭐라고 이야기할까.

"사(4)!"

나와 제이다는 요즘 골프를 새로 시작했다. 제이다가 정말 좋아한다. 해가 뜨기도 전에 옷을 차려 입고 필드에 나간다. 시간이 흐르고 나서야 우리는 둘 다 좋아하는 취미를 찾았는데. 내일도 함께 골프를 치기로 했는데. 그 누구보다 아내와 함께 치는 골프가 좋았는데. 제이다는 내가 지금껏 사귄 제일 친한 친구다.

삼(3)!

아니 숫자를 왜 이렇게 빨리 세?

이(2)!

생각해 보면 죽거나 죽지 않거나 둘 중 하나다. 주님께서 오늘 나를 원하신다면 내가 할 수 있는 건 아무것도 없다. 만약 죽어도 나는 죽는 줄도 모를 거다. 그렇다면 진짜 중요한 문제는 하나. 나는 어떻게 살고 싶을까?

일(1)!

— 끝

감사의 말

책 전체를 통틀어 이처럼 쓰기 힘든 페이지가 없다. 감사 인사를 전할 사람이 너무도 많다. 내 삶에서 너무도 많은 분들이 나를 이끌어주고, 보호해주고, 지원해주고, 구원해주고, 힘을 주었다.

환경을 조금이나마 보호하기 위해, 고마운 분들은 인스타그램을 통해 감사 인사를 전하고자 한다. 인스타에서 만납시다, 여러분.

1971년 ACRAC 가게에서 아버지. 아마 전화통화를 하는 척만 하시는 것 같다. 아버지는 무엇이 '프레시'한지 잘 아시는 분.
ⓒ 캐롤라인 스미스

어머니와 아버지. 내가 생기기 바로 직전에 찍은 사진이라고 하셨다.
ⓒ 캐롤라인 스미스

필라델피아 서부의 우드크
레스트 집. 이곳에서 내가
자랐다. ⓒ 캐롤라인 스미스

내 이름은 윌러드 캐럴 스미스 2세. 나는
1968년 9월 25일에 태어났다. 담요 외엔
아무것도 입히지 않은 사진.
ⓒ 캐롤라인 스미스

노스 54번가에 있는 외할머니 댁에서 나와
외할머니. ⓒ 캐롤라인 스미스

아버지는 늘 무언가를 가르쳐 주셨다. 아버지는 우리 형제들이 맨 손으로 무언가를 쌓고 만들어내길 바라셨다. ⓒ 캐롤라인 스미스

어머니와 쌍둥이 동생 해리와 엘렌.
아프로 헤어가 정말 크다.
ⓒ 캐롤라인 스미스

우드크레스트 집에서 누나 팸, 동생 해리, 엘렌과 함께. 어린 시절부터 미소 짓는 연습을 했다. © 캐롤라인 스미스

ACRAC 가게의 함선들. 이제는 필라델피아의 '윌 스미스 시니어'라고 불리는 길목을 막고 서 있다. 짙은 감색에 흰 글씨를 새긴 차가 바로 폴이 망가뜨린 차다. © 캐롤라인 스미스

1970년대 초 우드크레스트에서 어머니, 아버지, 팸, 해리, 그리고 엘렌과 함께.
© 캐롤라인 스미스

우드크레스트 집의 주방.
나는 늘 겁이 많은 아이였다.
© 캐롤라인 스미스

1976년 정말 좋았던
가족 여행길에.
ⓒ 캐롤라인 스미스

그랜드 캐니언에서. 내가 그때까지 보았던 것 중에 가장 멋진 광경이었다.
ⓒ 캐롤라인 스미스

오버브룩 고등학교. '언덕 위의 성'이라고 불렸다. 건물은 두 개의 도시 블록을 걸쳐서 요새처럼 동네 위에 우뚝 나타났다. ⓒ 윌 스미스

파란 민소매 티셔츠를 입은 JL과 웃통을 입지 않은 제프가 제프의 어머니 집 계단에서. ⓒ JL

1986년 서부 필라델피아에
서 시작된 우리의 첫 대규모
투어. 제일 위쪽 나부터 시계
방향으로 댄서 오말, 비트박
서 레디 록, 매니저 JL, DJ 재
지 제프 그리고 우리 팀의 경
호원 찰리 맥 앨스턴. 자세히
보면 그가 양팔로 나와 재프
를 들고 있다. ⓒ 더글라스 로웰
(소니 뮤직 아카이브)

힙합계 초창기의 경호원들은 주변 사
람 중에 가장 키와 덩치가 큰 친구를
데려왔다. 그리고 그들은 절대 웃지 않
았다. 비번날 웃고 있는 경호원
찰리 맥과 제프 ⓒ 찰리 맥

1987년 가을, 런던에서 JL과 함께. 이게 우리의 그나마 관광이었다. ⓒ 찰리 맥

DJ 재지 제프와 프레시 프린스의 골드 레코드. 왼쪽부터 JL, 제프, 러셀 시몬스 그리고 라이어 코헨. 러셀은 정말 DJ 재지 제프와 프레시 프린스를 사랑했다. ⓒ 라이델 존슨, 찰리 맥

아주 잘 쳐줘야 155센티미터인 버키 데이비스. 굳이 이렇게 허리를 수그릴 필요가 없었는데. ⓒ 찰리 맥

필라델피아 역사상 가장 상징적인 DJ 중 한 명인 미미 브라운. 우리의 어린 시절 상상 속의 매력적이고 관능적인 목소리였고, 직접 만났을 때도 우리를 실망시키지 않았다. ⓒ 찰리 맥

과거의 나와 타냐. 사진 속 나는 정말 멋
지지만, 바지는 왜 저렇게 걷었으며, 왜
저런 자세로 서 있었으며, 왜 셔츠를 입
지 않았으며, 한밤중에 선글라스는 왜
꼈을까? 대체 나는 뭘 보고 있는 걸까?
ⓒ 베리 킹 (알라미)

나와 퀸시 존스. 〈더 프레시 프
린스 오브 벨 에어〉의 시즌 1
촬영장 세트 거실에서.
ⓒ NBC 유니버설 미디어 LLC.

금요일 밤의 〈더 프레시 프린스 오브 벨 에어〉 녹화장은 그야말로 누구나 들어올 수 있는 클럽이었다. 서 있는 사람들, 왼쪽부터 베니 메디나, 조셉 마셀, 알폰소 리베이로, 제임스 에이버리, 타일러 콜린스, 카딤 하디슨 (〈A Different World〉의 주인공), 나, 퀸시 존스, 알 B. 슈어. 그리고 하단에 앉은 사람들, 왼쪽부터 타티아나 알리, 자넷 휴버트, 그리고 카린 파슨스.
© NBC 유니버설 미디어 LLC.

〈더 프레시 프린스 오브 벨 에어〉의 촬영장에서 나와 카린. 우리는 죄가 없다. 분장이 죄지. © NBC 유니버설 미디어 LLC.

뉴욕 출신 셰리 잠피노. 진짜 뉴욕이 아니라 (캐나다와 더 가까운) 스키넥터디 출신. 1992년
우리 결혼식에서 양가 부모님과 함께. ⓒ 셰리 잠피노

1993년 셰리, 트레이와 함께. 아이는 어머니의 눈과 아빠의 귀를 쏙 빼닮았다.
ⓒ 윌 스미스

"자기야, 물에서 애를 하나 건졌어. 이름이 트레이래! 나는 수영을 못하니까 누가 와서 애를 좀 데려가야 할 것 같은데." ⓒ 윌 스미스

이제 보니 내 재단사는 제이다의 옷을 만들고 남은 천을 모아서 내 옷을 만들어 준 것 같다. ⓒ 론 게일러 (게티 이미지)

세상의 모든 강인한 남자들 주변에는 늘 강인한 여자들이 있다. 나 그리고 폰, 장모님 개미, 외할머니 지지, 어머니, 마지막으로 제이다. ⓒ 월 스미스

나를 영화배우로 만들어준 〈나쁜 녀석들〉의 스틸컷. 미숙한 실수가 눈에 보인다. 바로 방아쇠를 쥔 손가락.
ⓒ 베이 (셔터스톡)

"마티마아아아르! (마틴 로렌스)"
"빅 윌-리이이이! (윌 스미스)"
© 〈나쁜 녀석들〉 저작권사 (컬럼비아 픽쳐스)

세상을 구하는 〈인디펜던스 데이〉 촬영장, 보너빌 소금 평지. 나를 기준으로 왼쪽이 주드 허쉬 오른쪽이 제프 골드브럼. 43도가 넘는 더위와 하얀 소금이 햇볕에 반사되어 모두들 광대뼈 아래가 벌겋게 익었다. 헐렁한 반바지에 속옷도 입지 않은 스태프들은 말할 것도 없겠지.
© 윌 스미스

1997년 새해 전야. 이 사진을 볼 때마다 난 이런 생각이 든다. '다들 이것보다 더 큰 케이크를 먹어야 해. 이제부터 시작될 고난에 대비하려면 벌크업을 좀 해야 하니까.' ⓒ 찰리 맥

트레이와 아기 루이지.
ⓒ 윌 스미스

1998년 7월 8일에 태어난 제이든 크리스토퍼 사이어 스미스. 트레이의 결정에 따라 둘째의 이름은 루이지가 될 뻔했다. ⓒ 도니엘 케네디-맥컬러

제이든은 우리 아이들 중에 가장 순했다. ⓒ 윌 스미스

2000년 핼러윈에 태어난 윌로우 카밀 레인 스미스. ⓒ 윌 스미스

제이든, 셰리, 윌로우,
트레이 그리고 제이다.
ⓒ 윌 스미스

제이다, 아이들과 함께. ⓒ 윌 스미스

어머니와 외할머니. 아, 위대한 흑인이여. ⓒ 윌 스미스

나와 대럴은 콜로라도의 2,700미터 고지대를 매일같이 달렸다. "이름을 써봐."라고 그는 말했다. 사진은 대럴이 찍었다. "왜 우리가 고통받고 있는지 기억할 필요가 있지."라고 했었다. ⓒ 대럴 포스터

모잠비크의 수도 마푸토에서 〈알리〉의 마지막 장면을 찍기 위해. JL, 찰리 맥, 대럴 포스터, 빌랄 살람. ⓒ 찰리 맥

나는 내심 그를 얼마나 이해했는지에 충격을 받았다. 나는 우리의 유머 감각이 얼마나 비슷한지를 생각했다. 우리의 농담은 유동적이고 편안했다. 내 안의 배우가 말했다. '아 제기랄. 할 수 있을 것 같은데…….'
ⓒ 로이터 (알라미)

내 인생의 가장 빛나던 순간. 아버지, 트레이, 셰리와 넬슨 만델라 대통령을
만났다. 오른쪽은 〈알리〉의 감독 마이클 만과 그의 아내 서머. ⓒ 셰리 잠피노

"그 표정은 무슨 뜻인가요?" 언젠가 넬슨 만델라에게 물은 적이 있었다. 그는
마치 내가 실수로 좋은 질문을 했는지, 아니면 내가 진지하게 묻고 대답을 들
을 준비가 되었는지를 알아보려는 듯이 나를 들여다보았다. "만약 자네가 나
와 함께 시간을 보내게 된다면, 그때 보여주지." 만델라가 말했다.
ⓒ 데이브 M. 베넷 (게티 이미지)

아스펜에서 나,
제이다, JL.
ⓒ 윌 스미스

한 해 내내, 제이다는 빈민가의 슈퍼스타였던 〈와일드 블랙〉의 피치였지만, 썰매의 종소리만
울리면 중서부의 중년 백인 여성처럼 온화해졌다. 제이다, 어머니와 함께. 내 품에는 아기였
던 윌로우. ⓒ 윌 스미스

터키, 에베소의 폐허에서 넘어져 발목이 부러진 직후의 어머니.
ⓒ 캐롤라인 스미스

오즈페스트에서 공연 중인 제이
다의 밴드 '위키드 위즈덤'.
#복근주의
ⓒ UPI(United Press International,
국제연합 통신 (알라미)

2005년, 샌프란시스코의 〈행복을 찾아서〉 세트장에서 나와 제이든. 자는 척하는 연기가 정말 일품이지 않은가? ⓒ 〈행복을 찾아서〉 저작권사 (컬럼비아 픽쳐스)

〈Whip My Hair〉 뮤직비디오 촬영장에서 나와 윌로우. ⓒ 앨런 실핀, 윌 스미스

1998년, 제40회 그래미어워드 무대. 음반과 영화의 결합은 언제나 흥행과 유행을 선도한다.
© 티모시 A. 클라리 (게티 이미지)

제이지, 제이다, 윌로우, 나 그리고 비욘세. 록 네이션 사와 윌로우의 첫 앨범 계약을 하던 날.
ⓒ 앨런 실핀, 윌 스미스

혹시나 궁금할까봐 밝히자면
나는 저때 스눕 독의 〈Gin And
Juice〉를 연주하고 있었다.
ⓒ 앨런 실핀, 윌 스미스

스코티 사르디나는 처음으로 슬리퍼 샌들을 신은 경호원이었다. ⓒ 윌 스미스

미카엘라 보엠은 키가 150센티미터가 조금 넘으며, 빨간 곱슬머리이다. 그녀의 오스트리아 억양은 그녀가 말하는 모든 것을 정신분석학적 진실성으로 들리게 한다. ⓒ 윌 스미스

타지마할 포즈를 취하는 나. 내게 필요한 건 그저 내 앞에 서 있던 웅장한 건축물뿐이었다.
ⓒ 앨런 실빈, 윌 스미스

〈맨 인 블랙 3〉 촬영장에서 나와 아버지. ⓒ 앨런 실핀, 윌 스미스

필라델피아 호숫가 콘도에서 아버지. ⓒ 마크 앤 모니, 윌 스미스

2021년 아버지의 날.
ⓒ 윌 스미스

어머니와 어머니의 자식들, 그리고 손주들 대부분이 모인 날. 왼쪽부터 제이드, 애슐리, 트리시, 제이든, 도미닉, 스카일라, 미아, 윌로우, 랭스턴, 나, 어머니, 카일라, 필라, 카일, 팸, 트레이, 사브리나, 엘렌, 디온, 에디, 해리, 셰리, 그리고 타일러. ⓒ 맥스 굿리치, 윌 스미스

김나연 옮김

영미문화와 영문학을 공부하고 번역에 처음 뜻을 품었다. 서강대학교 영어영문과에서 20세기 현대 미국소설을 전공하여 석사 학위를 취득하였다. 이후 전문 번역가로서 첫 발을 내딛었으며, 현재 출판번역 에이전시 베네트랜스에서 리뷰어 및 번역가로 활동 중이다. 옮긴 책으로는 『혼자만의 시간을 탐닉하다』, 『제인오스틴 소사이어티』, 『캐터스』 등이 있다.

WILL

1판 1쇄 발행 2022년 1월 20일
1판 2쇄 발행 2022년 2월 3일

지은이 윌 스미스, 마크 맨슨
옮긴이 김나연

발행인 양원석 **편집장** 정효진 **책임편집** 한지연
디자인 정세화, 김미선 **영업마케팅** 양정길, 김지현, 김보미

펴낸 곳 ㈜알에이치코리아
주소 서울시 금천구 가산디지털2로 53, 20층 (가산동, 한라시그마밸리)
편집문의 02-6443-8859 **도서문의** 02-6443-8800
홈페이지 http://rhk.co.kr
등록 2004년 1월 15일 제2-3726호

ISBN 978-89-255-7893-4 (03190)